编委会主任 王彦峰
主编 王鸿春

2012 北京健康城市建设研究报告

北京日报报业集团
同心出版社

编委会

前 言

党的十八大报告指出："面对资源约束趋紧、环境污染严重、生态系统退化的严峻趋势，必须树立尊重自然、顺应自然、保护自然的生态文明理念，把生态文明建设放在突出地位"，"着力推进绿色发展、循环发展、低碳发展，形成节约资源和保护环境的空间格局、产业结构、生产方式、生活方式。"生态文明是人类社会文明的高级形态，不是单纯的节能减排、保护环境的问题，而是要融入经济建设、政治建设、文化建设、社会建设各方面和全过程。我们的目标应该是建设既富强又美丽的中国，不仅要增加 GDP，也要提高人民生活质量，拥有健康，这就要有清新的空气、清洁的水、洁净安全的食物、宜居的生活环境等。建设美丽中国，是顺应人民群众追求美好生活的期待，也是中华民族永续发展的客观要求。

生态文明，永续发展的新路径与健康城市建设的目标是高度一致的。建设健康城市，主要是指从城市的规划、建设、运行到管理全面贯彻"以人的健康为中心"的原则，把城市建设成为健康人群、健康产业、健康环境和健康社会的有机结合整体。"以人的健康为中心"是"以人为本"理念的体现，"以人为本"是科学发展观的核心，从这个意义上说，建设健康城市与科学发展的主题可谓是高度契合。

自上世纪 80 年代以来，世界卫生组织提出了建设健康城市这一城市生存与发展战略，目前，全球已有数千个城市参与到健康城市建设的行动中来。我国的健康城市建设也经历了 18 年的发展和探索。目前，建设健康城镇工作已经列入到我国"卫生事业发展'十二五'规划"。

从国内外健康城市的发展轨迹看，健康城市是对传统城市发展模式的重大变革，是根治人口膨胀、环境污染、资源短缺等城市病蔓延和发展的最佳途径，是提升人类健康水平的根本出路，这些观念在越来越大的范围内得到推广和认同，进而成为全世界城市发展理念的一种共识。

从经济条件看，经过 30 多年的改革开放，我国的一些城市已经具备了开展健康城市建设的条件。从北京的情况看，以成功举办 2008 年奥运会、新中国成立 60 周年庆祝活动以及成功应对国际金融危机冲击为标志，北京的城市发展总体上迈入新的阶段。2009 年，北京市委确定了“瞄准建设世界城市的高端形态，从建设世界城市的高度，审视首都的发展建设”的总体要求。2009 年，北京的人均 GDP 超过 1 万美元，2011 年地方财政收入超过 3000 亿元。2012 年在中共北京市第十一次代表大会上的报告中又提出了北京市要积极推动“健康城市”建设。北京开展健康城市建设的充分性和必要性条件都已具备。从北京这些年的实践来看，从“健康奥运促进行动”到“健康北京人行动规划”，再到 2011 年出台的“健康北京‘十二五’规划”以及 2012 年党代会报告中提出的积极推动健康城市建设，北京健康城市建设可谓是步步深入。

为了贯彻北京市第十一次党代会精神，积极推动北京的健康城市建设，我们在 2012 年 7 月初组织了联合课题组，对北京健康城市建设从四个方面开展了研究，并编集成了《2012 北京健康城市建设研究报告》。全书分为四个部分：一、城市建设与管理；二、绿色生态与环境；三、医疗卫生与健康；四、国外瞭望与借鉴，共 34 篇决策研究报告。

本书由中国医药卫生事业发展基金会、北京健康促进工作委员会、首都社会经济发展研究所、北京健康城市建设促进会和北京民力健康传播中心共同组织编写。中国医药卫生事业发展基金会理事长、北京健康城市建设促进会名誉理事长王彦峰担任编委会主任；北京市卫生局局长、党委书记方来英，首都社会经济发展研究所所长、北京健康城市建设促进会理事长王鸿春，中国医药卫生事业发展基金会副秘书长、北京健康城市建设促进会监事长张青阳，北京市卫生局副局长、北京市爱卫会副主任赵春惠担任编委会副主任；王鸿春担任主编。

本书文稿由王彦峰、王鸿春、张青阳、韩卫强、李小峰、刘泽军、王微、郝中实审阅和修改。本书在编辑过程中，赫军、汤伟民、范冬冬做了大量的组织协调工作。

本书的主题思路策划、编辑和出版，还得到了世界卫生组织驻华代表处高级卫生顾问裴雷先生、项目官员何静女士、勾爱民女士和全国爱卫办胡小濛处长的悉心指导，得到了京报集团同心出版社社长兼总编辑郭坦的大力支持，在此向他们表示衷心的感谢。

由于对健康城市的研究还是初步的，书中定会有疏漏与不妥之处，恳请读者提出宝贵意见。

编者

2012 年 12 月 1 日

城市建设与管理

绿色生态与环境

医疗卫生与健康

国外瞭望与借鉴

城市建设与管理

本单元研究重点

- 破解北京城市人口过度集聚压力难题
- 北京市10年人口空间分布与变动
- 积极推进公交城市建设
- 北京市公共租赁住房若干问题
- 创新网格化社会服务管理模式
- 建设高端健康社区创造城市美好生活
- 首都城乡一体化和城镇体系
- 北京新机场与城市空间布局
- 打造奥林匹克公园国际活动聚集区对策
- 香港私家车备受“冷落”调查及启示

破解北京市人口过度聚集压力对策研究*

党的十八大报告指出，“要按照人口资源环境相均衡、经济社会生态效益相统一的原则，控制开发强度，调整空间结构，促进生产空间集约高效、生活空间宜居适度、生态空间山清水秀。”当前，首都人口过快增长与北京资源环境的矛盾日益凸显，充分认识人口调控的重要性和艰巨性，统筹人口宏观调控与服务管理，努力实现人口总量的有序管理，优化人口布局，提高人口素质成为首都工作的重大课题。

一、北京市人口聚集压力的现状

（一）常住人口过快增长

据北京市统计局数据，2011 年底北京市常住人口为 2018. 6 万人，其中户籍人口 1277. 9 万人，常住外来人口 742. 2 万人，与 2000 年底相比，常住人口增加了 655 万人，平均每年增加 59. 5 万人，年均增长 4. 3%。这一数据已经大大突破了国务院批复的《北京城市总体规划（2004 年－2020 年）》设定的到 2020 年常住人口控制在 1800 万的目标。事实上，自 1980 年以来，在北京市完成的经济社会发展计划或规划中，常住人口增长规模屡屡打破预期控制目标，而且呈现加速增长趋势（见下图）。

* 作者简介：王鸿春，首都社会经济发展研究所所长，北京健康城市建设促进会理事长，北京决策研究基地首席专家，研究员；鹿春江，首都社会经济发展研究所副处长，北京健康城市建设促进会副秘书长，副研究员。

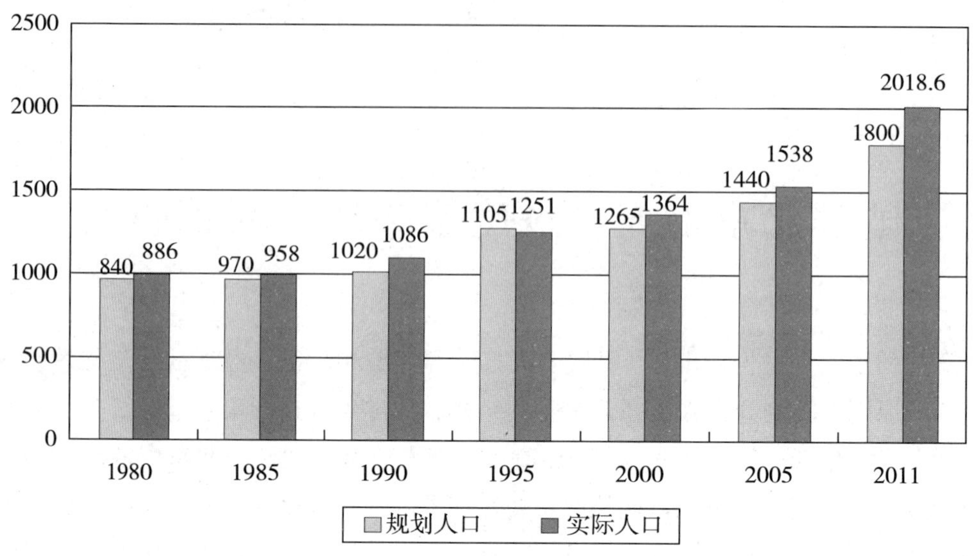

图 1　北京常住人口规模和规划目标（万人）

注：2011 年规划人口采取《北京城市总体规划（2004 年－2020 年）》设定的 2020 年人口规划目标。

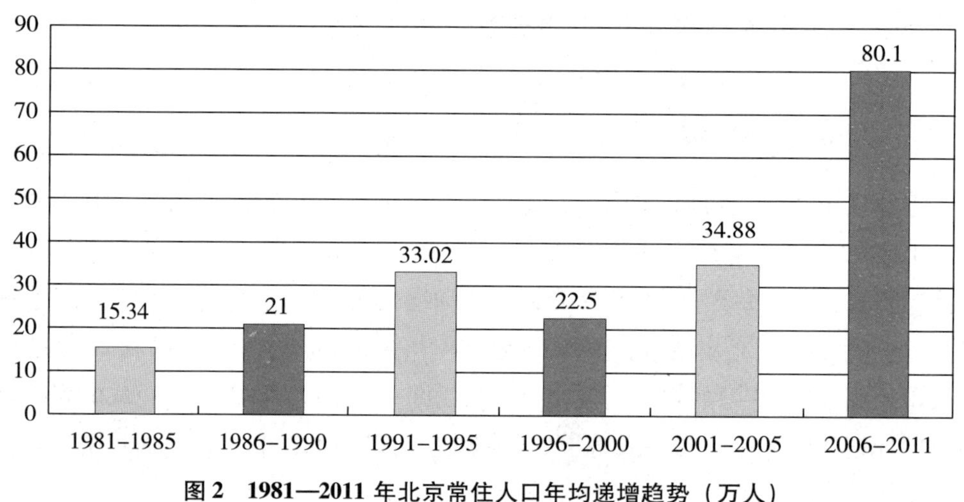

图 2　1981—2011 年北京常住人口年均递增趋势（万人）

（二）近 60% 的常住人口集中在中心城区

从地区分布看，2011 年首都功能核心区（包括东城区、西城区）常住人口为 215.0 万人，占 10.7%；城市功能拓展区（包括朝阳区、海淀区、丰台区、石景山区）为 986.4 万人，占 48.9%；城市发展新区（包括通州区、大兴区、顺义区、昌平区）为629.9万人，占31.2%；生态涵养发展区（包括门头沟区、房山区、平谷区、怀柔区、密云县、延庆县）为187.3万人，占9.3%。全市59.6%的常住人口集中在只占全市面积8.3%的中心城区。

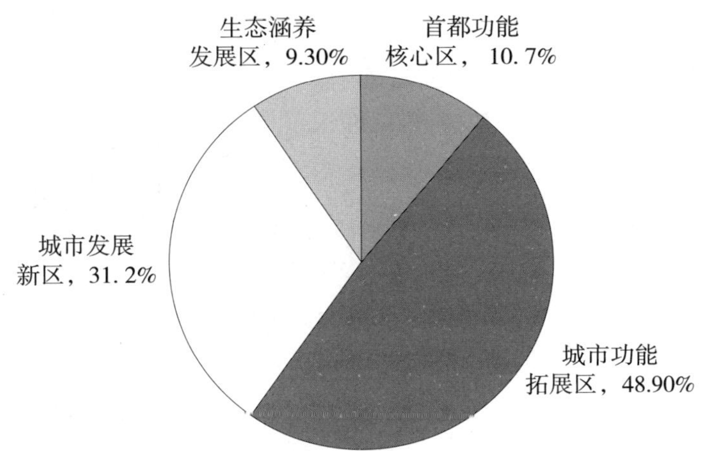

图3　北京市常住人口地区分布图

（三）外来人口是常住人口过快增长的主因

常住人口增长由自然增长和机械增长构成，其中，机械增长分为户籍人口的迁移增长和外来人口的迁移增长。据北京市统计年鉴数据分析，20世纪90年代以前，北京市常住人口以自然增长为主；90年代以后，则以机械增长为主。2006－2011年北京市常住人口共增加了417.6万。其中，自然增加80.3万，占常住人口增量的19.2%；机械增加337.3万，占20.8%。在机械增加的人口中，户籍人口迁移增加70.9万人，占21.0%；外来人口迁移增加266.4万人，占69.0%。

（四）部分资源的人口承载能力已接近极限

水资源是经济社会发展的最重要因素，其人口承载力是确定合理人口规模的重要决定因素。1999年来，由于持续干旱和持续干旱带来的同等降水水资源形成能力下降，使北京市的水资源形势十分严峻。根据北京市水务局的资料，尽管自有水文记录以来北京市多年平均水资源量为37.39亿立方米，但1990－2011年北京市平均水资源量仅为25.9亿立方米，加上最迟2014年到京的南水北调水，每

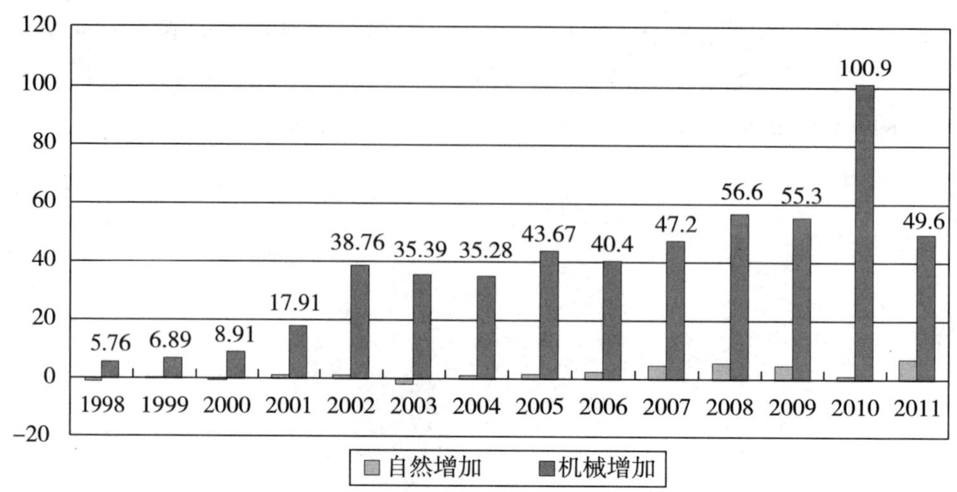

图 4　1998 - 2011 年北京人口自然增长和机械增长（万人）

年大约 10 亿立方米和再生水 8 - 10 亿立方米，未来可预期的时期内，北京市每年的水资源总量大约为 44 亿立方米左右。以世界公认的缺水标准人均需水量 300 立方米计算，北京市适宜人口承载规模大约为 1467 万人。实际上，2011 年北京市常住人口已达 2018.6 万人，另外还有 240 万的流动人口。2011 年北京市水资源总量为 26.81 亿立方米，北京市人均水资源占有量已降至 119 立方米。

此外，由于人口迅速增加，北京还面临着许多其他问题。如尽管北京每年在交通上都会有大量投入，但由于人口大量涌入及小汽车数量的增加，道路的增长速度赶不上交通量的增长速度，交通运营能力基本处于超负荷状态，道路拥堵问题十分突出；主要城区可利用土地规模有限和人口增加带来购房需求增加，房价持续高企现象十分明显，房地产调控颇显艰难；能源供应和节能技术进步跟不上人口增长速度，城市资源供应也十分紧张；就业吸引力大，想在北京就业人员多但岗位有限，就业难和人才浪费现象比较严重；城市被迫向外向上扩展，公共绿地不足，城市的自然环境和生态系统也受到较大破坏；教育资源和医疗资源承载也不堪重负，入托难、入园难、入学难以及看病难等现象也十分突出；等等。而且，目前我们处在一个相对稳定的发展时期，如果一旦遭遇地震等天灾人祸，高密度特大城市的救援和资源供给问题也会变得十分困难。

根据城市化有关理论，城市化有适度城市化和过度城市化之分。当人口增长和资源环境承载能力相适应时，就实现了适度的城市化；而当人口增长超出了城市的吸纳能力，导致出现就业困难、交通拥堵、住房紧张、基础设施不足、公共服务较差、环境恶化、犯罪率上升、社会秩序混乱以及出现大量的贫民窟等现象，这属于“没有充分工业化的低质量城市化”，也称为“消极的城市化”或“过度的城市化”。国外经验研究表明，当“过度城市化”出现时，采取措施破解城市人口聚集压力成为各国城市的一致选择。

二、人口向北京聚集的原因

（一）我国迅速发展的城市化推动了人口向北京聚集

从世界各国发展经验来看，城市化是社会发展到一定阶段必然出现的现象，也是城市经济社会和产业结构进一步发展的必然要求。伴随城市化的过程，城市一般都会经历从小到大，逐步集中，然后由集中到分散，最终形成以都市为核心的巨型城市带的过程。世界各国大城市发展都遵循了这一规律。目前，我国正处于快速城市化的发展阶段。根据有关资料，2000 年，我国有 36.22% 的人口生活在城市，2011 年这一比例已提高到 51.3%，预计到 2030 年将超过 60%，即在未来 10－20 年内，中国仍将有近 2 亿人成为城市人口。城市化的需求推动了人口向北京等大城市聚集。未来一定时期，人口规模增加仍将是北京面临的重要难题。

（二）北京多元化的功能定位吸引了各类人员向北京聚集

根据国外发展经验，首都的多元化功能定位，往往会对各类人员产生巨大的吸引力，进而导致人口向首都的聚集，出现人口规模膨胀的现象。如东京、伦敦、巴黎等都为全国的政治、经济、文化中心，其中，东京市的人口占到了全国的十分之一，伦敦占到了八分之一，大巴黎和首尔各自分别达到了五分之一。美国首都华盛顿长期以来被认为是单纯的国家政治中心，目前人口仅约 60 万。北京作为全国的政治、文化中心，其多元化的功能定位也对政治、经济、文化等各方面的人才产生了巨大的吸引力，导致人口数量的大量增加。

（三）北京独特的优势资源引致了大量外来人口

根据人口迁移的经验和理论，人口迁徙主要是由经济原因引起。只要迁入地比迁出地的经济发展水平高、就业机会多、收入水平高，而迁出地资源有限、劳动力相对过剩、工资水平相对较低、人们对迁移的预期工资高于原工资水平，迁移成本小于迁移收益，就会造成为寻求境况好转，低收入地区的人口向较高收入地区流动。北京是具有深厚历史发展基础的城市，经过多年发展，北京形成了诸多其他地区难以匹敌的优势资源，对流入的人口具有较大的福利，这成为人口流入的最自然动因。北京优势资源主要有：一是政府公共资源非常丰富，是全国信息的发源地，对企业和人才具有巨大的吸引力；二是北京经济发达，经济形式多样，且经济发展速度非常快，2011 年人均 GDP 已超过 1.2 万美元。经济高速增长和高水平发展带来了大量的就业岗位、发展空间和改善境遇的机会，对劳动力产生了巨大的吸引力；三是北京是一个国际交往中心，它不仅包容了我国 56 个民族的文化，还包容了世界各国的文化，是国际交往的前沿，对人才增长见识、开阔眼界、提升自身能力和发展空间也具有巨大吸引力；四是北京是全国智力资本最密集和教育水平最好的地方，其中，高校、科研机构数量居全国第一，院士数量占到全国一半，就业人口平均学历水平居全国首位，这对追逐智力资本和优质教育资源的企业和人才具有巨大的吸引力；五是北京辐射全国，放眼全球的特殊地位吸引了大量在其他地区难以举办的大型国际国内活动和相关产业的发展，如展览业，这进一步加强了相关资本、产业和人口向北京的集中。

（四）北京低端化的产业结构引致了大量人口

产业是人口依存的载体，有什么样的产业结构，就会有什么样的人口规模。一般来说，在经济发展初期，城市经济增长的动力主要来自劳动密集型产业。这一阶段的经济发展需要大量的劳动力来支撑，因此人口的大规模聚集不可避免。随着经济发展到一定阶段，通过产业结构调整，技术进步成为促进经济发展更主要的动力，人口集聚将会减缓。近年来，尽管北京产业结构已发生了很大的变化，2011 年第三产业比重超过 75%，但是，产业结构和产业布局问题仍很突出，许多产业仍然还停留在粗放式、高能耗、低效益的基础之上。第三产业内部也是高端与低端行业参差不齐，低层次的产业消耗了过多的资源，吸引了大量人口。

（五）举家迁移的流动方式加剧了人口向北京聚集

根据国外人口流动经验，获取就业信息的方式在人口流动过程中具有非常重要的作用。职位空缺状况、工资状况和劳动力供给状况等信息的获取方式及迅捷程度，直接关系到流动人口对能否找到合适工作和境况改善程度的判断。政府发布就业信息或通过亲戚朋友介绍等都是获取就业信息的方式。其中亲戚朋友介绍是人口流动获取信息的最主要方式。调查显示，目前北京市通过亲戚朋友介绍方式而举家迁移的流动人口比例高达41.2%。在外来人口聚集地，举家迁移的流动人口比例更是达到了大约60%。1997－2005年8年间，北京市纯外来人口家庭户增加超过2倍。到2005年，流动人口家庭户已达96.4万户，约占北京市家庭总户数的20%。许多接受调查的流动人口均表示，打算将其配偶或父母、子女、兄弟姐妹等亲属接到北京。"举家迁移"日益成为加剧人口向北京聚集的重要因素。

（六）户籍制度、住房制度和就业制度改革为人口向北京聚集提供了便利

20世纪80年代以前，人口流动必须靠介绍信，否则，出门、办事寸步难行。从1985年开始，公安部要求通过申办暂住证或寄住证，可以允许公民有条件地自由迁徙，并在同一年开始推行身份证制度。1998年前后，通过《国务院批转公安部关于解决当前户口管理工作中几个突出问题的意见的通知》，进一步放开了城市的人口管理。2002年，党的十六大宣布开始取消城乡二元的户籍制度，2003年北京市取消了对外地人在京购买商品房的限制和收容遣散制度。随着我国户籍制度、住房制度和就业制度的改革，传统以行政为主的人口规模调控模式效应逐渐弱化，人们能够更自由地进入北京，便利了人口向北京聚集。

三、破解北京人口聚集压力的对策建议

（一）建立强有力的人口管理与服务协调机制

首先，建立北京市与中央驻京单位及周边省市组成的人口管理与服务协调小组。作为国家首都，北京拥有大量的中央驻京政府机关、部队和企事业单位，它们拥有独立的用人权和产业发展权力，尤其是对于部分调控措施，需要中央政府的同意和河北、天津等周边省市的配合。因此，建议成立首都人口管理与服务协

调机构，吸收国家相关部委、驻京部队、市政府和周边省市的有关部门参加，就首都人口发展的战略及具体措施进行相关协调，从而统一各方的政策和行动，形成调控人口的合力。

其次，进一步理顺北京市的人口管理与服务体制。北京市的人口管理和服务职能涉及人口计生委、发改委、统计局、流管办等多个政府部门。自2010年以来，北京市按照中央综治委更名调整，将外来人口管理服务工作体制进行了调整，将原市流管委职责任务纳入首都综治委实有人口专项组，由市公安局牵头，并按照中央加强实有人口管理的要求，将基层流管员队伍、社区村流管站建设管理，流动人口调查登记、流动人口信息系统建设等具体行政职能交由公安部门承担。这对于流动人口基础数据调查和管理十分有利。因此，北京市应在理顺的外来人口管理模式上，进一步建立与人口计生、发展改革委等部门的合作机制，由人口计生委牵头组织开展人口问题战略研究、编制首都人口中长期发展规划及年度计划，制定调控人口过快增长的相关政策与措施，监督检查人口政策落实情况的职能，并赋予其重大政策或项目的人口评估权力和人口增长指标的协调分配权力，增强其对人口政策的影响力，从而逐步形成流管委负责外来人口基础数据采集和管理，市人口计生委和发展改革委负责人口规划和布局，其他部门提供服务的工作格局。

（二）建设大都市圈城市群

地区发展不平衡是导致人口向特大城市聚集的最根本原因。所以，调控人口并不是北京能孤立解决的，而需要整个区域、国家层面共同协调解决。根据国外发展经验，调控城市人口，一般从城市自身调控、农村开发和发展中小城市三个层面综合进行。如法国，在全国范围内确定了8个平衡性大城市来分解巴黎地区的人口压力，英国也积极培育其他地区的增长极。因此，调控北京人口，建议中央应积极培育新的经济增长极，努力缩小地区发展差距。对于北京来说，应积极争取中央的支持，制定“大北京”的规划，在北京周边采用城市群布局，将这些城市纳入北京的联动发展范畴。此外，北京还应通过制定鼓励建立北京的医院分院、大学的分校等政策，使人才、教育、医疗等各种资源向周边城市倾斜，努力缩小北京与周边城市主要经济水平和社会福利的差距，以此减缓人口向北京的过度集聚。这是缓解北京人口急剧增加的必由之路。

（三）以适度人口承载力为基础进行城市区域规划，实现“以功能控人”

有功能才有产业，有产业才有人口。根据城市功能分区进行土地利用、产业人口配置和社会机构协调分布等调控，并严格控制各功能分区的商业、办公设施和住房，从而实现对人口容纳能力的控制，是缓解人口在局部过度聚集压力的重要手段。自《北京城市总体规划（2004 年－2020 年）》经国务院批复以来，北京市在落实功能分区上已做了大量工作，但仍存在部分城区落实力度有待加大的问题。特别是对于很多地区，缺乏对城市功能分区的人口承载力研究，导致部分功能过于集中，超过了该地区的人口、交通和环境的承载能力。例如尽管某些地区已达到了人口饱和，出现了人口拥挤、交通拥堵、公共绿地不足等现象，但仍在规划建设高楼，甚至超高楼。今后应按照各城区，特别是各人口密集区的主体功能定位，逐步形成人口承载能力、交通疏散能力与商业设施、办公场所、居住场所等要素相匹配的规划和建设机制，严控住宅、商业设施和办公场所的建设，适当外迁或置换人口密集区的商业设施及办公场所。20 世纪 40 年代英国曾规定在伦敦重建、扩建和改建工厂总建筑面积超过 1000 平方米，要提请有关部门批准，60 年代法国也要求对在巴黎建造占地超过 500 平方米厂房进行控制。北京应借鉴外国经验，对人口已经很密集的地区，对一定平方米以上的新建建筑进行控制，原则上不应再规划和建设新的商务区，并出台税收差别或优惠政策，鼓励中心城区人口和企业向郊区或新城转移。特别是在旧有人口迁移后，应对旧址利用加以控制，防止再次出现人口集聚现象。

（四）先行建设新城基础设施和公共服务设施，提升新城的自然吸引力

建设新城是被广泛运用的疏解中心城区人口压力方式。一般来说，建设新城比向城市周边自然延展成本要高，而且由于新城基础设施和公共服务不健全、功能较单一、社区不成熟、经济不发达等原因，很容易造成新城的吸引力远没有中心城区大，导致新城建设的失败。要避免出现这种现象，政府应加大对新城基础设施和公共服务项目，包括交通、学校、医院的先行建设力度，使新城的基础设施和公共服务水平不低于或高于中心城区，从而对人口产生自然吸引力，吸引人

口自然流入。国际经验表明，单纯依靠宣传鼓励等引导措施，不增加对人们的自然吸引力，新城建设大多会失败。强化新城基础设施和公共服务设施先行建设：一是政府要履行好自身职能，要及时配套基础设施，包括医院、学校、交通、日常生活便利设施和大型购物场所等；二是切实出台具有吸引力的税收、补贴、担保等相关措施，吸引民间资本和社会人口向新城聚集；三是创新投融资体制，可由政府牵头，吸引社会资本参与建立一些基础设施和公共服务项目建设开发基金或开发公司，解决新城建设资金不足问题；四是创新新城建设模式，可通过建立大医院分院、好学校分校等方式，吸引中心城区优质资源向新城转移。

（五）实行严格的产业限制政策，升级产业结构

“十二五”时期是“加快转变经济发展方式的攻坚时期”。经济增长方式带来的产业结构对人口规模有重要的影响作用，调控北京人口规模，最终是要靠产业结构调整和升级。研究显示，通过调整产业结构，可以实现经济增长而人口不增长的目的。20 世纪 90 年代以前，韩国首尔在经济增长的同时人口也迅速增长，之后，首尔实现了产业结构由劳动密集型向资本和知识密集型产业转变，则出现了经济仍然增长而人口开始减少的现象。

但是升级产业结构并不是简单地将第一产业升级到第二产业，或将第二产业升级到第三产业。通过对 1978 年到 2000 年的数据研究发现，香港和东京第二和第三产业百万美元产值所需就业人数相差不是很多，有的年份第二产业所需就业人数甚至比第三产业少。这可以看出，单纯将产业结构从第二产业升级到第三产业并不能保证人口减少。另外，从横向对比来看，无论是第二产业还是第三产业，北京百万美元产值所需就业人数都远远超过香港和东京。2000 年北京第三产业百万美元产值所需就业人数分别是香港和东京的 10 倍和 23 倍。由此可见，升级产业结构不能简单地提高第三产业的比重，而是要从根本上转变经济增长方式，通过技术进步和劳动生产率提高来实现。尽管 2011 年北京的第三产业比重超过 75%，但产业的低层次特征还十分明显，如果保持现有增长方式，北京经济增长必将伴随人口的大量增长。

（六）加强实有人口数据采集，实现“以证管人”和“以房管人”

底数清、情况明，是进一步加强流动人口服务管理和实现有序管理的重要基

础。自我国取消对“收容遣返”制度和暂住证管理功能弱化之后，大城市就一直缺乏对流动人口的登记和统计的有力管理手段。而美国则可以通过“社会保障号”制度，在个人缴纳社会保险等信息时，实现了对人口的跟踪和管理；日本也通过住民票制度，公民迁入迁出都会及时到相关部门登记。借鉴国外经验，首先，应健全流动人口信息的采集手段。赋予实有人口采集人员入户采集信息的权力，同时扩展暂住证或居住证功能，将外来人口在京活动的必要信息，如办理社会保险、健康管理、就业、入学、生育、不动产登记、部分金融业务等事项纳入暂住证或居住证的管理和使用范畴，迫使流动人口积极参与暂住证或居住证的办理，从而加强暂住证或居住证对人口的管理和统计功能。其次，应在市实有人口专项组采集数据的基础上，建立统一的人口信息共享平台，供人口计生、发展改革、教育等部门的使用。第三，加大对出租房屋的管理，按照网格化的管理模式，对辖区内所有出租和人口信息进行精细管理和及时登记，切实实现“来有登记、走有注销”。此外，随着社会组织越来越发达，也应充分发挥社会组织，如社区居委会组织在辅助和配合人口管理和服务中的作用。

（七）加强对人口调控、管理和服务的立法

对人口的调控、管理和服务必须依法进行。伦敦、巴黎、东京等城市都以专门的立法来确立人口调控的措施，其内容包括制定战略规划、城市改建、产业结构调整、调控和管理的主体、调控和管理的手段等各个方面。这些法令都具有强制性和“刚性”，为人口调控提供了有力的法律保障。目前，北京市对人口，特别是流动人口并没有专门的法规，特别是对人口调控和管理的主体、调控和管理的手段，如实有人口数据入户采集、居住证管理等都没有明确的依据。因此，北京市应该根据自身实际情况，尽快制定出台人口管理和服务的有关法规。

2000－2011 年北京市人口空间分布与变动研究*

世界进入了城市化的快速发展阶段，随着发达国家的城市化已经完成，城市化的重心已经转移到了发展中国家。而在一些发展中国家，首都的人口增长尤其迅速。2000 年 11 月，北京的常住人口达到了 1381.9 万人（北京市 2000 年第五次全国人口普查主要数据公报，2001），北京 2000 年的户籍人口数为 1113.5 万人（中国统计年鉴 2001），估算常住外来人口（外省市来京人员）为 268.4 万人，占常住人口的 19.4%。2010 年 11 月，北京的常住人口达到了 1961.2 万人，其中常住外来人口为 704.5 万人，占常住人口的 35.9%，离开常住地 1 年以上的占总常住外来人口的 85.8%（北京市 2010 年第六次全国人口普查主要数据公报，2011）。这表明：从 2000 年以后的 10 年时间，北京常住人口增长了 579.3 万人，其中常住外来人口增长了 436.1 万人。然而 2010 年的总人口远远超过了北京城市总体规划提出的 2020 年总人口目标 1800 万。这充分说明北京面临着严峻的资源环境约束和人口激增的压力。

人口分布是一个地区人口与资源环境和社会经济发展关系的综合体现，同时也对一个地区的社会经济发展具有重要作用。城市人口在空间上的集聚和扩散始终伴随着城市的发展演化过程，城市人口在不同阶段的空间分布演变态势在一定程度上反映了这一时期城市经济社会发展的某些特点。北京作为我国的政治中心和文化中心，以全面建设小康社会和率先实现现代化为目标，贯彻落实以人为本，全面、协调、可持续的科学发展观，建立完善的社会主义市场经济体制。为了更好地解决北京人口资源环境协调发展等关系民生的重大问题，制定科学合理

* 作者简介：倪娜，北京市住房和城乡建设委员会城研中心副主任，高级经济师；易成栋，中央财经大学城市与房地产管理系教授，经济学博士；高菠阳，中央财经大学城市与房地产管理系讲师。原文发表于《城市发展研究》2012 年第 6 期。

的发展战略和政策措施，必须掌握准确的人口信息和人口地区分布的数据。因此，研究北京市的人口分布及其变动问题具有重要的理论意义和现实意义。

近年来，很多学者对北京的人口变迁进行了相关的实证研究。1900－1937年北京人口延续了历史格局，人口呈圈层分布，人口密度从市区向外降低（王均，1996）。1949－1991年北京总人口一直在增长，中心城区增长缓慢，近郊区增长最快和远郊区增长快，人口密度一直在增长，人口密度从中心向外递减（山崎健，1994）。1978－1998年北京城区人口增长最慢，近郊区增长最快，市区人口出现了外迁和郊区化（王雯菲等，2001）。在1982－1990年间，北京市城区的人口数量持续下降，整个都市区的人口在不断增加（周一星，1996）。1990到2000年，北京市的居住人口仍在快速增长，但城区人口基本保持稳定（冯健，周一星，2003）。1996－2003年北京市区人口增长最慢和近郊区人口增长最快，城八区100%城市化，出现了人口郊区化（俞路等，2006）。1996－2006年北京中心城区人口出现了先增加后减少，近郊区和远郊区人口增长快（王静文等，2006）。人口的分布是一个持续动态的过程。本文根据2010年人口普查资料分析北京市最新人口分布的特征，并和2000年人口普查资料对比，分析人口分布的最新变动。和以前研究相比，本文采用了最新的人口普查数据，并且2000和2010年人口普查资料统计口径基本一致，避免了以往研究的人口统计口径不一致的问题，而且增加了四大功能区的人口空间分布研究，更能够反映北京城市空间结构和规划的特征。

人口分布的研究首先需界定人口的概念和范围。这里根据2010年人口普查资料分析北京市的常住人口。常住人口指普查登记的2010年11月1日零时的常住人口。常住人口包括，1）居住在本乡镇街道，户口在本乡镇街道或户口待定的人；2）居住在本乡镇街道，离开户口所在的乡镇街道半年以上的人；3）户口在本乡镇街道，外出不满半年或在境外工作学习的人。2000年人口普查的常住人口按照户口登记状况被分为以下5类：1）居住本乡、镇、街道，户口在本乡、镇、街道；2）居住本乡、镇、街道半年以上，户口在外乡、镇、街道；3）在本乡、镇、街道居住不满半年，离开户口登记地半年以上；4）居住本乡、镇、街道，户口待定；5）原住本乡、镇、街道，现在国外工作或学习，暂无户口。对比二者以及补充说明，发现二者一致。这里还按照户籍所在地将北京市常住总人口分为两部分：常住户籍人口与常住外来人口。常住户籍人口为户口登记地为北京市的常住人口，常住外来人口为户口登记地为北京市以外的外省市的常住人口。2011 年人口抽样调查推算数据和 2010 年统计口径保持一致。

人口分布的研究其次需界定空间单元的概念和范围。这里将城市的空间单元按照行政区划分，以及按照城市空间关系划分为三大圈层，以及按照城市功能关系划分为四大区域，还根据 2010 年人口普查统计口径划分为城镇和农村两大板块。城市行政区按照北京 2010 年的行政区划分，为了保持和以前的统计口径一致，这里还是按照合并前的东城、西城、崇文、宣武四大城区来分析。在地域概念上，将北京市 16410 平方公里土地范围划分为中心城区（老城区）、近郊区和远郊区 3 个圈层，其中，中心城区包括东城区、西城区、宣武区、崇文区，面积 92 平方公里；近郊区包括石景山区、海淀区、朝阳区、丰台区，面积 1276 平方公里；远郊区为房山区、门头沟区、通州区、昌平区、顺义区、大兴区、平谷区、怀柔区、密云县、延庆县共 10 个区县，面积 15042 平方公里。这里还根据北京土地利用总体规划将城市功能区划分为：首都功能核心区、城市功能拓展区、城市发展新区（东部发展带）、生态涵养发展新区（西部生态带）。首都功能核心区对应的是老城区，城市功能拓展区对应的是近郊区，城市发展新区包括房山区、通州区、顺义区、昌平区、大兴区，生态涵养发展新区包括其他远郊区县，含门头沟、怀柔、平谷、密云、延庆。

本文内容包括：第一部分，北京市常住人口总体的空间分布及其变动；第二部分，北京市常住人口城乡分布及其变动；第三部分，北京市户籍和常住外来人口空间分布及其变动；第四部分，总结本研究的结论，简要分析了原因，并提出了相应的政策启示。

一、北京常住人口总体的空间分布及其变动

1. 2010 年和 2011 年北京常住人口空间分布不均，人口密度从市区到郊区递减

北京常住人口总体增长迅速，地区分布不均，人口密度从市区到郊区递减。从行政区来看，2010 年总人口数量最多的前五位地区为朝阳、海淀、丰台、昌平、大兴；最少五位为门头沟、延庆、崇文、怀柔、平谷。从三大圈层来看，近郊区人口占了总人口的 49%，远郊区占比为 40%，中心城区占比为 11%。因此总人口集中分布于近郊区和远郊区。从四大功能分区来看，首都功

能核心区人口占了总人口的11%，城市功能拓展区占比为49%，城市发展新区占比为31%，生态涵养发展新区占比为9%。因此总人口集中在城市功能拓展区和城市发展新区（见下表）。从行政区来看，2011年总人口数量最多的前五位地区和2010年一样，最少五位和2010年一样。从三大圈层来看，人口空间分布格局和2010年一样。因此总人口集中分布于近郊区和远郊区。从四大功能分区来看，人口空间分布格局和2010年一样。因此总人口集中在城市功能拓展区和城市发展新区（见下表）。

2000年、2010年和2011年北京常住人口数量、密度、户籍和城乡分布表1

分区	常住人口数（万人）			人口密度（人/平方公里）			常住外来人口比例（%）			常住人口城乡结构（城镇化率%）		
年份	2011	2010	2000	2011	2010	2000	2011	2010	2000	2011	2010	2000
全市行政区	2018.6	1961.2	1356.9	1230	1195	827	39.3	35.9	13.3	86.2	86.0	77.5
东城		57.3	53.6		22620	21135		23.9	12.2		100.0	100.0
西城		67.5	70.7		21332	22349		26.9	8.8		100.0	100.0
崇文		34.6	34.6		20949	20957		23.8	10.6		100.0	100.0
宣武		56.9	52.6		30078	27823		25.6	11.1		100.0	100.0
东城（并）	91.0	91.9	88.2	21739	21954	21070	15.8	23.9	11.6	100.0	100.0	100.0
西城（并）	124.0	124.4	123.3	24540	24619	24401	9.8	26.3	9.8	100.0	100.0	100.0
朝阳	365.8	354.5	229.0	8038	7790	5032	51.4	42.7	19.8	99.7	99.6	100.0
丰台	217.0	211.2	136.9	7096	6907	4478	51.6	38.5	25.5	99.4	99.4	100.0
石景山	63.4	61.6	48.9	7519	7306	5805	30.9	33.5	20.0	100.0	100.0	100.0
海淀	340.2	328.1	224.0	7898	7617	5201	43.4	38.3	17.5	98.0	97.8	100.0
房山	96.7	94.5	81.4	486	475	409	15.9	20.6	5.1	68.0	67.2	46.6
通州	125.0	118.4	67.4	1379	1307	744	45.9	36.7	8.4	62.7	61.2	51.4
顺义	91.5	87.7	63.6	897	860	624	29.1	31.8	9.4	54.5	53.8	32.6

续表

分区	常住人口数（万人）			人口密度（人/平方公里）			常住外来人口比例（%）			常住人口城乡结构（城镇化率%）		
年份	2011	2010	2000	2011	2010	2000	2011	2010	2000	2011	2010	2000
昌平	173.8	166.1	61.5	1294	1236	458	58.8	51.0	13.5	79.9	78.9	41.0
大兴	142.9	136.5	67.1	1379	1317	648	56.3	47.2	10.4	70.7	70.7	28.0
门头沟	29.4	29.0	26.7	203	200	184	24.0	16.3	8.2	85.4	85.6	70.4
怀柔	37.1	37.3	29.6	175	176	139	26.3	27.5	7.1	68.2	67.9	39.5
平谷	41.8	41.6	39.7	440	438	418	13.9	11.8	3	54.1	52.9	30.0
密云	47.1	46.8	42.0	211	210	188	9.1	14.8	1.7	55.2	55.1	30.7
延庆	31.9	31.7	27.5	160	159	138	9.7	12.4	1.5	49.2	48.6	33.7
功能分区												
老城区/首都功能核心区	215.0	216.3	211.5	23271	23407	22888	12.4	25.3	10.6	100.0	100.0	100.0
新城区/城市功能拓展区	986.4	955.4	638.9	7731	7488	5007	47.4	39.7	20.1	99.0	99.0	100.0
远郊区	817.2	789.6	506.6	543.3	525	337	35.3	34.3	7.2	67.1	66.4	39.9
城市发展新区	629.9	603.1	341.1	1001	958	542	44.2	39.8	9.0	68.9	68.1	40.3
生态涵养发展新区	187.3	186.4	165.5	214	213	189	16.2	16.5	3.9	61.2	60.8	39.0

资料来源：根据2000年和2010年北京市人口普查资料汇总表、2011年人口抽样调查推算数据计算。本表中2000年外来人口比例根据《北京统计年鉴2001》中暂住人口占户籍人口和暂住人口之和计算。

由于上述总人口的比较没有考虑行政区地域规模的大小，这里再分析人口密度，它等于区域总常住人口数/总国土面积。从行政区来看，2010年人口密度最大的前四位地区为宣武、东城、西城、崇文，从2万到3万人/平方公里，人口密度最小的前五位地区为延庆、怀柔、门头沟、密云、平谷，最低为159，最高为438人/平方公里。从三大圈层来看，老城区、近郊区、远郊区人口密度分别为23407，7488和525人/平方公里。这说明北京市人口密度从城市中心向外围呈现同心圆式衰减。从四大功能分区来看，首都功能核心区、功能拓展区、城市发展新区和生态涵养发展新区人口密度分别为23407，7488，958和213人/平方公里。这说明北京市人口密度从首都功能核心区向外呈现同心圆式衰减，并且城市发展新区（东部发展带）比生态涵养发展新区（西部生态带）人口密度大很多（见上表）。2011年北京各空间单元人口数量和密度发生了变化，但是空间等级格局和2010年一样。

2. 2000－2011年北京总人口增加，部分老城区人口净减少，其他区人口净增加

从2000年到2010年，北京总人口在增加，各区县的常住人口总量和人口密度发生了变化。其中，西城、崇文区出现了人口净减少和人口密度下降，其他区都出现了人口净增加和人口密度上升趋势。人口增加最多的三个区为朝阳、昌平、海淀，其次的三个区为通州、丰台、大兴（见图a）。西城人口密度下降较快，崇文略有下降，其他区域出现了人口密度上升，而且人口密度上升最快的三个区域为朝阳、丰台、海淀，其次是宣武、石景山和东城区（见图b）。

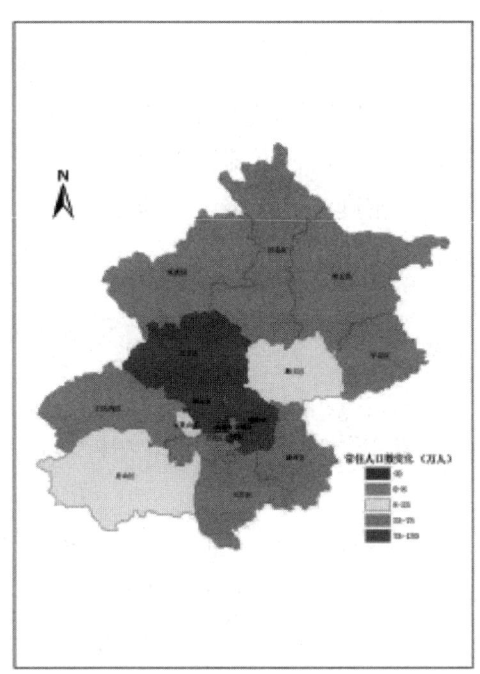

图a

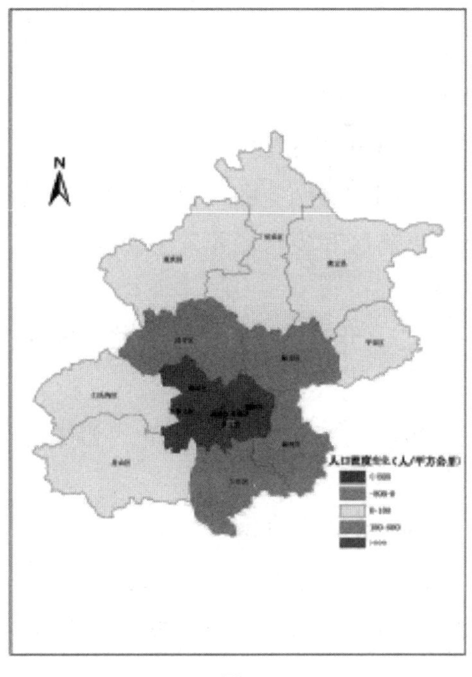

图b

从2000年到2010年，北京三大圈层的常住人口总量和人口密度发生了变化。其中，老城区、近郊区、远郊区都出现了人口增长趋势。从人口增长总量来看，近郊区增加最多，其次是远郊区，最后是老城区。从10年总人口增长速度来看，老城区在2000年基础上增长了2.3%，增长速度最慢，新城区为50%，增长较快，远郊区为56%，增长最快。人口密度变化也是如此。这意味着老城区总体出现了人口总量增加和密度缓慢上升，仅仅有部分老城区出现了人口总量减少和密度下降，这说明老城区并没有衰退，近郊区和远郊区出现了人口总量增加和密度快速上升。这说明北京从内城疏解人口到郊区取得了有限的效果。

从2000年到2010年，北京四大功能区的常住人口总量和人口密度发生了变化。首都功能核心区、城市功能拓展区、城市发展新区、生态涵养发展新区都出现了人口增长趋势。从人口增长总量来看，城市功能拓展区增加最多，其次是城市发展新区，再次是生态涵养发展新区，最后是首都功能核心区。从10年人口增长速度来看，首都功能核心区在2000年基础上增长了2.3%，增长最慢，生态涵养发展区增速为12.6%，增长也很慢，城市功能拓展区为50%，增长较快，城市发展新区为77%，增长最快。人口密度变化也是如此。这意味着北京人口增长更多地集中在城市发展新区和城市功能拓展区。

2011年各行政区中，合并后的东城区和西城区人口密度略有下降，其他区域人口密度略有上升，人口密度的等级格局保持2010年的不变。从三大圈层来看，和2010年相比，2011年老城区人口密度略有下降，近郊区、远郊区略有上升。从四大功能分区来看，首都功能核心区人口密度略有下降，功能拓展区、城市发展新区和生态涵养发展新区人口密度略有上升。

二、北京常住人口的城乡分布及其变动

核心区人口完全城市化，没有出现城市衰退，城市郊区化和农村城市化加速。

城镇化率为城镇常住人口占总常住人口之和。2010年，北京首都功能核心区和城市功能拓展区实现了高度城市化，城市发展新区和生态涵养发展新区也进入了城市化中期，城市出现了郊区化和农村城市化加速发展。从行政区来看，2010年东城、西城、崇文、宣武、石景山为100%城市化，朝阳、丰台、海淀也

接近100%城市化。城镇化率最低五位地区为延庆、平谷、密云、顺义、通州，最低也接近50%。从三大圈层来看，老城区城镇化率达到了100%，近郊区城镇化率达到了99%，远郊区达到了66%。这说明城市老城区和近郊区组成的新的城市核心区基本达到了100%城市化，远郊区也过了城市化中期50%的拐点。从四大功能分区来看，首都功能核心区、城市功能拓展区、城市发展新区、生态涵养发展新区城镇化率分别达到了100%，99%，68%和61%。这说明首都功能核心区和功能拓展区达到了100%城市化，城市发展新区快达到了城市化中期70%的拐点，生态涵养发展新区过了城市化中期50%的拐点，出现了城市郊区化和农村城市化（见上表）。

从2000年到2010年，北京常住人口城乡分布发生了很大变化，城镇化率上升。2010年全市城镇化率为86%，比2000年上升了8.5%。从行政区来看，市区城八区基本是100%城镇化，人口增加，城镇化率不变。城镇化率增长主要发生在市区城八区以外的其他区，其中增长最高的前三位地区为大兴、昌平、怀柔，其次是密云、平谷和顺义（见图c）。从三大圈层来看，老城区和近郊区城镇化率变动基本为0，远郊区城镇化率提高了26%。这说明北京远郊区处于农村城市化加速发展阶段。从四大功能分区来看，城镇人口的增加发生在城市发展新区和生态涵养发展新区，城市发展新区城镇化率增加了28%，生态涵养发展新区增加了22%，首都功能核心区和城市功能拓展区基本不变。对比2000年人口分布，北京城市化发展过程中，首都功能核心区（老城区）并没有出现城市衰退和人口减少，总人口依然增加，西城和崇文则出现了人口减少和密度下降，这主要是旧城保护和人口疏解政策作用的结果。由于市区人口的扩散转移和外来人口增加，城市功能拓展区（近郊区）总体人口增加，城市发展新区和生态涵养发展新区出现了城市化加速。这说明近10年北京出现了城市中心人口增长、城市郊区化和农村城市化。

2011年各行政区中，合并后的东城区和西城区城市化率不变，其他区域城市化率略有上升，城市化率的等级格局保持2010年的不变。从三大圈层来看，和2010年相比，2011年老城区和近郊区城市化率不变，远郊区略有上升。从四大功能分区来看，首都功能核心区和功能拓展区城市化率不变，城市发展新区和生态涵养发展新区略有上升。

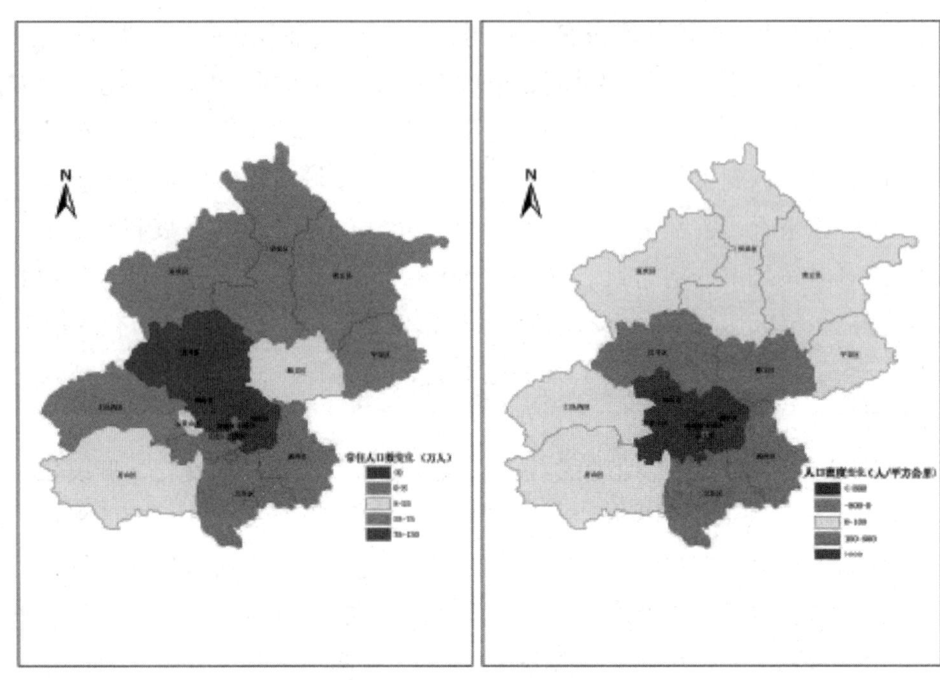

图 c　　　　图 d

2000 和 2010 年北京分区域常住人口的变化图 1

三、北京常住户籍人口及常住外来人口的空间分布及其变动

1. 2010 年和 2011 年北京常住户籍人口集中于城市功能拓展区和发展新区

从行政区来看，北京常住户籍人口总数最多的五个区域是朝阳、海淀、昌平、丰台、房山，常住户籍人口总数最少的五个区域是门头沟、崇文、延庆、怀柔、平谷。从三大圈层来看，近郊区常住户籍人口占了总常住户籍人口的 46%，远郊区占比为 41%，老城区占比为 13%。因此常住户籍人口集中分布于近郊区，其次是远郊区。从四大功能分区来看，首都功能核心区常住户籍人口占了总常住户籍人口的 13%，功能拓展区占比为 46%，城市发展新区占比为 29%，生态涵养发展新区占比为 12%。因此常住户籍人口集中在城市功能拓展区和城市发展新区。2011 年的户籍人口空间格局和 2010 年保持一致。

2. 2000－2011 年北京核心区常住户籍人口减少，在功能拓展区和发展新区增加

2000 年到 2010 年常住户籍人口绝对数增加了 155.6 万，然而他们的数量变化在空间分布是不均匀的。从行政区来看，总常住户籍人口数量减少的有西城、东城、崇文和宣武。根据《北京统计年鉴 2001》发现 2000 年这城四区公安部门统计的户籍人口比人口普查的常住人口多，这说明一些居民已经疏解到了其他地区，但是户籍依然在城四区，出现了人户分离。其他各区常住户籍人口数量都在增加，而且增加最多的五个区域是朝阳、海淀、昌平、通州、大兴。从三大圈层来看，近郊区常住户籍人口增量占了总常住户籍人口增量的 75%，远郊区占比为 56%，老城区占比为 -31%。因此总常住户籍人口增长集中分布于远郊区和近郊区，老城区出现了减少趋势。从四大功能分区来看，首都功能核心区、城市功能拓展区、城市发展新区、生态涵养发展新区常住户籍人口增长占了总常住户籍人口增量的 -31%，75%，50% 和 6%。因此常住户籍人口增长集中在城市功能拓展区和城市发展新区。

2011 年的户籍人口变动空间格局和 2010 年基本保持一致。从行政区来看，与 2010 年相比，各区 2011 年总常住户籍人口数量略微有所减少的有合并后的东城，以及郊区的顺义、怀柔，其他区域都有所增加。从三大圈层来看，与 2010 年相比，2011 年近郊区和远郊区常住户籍人口都有所增长，前者增长快，老城区基本保持不变。从四大功能分区来看，与 2010 年相比，2011 年首都功能核心区常住户籍人口基本保持不变，城市功能拓展区常住户籍人口增长最快，城市发展新区常住户籍人口增长其次，生态涵养发展新区常住户籍人口增长较慢。

3. 2011 年北京常住外来人口分布集中于城市功能拓展区和发展新区

首先分析 2010 年北京常住外来人口绝对数的空间分布。从行政区来看，总常住外来人口数量最多的五个区域是朝阳、海淀、昌平、大兴、丰台，总常住外来人口数量最少的五个区域是平谷、密云、延庆、门头沟、崇文。从三大圈层来看，近郊区常住外来人口占了总常住外来人口的 54%，远郊区占比为 38%，老城区占比为 8%。因此常住外来人口集中分布于近郊区，其次是远郊区。从四大功能分区来看，首都功能核心区常住外来人口占了总常住外来人口的 8%，城市功能拓展区占比为 54%，城市发展新区占比为 34%，生态涵养发展新区占比为 4%。因此常住外来人口集中在城市功能拓展区和城市发展新区。

其次，分析常住外来人口占该区域总常住人口比例的空间分布。常住外来人口占北京市常住人口比例 36%。从行政区来看，总常住外来人口占该区域常住人口比例最高的五个区域是昌平、大兴、朝阳、丰台、海淀。其中，昌平常住外来人口超过了本地人口，大兴常住外来人口接近本地常住人口数。总常住外来人口数量最少的五个区域是平谷、延庆、密云、门头沟、房山，常住外来人口相当于本地总常住人口的10%到20%。从三大圈层来看，近郊区常住外来人口占了该区域总常住人口的40%，远郊区常住外来人口占了该区域总常住人口的34%，老城区常住外来人口占了该区域总常住人口的26%。因此近郊区和远郊区常住外来人口占该区域总常住人口比例高。从四大功能分区来看，首都功能核心区常住外来人口占了该区域总常住人口的25%，功能拓展区常住外来人口占了该区域总常住人口的40%，城市发展新区常住外来人口占了该区域总常住人口的40%，生态涵养发展新区常住外来人口占了该区域总常住人口的17%。因此城市功能拓展区和城市发展新区常住外来人口比例高。2011年的常住外来人口变动空间格局和2010年基本保持一致。

4. 2000－2011年北京常住外来人口空间增长集中于城市功能拓展区和发展新区

这里分析2000年到2010年常住外来人口绝对数变动的空间分布。从总体来看，各行政区常住外来人口数量都是增长。从行政区来看，总常住外来人口数量增加最多的五个区域是朝阳、海淀、昌平、大兴、丰台，总常住外来人口数量增长最少的五个区域是平谷、密云、延庆、怀柔、门头沟。北京各行政区常住外来人口比例都在增加，增长比例超过了30%的区域有昌平和大兴，超过了20%的区域有朝阳、海淀、通州、顺义、怀柔（见图1d）。从三大圈层来看，近郊区常住外来人口增加数占了总常住外来人口增加数的48%，远郊区占比为45%，老城区占比为7%。因此总常住外来人口增长集中分布于近郊区和远郊区。从四大功能分区来看，首都功能核心区常住外来人口增加数占了总常住外来人口增加数的7%，功能拓展区占比为48%，城市发展新区占比为40%，生态涵养发展新区占比为5%。因此增加的常住外来人口集中分布在城市功能拓展区和发展新区。

2010年到2011年常住外来人口绝对数变动的空间分布变动略有变化。从行政区来看，与2010年相比，各区2011年总常住外来人口数量略微有所减少的有合并后的东城和西城，以及郊区的大兴和平谷，其他区域都有所增加。从三大圈层来看，与2010年相比，2011年近郊区和远郊区常住外来人口都有所增长，前者增长快，老城区基本保持不变。从四大功能分区来看，与2010年相比，2011

年首都功能核心区常住外来人口略有减少，城市功能拓展区常住外来人口增长最快，城市发展新区常住外来人口增长其次，生态涵养发展新区常住外来人口增长较慢。

四、结论、讨论和政策建议

综上所述，本文得出以下结论。

（1）从2000年到2010年，北京总体常住人口处于快速增长状态，除了少数区域外，各区域人口都在增长，在城市功能拓展区和城市发展新区人口增长最快。人口依然分布不均，人口密度从市区到郊区递减。从行政区来看，老城区中的西城和崇文出现了人口总量净减少和密度下降，其他各区都出现了人口净增加和密度上升。老城区、近郊区、远郊区都出现了人口增长和密度上升趋势。城市功能拓展区和城市发展新区人口增加最多，其次是生态涵养发展新区，最后是首都功能核心区。2011年和2010年相比，总人口在增长，空间格局不变。

（2）北京常住人口更多地向城镇集中，城市化率继续上升，进入了城市化的新阶段。首都功能核心区和功能拓展区实现了高度城市化，人口继续向这新核心区域集中，部分老城区出现了总人口减少和密度下降，总体来看则没有出现城市中心衰退和人口减少；城市发展新区和生态涵养发展新区也进入了城市化中期，城市出现了郊区化，远郊区加快了农村城市化。

（3）常住外来人口是北京人口规模持续增长的主要原因，户籍人口增长为其次的原因。常住户籍人口在老城区出现了净减少，在近郊区和远郊区为净增加。常住外来人口数量在各区域增加，在近郊区和远郊区增长最快。两类人口都集中在城市功能拓展区和城市发展新区。

引起北京人口分布发生变动的原因有很多，这里分析主要影响因素。首先是城市经济社会发展吸引了大量的外来人口迁入，并向城市各空间单元流动。其次是北京城市规划的引导作用。北京市大规模的旧城改造自1990年代开始，进入新世纪以来，这种改造的力度继续加强。旧城改造重点是城四区的道路系统和危旧住房，同时兼顾历史文化遗产的保护。北京市出台了历史文化名城保护规划，在旧城内划定了若干历史文化保护区，加上文物保护范围及其建设控制地带，约占旧城总面积的42%。2004年版总体规划中提出“两轴－两带－多中心”的城市空间结构，新城将成为城市建设的重点区域，要在远郊区县重点建成 11 个具有相对规模、功能独立、设施完善的新城，以疏解中心城区压力，疏导与外迁不适合在旧城发展的城市职能和产业。在规划的引导下，北京市政府采取了旧城人口疏解政策，促使市区人口向郊区迁移。第三是城市开发的带动作用。为了促进人口和产业向城市功能拓展区和城市发展新区转移，北京市政府加大了近郊区和远郊区交通通讯等基础设施的投入建设，缩短了城郊、城乡联系的时空距离，降低了产业和居民对城市中心的依赖，加速了中心区人口和企业的外迁。同时，政府增加了卫星城市建设用地的供应，建立了工业园区和完善了基础设施，房地产开发数量大幅度增加，以就业和住宅带动人口向功能拓展区和城市发展新区迁移。

以上研究表明，与 1990 年到 2000 年的北京人口分布（冯健等，2003）对比，2000 到 2010 年，北京城市郊区化和远郊区农村城市化加速发展，老城区从人口减少趋势重新变成了人口增长趋势，并没有出现老城区衰退的局面。城市规划、产业引导和户籍人口向外疏解政策取得了一定的效果，导致了老城区户籍人口的减少。然而随着老城区户籍人口的迁出，常住外来人口的增长更快，导致了老城区人口依然增长。而且外迁的户籍人口和常住外来人口都流向城市功能拓展区和城市发展新区聚集，加快了城市郊区化和农村城市化进程。北京的人口密度从市区到郊区递减，依然符合城市集聚经济的规律。这表明北京人口分布及变动模式相当于 Hall（1984）提出的城市演变模式中的相对离心阶段和郊区化阶段。

北京人口的分布和变动带来了交通拥堵和造成了资源环境的巨大压力等城市问题，特别是“十二五”期间的水资源形势更为严峻。“十二五”时期是推动首都科学发展的关键时期，是努力打造“五个之都”、建设世界城市的关键阶段。北京迫切需要控制人口的增长和实现人口进一步向远郊区和周边地区扩散。因此建议：一是完善北京城市规划和区域规划，推行在郊区和大北京都市圈建设宜业宜居卫星城市战略，产业带动就业空间转移战略，以及完善快速交通体系联结就业中心和高密度居住区的战略，引导产业和人口向郊区和都市圈的卫星城市集聚。二是完善北京房地产市场、住房保障体系和公共服务市场，推行城区、郊区、卫星城的生活成本差异战略，用市场之力推动人口合理分布。在市场经济下，不同城市之间的居民收入、住房、生活质量存在明显的差异。通过人口和资本的流动，会形成高收入、高房价、高质量的城市和低收入、低房价、低生活质量的城市竞争均衡。城市之间则是通过调节居民的收入和生活成本以及净效用来促使人口流动，促使人口的合理分布。三是以户籍和居住证为基础推行精细人口管理战略，健全人口综合管理服务调控机制，通过控总量、调结构、优化分布和提高资源环境承载能力，使人口增长与首都城市性质定位和可持续发展的长远目标相适应。在劳动力供需与城市承载能力、完善各项服务与有效控制人口规模的现实矛盾中寻找平衡，不断提高人口管理与服务水平。

积极推进公交城市建设 为建设中国特色世界城市提供有力支撑*

北京市高度重视交通工作，把交通作为全市工作重点来抓，通过采取一系列措施，较好维持了一定水平的交通保障和服务能力，基本适应了经济社会持续发展和出行需求快速增长的需要，圆满完成了北京奥运会、残奥会和新中国成立60周年庆祝活动的交通保障任务。

随着城市化、现代化、机动化进程加快，北京市机动车高速度增长，城市交通承载过大，中心城交通在一些时段和区域拥堵较为严重。经验表明，一个特大城市要实现交通可持续发展，满足市民出行需要，最大限度地减少交通拥堵，必须要大力发展以公共交通为主导的集约化、高效率的交通运输体系。

2005年4月，市政府颁布了《北京交通发展纲要》，提出要坚定不移地加快城市交通结构优化调整，尽早确立公共客运在城市日常通勤出行中的主导地位。2006年，进一步出台了《关于优先发展公共交通的意见》，明确了优先发展公共交通的“两定四优先”的总体思路。在此基础上，2009年7月市政府颁布了《北京市建设人文交通科技交通绿色交通行动计划（2009－2015年）》，进一步深化优先发展公共交通战略，明确提出了建设“公交城市”的目标。

“公交城市”是以集约化社会化的公共运输方式为主导多种交通方式协调运转的交通系统，其内涵既包括网络化的轨道交通和地面公共交通系统，自行车和步行系统，还包括便捷的多种方式的换乘系统、无障碍交通运输系统、中心区物流配送系统，以及低能耗、低排放、高效率的交通工具等等。“公交城市”的建设体现了人文、科技和绿色的理念。人文理念，突出“以人为本”。交通发展以为市民提供安全、便捷、公平、和谐的交通服务为根本出发点，与经济社会发展

* 作者简介：刘小明，北京市交通委员会主任，教授、博士生导师。

相适应，与历史文化风貌相协调。建立与现代交通相适应的规划、建设、运营、管理体制机制，加强交通文明建设，提高现代交通意识，为城市正常运转和市民出行提供良好的交通环境。科技理念，突出“技术创新”。充分发挥人才和科技优势，加快构建交通科技创新体系，加大技术研发和成果转化应用力度，推进信息化、智能化、产业化建设，全面提升交通系统科技水平。依靠科技进步，创新管理方式，实现内涵发展、结构优化、产业升级和服务延伸。绿色理念，突出“节能减排”。引导交通参与者转变出行方式和消费观念，不断提高绿色出行比重。鼓励生产和使用低能耗低排放汽车。建设与人口资源环境承载能力相适应的资源节约型、环境友好型综合交通运输系统。

一、北京市建设“公交城市”的基本情况

北京市始终坚持以优先发展公共交通作为解决城市交通问题的根本途径，“十一五”时期是公共交通投入最大、公交出行条件改善最明显、百姓得到实惠最多的时期，公共交通在奥运会、国庆等重大活动的交通保障中发挥了重大作用，基本应对了机动车快速增长的挑战。

（一）交通基础设施实现跨越式发展，为公共交通发展提供了基础保证

到“十一五”末，市区城市道路总里程达到6247公里，比“十五”末增长4.2%，道路面积比“十五”末增长9.6%，城市道路网承载能力进一步提升。市域公路总里程达到20755公里，其中高速公路达到884公里，干线公路里程达到3440公里，分别比“十五”末增长61.3%、14.9%。路网承载能力的提高，为地面公交和郊区客运的发展提供了基础，北京市公交线路达741条，运营线路长度达18270公里，极大方便了市民的出行。

（二）明确公共交通优先战略，为推进公共交通发展创造了条件

“十一五”期间，北京市公共交通投资占交通基础设施投资的51%，比“十五”末提高了24个百分点，实施了加快轨道交通建设、优化地面公交线网、改善换乘条件、施划公交专用道、实行低票价政策等一系列优先发展公共交通政策

措施。

1. 轨道交通

截止到“十一五”末，轨道运营里程达到336公里，比“十五”末增长196%，网络可达性显著提高。适应轨道网络化运营要求，千方百计提高地铁运输能力，先后14次缩小1号、2号线等地铁既有线路发车间隔，实现了最短发车间隔2分钟的高水平运营，扩大了13号线、八通线列车编组，运输能力分别提高了30%－50%。2008年年底，轨道交通指挥中心建成并全面投入使用，集指挥调度和票务清算两大功能于一体，控制中心最多可容纳14条轨道交通线路，标志着北京市轨道交通发展进入网络化运营管理新时代，轨道交通网络效应初步显现，运营效率进一步提高。新增更新地铁空调列车，改善了乘车条件。实行低票价政策。地铁日均客运量突破500万人次，比“十五末”增长1.07倍。

2. 地面公交

“十一五”期间，积极优化调整公交线网，按照“市区减少重复、边缘扩大覆盖”的思路，多次优化调整公交线路，削减市区重复站位和重复线路，解决和改善小区居民出行问题，优化调整线路。目前北京市共有运营线路741条，基本形成了覆盖全市的地面公共交通网络。2006年以来，新增、更新运营车辆1.6万余部，公交车辆全部达到环保要求，不仅改善了乘车条件，也大大减少了尾气排放。加大公交路权优先力度，增加施划公交专用道力度。建成并开通运营了南中轴路、安立路、朝阳路3条大容量快速公交线路，公交路权优先提高了营运速度，市民公交出行更便捷。地面公交日均客运量上升到目前的1500万人次，比“十五”末增加50%。

3. 接驳换乘

“十一五”期间，建成了东直门、西直门等5个综合客运枢纽，加强了城市内、外交通和各种交通方式的整合衔接。改造新建了四惠、安定门、北官厅、大屯等35处换乘站，实现了100余条公交线站内到发、日均约40万人次站内换乘，大大方便了市民出行。按照“小汽车＋轨道”的模式，积极推进驻车换乘场站（P＋R）建设。建成并试点运行了5号线天通苑北站、八通线通州北苑站、4号线安河桥北三处P＋R场站，实行了2元/车次的低收费政策，鼓励小汽车驻车换乘。

4. 公益性低票价

自2007年1月1日起，取消了传统的公交月票，就低统一市区地面公交普票，实行持卡乘车成人四折，学生二折的优惠；自2007年10月7日起，轨道交通实行全路网单一票制、每人次2元的低票价政策，实现了低票价、全网“一票通”、“一卡通”、无障碍换乘；自2008年1月15日起，改革“9”字头公交及郊区境内客运票制票价，按公交公益性定位，实行低票价政策，“9”字头公交实行与市区公交持卡乘车同折扣优惠。2009年1月1日起，65岁以上老年人免费乘坐市域内地面公交。公共交通公益性定位和低票价政策，使城乡市民共享改革成果，市民公交出行更经济实惠。

5. 步行、自行车出行系统

“十一五”期间，为改善步行、自行车等慢行交通的出行环境，北京市制定了《北京（中心城）步行和自行车交通规划准则》（试行），并计划选取试点，通过对步行、自行车系统改善实施方案的研究，从规划、设计、管理等层面总结经验，提出改善措施和建议，为全市行人自行车系统的未来规划和当前设施的改善提供成功示范和标准。

一系列优先发展公共交通措施的实施，取得了显著效果，人民群众普遍得到实惠，出行成本大幅降低，出行更加方便快捷，出行环境更加舒适。在奥运会、国庆等大型活动中，公共交通均承担了交通保障的重要任务，特别是奥运会期间，公共交通出行比例达到50%，为赛事交通和社会交通的和谐运转做出了重要贡献。

（三）依托科技创新，为提升公共交通管理和服务水平提供了支撑

2010年，北京市自主研发的国内第一个时速100公里、国产化率达到97%、具有完全自主知识产权的地铁电动客车——房山线电动客车首列样车正式下线。交通运行协调指挥中心（TOCC）建设完成，提高了轨道交通运行效率和科学管理水平。“十一五”期间，交通科技实现了跨越式发展。地面公交运营管理和服务中积极应用智能化技术，已形成了以智能调度指挥中心、公交救援抢修、快速公共汽车交通系统（Bus Rapid Transit BRT）、枢纽站运营调度管理、乘客信息服务、奥运公交智能调度、三级调度管理、应急指挥车、图像信息管理等9大应用系统为基础的公交智能调度管理体系，在奥运运输保障和日常公交运营中均发挥

了重要作用；新能源车辆的示范应用，为奥运提供了无污染的公共交通服务。

建成了轨道交通自动售检票、乘客信息服务等 10 多个应用系统，建设智能化轨道交通指挥中心，实现了 9 条轨道交通线路的网络化运营与调度；通过地铁 1、2 号线信号和通信等改造工程，缩短了列车运行间隔，大大提高了安全和运输能力；并稳步推进轨道交通关键设备的国产化。

市政交通一卡通系统的电子收费服务已覆盖北京市全部公交车辆、轨道交通线路和部分出租车、停车场，发卡已超过 2800 万张，每天有超过 86% 的公交乘客和超过 75% 的地铁乘客使用一卡通刷卡乘车。初步建成市政交通一卡通分析系统，实现了公交运营数据、公交乘客出行信息的动态分析和跟踪监测，为公交线网规划和构建快速通勤系统打下坚实基础。

二、建设公交城市存在的问题和面临的挑战

北京交通虽然在“十一五”期间取得长足发展，但与国际大城市先进做法，以及社会经济日益增长的需求相比仍有差距。

（一）国际大城市先进做法

1. 以公共交通为导向的城市发展模式（TOD）

为限制城市无序蔓延，许多国际大城市都开始规划以公共交通为中枢、综合发展的步行化城区，通过公共交通导向开发——TOD（Transit - Oriented Development）策略进行系统的、协调的土地发展和公共交通建设，提出都市的土地开发使用应该朝着公交导向方面进行。

以香港为例，受土地资源的限制，香港政府大力发展公共交通，并在铁路沿线地区进行密集发展，要求开发商在打造 TOD 的时候注重广场、花园、商服、天桥等公共设施的建设以吸引和方便居民搭乘地铁，尽量使在这些地区居住和工作的市民不需其他交通工具接驳，步行就可至铁路车站，从而减少交通流量。

2. 公交专用道路权保障

“公交优先”是世界城市交通发展的一项基本政策，而公共交通“通行权优先”是公交优先的关键。通过设置公交专用道（Bus lane）为公交车辆提供专用路权，可以避免公交车辆与其他机动车的混行和相互干扰，能够有效提高公交运

行速度、增加公交服务可靠性、改善公交运行环境，是世界各城市普遍采用而行之有效的公交优先措施。

以伦敦为例，目前大伦敦市区的公交车在高峰时间拥有优先行驶权，不少路面辟有专门的红色公交车道，供公交车和出租车行驶。公交专用车道上方安装有摄像头，对进入公交专用道的其他车辆处以较高的罚单。伦敦市还将一些单车道道路设置为公交专用，只允许公交车、行人及自行车出入。

3. 高密度、高可达性的轨道交通网络

轨道交通由于与道路相分离，可以快速运送大运量的乘客，与其他运输方式相比具有人均消耗能源少、污染小、占地少、耗费社会成本低的特点，因此轨道交通几乎成了大城市解决交通问题的必然选择。

世界城市都建有高密度轨网，世界城市中心城区轨道线网密度均在 1－2 公里/平方公里之间，而北京到 2015 年中心城区线网密度仅为 0. 51 公里/平方公里。伦敦大都市圈第二圈层内轨道线网密度 0. 78 公里/平方公里，第一圈层内线网密度应更高。东京大都市圈第一圈层内轨道线网密度 1. 12 公里/平方公里。纽约大都市圈曼哈顿地区的轨道线网密度约为 2. 5 公里/平方公里，第一圈层内的轨道网络密度也很高。

4. 人性化的换乘环境设计和服务

综合交通枢纽是以轨道交通换乘为主、地面公交衔接换乘为辅，提供不同交通工具、不同方向客流转换服务的综合客运交通建筑。它最基本的功能是解决各种交通方式间的换乘和衔接问题。要充分发挥这些功能，其内部及周边环境设计和服务是一个不容忽视的重要因素。

以日本为例，其综合交通枢纽站能够实现公共汽车中心站、轨道交通、出租车、自行车等多种交通方式的方便换乘，同时集交通、购物、娱乐、休憩等为一体，建筑设施方便舒适、功能齐全，枢纽站内还设有冷暖空调、公共厕所、公用电话、寄放箱、盲人指南、残疾人通道、电梯等便民设施。

5. 分层次的公交服务

一个合理的城市公交运输体系需要包含分层次的公交载运工具，实行不同的运送标准，才能够物尽其用，合理有序地组织公交系统的运营，公交的服务水平也将提高一个等级。

香港公共交通是以轨道交通为骨干，公共汽车为主体，的士及渡轮为辅助的分层次综合交通运输体系。其中，由地铁、电车和缆车组成的轨道交通是香港最主要的公共运输工具。公共汽车主要由专营巴士、非专营巴士及公共小型巴士组成；专营巴士提供近700条固定路线服务，非专营巴士主要为舒缓市民在高峰时段对专营巴士的需求，公共小型巴士为铁路及公共汽车外的主要辅助交通工具。的士系统由市区的士（红色）、新界的士（绿色）及大屿山的士（蓝色）组成，市区的士可在全港行驶，新界的士可在新界东北及西北部营运，大屿山的士只可在大屿山等地行驶。渡轮服务提供来往离岛以及港内线渡轮服务。

6. 便捷的驻车换乘及自行车换乘设施

在国外一些大城市的地铁、公共汽车始发站，都建有大型的驻车换乘（Parking and Ride，P + R）及自行车换乘（Bicycle and Ride，B + R）设施，即“停车 + 换乘”的功能组合。

P + R 是设置在市中心外围、与公共交通枢纽衔接、收费低廉的停车场，它通过低廉的停车费和便捷的换乘，将部分私家车交通吸引到公共交通中来，是国外城市交通需求管理的重要手段。美国在上世纪70年代早期为缓解能源危机和城市交通拥堵，开展了对P + R的研究和使用。

B + R 是指在公交、铁路站点设有自行车停放处，可便利出行，大大缩短通勤时间，提高交通效率，有益于自行车交通和公共交通。美国为鼓励、便利自行车交通，地铁站大都设有自行车停车处，美国各地的公共汽车大都可带几辆自行车。

（二）北京市建设公交城市存在的问题和面临的挑战

1. 人口和功能布局调整未达到预期效果，中心城交通压力持续增大

“十一五”期间人口、就业岗位和城市主要功能仍集中在中心城，新城、边缘集团的职、住分布不平衡，公共配套设施未同步建设，导致通勤出行距离加长、出行时空分布更为集中，潮汐特征更为明显，中心城交通聚集效应进一步加剧。

2. 机动车发展呈现“三高”趋势，抢占了公共交通资源

“十一五”期间机动车发展呈现高速度增长、高强度使用和高密度聚集的特点。小客车年均行驶里程为1.5万公里，是伦敦的1.5倍，东京的2倍多；小客车出行量的70%集中在中心城，导致停车、噪声、尾气污染等问题严重，步行

和自行车出行环境恶化，交通拥堵有进一步恶化的趋势。

3. 公共交通服务水平不高，难以与小客车出行方式竞争

轨道交通线网密度低，高峰时段拥挤现象严重。公交出行效率低于小汽车，地面公交运行正点率低，特别是在早晚高峰和双休日期间运行速度更慢、正点率更低。换乘设施不完善、衔接不畅，换乘距离远；一些地面公交多线路、大客流的换乘地点，缺少专用换乘设施，多在路边完成，既不利于乘客安全，又影响道路交通，加大了局部拥堵。公共交通服务水平不高，造成了公共交通难以与小客车出行方式竞争。

4. 交通设施发展不平衡，制约公共交通服务效率

城市道路路网规划实现率低，路网结构不合理，微循环不畅；交通枢纽、公交场站设施建设滞后，各种交通方式缺乏合理有效的换乘衔接；公共停车设施建设缓慢，城六区机动车停车位缺口较大，占路停车等问题突出，影响了公交线网布局的优化以及公交线路的延伸。

5. 体制机制创新不足，制约了公共交通枢纽场站的发展速度

市区两级政府在设施建设和管理养护等体制机制方面有待进一步完善，公共交通设施建设特别是枢纽场站建设仍然面临建设前期工作周期长、征地拆迁难、资金压力大等问题，制约了公共交通的发展。

三、全面建设“公交城市”的思路

国内外的经验和北京市交通发展情况说明，单纯依靠增加交通供给的方法无法根本解决交通问题。在城市交通发展过程中，要求多管齐下，使我们的城市交通逐步走上一条科学发展的道路：第一，加快交通基础设施建设，包括道路系统、轨道交通和交通枢纽体系，构建起较为完善的城市交通基础设施；第二，必须在加快交通基础设施发展的同时，加大对公共交通的投入，来建立和完善公共交通服务体系，提高公共交通的吸引力，努力改善交通结构；第三，要进一步加大综合交通管理力度，通过科技管理手段，发展智能交通系统，提高交通基础设施利用效率和交通运行服务水平；第四，加大对市民现代交通意识的沟通和引导，努力改善交通消费观念，强化现代交通安全意识，更多地选择公共交通、自行车和步行等绿色出行方式。

建设“公交城市”的关键是要使公共交通快捷方便，城市货物配送形成体系，慢行交通系统出行安全便捷。推进“公交城市”建设的具体措施主要有：

（一）继续深化优先发展公共交通政策措施，提高公共交通服务水平

北京市“十二五”时期将全方位深化优先发展公共交通作为交通发展的核心战略之一，建设快捷、安全、方便、舒适的公共交通系统，推进以轨道交通为骨干、地面公交为主体、步行和自行车等多种交通方式协调运转的绿色出行系统建设。它不仅包括公共交通客运系统，还包含换乘系统、步行自行车系统、无障碍出行系统以及货运物流系统等多个领域。

1. 继续加快轨道建设

扩大线网规模，按计划推进“三环、四横、五纵、八放射”轨道交通网络的建设，形成城市轨道交通网、市郊铁路网及国家铁路网相衔接的北京市域轨道交通网络运营系统。同时，为应对中心城的交通拥堵问题，编制完成中心城轨道交通线网加密规划。完善市区联动和一条线路一个指挥部的工作机制，调整建设时序，以超常规的建设力度，加快推进规划实施。

2. 提高轨道交通网络化运营能力

随着北京市轨道交通客流的不断增长和新线的相继开通，中心区线网的客流压力将进一步增加。因此既有线路必须通过信号系统更新、车辆及车辆段改造、更新等多种手段，进一步挖掘潜力，缩小运营间隔，提高运输能力。实施 1 号线、5 号线、八通线、13 号线的信号、供电、车辆段等改造工程，提高设备设施的可靠程度和能力。1 号线、2 号线、八通线、13 号线加装安全门，更新 1 号线 114 辆电动客车，对 1 号线 186 辆旧车进行加装空调改造，提高安全服务水平。地铁 1 号线列车编组由 6 节扩大至 7 节，运能提高 16%。增购 354 辆列车，实现 2 号线、4 号线、5 号线、10 号线一期高峰发车间隔 2 分钟，高峰时段运力分别提高 12.5%、50%、25%、50%。大力推进轨道交通指挥中心二期工程建设，进一步提高指挥中心路网协调控制能力，实现轨道交通系统的平稳、安全、高效运行。

3. 提高地面公交服务水平

以中心城为重点，依托轨道交通、城市快速路网、公交专用道、大容量快速

公交和常规地面公交线路，完善综合客运交通枢纽、地面公交的中心站和首末站三级换乘体系，构建公交快速通勤网络。在公交港湾或公交线路集中的站点，根据实际需要施划公交专用道，方便公共电汽车进出站。新增公交专用道 150 公里以上，提高地面公交运送速度，支持公交快速通勤网络建设。

在进出中心城高峰客流集中的道路和长安街、三环路等主要道路上，合理调配公交低峰运力，减少低峰运营车次，提高道路、车辆的使用效率。增设小区延伸线路和区域“袖珍线路”，完善与轨道交通、公交干线的衔接，方便出行。随着轨道交通线网的逐步完善和综合客运交通枢纽的投入使用，进一步优化市郊地面公交线网，分期分批将 9 字头地面公交线路在三环路或四环路外实现与轨道交通线路、城区地面公交线路的有效衔接。

4. 加快换乘设施建设

实现轨道交通、地面公交等多种方式换乘设施同步规划、建设、运行。建成四惠、宋家庄、苹果园、北苑北、望京等 9 个综合客运交通枢纽；建成后沙峪、温泉、北七家等 5 处公交中心站，西红门、天宫院等 25 个首末站，2 处保养场和 2 处充电站；永久地面公交场站建设力争实现 70% 以上。对线路多、客流量大的区域公交专用换乘设施进行改造。政府投资建设驻车换乘停车场，实行低收费政策。随轨道交通新线同步规划建设驻车换乘停车场，在既有轨道交通线路的四环路以外站点逐步增加建设驻车换乘停车场。

5. 改善步行和自行车交通系统

启动地铁 4 号线、5 号线和八通线公共自行车服务系统建设试点。在北京商务中心区等重点地区、重点大街和文保区建设一批步行、自行车示范区。在新开通的轨道交通线路、地面公交骨干线路的主要站点和枢纽站增设自行车停车设施。2012 年底前，在 6 号线、8 号线、9 号线、10 号线、西郊线等轨道交通线路沿线站点规划建设自行车停车场。同时加强建设行人步道网络，强化路权管理，美化步行环境，鼓励绿色出行。

6. 完善城市货运物流配送体系

扩大“绿色车队”规模，通过建立城市货运保障“绿色车队”专项补助资金，加大对“绿色车队”企业的宣传力度，要求本行业企业在组织有关货运和物流项目招投标时，优先使用“绿色车队”企业等，提高企业组建“绿色车队”积极性，“十二五”期间实现 5 万辆规模。落实货运站场发展建设专项用地和扶持资金，建立“政府统一规划、经济政策扶持、鼓励民间投资、按照高标准建设、吸引货运量集散”的规划、投资、建设、运营机制，重点建设邻近六环路的10个货运场站，对现有货运站场进行整顿规范，带动城乡物流配送业发展。通过制定企业车辆标准、公开择优配置运力、建立淘汰退出机制等措施的分步实施，促进道路货运行业结构调整，推进现代物流业发展，逐步建立和完善城市物流配送体系。

7. 交通无障碍系统建设

推进无障碍交通设施与服务体系建设，新改建道路随路建设无障碍设施，既有道路逐步实施无障碍改造。继续推进公交和轨道交通车站、站台及车辆等无障碍建设改造，建成中心城无障碍交通出行网络。

通过以上优先发展公共交通的措施，至2015年北京市中心城公共交通出行比例力争达到50%左右。城市物流配送体系形成规模。与铁路、海运、空运接驳的道路货物运输网络初步形成。

（二）继续坚持科技创新，提高科技支撑“公交城市”建设水平

随着社会的发展和技术的进步，将电子技术、信息技术、通信技术等相融合，将先进的技术、设备和管理手段运用到交通服务中，这是城市交通发展的必然趋势，是提高公共交通服务水平和管理效率的必然途径。

1. 建设公共交通客流数据采集与服务系统

建设公共交通换乘客流信息监测系统，在重点公共交通换乘场站（点）布设客流检测设备，结合一卡通电子收费数据、AFC数据，采集公共交通换乘客流信息，实现对全市交通出行客流信息监测，以及重点区域客流密度等信息的动态监测，为轨道交通客流清分模型的验证和修订提供科学依据，为客运组织方案、应急疏散预案的制定提供数据支撑。

2. 建设轨道交通网络化运营安全监测与管理系统

建设轨道交通基础数据库，实现轨道交通设施、设备、运营、养护、安全及信息服务等动静态数据的统一管理及共享，新建线路一并移交数据库。建设轨道交通安全运营关键设备全息化移动检测系统，轨道交通列车运行状态全息检测系统，实现轨道交通动态运行监测、潜在故障隐患的预测及预警。加密轨道交通站内、通道的安全监控设备，建立地铁换乘站大客流优化组织与紧急疏散辅助体

系，建设轨道交通养护管理系统，实现对轨道交通关键设备和车辆的在线状态监测和故障诊断，增强大客流优化组织及紧急疏散能力。

3. 地面公交智能调度与安全防范管理系统

全部公交车辆安装 GPS 定位设备，实现基于 GPS 方式的智能调度与网络化运营组织、公交网络通行状况显示、公交车辆安全监控、突发事件应急联动等功能。70% 的公交线路约 1.5 万辆公交车上安装视频监控系统，实现政府对公共交通运行情况的全面、动态掌控。建立地面公交车辆安全数据库，实现公交车辆、场站、客流等动静态数据的统一管理及共享。建设地面公交的网络化规划与优化系统、运营监管与运行评价系统、建设市郊公交营运服务与智能管理系统，建立统一的营运、安全、服务数据管理系统，初步实现地面公交城乡一体化。

4. 建设综合交通枢纽智能化系统

编制综合交通枢纽智能化建设指南，规范交通枢纽和场站标志的设置，指导未来综合交通枢纽智能化建设。完成东直门、一亩园、宋家庄等综合交通枢纽智能化工程建设，实现多种交通运输方式间的信息共享和协调运转。依托宋家庄枢纽工程，建设北京市综合交通枢纽监控指挥中心，实现枢纽日常集中监测、枢纽间联动指挥、枢纽各驻场交通方式的联动，提高综合枢纽的管理和服务水平，方便市民换乘。

5. 加强货运信息化建设

组织建立公共货运信息平台，整合货运需求和运力供给信息，提高供需双方沟通效率，引导货运企业在经营管理、安全节能、车辆调度、统计核算等环节，应用信息管理和卫星定位等科技信息手段，提高企业自身的经营管理服务水平。

6. 建设智能化公共自行车服务系统

建设公共自行车管理系统，支持跨网点租赁、异地还车。在租赁点建设公共自行车查询系统终端，提供自行车出行信息服务。建设公共自行车计费系统，统一租赁价格。建立票款清分规则，建设公共自行车维修保养系统。实现“公共自行车 + 轨道交通（公交） + 公共自行车”出行模式的示范应用。

（三）继续推行交通精细化管理，提高“公交城市”运行效率

精细化管理是一种管理理念，也是现代管理科学的一种方法。通过交通精细化管理，实现交通管理工作的细致和管理效果的最优、准确，通过交通参与者的

现代交通意识和文明程度的提高，从整体上提升公共交通管理和服务水平。

大力推进交通精细化管理，寓管理于服务之中，在管理中体现服务，注重管理的人性化、标准化、规范化、信息化、精细化和智能化，提高交通系统安全、有序、顺畅运行水平。在轨道交通管理方面，要不断提高管理和运营水平，进一步缩短发车间隔。特别是要积极发挥轨道交通指挥中心的作用，加快轨道交通指挥中心二期的建设，承担起线网的指挥控制和票务清算等功能，提高轨道交通的运行效率。地面公交方面要围绕快速通勤系统的建设，深入调研线路情况，科学合理调整公交线路，施划公交专用道等，提高地面公交便捷程度。

完善文明出行、文明服务、文明管理长效机制，加大宣传教育力度，增强交通参与者现代交通意识，形成“改善交通我参与，交通顺畅我快乐”的社会氛围，引导市民选择公共交通，倡导绿色出行。

（四）继续规范标准制度，为加速推进“公交城市”建设提供保障

为加快“公交城市”建设步伐，还需要一些保障措施的同步实施，以保证“公交城市”建设项目的落实。

规划与用地保障。坚持土地利用与交通协调发展，控制中心城建设总量，有效疏解中心城功能，优化新城交通发展模式，调整公共交通走廊沿线土地开发强度，优先保障公交大型驻车场用地。

资金与政策保障。保持交通投入与经济社会发展同步增长，提高对公共交通的投入，深化落实优先发展公共交通政策。

体制与机制保障。建立与公共交通公益性定位相适应的企业运营成本与绩效考核机制，深化完善郊区客运管理体制机制，完善公共交通票价票制。

法制与标准规范保障。制定、修订公共交通、轨道交通安全运营等地方性法规规章，包括《北京市公共交通条例》、《北京市公共停车场管理条例》等，建立智能交通系统建设地方性标准体系和技术规程。推进《中华人民共和国道路运输条例》的落实，保障城市货运的发展，落实货运场站用地，促进城市物流配送业的发展。

北京市公共租赁住房若干问题研究*

2011年，国家提出要大力推进以公共租赁住房为重点的保障性安居工程建设，2012年，北京市提出了要建立以公共租赁住房为主体的住房保障体系。公共租赁住房作为保障性住房主体的地位已经确立，但顶层设计仍不足，可持续发展的困难较多。对公共租赁住房进行系统性的研究，是当前一项重大而迫切的任务。

一、北京市住房保障体系以公共租赁住房为主体的必要性

（一）以租为主的理论基础

1. 基本人权与民生优先理论

住房被视为确保人类福祉和尊严的基本权利。党的十七大报告指出，要努力使全体人民住有所居；《世界人权宣言》、《经济、社会和文化权利国际公约》等国际性文件提出，人人都享有获得适当住房的权利。国家有义务帮助住房困难家庭实现这项权利。住房困难是居民收入与从市场上获得适当住房之间的差距，有买不起房和租不起房两个方面。买不起房还可以选择租房；租不起房则别无选择，带来严重的民生问题。应坚持民生优先原则，重点发展公共租赁住房，解决居民租不起房的问题。

2. 社会保障和公平分配理论

住房保障是社会保障的一部分，社会保障的理论基础是公平分配。公平有

---

* 作者简介：李持缨，北京市保障性住房建设投资中心副总经理；倪娜，北京市住房和城乡建设委员会研究中心副主任，高级经济师；孙荣华，北京市住房和城乡建设委员会研究中心监测分析室副主任，经济师。

"纵向公平"和"横向公平","纵向公平"是通过对社会财富进行再分配,使处于相对劣势的社会成员最终达到与其他社会成员享有平等权利;"横向公平"是相同的收入水平的成员能够得到同等的对待。产权保障中,收入水平较高的家庭,享受经济适用房和限价房,受益程度要远远高于享受廉租住房的最低收入家庭,违背"纵向公平";享受与未享受到产权保障的家庭,差异很大,也有悖于"横向公平"。而通过统一定租、分档补贴,较低收入的家庭实际支付更少的租金,获得了相同的公共租赁住房,体现了"纵向公平";通过租金补贴的方式,基本消除轮候家庭与已承租公共租赁住房家庭之间的差异,体现了"横向公平"。

3. 住房过滤理论

住房过滤是指,高收入家庭随着收入增长,进行住房改善,原有住房随着时间推移品质和等级会下降,成为较低收入阶层的选择,通过一层层的住房"下过滤",最终使低收入者具有可以支付的住房。产权保障房流转时,转变为商品住房,不是向低收入而是向高出保障收入标准的家庭流转,是一种逆向"过滤";如果实行封闭运行,可能会导致不购买或用他人名义购买商品房,不仅不能形成住房过滤,反而还会抑制存量商品住房市场的发展。公共租赁住房由于没有产权收益,随着保障对象收入的提高,有能力和意愿进入其他形式的保障或商品住房,从而将公共租赁住房"过滤"给比其收入更低的家庭。

(二)以租为主的现实要求

1. 是市场经济的客观要求

市场和保障是配置住房资源的两种方式。市场在资源配置中起基础性作用,是提高住房资源配置效率的最优选择,这已为经典的经济学理论和普遍的经济实践所证实。由于每个人的资源禀赋不同,必然有部分人无法通过市场来解决住房问题,这就需要政府通过基本住房保障来帮助中低收入家庭来解决住房困难。

从北京市情、房地产市场发展规律及国际经验来看,北京市住房租金上涨具有长期性和客观性,下一步,租金上涨的压力很大。(1)根据历史数据,2005年以来,北京市平均租金季度环比涨幅均值为2.84%。按此增速,2021年全市平均租金为144.4元/建筑平方米·月。(2)综合运用成本法与收益法测算,合理的租售比应为160－170元,2011年北京市平均租售比为440元左右。假如房价保持稳定,租售比10年回归到理论水平,再加上每年3%的CPI涨幅,则房租年均上涨12.5%，据此预计2021年名义租金为159.4元/建筑平方米·月。(3)根据恩格尔系数与住房消费支出关系，2021年，城镇居民家庭租金占可支配收入为28.2%，人均可支配收入为93507元，按人均租住15建筑平方米计算，则平均租金为146.5元/建筑平方米·月。综上，取三种方法的中间值，预计2021年北京市住房平均租金为146.5元/建筑平方米·月，相当于2011年的3.0倍。

因此，租不起房将成为北京市突出的民生问题。而房租不同于房价，租赁市场不同于买卖市场，租赁双方都是高度分散的个人，政府干预市场租金缺乏有效的手段，成本高昂，且对市场带来的危害极大。解决租不起房问题的方向，不是干预市场租金，应该是提供低租金的公共租赁住房。

2. 住房保障方式特点的要求

住房保障有产权式和租赁式两种。产权保障适应了我国住房制度改革和房地产市场发展的过渡阶段的特点。但随着房改的推进及住房市场各项制度的不断完善，产权保障的公平和效率问题凸显，一是保障房再上市获得巨大收益，有违住房保障的目标；二是产权保障不能实现住房循环使用。同时，也导致保障家庭对产权保障的偏爱，对产权保障的需求几乎是无限的，进一步增加了住房保障的压力和社会的质疑。

随着住房市场的建立和不断完善，住房保障方式也应随之转变，要建立与社会主义市场经济相适应的、与北京的实际情况相符合的住房保障体系，必然要求走以租赁型为主的保障体系。

3. 人口增长特点的要求

决定住房需求的是人，北京市人口增长的结构特征也决定了今后住房保障要长期坚持以租赁为主。

北京市人口增长的特点。一是人口增长以外部涌入为主。2010年，北京市常住人口比2000年增加597万。其中，外来进入的非户籍人口449万，占75%；机械增长的户籍人口128万，占22%；自然增长仅为20万，占3%。二是人口流入年轻化。外地流入的人口中，25－34岁的占2/3左右。三是受教育程度较高。北京的新增外来人口大部分受过良好的教育，受高等教育的比重比全国水平要高出2.5倍。

新流入的人口也是北京市住房保障的主要对象。2008年以来通过审核的保障性住房申请人员中，25－34岁的占54%。北京市的人口特点决定了住房保障的特点是长期大量的过渡性需求，总体需求具有长期性，而具体家庭的住房困难具有阶段性，对住房保障需求具有过渡性。因此，公共租赁住房，能很好地满足大量的过渡性住房保障需求。

4. 资源利用效率的要求

一是有利于实现资源循环利用。按照租住公共租赁住房家庭中有 80% 今后具有商品住房支付能力、平均租住周期 5 年、运营 50 年计算，则 100 套公共租赁住房可解决 446 户家庭住房困难，则可减少 70% 以上的土地需求。

二是实现资金转化为资产。以政府持有 15 万套公共租赁住房、50 平方米/套、8000 元/平方米的建设或收购成本、该成本相当于市场价 50%、房价平均每年上涨 5% 计算，10 年后，公共租赁住房资产的市场价值约为 2000 亿元，资产增值 2.3 倍。

三是有利于实现成本固化，凸显实物补贴的优势。公共租赁住房的成本主要在前期一次性投入，建设完成后，成本就固化下来，持续发挥保障作用。尽管当前公共租赁住房租金相对于市场租金优势并不明显，但由于成本固化，公共租赁住房租金涨幅平稳，后期租金优势不断显现。按照当前公共租赁住房租金为市场的 80%，每三年上涨 10%，则预计 10 年后仅为市场租金的 33%。

二、北京市发展公共租赁住房的几个重点问题研究

（一）公共租赁住房的保障对象

公共租赁住房的对象是在城市中工作、生活的住房支付能力有困难的住房困难家庭，可归纳为“两个困难，三类人群”。

1. 两个困难

（1）住房困难。住房困难是指住房水平低于基本住房面积。确定基本住房面积方法有两种：一是家庭标准，即按不同的家庭类型分别认定；另一是人均标准，即按照家庭人均住房面积来认定。目前北京市采用的是人均标准。由于家庭成员可以共享有些空间，家庭标准相对更科学，发达国家大体上都采用家庭标准。

根据家庭类型，结合最低住宅建设标准以及居民总体居住状况，建议北京市

公共租赁住房的准入条件，随着家庭人数的增加，人均住房面积递减。具体标准如下：

住房困难面积标准建议表（使用面积）

家庭类型	1 人户	2 人户	3 人户	4 人户	5 人户
总面积－平方米	22	30	37	44	51
人均面积－平方米	22	15	12.3	11	10.2

（2）住房支付困难。住房支付困难是指住房支出超过了收入的可承受范围，公共租赁住房解决租不起房的问题，因此判断的标准是租金收入比。租金收入比也是各国制定公共住房政策的重要指标。如英国 1991 年规定，如果租金收入比超过 20%，则该租金水平是不可承受的，1993 年将该比例提高到 22%；美国规定低收入家庭中房租超出收入的 25% 以上的部分发放住房券补贴，后来该比例调整至 30%。

理论上，恩格尔系数与住房消费关系密切，家庭收入越高，购买食物的支出比重就越小，可用于住房消费的比例就会越高。因此，国际上通常将该指标作为住房支付困难的指标。据联合国人居署的研究，恩格尔系数每降低 1 个百分点，居民住房消费支出提高 0.46 个百分点。据对 60 多个国家的经验总结，恩格尔系数 20－39 的国家和地区，平均住房支出比例为 20%－30%。北京市 2011 年城镇居民家庭恩格尔系数为 31.4，据此计算，合理的住房消费比为 25% 左右。

综上，建议北京市将租金收入比超过 25% 作为判断住房支付困难的标准。

2. 三类人群

按照上述两个困难的标准，北京市公租房的保障对象包含三类人群。一是北京市中低低收入住房困难家庭。这是政府义不容辞的责任。二是新就业职工。他们处于职业发展初期，是城市发展的希望和未来，其收入水平与市场房价、房租存在一定差距，为他们提供住房保障，是社会稳定的和经济发展的需要。三是外来务工人员。他们为城市的经济社会发展做出过贡献，为他们提供住房保障，是城市经济发展的必然要求。

（二）公共租赁住房的准入机制

1. 当前公共租赁住房准入的特点与问题

主要的制度及问题。一是三房轮候家庭优先配租。这些家庭承租意愿和能力不强，对公共租赁住房有抵触情绪，既不愿意入住，入住后又不满。不仅削弱了公共租赁住房的社会效益，还为下一步公共租赁住房的运营管理带来了极大的障碍，甚至可能导致整个公共租赁住房体系的失败。二是公开摇号，顺序选房。产生配租效率低、工作量大、空置率高的问题。如石景山区轮候家庭1万多户，市投资中心为其筹集的250套公共租赁住房，历经6个月进行了两次集中选房，仍有50套公共租赁住房空置，租金损失达40万元。三是区县主导。与公共租赁住房的特点不适应，不利于公共租赁住房的公平分配与优势的发挥，与公共租赁住房的准入政策不衔接。

2. 进一步完善公共租赁住房配租政策的建议

（1）时间优先，编排分配。一是严格按照通过审核的时间先后顺序配租。以通过市级审核备案的时间为基础生成顺序号，特殊家庭以将通过审核时间提前的方式照顾，弃租家庭的顺序号将做时间推后处理。二是通过计算机分配的方式编配保障家庭承租住房，操作上建立承诺制度、编配分配制度和特殊家庭定向编配等制度。

（2）分类管理，统一轮候。妥善处理好各类人群的配租关系。一是三房轮候家庭集中摇号。通知当前的经适房和限价房轮候家庭，在规定的时间内进行登记，全市一次性摇号确定顺序号。二是日常申请“四房合一”，按时间顺序编号。各区县均尽快实行保障房申请四房合一，三房轮候家庭集中摇号截止日期后通过审核的家庭，按照通过审核的时间先后，确定轮候顺序号。三是放弃集中摇号后申请公共租赁住房的原三房轮候家庭，可给予一定照顾。四是对上述三类人群，根据轮候顺序号统一轮候配租。

（3）全市统筹，服务区县。一是全市统一排队。全市建立一本轮候册，实行统一排队，轮候顺序号全市统一编排。二是优先考虑项目所在区县的需求，并向保障压力较大区县倾斜。可拿出一定比例的房源，专门针对项目所在区县配租；强制要求放开对轮候一定时间的所有区县的家庭的申请。

（三）公共租赁住房的运营管理

1. 实现公共租赁住房高效可持续运营的措施建议

（1）做好对保障家庭的服务。一是建立规范化的服务标准，进一步提升管理服务水平。按照统一形象标识、统一服务规范、统一管理程序、统一设备配置、统一人员培训“五统一”的服务规范，打造一支具有一流水平的管理服务团队。二是推行“安居乐业”计划，利用公租房项目配套商业、公共设施等，为承租家庭提供一些就业机会，对雇佣承租家庭的物业企业、招商企业提供一定的优惠。三是项目配套的商业设施，针对承租家庭提供一定的优惠。四是增加交流，提供贴心的服务，增强对承租家庭的关爱。

（2）不断完善管理方式和制度。一是建立管理打分制度，提高公共租赁住房管理精细化程度。二是建立利益制衡机制，为公共租赁住房管理提供有效抓手。三是充分发挥社区居民参与管理，形成共同管理机制。成立租户管理委员会，主要职能是维护和实现入住公约，为小区提供更好的服务，为承租家庭进行更好沟通。委员会负责人由项目管理方担任，委员从租户中产生。四是优化户籍管理，解决跨区县管理难题。五是探索运用现代科技，提升服务管理水平。

2. 完善公共租赁住房退出制度的政策建议

（1）放宽退出条件。在要求退出时，住房面积上，可以与准入的条件一致；收入、资产方面，应该要高于准入的标准，不能因为收入略高于准入标准就要求被退出。

（2）提供临时性救济措施。依据房屋设计、地理位置等因素，通过科学分类形成“级差房源”，为退出家庭提供临时性的中转房。

（3）通过激励机制促使经济状况改善的保障对象退出。自愿退出的，可提供优先购买权以及购买商品房时降低首付比例、减免购房税费等措施鼓励。

（四）公共租赁住房的租金确定

1. 公共租赁住房定租基本方法

国内外典型地区的定租政策，参考的对象主要是市场租金、建设或运营成本、承租人的收入三个方面。据此，定租模式基本上可分为市场法、成本法和收入法。

（1）市场法。市场法主要是以市场租金为参照对象，并下调一定幅度，确定公共租赁住房的租金。在国外，新加坡和20世纪70年代后期的英国采用市场法；国内的厦门、深圳、上海采用此种方法。

（2）成本法。成本法是根据公共租赁住房的建造成本或者运营维护成本来确定租金的方法。在国外，德国和二战后初期的英国采用成本法；国内的重庆、常州等城市采用成本法。

（3）收入法。收入法是根据承租人的收入水平，在承租人的可承受能力范围内确定公共租赁住房的租金。在国外，日本和美国采取了收入法；国内江苏部分城市采取收入法。

三种定价方法各有千秋，采用何种方法与各地的住房保障体系、房地产市场及政府财力密切相关，不存在公认的最优定价策略。市场法模拟市场，解决定价的效率问题；成本法考虑成本的收回，解决可持续性问题；收入法考虑保障家庭的支付能力，解决可支付性问题。

2. 北京市定租方法建议

公共租赁住房的定租应以一种模式为主，并综合考虑其他方式。具体看，综合考虑成本、收入和市场三个因素：以市场法为基础，提高定租效率；按照成本法对运营机构提供补贴或商业配套，确保公共租赁住房的可持续发展；按照收入法对保障对象提供补贴，使其实际支付可负担房租。

（1）市场法确定租金。运用市场法评估方法，由专业机构测算区域市场租金，根据项目特点差异，下调一定的幅度（如 10% –20%），确定公共租赁住房的租金。

（2）成本法确定运营机构补贴或商业配套。公共租赁住房的成本构成分为折旧费、利息、维修费、物业管理费、运营管理费、装修、家具家电费用等，其中折旧费和利息按照房屋预定使用期限采用资本还原法计算。

（3）根据中低收入家庭可支付能力提供租金补贴。公共租赁住房定租采用“统一定价、分档补贴，定价对房、补贴对人”的原则。即公共租赁住房的定价只与住房本身有关。同时，根据承租人的收入水平确定该户可负担租金，参照租金和可负担租金的差额为应该获得的补贴。

（五）公共租赁住房的设计标准的政策建议

合理的公共租赁住房设计标准对于有效利用社会资源、促进有能力的业主或者承租人通过市场来解决住房问题、过滤非住房困难群体有着重要的作用。公共租赁住房仅为住房困难群体提供基本的居住条件，其设计标准应该符合这一特性，设计标准不能照搬商品房标准，原则上应在商品住房标准以下。建议：

一是针对不同的家庭特征，制定差别化的标准。一般要求成套住宅功能，满足住房睡觉、吃饭、洗浴、起居等基本功能，符合现代家庭居住生活习惯，基本生活空间齐备。此外，针对公共租赁住房承租家庭规模小、居住过渡性的特点，可以在某些功能上进行简化合并；针对老年人、残疾人等特殊家庭，提供相应的特殊功能需求，满足不同的人群的需求。

二是针对公共租赁住房的需求特征，进行针对性的设计。成套率上，考虑到25%左右的申请家庭为一人户，可以建设一定比例的非成套住宅，共用厨房、卫生间等设施，满足单身租户的基本需要即可。与此相应，在一些规划指标上（如日照）适当放宽，允许设计部分纯北户型，提高得房率。成套住宅的最低面积标准上，一居室的使用面积29平方米左右，两居室的使用面积为35平方米左右。

三是针对小户型的特征，在公共配套上完善。由于公共租赁住房的户型较小，室内的活动空间狭窄，另有部分公共租赁住房为非成套住宅，因此，应当为承租家庭提供充分的公共活动空间，并提供完善的配套服务。因此，要求在公共租赁住房项目的配套商业和公建的指标上，比普通的商品住房项目比例更高一些，一方面满足承租家庭的需求，另一方面增加公共租赁住房运营机构的自我造血能力。

四是考虑公共租赁住房的可持续发展，大力推行住宅产业化。公共租赁住房需要长期的运营、维护，因此需要部品部件的标准化和住宅产业化。应制定针对性的规划建筑设计标准，探索公共租赁住房规划建筑体系，力求做到部品部件的标准化、设施设备使用的人性化，使公共租赁住房设计面积小、功能全、使用方便。同时，推动公共租赁住房建筑部品部件的产业化和标准化，降低后期运营维护管理成本。

三、北京市发展公共租赁住房路径研究

（一）公共租赁住房的发展阶段探索

北京市的公共租赁住房尚处于起步阶段，建立和完善以租为主的住房保障体系，需要分三步走。

第一步：多主体建设阶段

这一阶段的主要任务，是搭建起以租为主的住房保障体系的框架。预计持续的时间为“十二五”期间。

当前公共租赁住房建设规模巨大、政府财力有限、建设任务紧迫，多主体建设能短期内迅速增加房源。同时，房价高企、租金快涨、住房矛盾凸显，多主体建设，大干快上，有利于快速筹集房源，有效解决居民住房困难，缓解社会矛盾和焦虑情绪。此外，也有利于发现和寻找更有效率的建设管理模式，为进一步完善公共租赁住房的建设管理提供有益的经验借鉴。

但其他主体持有公共租赁住房，在设计标准、分配方式、租金确定与后期管理上与政府持有的公共租赁住房差异较大，如果两类公共租赁住房相混淆，可能对政府持有的公共租赁住房造成冲击，从而影响公共租赁住房体系的可持续发展。建议按照分两类管理的原则，可允许其他主体持有的公共租赁住房出售给政府保障家庭；政府持有的公共租赁住房应坚持只租不售，并严格相关的准入、退出和运营管理规定。

第二步：转型过渡阶段

这一阶段的主要任务，在前期多主体建设公共租赁住房以及多方式建设保障房的基础上，基本形成市级统筹的公共租赁住房建设、运营、管理体系。预计这一阶段需要 5－10 年左右的时间。

在公共租赁住房具有一定的存量规模和比较丰富的建设、运营管理经验后，发展模式将逐步转向，实现三个过渡：公共租赁住房的建设由多主体建设向政府为主的建设过渡，可吸收其他主体参与建设，政府进行收购；公共租赁住房的持有的主体由多主体向少数主体过渡，除产业园区外，其他主体持有的公共租赁住房或出售，或由全市统一的公共租赁住房运营管理机构收购持有；保障手段由实物补贴向实物补贴与货币补贴并重，对于轮候家庭，可发放租金补贴，由其到社会上租赁住房。

第三步：成熟稳定阶段

这一阶段，公共租赁住房的存量规模不断累积，制度日益成熟，以租为主的住房保障体系成熟稳定。

特点和标志。一是公共租赁住房的供需数量基本匹配，每年新增需求和新增建设规模基本相当，工作重心是运营管理。二是形成稳定、平衡的资金流，公共租赁住房进入稳定的资金回收周期，建设和运营不再需要政府补贴，而是通过提高租金、商业配套和资产运作，实现资金的平衡。三是轮候达到稳定的状态，每年申请和退出的家庭数量基本稳定，可以根据申请的规模规划每年的新建规模，申请家庭对何时何地入住有稳定的预期。四是机构良好的运营环境，相关的政策和法规制度基本完善，舆论环境比较理性，先租后买的观念普遍接受。

（二）公共租赁住房发展的支持条件

1. 落实政策支持

政策支持是公共租赁住房实现可持续发展的核心和根本。公共租赁住房不同于商品住房开发，不以追求利益为目标，定价要考虑对象的可承受能力，因此只有政府的支持，才能实现良性的运营。政策支持的主要内容。一是资金，需要政府持续的资本金投入。二是土地，需要政府低成本的土地供应。土地供应方式坚持采取划拨，应保证按成本供地；稳定供地规模，要从源头上保证公共租赁住房的供应规模；坚持净地供应，确保开发建设的速度，降低开发成本。三是规划，需要良好的地理位置和商业配套。据测算，商业配套的比重在20% –25%，公共租赁住房能实现资金自我平衡；规划指标上，要考虑公共租赁住房群体的特殊需求。四是税收，全面落实公共租赁住房建设、运营中的税收支持，降低建设、运营成本。

2. 完善法规制度

北京市对住房保障方面已经有大量的规定，但是，一方面，这些规定的法律位阶较低，基本上是政府规范性文件；另一方面，规定比较零散，系统性不强。需要尽快制定出台基本住房保障地方性法规，指导公共租赁住房发展。

3. 由专门机构执行

从国内外的公共租赁住房发展经验来看，由一个专门的机构来负责公共租赁住房的运营管理，是非常必要的。如香港的房屋署、韩国的大韩住宅公社等。2011 年，北京市财政直接注资 100 亿元，组建了北京市保障性住房建设投资中心，承担公共租赁住房投融资、建设和运营管理的三大职能，初步具备了统筹全市公共租赁住房建设、运营、管理的条件。下一步，可借鉴香港的经验，明确中心作为法定机构的法律地位，赋予中心在公共租赁住房管理中的执法权，以实现公共租赁住房的有效运营管理和可持续发展。

关于创新网格化社会服务管理模式的研究*

加强和创新社会管理，是新形势下重大而紧迫的战略任务。2010 年 8 月，东城区被中央政法委和北京市确定为全国和北京市社会管理创新综合试点区。一年多来，我们立足新区实际，积极探索网格化社会服务管理模式，着力提高社会服务管理科学化水平，走出了一条具有时代特征、首都功能核心区特色、东城特点的社会服务管理新路径，取得了初步成效。

一、东城区创建网格化社会服务管理模式的背景和意义

（一）社会服务管理创新是构建社会主义和谐社会的必然要求

社会管理属于公共管理的范畴，通常是指以政府为主导的包括其他社会组织和公众在内的社会管理主体，在法律、法规、政策的框架内，通过各种方式对社会领域的各个环节进行组织、协调、服务、监督和控制的过程。就内涵而言，社会管理和社会服务是密不可分、相互促进的，创新社会管理的体制机制、方式方法等都需要在社会服务的实践中不断调整和完善。一些国家的发展历程表明，国民收入从中等收入向高收入提升的时期，往往是经济容易失调、社会容易失序、人们心理容易失衡的时期。在我国改革发展的关键时期，如何避免落入所谓“中等收入陷阱”，是我们面临的重大挑战。西方发达国家进入后工业社会之后，将社会福利和公共服务视作政府的重要职责，发挥“三只手”（即政府之手、上帝之手和民众之手）的立体管理优势和特点，形成了全方位多渠道的社会管理体系。改革开放以来，随着我国社会主义市场经济体制逐步完善，社会结构、社会

---

* 作者简介：杨柳荫，北京市东城区区委书记。

组织形式、社会价值理念等都已经和正在发生深刻变化，“经济一条腿长、社会一条腿短”所引发的社会问题越来越突出。为此，我们党对加强和创新社会管理进行了长期探索和实践，进一步明确了经济、政治、文化和社会建设“四位一体”的中国特色社会主义事业总体布局，初步形成了“党委领导、政府负责、社会协同、公众参与”的社会管理格局。特别是胡锦涛总书记在2011年省部级主要领导干部研讨班和纪念建党90周年大会上的重要讲话，全面阐述了加强和创新社会管理的总体思路和重点任务，强调要“牢牢把握最大限度激发社会活力、最大限度增加和谐因素、最大限度减少不和谐因素的总要求”，“提高社会管理科学化水平”，标志着我们党对人类社会发展规律、社会主义建设规律、共产党执政规律的认识进入一个新阶段。纵观国内外发展形势，加强和创新社会管理，是继续抓住和用好我国发展重要战略机遇期、构建社会主义和谐社会的必然要求，对实现全面建设小康社会宏伟目标、实现党和国家长治久安具有重大战略意义。

（二）社会服务管理创新是实现“国际化、现代化新东城”战略目标的必由之路

2010年7月，新东城区成立后，区委、区政府按照首都建设中国特色世界城市的高标准要求，提出了建设“国际化、现代化新东城”的战略目标和“首都文化中心区、世界城市窗口区”的总体定位。这对东城区的社会服务管理创新工作提出了更高的要求。从区位特点上看，新区集中了众多的首脑机关、首长驻地、重要敏感地区和繁华地段。辖区内的天安门广场是党和国家重要的政治活动场所，30多个中央部委机关、100多个国家局级单位和北京市委市政府及其所属200多个单位云集于此，王府井、前门大街、北京站、天坛公园等是人流、信息流的重要交汇地和集散地。做好“四个服务”，维护首都的和谐稳定，始终是我们的第一责任。从经济发展水平上看，目前全区人均GDP已经突破2万美元，第三产业比重达到95.3%，进入了国内高收入发达城区的行列。在这个发展阶段，人们将更加重视提高生活质量，更加注重维护自身的合法权益，更加珍惜和谐稳定的社会环境，更加呈现出多层次、多元化的利益需求。与首都建设中国特色世界城市和东城区打造“国际化、现代化新东城”高标准要求相比，我们在社会矛盾化解、流动人口和“两新”组织服务管理等方面还存在不少薄弱环节，

一些制约社会建设发展的体制性障碍和机制性束缚还没有得到根本解决，如何建立起一个包容多样性的社会治理结构，将是我们今后面临的永恒主题。

（三）社会服务管理创新是更好地满足人民群众新期待的重要举措

区划调整后，新东城区管辖 17 个街道、205 个社区，常住人口 91.9 万，流动人口 26.5 万。区内 18.5 片文保区带来的危旧房改造、人口疏解等任务异常繁重，极易引发社会矛盾。特别是原两区的历史沿革、经济社会发展状况的差异，带来了不同阶层、不同群体的多样化需求，新区老百姓对实现基本公共服务均等化、推进社会管理创新寄予更高的期待。根据问卷调查显示，有 40% 左右的被访居民希望在社会治安防范和公共服务方面进一步有所改善；在民生领域，居民对物业服务质量、小区环境、文体教育资源分配、交通拥堵等方面尤其关注。只有从广大人民群众最迫切的要求出发，从推进社会管理最薄弱的环节着力，切实加大社会服务管理创新力度，才能从源头上维护社会的和谐稳定，使改革发展成果更好地惠及新区群众，不断巩固党领导和执政的群众基础和社会基础。

二、东城区网格化社会服务管理模式的主要做法

网格化社会服务管理模式是在充分总结原东城全国首创的“网格化城市管理新模式”和原崇文“信访代理制”、“城管综合执法机制”的理念及实践经验的基础上，针对当前社会安全稳定存在的薄弱环节和重点难点问题，充分运用网格理念和现代信息技术，以责任制为依托，以对社会各类人的管理为重点，合理划分网格管理单元，综合考虑“地、物、事、组织”等因素，进行精细化管理的一种常态方式。总体目标是：坚持“区委政府领导、街道牵头统管、各方履行职责、社区落地解决、网格无缝覆盖、信息联通共享”的原则，实现社会服务管理“责任化、综合化、精细化、信息化、实效化”，努力做到“社会建设服务优化完善，社会公平正义长治久安，社会协同多元有序参与，社会和谐稳定充满活力”。

（一）合理划分社会服务管理网格单元

以城市管理网格为借鉴，将全区 17 个街道、205 个社区划分为 589 个网格，

平均每个社区2.8个网格。网格划分遵循四个原则，即：完整性——范围明确，不突破一个社区的范围并与现有城管网格相匹配；便利性——与现有的物业管理体制相结合，有利于管理；均衡性——每个网格内管理工作量大致均衡；差异性——特殊情况区别对待。根据人、地、物、事、组织等基本情况，将所有网格划分为住宅、商务商业、企事业单位、人员密集场所四种类型；根据社会管理秩序、治安环境状况，将所有网格划分为日常管理、一般防范、重点关注、综合治理四种等级。以网格为单位，围绕社会服务管理的具体工作，逐人、逐地、逐事明确工作任务，责任到人，做到精确定位、精选定人、精准定责，实现网格全覆盖、工作零缝隙。

（二）科学构建“三级平台、四级服务管理”的组织体系

成立了由区委书记、区长为组长的区社会服务管理创新试点领导小组和各单位（部门、街道）领导小组。按照将社会管理重心前移、下移的总体要求，对现有社会管理流程进行再造和优化，搭建“三级平台、四级服务管理”的组织体系。

“三级平台”，即区、街、社区三级行政体系。其中，区里设立网格化社会服务管理综合指挥中心，设“一办五组一中心”（办公室、社会服务组、社会治安防控组、矛盾纠纷排查调解组、社会管理综合执法组、社会服务管理工作督导组、社会服务管理综合事务中心）；17个街道均成立社会服务管理综合指挥分中心，按“一办四组”（办公室、社会服务组、社会治安防控组、矛盾纠纷排查调解组、社会管理综合执法组）设置开展工作；205个社区的社会管理综合工作站与现有的社区服务站合署办公。

“四级服务管理”，即：区、街道、社区、网格四级工作体系。区级社会服务管理综合指挥中心主要负责提出指导工作意见，进行监督协调，开展考核评价，指挥重大事件处置。街道社会服务管理综合指挥分中心完成区委、区政府交办的社会服务管理各项任务，统管街道辖区内社会建设服务、社会面防控、矛盾纠纷化解、社区工作指导、重点地区整治等，确保一方安全稳定。各街道根据实际将街道城市管理综合执法组与综治维稳工作中心进行人员力量资源整合，成立街道社会管理综合执法组，主要承担社会治安防控、环境秩序治理、矛盾纠纷化解、维护社会稳定、专业专项执法、基层平安建设等工作职责。社区社会服务管

理综合工作站充分发挥社区党委、社区居委会和社区服务站的作用，搭建社会管理信息平台，将社区人、地、物、事、组织等社会管理基础电子台账纳入其中，形成下联网格基础数据、上接街道社会管理信息平台的动态管理机制，组织调配力量，发挥各方合力。网格的主要任务是及时了解掌握网格内的重点人员、重点部位、突发事件、社会组织、群众意见需求等情况，将相关情况报送社区社会服务管理综合工作站，努力在第一时间、第一地点发现问题，上报信息，调解矛盾，妥善处置，稳控事态，并将矛盾纠纷化解在网格内。

通过“三级平台、四级服务管理”体系，实现了全区社会服务管理创新的规范化、制度化，特别是明确了网格单元的社会管理对象、工作职责、办事流程和时效，为“精细化管理、零距离服务”打下了坚实基础。

（三）按照“党组织建在格上”原则全面创新基层党组织设置模式

把社区党员调整划分到网格中，逐格建立党支部，选举产生支部书记，在全区 589 个网格中建立 822 个网格党组织（其中，党总支 187 个，党支部 635 个）。建立“四级体系、两个确保”工作机制，即：构建“区党委－街道工委－社区党组织－网格党组织”四级党组织网络体系，确保每个网格都有党组织、确保每名党员都在网格中，注重发挥网格党组织的领导核心作用，把党组织的工作触角延伸到最基层，既充分发挥党员的先锋模范作用，又牢牢引领着全区社会管理创新方向。

（四）系统优化社会服务管理“7＋X”力量配置

对全区社区工作者、街道干部、公安司法队伍等按网格化服务管理要求进行重新整合与配置，在每个网格内配置七种力量，建立考评体系，按照职责分工承担网格内的社会服务管理各项事务。（1）网格管理员是网格管理第一责任人，由社区干部（副书记或副主任）担任，负责组织其他网格力量做好各项工作，指导网格助理员工作，对网格助理员采集、排查的信息进行核实确认，对网格排查出的不稳定因素做好先期调处稳控工作。（2）网格助理员每个网格配备一名，对网格管理员负责，具体落实人、地、物、事、组织等基础数据的收集，以及流管、劳动、司法、工会、计生等协管类工作；每日进行网格巡查，入户登记，对发现的不稳定因素做好上报和先期处置工作。（3）网格警员按照一格一警的标准配备，主要负责开展群众工作，掌握社情民意，管理实有人口，组织安全防范，维护网格内的治安秩序以及各类突发事件的先期应急处置。(4) 网格督导员是每个网格内配备的一名街道处科级干部，负责每周不少于一次的网格巡查，做好督促、指导、协调网格社会服务管理工作。(5) 网格司法员由区司法局负责牵头组织，从区检察院、区法院、区司法局选派，每个网格配备一名，主要负责网格内的司法调解、法律援助、"两劳"人员安置帮教等工作。(6) 网格消防员是从区消防支队选派的人员，主要负责网格内的消防安全宣传、火灾隐患排查等工作。(7) 网格党支部书记组织党员发挥基层党组织的战斗堡垒作用。

目前，全区600名的网格助理员队伍已基本整合选拔到位；2个试点街道、2个试点社区的66个网格已落实"一格一警"；822名网格党支部书记、205名司法干部、38名消防干警也均已实名制配置到各网格。同时，将区域党建、社会保障、计划生育、统战、工会、妇联、残联等工作逐步充实、整合到网格中，形成了"一格多员、一员多能、一岗多责"的"7 + X"工作机制，构建了专群（专业力量与社区群众）结合、条块（职能部门与属地）结合、社群（社会力量与社区群众）结合的社会服务管理格局，实现了社会服务管理政策集成、资源集聚、力量集合，发挥了"单兵是尖刀、整合是拳头"的工作效果。

(五) 积极构建"天上有云、地上有格、中间有网"的社会服务管理信息化支撑体系

现代信息技术手段是推行网格化社会服务管理工作的重要支撑和有力保障。自试点工作开展以来，东城区以信息技术创新推进服务管理的业务创新，完成了区、街道、社区、网格四级信息系统的研发和上线，建设业务办公、基础数据库、基础地理、社会管理、社会服务、政民互动、综合分析展示和信息产品开发八大系统；为社区综合工作站配备必要的办公设备，每个网格都配备PDA终端，网格管理员可及时将发现的情况分类上报社区和街道并进行处理；梳理29个部门的300多项业务和事项，将每个事项的工作流程都纳入"采集上报 - 指挥派遣 - 处置反馈 - 任务核查 - 入库评价 - 结单归档"六步闭环结构；建立7大类、32小类、170项信息、2043项指标的基础信息数据库，实现了"人进户、户进房、房进网格、网格进图"的动态化管理。通过构建一个符合东城区社区现状并可扩展的"天上有云（云计算中心）、地上有格（社会管理网格）、中间有网

(物联网)”的信息化支撑体系，规范了全区社会服务管理的工作流程，明细了各环节的工作职责，提高了社会管理的效能和服务质量。

三、东城区网格化社会服务管理模式在实践中取得的初步成效

网格化社会服务管理模式重在实效，要经得起实践和群众的检验，实现政治效果和社会效果的统一。实践中，我们充分发挥模式精细化、责任化的优势，进一步促进了群众工作理念、工作方式、工作作风的转变，进一步提高了基层化解矛盾、维护稳定、服务群众的工作水平，进一步密切了党群干群关系，促进了“和谐社会首善之区”建设。

(一) 通过信息化支撑、精细化管理，实现了快速发现和解决问题，促进了社会和谐稳定

网格化社会服务管理模式引入了“云计算”、“物联网”、“3G”等最先进的现代技术，借助网络科技优势，有效地节约了社会服务管理人力和物力成本，提高了政府的行政管理效能，实现“精确定位、精选定人、精准定责、精细管理”。从2011年4月28日信息化系统上线，截至2011年10月9日，共收集社情民意信息6万3000余条，处理管理事件9万4000余件，记录“民情日志”41万7000余件，化解突出矛盾纠纷1960余件，消除各类安全隐患2800余起，切实做到了社情民意“早知道、早化解、早回复”，真正实现了“小事不出社区、身边事不出网格、矛盾纠纷不上交”。结合行政调解、司法调解、社会调解和信访代理体系有效衔接的“3+1”大调解工作格局，努力将矛盾纠纷发现、化解在最基层。在对试点社区安全感的调查中，其中认为居住社区“基本安全”、“比较安全”及“非常安全”的人员占96.17%；认为社区不安全的人员仅占3.84%。2011年以来，全区信访总量同比下降13.7%，万人发案率、百户发案率均保持全市城六区最低水平，火灾警情同比上年下降15.9%；圆满完成了“两节”、“两会”等一系列安保任务。特别是2011年国庆期间，东城区将国庆安保工作作为网格化社会服务管理模式的一次重大检验，充分运用网格化精细管理的成果，落实各项维稳工作机制、工作责任和工作措施，实现了重点人“零失控”、火灾和安全监管“零事故”、首都政治中心区“零警情”，确保了节日期间的安定有序和欢乐祥和。

（二）通过工作重心下移，实现了“零距离服务”，提高了各级党组织做好新形势下群众工作的能力

社会管理主要是对人的服务和管理，说到底是做群众的工作。我们本着“以人为本、服务为先”、“寓管理于服务之中”的理念，着力解决群众关心的就业、医疗、住房、社会保障等民生问题，坚持“管理网格化、服务零距离”的思路，依托街道行政服务大厅和社区服务站等服务窗口，完善96156社区服务信息平台，为居民提供优质服务，培育了一批便民、利民的服务品牌。如“1510便利生活服务圈”，通过农超对接、社区卫生服务双向转诊、单位文体设施开放等多种方式，居民步行15分钟以内就可以解决买菜、就医、文体活动等10种最基本的生活需求。在对试点社区生活便利度的调查中，其中认为社区便利程度为“比较方便”、“非常方便”的人员占接近70%。网格党组织和党员把网格作为服务群众的“责任田”，广泛开展“党员公开承诺进网格”和“党心连民心、亲情进万家”活动，将“党员先锋岗”设到网格、急难险重任务落实在网格、帮扶对子结到网格、志愿服务开展到网格。建立了网格基础数据库，把低保、空巢、残疾等群体纳入数据库之中，同时还增加了依托资源和服务资源的基本情况，把邻里互助、关爱弱势群体、监督服务商等服务职能纳入日常工作，提高了做好新形势下群众工作的能力。社会公众也可以通过居民议事大厅、民情博客、互动微博、热线电话等形式参与社会管理和反映社会问题。社会公众更广泛地参与社会管理，有效提升了居民参与社区建设的积极性和能动性，提高了群众参与度。

（三）通过个性化服务，对重点人群服务管理更加有效，消除了社会管理的盲点

做好对特殊、重点人群的服务管理，是当前社会管理的重点和难点，关系社会的安宁和谐。我们以网格为基础，通过动态掌握各类特殊、重点人群的不同情况、不同需求，逐一匹配相应的工作力量，逐一落实针对性的服务管理措施，逐一形成定向服务、分别管控的工作历史记录，真正做到了“管理精细化，服务个性化，工作科学化”。如：对流动人口积极落实“以税管房、以房管人、以业控人、以证管人”的出租房屋管理工作机制，2011年出租房屋综合税收同比上升了31%，基本做到了“出租房屋数量心中有数、服务管理的流动人口心中有

数”，解决了流动人口失控、漏管问题。对刑释解教、社区矫正“两类人员”，探索建立了“1 + X”阳光中途之家模式，将日常管理、教育帮扶和工作人员下沉到网格中，以网格为基础开展针对性的管理和服务，引导社区矫正、刑释解教人员回归社会、回归网格、回归家庭。2011 年以来，临时安置困难“两类”人员 387 人次，开展就业指导 783 人次，协助办理户口 114 人，协调解决住房 82 人。一年来，“两类”重点人实现了无脱管、无漏管、无重新犯罪、无影响安全稳定事件的“四无”佳绩，重点人转化率始终保持在 80% 以上。此项工作得到司法部的充分认可，专门召开现场会，在全国进行推广。通过个性化的服务管理，进一步扩大了社会服务管理的覆盖面，消除了原有的工作盲点和空白点。

（四）通过整合资源、条块结合，促进了管理体制由分割向融合的转变

网格化社会服务管理新模式实现了管理由单兵作战转向齐抓共管，由推诿扯皮转向权责分明转变，在完善考核评价和监督检查机制、构建管理长效机制的基础上，通过党委领导、政府负责、社会协同、公众参与的新型工作格局，避免了以往社会管理体制机制存在的“条块”彼此分割、“条条”相互掣肘的弊端。通过设立区、街两级综合执法机构，做到了“四个统一”，即统一办公、统一执法、统一装备和统一考核，实现了“三个综合”，即法律法规的综合、执法手段的综合和执法力量的综合，将管理方式从过去的突击式、被动式管理，变为了日常性和主动的管理，很多社会管理问题得到了有效解决，真正实现了“条块结合、以块为主、属地管理”。例如，东四街道通过发挥网格化优势，由街道统一指挥，各部门配合，分阶段开展工作，三天时间成功解决胡同平房区私装“地锁”问题，将东四地区 285 个地锁、地桩强制拆除，得到了东四地区广大老百姓和驻街单位的一致认可和支持。

（五）通过探索实践、积累经验，切实发挥了“综合试点区”先行先试的作用

试点一年来，按照周永康同志提出的“创造经验、作出表率”的指示精神和刘淇同志提出的“建首善、创一流”的工作要求，我们在实践中探索完善新模式，得到中央、市领导的高度肯定。东城区网格化社会服务管理新模式、社区

居民会议常务会模式和民情日志在市委十届九次全会上向全市推广。《人民日报》、《求是》、中央电视台“焦点访谈”和北京电视台等新闻媒体集中报道了网格化模式的运行机制和显著成效，宣传“凡事不出网格”的先进经验。专家学者对网格化社会服务管理模式创新工作进行了深入细致的研究，给予了高度评价，认为北京东城模式是信息化时代社会服务管理革命。自试点以来，共接待中央编办、中央政策研究室、国务院办公厅、国家机关工委等国家部委视察调研，上海、天津、重庆、西安、济南、石家庄、宁波等省市领导调研考察300余人次，网格化社会管理创新得到社会各界广泛关注和认可。

四、关于进一步完善网格化社会服务管理模式的思考与建议

网格化社会服务管理模式立足当前社会管理的工作实际、准确把握时代脉搏、用改革创新的方法解决问题，把群众工作渗透到社会服务管理的各个方面，始终做到“四个坚持”，即：始终坚持以人为本的工作理念，将重点放在对人的服务管理上，各项工作都紧紧围绕群众意愿和需求来审视、来设计、来推进；始终坚持把群众满不满意作为衡量社会管理成效的根本标准，把维护好、实现好、发展好人民群众的根本利益作为出发点和落脚点，围绕群众所思所盼来加强和创新社会管理；始终坚持把群众作为参与社会管理的主体，充分调动群众参与管理的积极性、主动性和创造性，加快构建党委领导、政府负责、社会协同、公众参与的社会管理新格局；始终坚持注重运用协商协调、综合施治的方法手段，探索群众工作新思路、新方法，把群众工作的成效作为社会管理创新考核的重要内容，将群众安全感、满意度作为考核的重要依据，组织群众参与社会管理考核评价监督。一年来的实践证明，这一模式坚持党的领导，具有坚强的政治保障；坚持政府负责，具有坚实的组织保证；坚持社会协同，具有广泛的社会基础；坚持公众参与，具有扎实的群众支持；坚持开拓创新，具有深厚的动力源泉。

社会管理创新是一项长期艰巨的任务，不可能一蹴而就，需要不断改革探索。下一步，我们要进一步完善网格化社会服务管理模式，着重在以下四个方面狠下工夫：

（一）以提高群众安全感为核心，进一步健全社会管理服务体制机制

进一步配齐、配强网格“七种力量”，明确工作职责，制定工作标准，加强培训考核，提高其融入群众、服务群众、做好群众工作的能力和水平，使其成为推进社会管理创新的骨干力量，形成整体合力，为网格化新模式提供强大支撑。同时，充分发挥各级综治组织的统筹协调作用，有效整合公安、司法、劳动、民政、统战等相关职能部门及工会、妇联、共青团等组织的资源和力量，健全区、街两级综合执法机构，促进综合执法与工作网格之间的有机结合，加快由突击式被动管理向常态性主动管理的长效综合执法机制转变。积极探索综治工作力量向末端延伸，真正形成横向到边、纵向到底的社会治安综合治理组织网络，全面推进“平安东城”建设。

（二）以提高群众幸福感为重点，进一步提高公共服务优质化水平

以保障和改善民生为重点，进一步完善公共服务体系，努力提高公共服务效率和水平，满足居民多层次、多样化需求，切实做到服务到位、管理有力，不断提高人民群众的幸福感。充分利用东城区建设国家级城市公共服务标准化示范区、国家级基础教育综合改革实验区、中医药发展综合改革试验区等契机，推动公共服务优质均等化发展，保证群众就近享受方便快捷的商业、医疗、教育、文体等服务。健全以扶老、助残、救孤、济困为重点，以家庭为基础、社区为依托、机构为补充，与区域经济发展相适应的广覆盖、多层次适度普惠型社会福利服务保障体系。深化推广“1510 便利生活服务圈”建设经验，不断整合服务资源，丰富服务内容，扩大服务范围，提升服务质量，健全服务机制，构建功能完备、服务高效的社区服务体系。

（三）以提高群众参与度为基础，进一步巩固广泛动员、共建共享的良好局面

完善现代社区治理结构，深入推进社区民主自治，健全社区共建共享机制，不断夯实社会服务管理的基层基础，努力实现广泛动员、共建共享。深化“一委三会一站、多元参与共建”的社区治理格局，深入推广“社区居民会议常务

会”、“社区开放空间”等自治经验，形成共驻共建、资源共享、合作共赢的和谐氛围。建立健全“枢纽型”社会组织工作体系和运行机制，充分发挥社会组织指导服务中心功能，促进行业性社会组织、公益性社会组织发展，鼓励和支持社会各界参与网格化社会服务管理，努力形成共建共享的良好局面。

（四）以区域化党建工作为保障，进一步加强党对社会服务管理创新的领导

以社会领域党建工作创新推动社会服务管理创新，以社会领域党组织和党的工作全覆盖引领和推动社会服务管理全覆盖。进一步规范街道社会工作党委工作职责和运行机制，实现对社会领域党建工作的统筹、协调和指导。以区域建、楼宇建、行业建、片区建、挂靠建、孵化建、团队建等方式，加强商务楼宇党建工作站、社会服务站、工会工作站、共青团工作站、妇联工作站“五站合一”建设，努力提高“两新”组织党组织全覆盖水平，不断提高社会领域党组织引领社会、组织社会、管理社会、服务社会的能力。

通过一年多的实践，网格化社会服务管理模式已经成为东城区统筹社会建设和社会管理的有效机制，网格工作力量已经成为维护区域安全稳定的基础力量，网格化社会服务管理已经成为构建和谐社会首善之区的重要举措。下一步，我们将认真贯彻中央关于加强和创新社会管理的意见精神，立足“首都文化中心区、世界城市窗口区”总体定位，着眼人民群众的新期待，将服务群众作为基层党组织的核心任务和基层干部的基本职责，进一步提高公共服务优质化、社会管理科学化水平，为首都建设中国特色世界城市和打造“国际化、现代化新东城”营造和谐稳定的社会环境！

建设高端健康城区　创造城市美好生活*

——北京市西城区建设健康城区工作简况

健康城市是世界卫生组织在20世纪80年代面对城市化问题给人类健康带来的挑战而倡导的一项全球性行动战略。2003年年底，西城区在荣获“国家卫生区”称号后，区委区政府把目光投向了具有国际水准、更高层次健康城市（区）建设，于2004年正式启动了健康城市建设工作，并制定实施了三年行动计划。2007年年底，西城区正式被确定为全国健康城区试点。2011年，西城区荣获北京市“健康北京建设贡献奖”。

多年来，西城区紧紧抓住历史机遇，贯彻落实科学发展观，树立全新的工作理念，坚持把健康城区建设作为全面推进区域经济建设、文化建设、社会建设的重要载体，作为促进全区人民和驻区单位共建和谐社会、共享发展成果的重要举措，将健康城区建设纳入区域发展的整体格局，坚持以人为本，大力培育全民健康理念、大力改善人居环境，积极落实健康城区建设指标任务，先后制定并实施了两轮三年行动规划，有效促进了西城区经济社会科学发展、和谐发展、率先发展。

完善机制体制建设　有效提高健康城区管理水平

近年来，西城区为了提高“健康城区”建设的组织管理水平，于2007年明确了坚持以科学发展观统领“健康城区”建设，以健康环境、健康社会、健康人群三大理念推动全区健康城区工作深入开展的指导思想，努力提升城市管理水平，提高市民生命及生活质量，全面推进健康城区试点区建

---

* 作者简介：郄顺旗，西城区爱卫办主任；马恪，西城区委研究室干部。

设。为此，西城区健全组织机构，完善机制体制建设，围绕健康城区的建设，不断强化改革创新意识，全力推进体制机制创新。

西城区重新调整、组建了区市政市容委、区城市管理监督指挥中心、区环境建设办公室、功能街区产业发展促进局等部门，全区各街道、各部门将建设健康城区工作纳入日常工作议事日程。2010 年，西城区区划调整后，各委员单位充分发挥职能作用，积极组织开展各项具体工作，实现了全区健康城区建设系统的有效运转。同时还制定了《西城区 2008 年－2010 年建设健康城区任务分解》，对各单位具体指标任务逐一进行责任划分，确立各项工作检查、考核、评估标准，通过区、街（部门）、单位三级管理网络贯彻实施，全区健康城区建设工作水平再度提高。实行城市环境分类分级管理新机制，将西城先行划分为政务活动区、金融商务区、繁华商业区、传统风貌区、交通枢纽区、公共休闲区、生活居住区 7 大基本区域，实施不同的管理标准和工作流程，日常管理精细化。同时，西城区积极完善环卫工作机制，“打造西城环卫服务品牌”，通过引入 ISO9001 质量管理体系，对环卫工作规程实施科学管理，全区保洁质量、作业水平均高于全市平均水平。

与此同时，西城区还实施城市管理的信息化和一体化。组建区城市管理监督指挥中心及各分中心，形成管理、作业、执法、监督“四位一体”的城市管理工作格局；搭建“西城区奥运城市运行保障指挥平台”，形成信息化城市管理指挥网络，实现了全区全方位的视频实时监控和指挥。区城管部门建立“打、管、控”执法一体化机制，实行专项清理整顿，全面净化环境秩序，各类违法行为得到有效遏制。将区卫生监督所由事业单位调整为行政副处级执法机构，人员由事业编制调整为行政执法专项编制。在区卫生局成立卫生监督科，按照将卫生监督管理重心下移、强化属地管理、提高执法效能原则，在街道设立卫生监督派出站，进一步增强卫生监督能力建设和基层执法力量，全区新的卫生监督体系初步建立。

近年来，西城区把社区作为群众建设健康城区工作的载体，构筑全社会建设健康城区工作网络，辖区各主要部门、单位和各社区重新调整、补充健康城区建设组织机构，吸纳与健康城区标准中宏观调控与任务指标有密切关系的部门和单位，让巩固、提高健康城区建设成果渗入到全区方方面面，形成全方位的管理网络，有效提高全区整体管理水平。

加强基础设施建设　提升区域健康环境

多年来，西城区以实施城市管理新举措为抓手，来提高健康城区建设综合效能，用更高的标准巩固健康城区建设成果。坚持统筹城市管理与建设、规划与管理，把提高城市治理效能摆在更加突出的位置，全面提升城市运行管理和服务水平，促进城市的规划、建设与经济社会发展更加协调，是市委市政府提出的提升城市管理的新目标，也是西城区工作发展、努力的方向。主要体现在：超额完成城市基础设施建设指标、重点大街和地区环境综合整治成效显著、大力开展老旧小区等环境整治、规范施工管理确保了建设工程安全卫生质量、农副产品市场升级改造促进了市场管理进一步规范。

自 2008 年以来，市政道路基础设施建设和改造指标（包括道路改造、大中修路、便民路和微循环中的疏堵工程）共完成 476 条；建设金融街地下停车场等 4 个停车场。对水电气热等城市主要设施超前配置，统筹规划设计，统一组织实施，提升社区公共服务能力，满足了城市功能和居民生活发展需求；积极推进无障碍设施改造，对 92 条大街、20 个重点地区、15 个重点旅游景区、216 条道路进行了无障碍设施建设和改造，形成了与现代国际城市相适应的无障碍环境。前三门大街和北二环沿线、煤市街、西单北大街等 36 条重点大街整治全部竣工；南菜园、白广路、枣林前街和西单商业区，以及宣内大街环境综合整治，改善了环境、提升了品位。

近年来，围绕辖区居民居住环境的改善，西城区积极开展老旧小区、胡同街巷综合整治工程。拆除私搭乱建的棚、亭、阁、围墙、围栏，对腾退的土地进行绿化，对居住小区内的破损道路、残墙断壁进行修整，完善排水设施，改造破损雨污水管线，对有条件的小区设立自行车棚、休闲桌椅、健身器材、垃圾桶、果皮箱，对老化的户外电气线路，给予更新、整修，完善小区照明设施、铺设透水砖、设置集雨设施、实施楼体粉饰。极大地改善了居民生活环境。自 2008 年到 2011 年，区政府投资 2. 11 亿元，对 204 个老旧小区进行了综合环境整治，占全区 1003 个小区（含封闭、开放、半开放小区）数量的 20. 3%。在建筑施工中，西城区从强化安全标准意识、规范企业施工行为、优化施工现场环境、树西城建筑工地文明安全良好形象理念出发，注重通过工作例会、专题会，加强不同类型的施工现场工作的调研与管理，发出工作预警、工作短信，得到各项目参建单位的认可，便于规范开展工作。加强施工现场职业健康与安全、环境保护的宣传，对施工现场的场地布置、作业条件及环境安全、卫生防疫、职业健康、大气污染和水污染防治等进行严格检查，确保实现工地沙土覆盖、路面硬化、出工地车轮冲洗、拆除房屋工地洒水压尘、暂不开发空地绿化达到“5 个 100%”。

与此同时，西城区自 2006 年开始对区域内 13 家农副产品的场地环境、设施设备、场内布局、商品管理、卫生管理和市场公共服务等方面实施了全面的硬、软件升级改造，全部通过了市工商局和商务局组织的联合验收，成为规范化社区菜市场，购物环境和食品安全水平得到了明显提升。

多年来，西城区坚持以人为本、有效提升区域环境质量，让清新的空气伴随着市民的生活与出行，是西城区巩固、提高健康城区建设的一项重要任务。

西城区坚持推进区域环境质量和生态环境持续改善，深化燃煤污染治理，全面实施文物保护区居民平房冬季取暖小煤炉清洁能源改造工程，并向非文保区扩展，先后投资 56 亿元进行“煤改电”外电网改造及电力配套设施及居民户线改造，累计减少烟煤量 25.6 万吨。同时，开展专项联合检查，治理机动车污染，机动车排放监管工作进一步加强。2011 年，西城区全年空气质量二级和好于二级的天数达到 282 天，占全年总天数的 77.26%，比 2008 年增加了 9 天，占全年总天数比例增加了 2.67%。

在城市保洁方面，西城区实施环卫作业新模式，提高了清扫保洁作业效率和质量。区环卫部门自主研发了“高压水车改装侧喷装置”、“洗地车加装滚刷清洗装置”等，促进了辖区环卫作业水平的提升；研发了应用太阳能系列保洁车，为“低碳生活、节能环保”和绿色环卫做出了贡献；着力提高机械化作业能力，道路机械化清扫率达到了 98% 以上；城市生活垃圾、生活粪便的处理率也达到了 100%。2007 年至 2011 年，西城区机械化保洁率由 80% 上升到近 100%，喷雾降尘率由 69% 上升为 100%。在西长安街东段和府右街，开展了步道吸尘清洗的试点，对现有车辆设备进行革新改造，改变传统方式，既消除了清扫过程中的二次扬尘污染，又提高了道路洁净程度，形成了一套“吸、冲、拖、收”组合作业方式，成为环境精品。

在城市绿化美化方面，西城区不断实现新突破，坚持“统筹规划、科学发展、以人为本、共建共享”方针，以“弘扬生态文明，共建绿色北京”为主题，在全区开展实施园林绿化精品战略、“绿色进社区”、大绿地建设、义务植树等多项活动，打造高品质绿色城区。实施屋顶绿化、垂直绿化、见缝插绿、拆墙透绿、建绿护绿等举措，区域内绿化面积不断增加。通过建绿护绿，2011年，西城区绿地总面积达到了1027.06公顷，绿化覆盖面积1441.8公顷，绿化覆盖率28.53%，绿地率为20.33%，人均公共绿地3.3平方米。

目前，列入西城区今年重点项目的“北京营城建都滨水绿道”（以下简称“绿道”）一期工程建设完成，全长4.2公里，总建设面积13.6万平方米。以打造集游览、健身、游憩为一体的健康惠民绿道为目标，建设了19座观景平台和2座休闲驿站，改建了公共卫生间，同时为方便游人上网，设置了40个WIFI接入点，实现了信息化服务。绿道建设为放慢城市生活节奏，倡导绿色出行理念提供了很好的环境载体，是北京第一个引入绿道慢行系统的城区。通过沿河16.2公里慢行步道和3.5公里自行车骑行线路的规划和建设，有机地将慢行系统与绿道建设相融合，营造出优美休闲健身的绿化慢行空间，让市民感受慢节奏生活带来的舒适与安逸。

加大公共卫生体系建设　提升城市人群健康水平

健康是人全面发展的基础，关系千家万户的幸福。多年来，西城区坚持科学的卫生管理理念，依法管理社会公共卫生事务，通过开展加强食品卫生监督、加强公共场所和生活饮用水卫生监督、加强传染病防治工作、加强健康教育知识传播，使得城市与人群健康水平稳步提升。

通过向各街道派出卫生监督站、划分工作网格、监管责任到人等工作方式，以强化监督管理换食品卫生安全，以量化分级管理换餐饮卫生质量，实现了机构、监督、服务靠前一步的监管模式，食品卫生监管效能显著增强。2008年至2011年，西城区深入推进食品卫生监督量化分级管理，全区A、B级餐饮行业单位所占比重由48%提升至55%。

西城区相关部门每年制定相关工作计划及专项工作方案，从严格行政许可、日常监督及技术指导等方面，加强对公共场所和生活饮用水设施管理单位的监督管理。目前，全区各公共场所单位卫生管理制度健全，各类公共场所和生活饮用水设施卫生许可手续齐全有效，并设有专（兼）职卫生管理人员，从业人员健康证明、卫生知识培训均符合相关法律法规的要求，二次供水水质符合国家《生活饮用水卫生标准》。

在传统公共卫生监测的基础上，西城区积极拓展了社区症状监测、肠道传染病早期预警监测、呼吸道多病原监测等项目，4 年来共采集各类标本 18000 余件，为传染病的科学防控提供了依据。健全传染病信息报告系统建设，各医疗机构每月进行自查，区疾控中心每日 1 小时对网络报告传染病卡片审核、每月对辖区上报的传染病卡片进行报告质量分析、每季度对部分直报医院进行网络直报工作检查。科学、规范、安全地开展免疫预防工作，辖区各预防接种门诊，流动儿童建卡、建证率均为 100%，儿童国家免疫规划疫苗全程接种率为 100%，均高于国家标准。

近年来，西城区在单位、社区开展健康大课堂活动，采取台上与台下、讲师与听众互动的讲授方式，让健康知识更便于群众接受，全区健康教育受众面越来越广，单位职工、社区居民基本卫生防病知识知晓率达到 92. 97%，基本卫生防病行为形成率达到 85. 14%，均超过了国家标准。同时，特别加强中小学生的健康教育督导工作，通过分阶段、分级别、分层次地进行现场视导服务，重点检查学校卫生制度、学生健康管理、学校传染病防控等开展情况，覆盖率达 100%。坚持在全区各中、小学校开设健康教育课，并通过广播、宣传橱窗等多种途径，对师生进行宣传教育，健康知识知晓率和卫生习惯养成率稳步提升，全区中小学健康教育课开课率达到 100%；学生健康知识知晓率≥80%；14 岁以下儿童蛔虫感染率≤3%。

推动健康细胞工程建设　共享城市美好生活

建设健康城区不仅是政府的一项重要工作，更直接关系居民群众的切身利益，也是一项群众工程，必须有广大居民群众的积极参与和支持。近年来，西城区积极推进健康细胞工程建设，以全方位宣传做先导，以开展各项创建活动为依托，健康细胞数量逐年递增，奠定了辖区健康城区建设工作的坚实基础。

四年来，全区上下坚持推进健康防病、自我保健等知识的普及，在人人提高健康理念的同时，让群众自发地、主动地投入到维护家园的环境、提升自我防病技能的各项活动中来，让宣传真正成为干好各项工作的引导。通过科普画廊、宣传栏、电子显示器、板报、悬挂横幅、街头设站、发放宣传手册及宣传材料等形式，进行环境与健康、防病与控病的宣传，提高群众对健康城区工作的认知度，促进群众参与意识的提高；先后举办三届“西城区社区健康风采大赛”活动，宣传西城区建设健康城区的丰硕成果，展示社区居民健康风采；在位于积水潭桥等 3 处主要大街路口的显著位置，设立大型 LED 屏，随机滚动播放“建设健康城区、共享美好人生”主题内容的宣传语。

在健康城区建设理念的引导下，西城区爱卫会在全区的各类单位、社区中组织开展评先选优活动，发挥红旗单位、健康单位、健康社区的示范作用，抓典型带全面。通过举办各类培训，让单位职工、社区居民养成良好的道德、健康的修养；通过开展各项清洁城市活动，营造优美家园；通过评先选优活动，树立新的典范；通过检查指导，全区各单位、各社区在爱国卫生组织管理、档案规范、宣传信息、环境清洁、食品卫生、病媒生物控制，以及公共场所禁烟和控烟等方面的工作水平与工作效果再度提高。截至 2011 年底，全区已成功创建“北京市爱国卫生红旗单位”68 个、“西城区爱国卫生先进单位”1444 个、“西城区爱国卫生先进社区”174 个。

近年来，西城区以开展建设国家健康城市（区）试点工作为主线，将爱国卫生工作逐步转向以健康为工作目标，通过弘扬“健康社会、健康环境、健康人群”三大健康理念，组织开展标准更高、层次更高、质量更高的健康细胞创建工作，逐步达到全区爱国卫生工作的新水准。每年以街道为单位，组织拟创建的健康单位、健康社区、健康家庭等目标管理单位进行推荐、备案。各地区爱卫会、各部门分别组织单位、社区开展膳食平衡讲座与应用、清洁美化室内外环境、卫生检查评比、社区健康风采大赛等各类创建活动，在宣传西城、美化西城的同时，让市民得到健康享受，从而提升西城整体形象。自 2007 年至 2011 年，全区范围内北京市健康社区的数量由 30 个发展到 191 个、西城区健康单位（含健康机关企业、医院等共 10 类）由 71 个发展到 379 个，健康家庭由 1710 户发展到 4930 户，健康细胞不断植入到全区各类社会单位、社区中来。

一分耕耘，一分收获。经过多年坚持不懈的努力，西城区健康城区建设的工作取得了喜人的成绩。今后，西城区将从新的发展理念出发，瞄准更高标准，坚持不懈开展建设健康城区工作，努力为“活力、魅力、和谐”新西城建设作出更大贡献。

首都城乡一体化和城镇体系研究*

党的十七大报告明确提出，要建立以工促农、以城带乡长效机制，形成城乡经济社会发展一体化新格局。推进城乡一体化是全面建设小康社会的重要内容，也是先富带后富，最终实现共同富裕的基本要求。城镇体系是城乡一体化的建设重点和承载载体。因此，推动首都城乡一体化和城镇体系研究对于丰富中国特色社会主义内涵和探索完善以工带农、以城带乡的中国特色城乡一体化发展模式具有重要意义。

一、近年来首都城乡一体化和城镇体系发展取得的成绩

近年来，在市委市政府的领导和支持下，北京市的城乡一体化和城镇体系建设取得了巨大的成绩。

（一）逐步形成了现代城镇体系的雏形

随着城市郊区化扩散效应的加大，特别是随着2006年北京市委提出城乡经济社会发展一体化目标并于2008年正式形成《关于率先形成城乡经济社会发展一体化新格局的意见》，北京市城乡结构开始了融合变化。在城乡一体化过程中，依托“两轴—两带—多中心”的城市空间发展规划，逐渐形成了“中心城—新城—小城镇—新型农村社区”的现代城镇体系雏形。

1. 通过城市化将一批近城区农村转化为城市

随着城市发展向郊区的扩展，一些离城很近的农村已经实现了城市化。特别

---

* 作者简介：王鸿春，首都社会经济发展研究所所长，北京健康城市建设促进会理事长，北京决策研究基地首席专家，研究员；鹿春江，首都社会经济发展研究所副处长，北京健康城市建设促进会副秘书长，副研究员；杜梅萍，《前线》杂志社主任编辑。

是随着近年来开展的城乡结合部重点村“调、拆、建、转、管”等工作的开展，一些原有农村逐步融入了中心城区或新城，成为城市的一部分。预计未来10年，已列入中心城、中心城外围大型边缘组团以及11个新城规划范围的66个乡镇、939个行政村，约85万农业户籍人口将随着城市化进程的加快，进一步成为新的城市化地区。

2. 通过城镇化使非农产业迅速向小城镇聚集

随着城乡一体化的逐步发展，根据“产业向园区集中、人口向城镇集中、土地向规模经营集中”的思路，北京的小城镇建设也得到了迅速发展。小城镇是郊区城镇化的重要节点。通过小城镇建设，使非农产业快速向小城镇聚集，农民实现就地城镇化，首都的发展空间得到了拓展，农民的生产生活方式也得到了彻底改变。2010年北京142个建制镇中，42个重点小城镇累计引进企业18636个，企业总收入约949.3亿元，利润总额达到54亿元。从高端制造业到现代服务业，再到生态旅游产业，小城镇建设成为推进首都城乡一体化和城镇体系建设的重要形式。

3. 通过新型农村社区建设使原有村庄得到改造升级

新型农村社区是以现状村庄体系规划中的重点村为核心，通过保留原貌、配套提升，原址改造、滚动发展，政策引导、渐进集并，搬迁重组、异地建设等模式，将原有村庄基础设施和公共服务设施改造为具有城镇配套标准，实行社区规范化管理与服务的新型农村社区。自加强新农村建设工作以来，北京的新型农村社区建设得到了迅速发展，推动了一批郊区农村向现代新型农村的转变过程。

（二）农村产业结构的变革引发了社会结构的全面转型

随着二、三产业向城市、城镇聚集，农业生产经营用地向专业农户和公司化企业集中，使农村的产业结构和产业体系发生了非常深刻的变革，并引发了社会结构的全面转型。

1. 在社会组织结构上，村庄数量大量减少

随着城乡一体化和城镇体系建设的逐步推进，北京市传统村庄逐渐向城市化社区、城镇化社区和新型农村社区转变，村庄数量大量减少。其中，城市化社区是随着城市的扩张，通过大量“城中村”、“城边村”被改造上楼得以实现，此类村庄占郊区行政村总数的30%左右。城镇化社区是随着镇域经济二、三产业

的发展和扩张，大量农村被纳入镇域二、三产业的发展范畴得以实现，此类村庄占郊区行政村总数的25%左右。剩下的村庄大部分通过新农村建设被改造为新型农村社区。

2. 在经济组织结构上，由单一的集体经济组织向多元化的经济形式转变

随着城乡一体化不断发展，原来计划经济体制下单一的乡村两级集体组织逐渐分化，有些集体经济组织实现了向现代公司制转变，有些集体经济组织实现了向现代农业合作经济形式转变。截至2011年底，全市累计完成乡村集体经济产权改革的村达到3600个，占全市乡村集体经济组织总数的91%，181.9万农民当上了股东，成为拥有集体资产的市民。

3. 在人口结构上，农业人口和农业劳动力减少，城市城镇人口增加

1970年，北京市农业人口368万（农业人口最多年份），比重达到47.7%。而2010年，北京市的乡村人口为268.3万人，占常住人口的14.0%。

4. 在产业结构和劳动力就业结构上，二、三产业比重上升

在产业结构上，农业逐步适应城市发展和消费结构变化的需要，向一、二、三产业相融合的方向发展，社会服务功能和生态功能逐渐突出，从业人口比重不断下降。与“十五”期末相比，2010年底北京市农村从事一产的农民比重从32.3%下降为19.1%，从事二、三产业的比重则从67.7%上升为80.9%。

5. 在收入结构上，工资性收入增长、家庭经营收入下降

2011年前三季度，农民人均工资性收入达到7343元，增收贡献率达到66.7%，拉动总体增收8.5个百分点。人均养老金、退休金等转移性收入和财产性收入继续保持快速增长。家庭经营收入有所下降。2011年1－9月，农民人均家庭经营收入2581元，同比下降3.2%。

6. 教育卫生文化社会保障等公共服务得到较大改善

随着教育卫生文化社会保障等公共服务加快向农村延伸，农村特别是小城镇基础设施日趋改善，公共服务和社会发展水平得到提高，生活环境不断改善，对郊区经济社会发展的带动作用，对区域周边地区的辐射作用不断加强，成为有一定集聚力的区域政治、经济和文化中心。

二、北京市推进城乡一体化和城镇体系建设中存在的问题

尽管近年来北京市的城乡一体化和城镇体系建设取得了很大的成绩，但是与农民的期望、农村发展的形势和市委市政府提出建设世界城市的要求相比，还存在一些不足。

（一）城镇体系规划还有待完善

北京要率先实现经济社会城乡一体化发展新格局，向建设世界城市的目标迈进，必须建成合理的现代化城市体系和城镇层次，使郊区全面完成经济和社会结构的转型。但是，目前北京市仅对中心城、新城、重点镇的城镇体系规划布局已经比较明确，并已出台城乡结合部、重点小城镇、沟域、新型农村社区发展规划，但对一般建制镇、中心村和一般农村地区的空间体系、布局规划还不够明确。目前，北京市的郊区已经和北京的总体发展融为一体，不同建制镇和中心村在产业发展和功能定位上已经有很明显的差异，这就要求我们必须将其看作北京整体城镇体系中的有机组成部分，成为不同的功能区，使不同的地区承接不同的城市功能。明确一般建制镇、中心村和一般农村的空间布局规划和功能定位，对于正确引导这些地区资源整合和产业发展等具有重要意义。

（二）产业集聚、辐射、带动有待提高

被划入城市功能拓展区、城市发展新区的北京市郊区乡镇，面临由农业经济向现代城市经济，包括现代农业、现代服务业等升级的问题，其在分担城市功能、吸引城市人口和集聚非农产业、吸纳农民就业等方面的作用发挥得不够。具体表现为：一是定位不明确，产业层次不高。大部分农村乡镇没有鲜明的特色，多以民俗旅游、农产品加工、服装加工等低技术含量、低投资强度、低档次产品的行业为主。二是规模小，集聚、带动和辐射作用程度低。乡镇规模小，对资源的集聚和承载能力差，难以获得规模效益和聚焦效益。三是重点镇带动能力不强。重点镇的发育不足，限制了郊区农村的城镇水平和农民就业与生活水平的提高。如有的重点镇没有较大规模的产业园区，无法有效进行产业和人口、资源的集聚；有产业园区的又由于土地一级开发程序存在问题而影响企业入驻，对小城

镇的支撑作用大打折扣。

（三）社会结构转型进程较缓慢

农村的现代化进程不仅表现为产业结构的调整和升级，同时还伴随着农村社会结构的全面转型，这是郊区城镇化进程最后阶段的本质特征。在这种转型中，一是大部分农村人口要完成城市化、城镇化转移和新农村建设。但是，目前对于城镇化社区和新型农村社区的不同性质和标准缺乏区分，导致人们在向城镇化转移或建设新农村社区过程中存在指向不清的问题。二是集体经济组织面临转制的障碍。欠发达地区由于产业结构调整缓慢，仍然维持以农业经济为主的状态，造成集体经济发展乏力，人口和劳动力的外流，新的组织如专业合作社等又发育缓慢，难以成为农村城市化、城镇化转型中的主要载体。

（四）城镇体系建设缺乏体制、组织和政策支撑

进入二、三产业和城市、城镇的人口缺乏放弃土地承包权的机制和在城市城镇定居的相关条件，城乡一体化在顶层制度设计和政策制定方面的壁垒没有破除。主要表现为：一是城市扩张到的地区农村集体经济组织解体，丧失土地承包权的农民没有农村集体经济组织的保障，难以将国家的补偿款转化为新的资本，成为城市中新的弱势群体。二是没有以乡为单位对土地资源进行统一规划整合利用，导致缺乏总体规划、布局分散、各自为战，不利于基础设施的配套建设、不能体现区位优势。三是没有解决好社会化转型中的农民土地权益去留、转居及土地流转中农民土地权益的保障问题。据不完全统计，目前农村劳动力 70% 已经进入二、三产业就业，全市至少还有 30 万以上农民已经进入城市但没有转为城市居民，不能享受城市社会保障，不能放弃农村的土地承包权益。

（五）城镇土地利用不规范，存在粗放、无序现象

随着首都城乡一体化进程的加快，土地利用问题成为城镇体系建设的关键节点，城乡二元结构带来的深层次矛盾愈显突出。主要表现在：一是土地利用总体规划未得到全面落实，城市空间总体上仍以“摊大饼”形式蔓延。在缺乏有效、合理规划的情况下，新城和小城镇被动承担中心城人口疏解、承载外来流动人口等任务，导致大量违法建设、小产权房的出现。二是城镇体系建设过程中大量建

设用地行为使北京市耕地保护工作面临巨大压力。三是集体土地利用因缺乏上位法规范，非法流转、违法违规用地现象时有发生，增加了管理的难度。

三、国外在推进城乡一体化和城镇体系建设中的主要经验

（一）依据中心地法则和聚落与梯度推移规律合理规划不同类型城镇

由于城乡一体化的推进是由中心城市逐步向外扩展，这就形成了中心城区与若干郊区城镇不同等级的中心地关系。而这些不同等级的郊区城镇又以转移和承载中心城区的一些职能为发展基础，包括居住职能、承载制造业和商业职能等。因此，各等级城镇间就形成了具有一定向心性的相互联系的城镇体系，而且遵循着由聚居点逐步发展为小城镇，由小城镇发展到区域中心区的梯度推移规律。同时，由于承载功能的不同和满足基本生活需求，如行政、购物、医疗、通勤、上学等日常生活需要的相对聚集要求，各城镇之间就会依据区位不同形成不同产业特色和功能的聚落城镇体系。以美国为例，小城镇可以分为三种：大都会边缘区的小城镇、郊区小城镇和农业地带小城镇。日本建设省也曾经按照聚落和公共设施等级进行过区域规划。从 1969 年开始，将日本的大都市圈外共设定了 179 个地方生活圈。这些生活圈与行政、购物、医疗、通勤、上学等日常生活行为范围的大小和公共设备的配置相对应，规划出了应该整治的设施。如最基本的聚落圈范围一般半径为 1 – 2 公里，时间距离为老年人和幼儿徒步 15 – 30 分钟的界限，人口在 1000 人左右；稍大级别生活圈的范围一般半径为 4 – 6 公里，时间距离为骑自行车 30 分钟，乘汽车为 15 分钟，人口在 5000 人左右，再稍大生活圈的范围一般半径为 6 – 10 公里，时间距离为乘汽车需要 1 小时以内，人口为 1 万人以上，并应配备商业街、专门医院和高等学校；比这再大的生活圈范围一般半径为 20 – 30 公里，时间距离为乘汽车需要 1 – 1.5 小时，人口为 1.5 万人以上，中心部应配备综合医院、各种学校和大型市场等设施。依次设定不同类型的城镇体系。

（二）正确处理城市扩张与保护农民权益的关系

建设城镇体系首先遇到的问题就是城市扩张与保护农民权益的矛盾。世界上

凡是城乡一体化建设成功的国家，都十分重视制定保护农民权益的政策、法规和法律，使农民与工人一样，能够享受所有社会保险等公共服务。很多国家还特别重视农民土地的非农化控制，城乡一体化的过程并不是一个侵占和掠夺农民土地的过程。如美国成立专门机构制定一系列政策，包括总体规划、分区规划、区划政策、土地征用权政策、发展许可证等政策来控制农地的非农化趋势，以防止对粮食安全、农业可持续发展、环境保护等造成损害。一些州立法制定“城市拓展边界”，严格限定城市向外扩张，其中，波特兰州率先制定了“城市拓展边界”。英国伦敦也通过实施“绿带开发限制法案”，由政府收购土地建成“绿化隔离带”，以便引导城市进行合理开发建设，减少对乡村环境的损害。

（三）注重人与环境的协调发展

发达国家大多已进入城市化稳定发展阶段，更加注重提高城镇生活质量和运行效率，以及保护自然和生态环境。发达国家的规划师们在进行小城镇和乡村居民点规划时，特别注意保存周围的环境及河流、湖泊、小溪、沼泽、山坡、林木等资源，以便使村镇的布局与其地理环境、历史、经济、文化等各个规划要素的尺度和功能相适应，减少小城镇和村庄发展所引起的环境灾难。澳大利亚还将水源地、湿地和生态脆弱地区列为禁止建设的区域，通过实施空间开发管制，较好地保护了战略资源和生态环境。小城镇和村庄的污水处理问题是村镇规划中面临的又一个共性问题。随着小城镇人口的增长，提供清洁的饮用水，保护土壤的卫生，均有赖于污水的处理。因此，合理安排居民点与污水处理设施的关系就显得非常重要。在英国，小城镇和村庄的污水处理设施是由地方政府与中央政府共同负担的。

（四）强调居民参与村镇规划和设计

公众参与是城镇体系发展中不可缺少的组成部分。发达国家在进行城镇体系规划时，规划师往往会花费大量的时间与当地的居民进行充分的讨论和协调对话，了解他们的想法和需要，收集和掌握信息，以便规划能更好满足当地居民的需求。特别是很多国家在进行城镇体系建设中，当地居民具有很大的决策参与权，使城镇体系的建设成为满足居民需要的自发行为，真正体现了以人为本。

（五）强化城镇的相对独立性和综合功能

城镇体系发展的同时也是一个人口在城镇聚集的过程。而人口聚集就必然带来购物、医疗、通勤、上学等日常生活需要。为满足居民生活的便利性，减少不必要的通勤成本，很多发达国家都注重城镇功能的相对独立性和综合性，从而保证村镇居民的就业和基本的社会服务尽可能在当地得到满足。如英国遵循“自给自足”和“均衡发展”两个原则建设新市镇，旨在把新市镇建设成为相对独立的卫星市镇，使居民既可在此安居，又可在此就业，同时也可缓解市中心区在住房、交通和就业等方面的压力，避免住房紧张、交通拥堵等“城市病”的发生。

（六）注重城乡基础设施统筹发展

发达国家城乡差别不大，重要原因之一是城乡的基础设施差别不大。很多国家的乡村都是按照中心城区的标准来建设。如德国根据中心地理论，通过一级、二级、三级、四级区域中心来配备公共基础设施和市政设施，资金由政府安排，使乡村居民和城市居民享受一样的公共基础设施水平和服务。如几乎所有的农村地区都配备了相应的污水、固废物处置设施等城市生活基础设施，这为农村的环境和生态建设提供了切实保障。对于城市边远地区的村庄和经济欠发达的农村地区的水、电、煤气等基础设施，政府还给予特殊的经济资助。

（七）打造各级城镇的特色影响力

城镇形成的根本原因是行政、居住、商业、制造业等其中一项或几项功能在某些地区的聚集。与基础雄厚的中心城区不同，中心镇、一般建制镇的要素集聚能力不强，要想吸引各种资源，确保其对范围内的服务和影响能力，必须根据自身区位优势和资源禀赋，打造特色的品牌，形成城镇体系这张无形网络上不可或缺的一个节点。日本在开发建设小城镇过程中，就特别注重选择符合当地实际并能发挥优势的发展道路，增强小城镇的区域影响力。他们小城镇的发展模式主要有：瞄准大城市市场、纳入大城市圈；与中小城市联合、共同发展；运用地方资源，创建特色城镇等等。在欧美发达国家，也形成了很多人口规模在 50 万左右的既具品牌效应，又没有大城市过度拥挤弊端的小型区域性中心城市。如美国梅萨（Mesa）是以航空运输、旅游业、工商业为特色，并具有大量月度、年度活动的特色小城市，形成了很强的品牌影响力。拥有51.6万人的汉诺威也因其举办工业博览会而将影响力扩展到了全球。

四、首都城乡一体化和城镇体系建设的原则、框架和建设路径

根据市委、市政府《关于率先形成城乡经济社会发展一体化新格局的意见》，“十二五”时期是北京市城乡经济社会发展一体化新格局形成的重要时期。城镇体系是城乡经济社会发展一体化的载体，城乡经济社会发展一体化新格局必然要求形成城镇体系的新格局。形成城镇体系新格局，就要着力提升城镇体系各节点对产业、人口和功能的不同承载能力，实现城镇体系和功能布局更加科学合理，加快构建以“中心城—新城—小城镇—新型农村社区”为节点的现代城镇体系。

（一）首都城乡一体化和城镇体系建设的原则

1. 双向互动原则

推进城乡一体化和城镇体系建设，需要城乡两个方面的良性互动，既要发挥以城带乡的作用，又要推进农村地区的城镇化转型，加快小城镇建设和新农村建设，使城市的扩散效应与郊区的集聚效应形成合力。农村的经济结构单一，生产要素薄弱，基础设施落后，社会保障制度不完善，教育资源和力量不足，城市必须要支持农村的发展，特别是发挥政府在规划引导城市资金、技术流向和文化理念传播方向方面的作用，带动农村经济的变革。同时，也要尊重农村的自然发展选择，在尊重不同农村资源禀赋和自我发展差异力量的基础上，推动农村的自我发展，避免揠苗助长或强制嫁接。

2. 农民主体性原则

农民是推进城乡一体化的重要主体。缩小城乡之间的过大差距，促进传统农业向现代农业的转变、传统农村向现代社区的转变的关键还是要靠农民自身实现从传统农民向现代农民的转变。但是由于各地农村的实际、城乡制度一体化的进程、工业化和城市化的水平参差不齐，统筹城乡发展的内外部条件也因此千差万别，单靠资金的扶持或者“一刀切”的模式并不能在短时间内消灭城乡差别。统筹城乡发展必然要求充分发挥农民的创造性和积极性，使农民自觉地提高自身

的素质，充分利用政府提供的资金和政策等条件，努力挖掘本地的各种资源优势，探索适合自己的城乡统筹发展的模式，实现从传统农村、农业、农民向现代农村、农业、农民的转变。

3. 保护农民权益原则

实现好、维护好、发展好农民利益，是推动城乡经济社会一体化和城镇体系发展的核心动力。在推进城乡一体化和城镇体系建设过程中，必须以保障农民利益为核心，经济上发展农民的物质利益，政治上维护农民的民主权利，使广大农民实实在在分享城乡一体化带来的发展成果。只有这样，才能真正激发和调动农民推动城乡一体化和城镇体系建设的积极性和主动性，才能更好汇聚各方面的智慧和力量，在农民的自主决策、自主建设、自主管理、自主发展中形成共谋发展的合力。

4. 城乡空间发展差异化原则

城乡空间有差异化发展既是国际社会城镇化发展的一般规律，也是中国特色城镇化道路的重要内涵之一。推进城乡经济社会发展一体化和城镇体系建设，并不是要消除城乡空间发展上的差异，履平职能分工的区别，也绝不是要把农村变为城市，而是要求城市和乡村在发展条件上要尽可能地公平，在发展成果上尽可能地共享。对城市或城镇化发展的重点地区，主要是加强大城市和城镇的基础设施、生态环境设施和公共服务能力的建设，让城市和城镇在更大的空间范围内发挥提高经济社会生态文化等综合承载能力的作用。而对于城镇化发展的城乡融合地区和农村地区，如中心城和新城周边地区、小城镇地区，应侧重对环境空间、绿色空间、生态空间的保护，在尊重各自差异的基础上，划定严格的规划控制建设区域。

5. 与首都发展需求和世界城市要求相适应原则

北京作为国家首都，在城市功能定位、产业布局和发展战略方面都有着不同于其他城市的特殊要求。推进首都城乡一体化和城镇体系建设必须和首都的功能定位相一致。特别是市委十届七次全会提出了建设世界城市的目标。世界城市是具有广泛影响力和控制力的城市，是城市化发展的高端形态。推进城乡一体化和城镇体系建设，就必然和世界城市的要求相适应，瞄准高端产业，不断完善和提升城市在全球化竞争发展中的特定功能，提升自身的国际影响力。

（二）首都城乡一体化和城镇体系建设的基本框架和建设路径

1. 中心城

中心城是指《北京城市总体规划（2004 年－2020 年）》所指的首都功能核心区和城市功能拓展区，它是北京政治、文化等核心功能和重要经济功能集中体现的地区，也是“国家首都、世界城市、文化名城、宜居城市”发展目标的核心承载区。对于包含在中心城范围内的乡镇将通过城市化改造，包括产业结构调整、旧村改造、农民上楼、转居、纳入城市社会保障、乡镇政府改街道办事处等途径，直接融入城市建成区，成为城市市区的一部分，实现由传统农业社会向城市社会的转型。这部分乡镇是城市直接扩张的需要。

此外，为承担北京新的科技产业园区、大型住宅区和承接中心城区文化、教育、科技、卫生等扩散的功能，围绕中心城区，打造部分边缘组团，使其承担中心城市的特定功能，如大型经济技术开发区、文化教育园区、新的大型生活居住区等，同时完成这些地区的农村的城市化转型。这部分边缘组团是主城区的重要组成部分，承担着特定的城市市区的功能。待这些地区的农村全部完成城市化转型后，乡镇体制将撤销，转为街道管理体制。这类组团包括昌平区东小口组团、回龙观组团、海淀清河组团、丰台区王佐—长辛店组团等。

中心城的建设路径是要率先转变发展模式，不断完善和提升城市在全球化竞争发展中的特定功能，并退出一般性的竞争行业（尤其是低端制造业），控制外延性扩张，重点发展战略性新兴产业。当前主要是做到三个提升，即提升创造功能、服务功能、信息引领功能为主的城市创新能力；提升生态发展、低碳发展、人文发展为主的城市综合承载能力，不断提高城市地区开发建设的成熟程度；提升民生发展民生保障和市民幸福指数为主的城市公共服务能力。

2. 新城

新城是在原卫星城基础上，承担疏解中心城人口和功能，聚集新的产业，带动区域发展的规模化城市地区，具有相对独立性。新城共规划了 11 个，分别是通州、顺义、亦庄、大兴、房山、昌平、怀柔、密云、平谷、延庆、门头沟。对于包含进新城规划范围内的乡镇和处于新城边缘组团范围内的乡镇，类似于列入中心城区和中心城区边缘组团的乡镇，应通过产业升级，发展城市经济，推进村庄改造以及基础设施并网改造和集体制度改革等途径直接并入新城，实现由传统农业社会向城市社会转型的乡镇。

对于新城的建设路径，是要紧紧围绕加快经济发展方式转变这条主线，产业发展瞄准高端化、低碳化、服务化和特色化，积极承接中心城区的人口和功能，并与中心城区通过快速交通廊道连接，从而形成具有一定独立性和适当综合功能的特色产业和功能发展地区。

3. 小城镇

小城镇在郊区有两种：一种是远郊区县重点镇；另一种是一般建制镇。

（1）远郊区县重点镇。是指郊区新城以下具有相对独立集聚功能的经济增长极，是具有一定集聚腹地的区域政治、经济和文化中心，是郊区工业化和城镇化的重要载体，承担着集聚当地产业和农业人口以及吸纳城市扩散产业和人口的基本功能。其集聚功能效应劣于新城却明显大于一般建制乡镇。这类乡镇主要分布在远郊平原和半山区地区。

其建设路径为合理分析地区发展比较优势，以凝聚区域政治、经济和文化中心功能和提升周边农村发展能力为目标，壮大人口规模，提升产业发展质量，并鼓励与相邻城镇形成分工合作有序、经贸关系密切的城镇群，以增强整体区域的经济实力。

（2）一般建制镇。这部分乡镇包括三个部分：新城外围组团核状集聚型乡镇、远郊平原现代农业型乡镇、山区生态服务型乡镇。

① 新城外围城镇化组团。主要分布在区县新城规划范围之外，但距离新城又较近，受城市辐射的程度很强，又不能成为具有相对独立集聚功能的重点镇。但其发展趋势同样具备城镇化特征，只是一般不会形成以镇政府所在地为一个中心的核状集聚，而是形成若干个城镇化组团的空间结构，新型农村社区数量很少甚至完全消失。如通州宋庄镇、房山长阳镇和延庆的大榆树镇等。其地位和作用不会小于重点镇，发展趋势是农村社区逐渐转变、集中为城镇化社区。

② 远郊平原现代农业型乡镇。这类乡镇的发展目标是以都市型现代农业为基础，同时又承担着北京生态环境建设的主要功能。虽然这些乡镇中心区有一定程度的二、三产业发展和聚焦，但规模小于重点镇，在城镇化集聚上，应接受重点镇和新城的辐射。

③ 山区生态服务型乡镇。该型乡镇可分为两类。一类是处于远郊山区，以生态涵养功能为主，经济发展功能为辅，资源开发和集聚产业、人口能力较弱，

劳动力和人口仍呈外流趋势的乡镇。这类乡镇的特点是其主体功能为生态涵养功能，而且，从资源和生态环境条件来看，也不适于形成较大规模的经济和人口聚集。这类乡镇的发展定位应是通过加大政府补贴力度，加强生态环境建设和养护，并转移当地人口向附近小城镇或新城聚集。另一类为远郊的半山区乡镇，具有一定的产业发展和人口集聚潜力，甚至能吸纳部分城市人口的郊区化扩散。此类乡镇的发展定位应以现代农业和生态旅游服务业为主，建设能够传承民族历史文化特色小城镇和新型农村社区，成为北京环境优美、社会和谐的后花园。

总之，农村地区要优先发展能够带动现代农业发展的建制镇，为农村特色产业服务的特色镇，有一定产业基础吸纳农民工能力强的工业镇，承接大中城市产业转移的小城镇，有效改善周边农村地区人居环境的中心镇。特别是要坚持绿色可持续发展，落实“节能减排”指标，有效防止城市污染向农村地区扩散。保护小城镇特色风貌，发展乡土特色、民族特色鲜明的县域经济和多种产业，引导小城镇有特色的发展。

4. 新型农村社区

新型农村社区是指在全市农村发展分化过程中，部分转为城市化社区和城镇化社区，而另一部分则仍然以村庄形式保留，形成新型农村社区。这其中包括两种类型：一种是以发展都市型现代农业为主的都市型现代农业农村社区；另有一种则因为具有传统文化保留价值，按照原生态保护的原则形成了新型的原生态村庄。

对于都市型现代农业农村社区的建设路径是以公共服务城市化、生产生活方式现代化为标准，按照现代城市化社区的管理方式，对传统村庄进行改造，形成基础设施水平好、公共服务水平高、管理完善的新型农村社区。对于原生态村庄，则以保护村庄原生态特色为基本准则，加大社会保障力度和提升必要的基础设施和公共服务水平，形成安居乐业、原生态特色明显的新型原生态村庄。

五、推进首都城镇体系建设的对策措施

（一）完善城镇体系的规划和布局

城镇体系是否合理关键是各城镇的功能布局是否合理。因此，根据各类型城

镇的功能和该项功能的辐射影响能力，加强城镇体系的系统规划是城镇体系建设的重要保障。特别是要努力引进一些先进的规划思想和方法，在明确功能分区等主要功能的基础上，适当注意各功能区的综合发展，做到既避免由于功能区功能单一而带来的工作、生活及通勤的不便，同时，又能避免功能区主要功能不突出，或缺乏主体功能，而造成的特色不突出，缺乏发展动力的现象。在功能区的具体规划上，要对城市中的商业、交通、文化以及医疗等公共服务设施实行等级分类，并有层次和空间秩序地融合到城市的城市中心区、各级次中心区、功能区和社区中去，形成合理辐射和承载能力。同时要适时适度推进农村居民点聚落空间调整，下决心再造已经失却的城乡生态环境，形成与城镇合理分布、功能有别、紧密联系的城乡空间布局。

（二）坚持市级、区县和乡镇三个层次协调推进城乡统筹

推进城乡一体化和城镇体系建设，应坚持在市级、区县和乡镇三个层次进行统筹协调推进。市一级的统筹主要表现在总体规划、功能分区定位、产业和重大项目布局、政策制定和调整、财政转移支付、公共服务职能向郊区的延伸等方面。区县城乡统筹主要表现在产业布局和不同乡镇的功能定位、城乡一体化的劳动就业和社会保障、基础设施和社会公益事业发展、土地整理和优化集中配置、村庄的整治合并、农村城镇化进程的推进、城乡经济和社会管理体制改革等方面。乡镇统筹主要表现在农村的城镇化进程、发展镇域经济、新农村建设、产业和人口的城镇化集聚、农村集体建设用地和农民宅基地的整理置换集中、村庄的整治并迁、农村科技文化卫生等事业的发展、农村社会治理等方面。其中，乡镇统筹是城乡一体化的重要支点，是城乡统筹不可缺少的重要基础性环节，特别是随着城镇化进程的发展，农村城镇化社区的规模不断扩大，社会管理的任务逐渐增加，赋予乡镇一级城镇化社会管理职能，如市政、城管、街道办事处等将大大提高城市管理的效率。

（三）创新推进城乡一体化和城镇体系建设的体制机制

一是创新农民“离土”的退出机制和融入城市的就业、住房及城镇社会保障机制。要将农民的城市化转移和城镇化集聚区别对待。农民的城市化转移是以进入城市的农民离土转居，放弃农村土地权益，退出农村集体经济组织（宅基地

可保留）为前提；而城镇化集聚则以农民保留土地承包权益、放弃土地实际经营权为条件，进入本土小城镇，但仍可以分享土地收益和宅基地，因其物权并未发生变化。农民可以将土地承包权存入土地储备流转中心，从中心领取土地租赁收益，中心统一发包土地推进农业规模化、产业化和现代化经营。对推进城乡一体化和城镇体系建设过程中的农民的“离土”退出机制和农村集体建设用地的集中配置可根据不同情况采取不同的发展模式。

二是建立城乡共管的过渡机制。在传统农村向城市化社区转变的过程中，存在着两种过渡状态。一种是城乡结合部地区，另一种是农居混杂的小城镇状态。其中，城乡结合部是北京市近郊“城中村”和“飞地”地区，农居混杂，传统农村与现代城市社区并存，社会管理城乡交错。融入城市是这一地区的发展趋势。但是，在这些地区的农村未完成转型之前，还不能简单地弱化乡镇政府的职能，而是应该做过渡性的体制安排。例如，可以将地区办事处作为农村地区乡镇向城市街道办事处转变过程中的过渡行政管理主体，成为区政府派出的对地区居民和农民事务统一管理的机构，解决城乡结合部地区管界不清、管理职责不明的混乱现象。对于小城镇，同样也可采取过渡办法，即乡镇政府成立地区办事处，来处理城市及城市居民问题。

三是创新新型集体经济组织机制。经验证明，传统农村社区被改造为城市社区后，土地等集体资产处置、股权化产权制度改革、旧村改造或搬迁、社区社会组织和经济组织的分离、农民城市化后的就业等一系列问题不能依靠开发商，而必须由农民的自我组织来处理。而这要求对农民必须建立新型的合作组织，比如，有的地方就形成了公司化的集体经济组织，使原集体经济组织经过产权制度改革，使农民变成股东，企业改制为公司，通过公司化形式运营集体经济资产。

（四）加快城镇特别是发展滞后地区的基础设施建设

城乡一体化的重要内容是公共财政投入向农村倾斜和公共服务水平与城市发展相均衡。而农村地区与城市的重要差距就是基础设施的落后。因此，加强农村地区乡镇的基础设施建设对于加快城乡一体化发展和城镇体系建设具有重要意义。北京推进城乡一体化和城镇体系建设应密切围绕各城镇集聚效应的增强和辐射空间的拓展，开展公共设施建设，特别是在财政转移支付上，要给予发展滞后地区更多支持。如加大北京市对这类城市基础设施建设的专项补贴的力度；吸引外资和民间资本参加基础设施建设；加大市级财政对郊区公共基础设施的直接投资建设力度等。

（五）进一步加强城镇体系建设中的土地管理

推进城乡一体化和城镇体系建设，应健全严格规范的农村土地管理制度，充分发挥土地作为资源和资产的双重作用，盘活存量、节约集约用地，切实保障农民眼前利益和长远生计。一是要完善土地一级开发模式，重点解决城镇体系建设产业发展中的投融资瓶颈问题。二是要完善土地供应政策，促进产业升级和产业发展。三是要完善征地补偿办法，采取多元化补偿方式着力解决被征地农民的安置和长远生计问题。四是要完善拆迁安置政策，切实保障农民合法权益。五是要完善集体建设用地流转政策，盘活存量，发展壮大集体经济。六是要积极推进农村土地综合整治工作，完善集体建设用地利用方式，并结合土地确权登记颁证工作，妥善化解历史遗留问题。

北京新机场与城市空间布局研究*

世界城市一般拥有多个机场。例如伦敦有希思罗机场（LHR）、盖特威克机场（LGW）、伦敦城市机场（LCY）、卢顿机场（LTN）、伦敦斯坦斯德机场（STN）五个机场；巴黎有戴高乐机场（CDG）、奥利机场（Orly）、布尔歇机场（LBG）三个机场，纽约有肯尼迪机场（JFK）、拉瓜迪亚机场（LGA）、纽瓦克机场（EWR）三个机场；2011 年，北京首都机场客运量接近 8000 万人次，排名世界机场第二，已经接近它的设计规模（2008 年首都机场三号航站楼和第三条跑道启用后的设计年旅客吞吐量为 8200 万人次）。在京津冀地区，目前有北京首都、西苑、南苑、石家庄正定、天津滨海国际机场（原张贵庄机场）、唐山三女河、秦皇岛山海关、邯郸马头等 9 个从事民用客运的机场。这些机场与北京的关系，除去首都、西苑、南苑①机场之外，其他都在 80 公里的理想服务距离之外。因此，在北京附近寻找新的机场选址并规划建设刻不容缓。

2006 年，清华大学发表《京津冀城乡空间发展规划研究》，曾建议在北京东南部地区建设北京新机场，利用京津之间现有高铁、城际等区域交通设施，减缓陆侧交通的压力，促进京津城市之间的合作。现在的北京新机场选址是空域限制的结果。其中，北京首都机场、天津张贵庄机场的运行，使得北京新机场选址只能限制在北京正南的榆垡及以南地区。北京新机场将选址于北京大兴和廊坊固安、永清交接地区，是京津城市走廊的关键地区，它的建设将对北京、天津城市发展起到积极作用。

---

* 作者简介：吴维佳，清华大学城市规划系副主任，教授；于涛方，清华大学建筑与城市研究所副教授。

① 西苑、南苑主要为军用机场，北京新机场建设后，南苑机场将关闭。原文发表于北京发展与改革委员会《发展规划与结构调整》2012，2。

新机场规划的客运量规模巨大，且位于南五环之外；机场陆侧交通将对中心城区的交通运输产生重大影响。如果新机场延续首都机场与中心城区的空间联系模式，未来机场客流量将进一步加大现在已经饱和的环路的交通负荷。

北京新机场定位为综合性枢纽机场。由于航空运输组织的特殊性，除了承担国内运输外，为有效组织中转，提升运输效率，新机场不可避免将成为服务北京的国际机场之一。新机场客货运对机场周边带来的直接产业为国际商务贸易、航空物流集散及其相应的生产、制造等。显然新机场建设将对北京的产业布局产生影响。

加之，航空城也是近年来大型机场规划建设需要考虑的问题。鉴于北京新机场规模大，机场选址横跨北京、河北两个行政区域，只是航空城难以满足实际需要，跨行政区的机场新区也是北京新机场规划建设需要研究解决的问题。

综上所述，新机场的规划建设应该注重研究如何通过机场和机场新区的建设促进京津冀地区的区域城镇化进程，促进首都功能的完善，促进北京世界城市的发展，促进北京的城市空间布局，同时来缓解区域和城市交通等几个方面的问题。为此，本文从以下几个方面对此作一简单讨论。

一、北京新机场与区域人口增长和城镇化趋势

从人口的区域分布看，当一个国家或地区的城市化水平达到70%左右时，城市化进程进入到成熟和基本稳定的时期，按照这个比率，估计我国远期的城市人口在9－11亿之间，在目前基础上增加2－4亿。城市是资源能够得到高效利用的地区。由于水及土地等限制性资源的重大挑战，未来新增城市人口可能将进一步向沿海及个别中西部地区的8－10个巨型城市群及邻近地区集聚，京津冀地区是其中重要的地区之一。

根据第四、第五、第六次全国人口普查，京津冀人口增长一直高于全国平均水平，其中增长最快的是北京、天津，增加的人口主要源自京津冀以外地区的迁入。据此预计2020年京津冀人口可能达到1.2亿左右；2035－2050年1.3亿－1.4亿，同期城市人口1亿左右。其中，以北京为核心的城市地区总人口很有可能增长至4000万，在现有基础上翻番。由于世界特大城市地区的人口多数集中

在距离中心城70公里以内的空间地域，受制于北部山区和生态保护的限制，北京城市空间向东南部外围地区[①]的扩展是必然的趋势。

新机场选址距离北京中心城边缘不足30公里，位于城市人口聚集地区，新机场的发展战略制定需要立足于促进北京外围地区的空间布局和城镇化发展。

二、北京新机场与城市区域经济转型和产业布局

快速工业化进程将推进我国沿海地区未来40年的经济增长方式向现代制造业、信息产业、节能环保、旅游和文化等服务业方面拓展和转型。交通、信息等区域基础设施建设重点也将由城市向城乡转移，伴随而来的是产业发展的区域化特点将会大大增强。

京津冀在我国具有重要的战略地位，是核心增长区域之一，在全球经济一体化进程中发挥了重要作用。正如大伦敦地区、大纽约地区以及大东京地区那样，京津冀将日趋走向全球城市地区（Global city - region），地区空间结构也将从以北京、天津为主的“双核模式”逐步演进成由沿海和山前地带城镇密集城市区域所组成的“多中心模式”格局。而北京的世界城市和首都职能、天津的现代制造业乃至国际贸易等功能的进一步完善和提高，京、津两大核心城市中心区将全面转向高端服务业；而现代装备制造业等则进一步向沿海聚集，高新技术产业向京津走廊聚集，制造业沿交通线路向外围扩散。基于此，北京需要进一步提高全球城市的高端服务功能，包括国际金融、企业总部、文化产业、国际组织、国际性交通和信息枢纽等，以加强中国首都地区的政治、经济、文化枢纽的战略力量。

目前，服务业是北京经济增长的主要动力，2011年北京第三产业就业超过75%。北京服务业的快速发展主要源于：一是与经济全球化进程、服务业国际转移等紧密互动。近年来，北京承接全球服务外包的产值大约占全国的1/3。二是

---

① 根据清华大学“北京2049”的研究，京津冀地区可以根据北京、天津和河北相邻地区的关系分成两个地域进行研究和空间组织，其中北京市与河北环首都绿色经济圈关系，统称北京地区，包括和北京西北部地区（北京和环首都绿色经济圈山区部分）和北京东南部地区，包括北京平原地区以及天津和河北与北京平原地区相邻的十个市县（外围地区，亦称涿密高速沿线），面积约1.6万平方公里。天津市与河北沿海地区关系：统称津冀沿海地区，包括天津大滨海地区和沿渤海湾地区（河北秦皇岛、唐山、沧州）。

创新和消费驱动成为推动经济增长的主力。从 2004 年开始，北京经济增长的消费贡献率首次超过投资贡献率。三是服务业的逐步高端化。与伦敦、巴黎、纽约和东京等类似，北京金融服务就业人口也超过总就业人口的 3%。

此外，北京的制造业升级与迁移进程也在加快。北京城区、近郊、远郊的工业总量比重已由 2001 年的 12∶51∶37 变化为 2005 年的 10∶34∶56。2005 年，集中于郊区的工业开发区和产业基地实现工业总产值 3748 亿元，占全市工业总产值的 55.3%。另一方面，由于六环内土地成本上升，近年来顺义、亦庄、大兴、房山、通州五个新城的工业用地规模增长趋缓，部分工业用地开始转向第三产业。从长期趋势看，北京的工业将向六环以外地区，乃至市域外围地区转移。

新机场的建设将会进一步促进北京的国际交往和服务能力、产业结构的提升，机场带来的物流也将有利于周边企业拥有更好的基础设施条件，促进制造业的区域拓展。

三、北京新机场与首都职能完善

具有世界影响的国家首都，大都重视利用首都及周边地区形成的综合优势发挥国际影响力。英国在 20 世纪 90 年代后采取的大伦敦战略，德国统一后以巨额的国家投资将首都迁回柏林，日本首都东京反复搬迁等，从这些例子都可以看出国家对首都重要战略地位的关注。

与世界其他国家首都相比，北京有自己的独特优势，例如具有全球影响的城市历史品质、广阔的区域腹地、快捷的国际和区域联系等，但在具有世界一流的环境支撑等方面略显不足。就旧城来说，中央机关用地占据了北京旧城核心地区的主要部分，布局分散，与旧城其他功能多有冲突。此外，北京的城市环境和交通等问题，也影响了中央机关效能的发挥。

近年来，对北京的研究已达成这样的共识，即解决首都发展面临的问题，需要立足于更大的区域。面对人口的急速增长和资源紧缺问题，北京迫切需要与外围地区进行积极互动，通过合理的区域分工，实现土地和资源的高效利用，缓解交通和环境压力，提升全球竞争力。

保障、强化、提升首都的核心职能，扩大首都区域影响和带动作用，可以在三个空间层次进行战略考虑：①首都政治文化功能核心区，指北京中心城区，需要研究如何进一步为中央提供更为完善的城市保障服务；②首都政治文化功能拓展区，指北京的五环至六环之间地区及东南部外围地区，如果在此区域内能够共同建设的首都功能新区，集中安置北京中心城区疏解出来的国家行政管理后台支持机构、教育科研或新增行政和科研分支机构，可以明显缓解北京人口过于聚集的压力；③首都政治文化功能延伸区，北京东南部以外的地区，将首都文化延伸到这一广阔区域，可以为首都功能的发挥提供区域支撑和保障。

为此，清华大学建筑与城市研究所在“北京2049”研究中建议，利用北京新机场地跨北京、河北行政区域的有利条件，划定一定空间地域，形成“京畿新区”，集中安排国家行政管理、军事管理、央企、中央事业、国家教育科研等的新增部分。在管理体制上，“京畿新区”或“首都功能新区”可以探索跨行政区区域合作的新模式。

四、北京新机场与城市区域用地布局调整

水、土地等资源制约，是京津冀长期发展需要面对的重大挑战。其中，在土地资源方面，未来京津冀如要增加6000万－7000万城市人口，按照人均100平方米城市建设用地及其相应的区域交通设施用地，估计需要新增8000－9400平方公里的建设用地。因此，加大城市地区建设的紧凑程度，提高土地的使用效率，充分利用存量建设用地是必然的选择。

如果北京及周边人口达到4000万人，净增2000万，需要新增城市建设用地为2000多平方公里，这些用地如果全部在北京平原地区解决，平原土地将都被城市开发覆盖，带来的生态影响将十分巨大。

面向未来，北京需要利用建设新机场的机遇，积极调整城市空间布局，争取河北、天津的支持，在推动土地和资源的协调利用的同时，加强与省际之间的产业发展、社会服务、基础设施建设和居住方面的合作，立足特大城市地区多中心格局，促进地区协调发展，也是北京城市发展的一个重要任务。

北京及外围地区城市空间布局的未来图景可以从几个方面进行判断：第一，中心城区由于用地有限，必须对就业和居住强度进行限制，按照8000人/平方公里（中心城区土地面积为1500平方公里左右，下同）的人口密度，估计中心城区未来可以容纳1200万。就业规模大于适龄劳动力规模。第二，市域及新城层

面，大力引导人口在城市功能拓展区聚集，使之成为人口增加的主要承接地区。按照4000人/平方公里的人口密度，估计这些区域能够容纳2000万人，比2005年增长约1500万人。就业规模应与适龄劳动人口规模相当。第三，与北京平原地区接壤的东南部地区，作为首都功能的拓展区，有必要保持一定强度的人口密度，2050年如果达到2000人/平方公里，则容纳约2000万人，比2005年增加1350万人。就业规模小于适龄劳动人口规模。由此可以看出，北京的人口增长需要逐渐转向外围地区。

从上述情景可以看到，通过适度高密度的城市发展，利用区域道路网络等基础设施合理组织城市地区的城镇空间布局，进而适度集中布置较大规模的生态绿地，有序组织产业集群，来实现就业和居住相对均衡，实现城市布局的紧凑发展，是未来北京空间发展的重要出路之一。

目前，北京东南部外围地区已经建设和规划的建设用地约为800平方公里，新机场的建设有利于区域基础设施的完善，有利于整合、统一紧凑安排建设用地，形成区域发展的新的增长点和合作点。

五、北京新机场与交通疏解

北京的多数就业集中于四环以内，长安街以北；大型居住区一般位于五环以外，这使得通勤距离比较长，高峰时期环线交通非常紧张。据有关部门调查，首都机场旅客主要为公务旅客，约占80%左右，其中主要目的地为四环以内。如果北京新机场旅客规模达到1.3亿人次，初步估算日旅客约为40万人次，接送交通20万人次，工作人员通勤20万人次左右。如果，最不利情况下的轨道交通运送30%，约有60万乘客需要通过地面交通完成。以首都机场与中心城区的空间模式进行估计，则约有近60万乘客需要通过地面交通到达或离开中心城区，需要5个双向4车道高速公路给予支持，这对已经饱和的南城环路交通显然难以重负。为此，仅就机场的地面交通运输组织看，未来北京城区的功能布局也不能过于集中。

为此，如果通过“京畿新区”的建设，实现北京某些职能从中心城区疏解到新机场附近，则可能实现50%以上的新机场旅客[①]在新区内完成自己的出行任

① 假设新机场其他30%左右旅客进入四环，20%左右旅客去津冀地区。

务，30% 首都机场旅客[1]来到京畿新区，这样预计北京新机场运营后，基本可以不增加中心城区环路的交通负荷，并能实现北京地区的协调发展。

综上所述，可以看到，北京新机场是京津冀协调发展的一个共同契机、战略突破点和重要合力点。除了国际空港人流、物流等功能的带动作用外，科学合理的机场新区的规划，有利于北京的发展和京津冀的区域统筹。

当然机场和机场新区的建设还取决于京、津、冀乃至更大范围内的发展环境和功能安排。京津冀两市一省既有共同迎接挑战、提高竞争力、建设世界城市地区的重大共同利益，也面临区域性的资源、环境、交通、开发秩序等共同问题，仅靠一省、一市力量，难以解决。京津冀需要采取共同的发展转型路径，以共同目标，共同的经济和社会发展策略、空间策略、环境和交通策略解决共同问题。

① 假设首都机场 50% 的旅客进入四环，20% 旅客去津冀地区。

关于打造奥林匹克公园国际活动聚集之都示范区的对策研究*

打造国际活动聚集之都是建设中国特色世界城市的内在要求，是北京增强文化影响力的客观需要。近年来，北京的国际交往功能不断完善，国际活动不断聚集，但与国际上发达国家的世界城市相比，在国际活动承载力和国际活动影响力方面仍然存在较大差距。打造国际活动聚集之都是一个系统工程，提升北京国际活动的影响力是一项长期任务，有必要选择条件良好的区域，探索先行先试改革的经验。北京奥林匹克公园作为2008年北京奥运会主会场所在地，在承载国际活动方面也具有不可比拟的优势，是打造国际活动聚集之都示范区的理想区域。

一、北京打造国际活动聚集之都的基础情况与面临的主要挑战

（一）北京打造国际活动聚集之都已具备良好基础

改革开放以来，北京市经济社会取得了长足的发展，特别是近些年来大力发展首都经济，深入实施“人文北京，科技北京，绿色北京”战略，北京正在加快向中国特色世界城市迈进。2011年经济总量超过1.6万亿元，人均GDP超过1.24万美元，经济实力达到中等收入国家水平。从基础设施等硬件条件看，北京顺应城市现代化、信息化的新要求，以世界城市标准谋划和推进基础设施建设，首都机场新航站楼、北京南站、京津城际高速铁路等一批世界水平的设施投入使用，轨道交通运营总里程达到372公里，3G网络应用、互联网宽带接入标

* 作者简介：田巨清，北京奥林匹克公园管理委员会党委副书记，常务副主任；杨平，北京奥林匹克公园管理委员会副主任；金虎，北京奥林匹克公园管理委员会发展处副处长。

准等全国领先，星级宾馆3000多家。从城市功能看，北京的国际政治功能不断增强，已成为亚太地区的国际事务交往中心；国际经济功能日益完善，已成为大型跨国公司集聚之地，北京正成为全球拥有世界500强企业数量最多的城市之一，在全球各大城市中仅次于东京，位居第二。从活动设施看，截至2010年，全市有专业展览场馆9座，展厅面积40.7万平方米，比2005年增加了20.3万平方米，北京展览场馆不足的矛盾得到部分缓解；北京有可出租的会议室5679个，比2005年增加53.9%，散布在全市各区县的规模不等、各具特色的宾馆酒店、休闲度假场所和企事业单位的设施也为举办各类活动提供了丰富的资源。

2006年中非合作论坛北京峰会的成功举行和2008年北京奥运会、残奥会的成功举办，不仅向全世界展示了北京的国际形象，也向世界展示了北京举办大型国际活动的能力。据不完全统计，2010年北京举办各种会议近26万场，接待近1800万人次，其中国际会议6000场，接待78万人次；举办各类展览1200场，接待参观人数840万人次，其中举办国际展览291场，接待人次近170万；会展总收入达173亿元，其中国际会议收入达10亿元，国际展览收入达34亿元；在京举办的国际、国内赛事达到21项次，各种体育类活动实现收入210亿元；在京常驻外籍人员已达10.7万人；入境游人数达到490万人次，旅游外汇收入达50亿美元。国际会议、国内外会展、国际国内体育赛事等活动的不断聚集，充分说明北京已经具备打造国际活动之都的良好基础。

（二）北京打造国际活动聚集之都面临的主要挑战

1. 活动资源统筹不强

每年数十万的活动场次、数千万的活动人次是促进北京发展的重要资源，但目前全市对活动的资源意识并不强，特别是统筹运用的力度不够，没有建立统一的活动发展规划、协调、管理和促进机制，其中，国际会议展览数量和层次还有一定差距，文化活动规模档次的提升空间仍然很大。北京虽然活动数量巨大，但品牌活动不多，能持续举办的功能性品牌活动尤其稀少。主要表现在：对于大型活动的组织策划，缺乏在北京市层面的统筹运营规划，活动的市场和社会效益得不到充分的发挥；对于会展、旅游、节庆、文化娱乐、赛事等有经济价值的公众活动，设计运营高超创意不足，缺乏一整套系统化的设计方法、管理方式、评估体系；对于城市品牌，缺乏整体规划宣传推广，难以推动重大活动向更高层次提升。同时，北京市的国际、国内重大活动（奥运会、新中国成立60年大庆除外）大多由区县自发组织调度，导致各类活动举办地点分散、活动层次得不到有效的提升，难以形成聚集效应、规模效应、品牌效应。北京打造国际活动聚集之都，必须在活动的资源意识上提高认识，着力加强活动资源的统筹利用，充分发挥活动资源在促进首都发展中的作用。

2. 活动管理方式粗放

北京市尚未设立统一的、权威的大型活动管理和促进机构，面对大幅增长的活动数量，活动申办难、审批难、运营难以及活动多头管理、分散审批、标准不明等问题日益突出。目前，文化演出、大型会议、体育赛事、大型展览等大型活动由不同行业主管部门审批管理，没有形成统一的统筹协调机制。同时，在活动审批的标准上，活动规模审批层次、安保配备等方面也没有形成统一的审批规范化标准，大大增加了活动组织成本。各类活动划分过细，管理部门过多，分散审批、多头管理的协调机制，不仅降低了大型活动组织开展的效率，也严重制约着北京市大型活动的快速聚集，而且导致各个部门利益分割，割裂了产业内部的有机联系。

3. 活动聚集政策引导不够

国际、国内城市对活动资源重要性的认识不断增强，对吸引活动聚集的竞争更加激烈，这直接要求我们对聚集国际资源的力度需进一步加强，要通过积极的政策来引导活动聚集。聚集包括跨国公司、国际组织在内的国际资源，是促进国际活动迅速聚集的重要途径，但与许多城市对活动聚集有系统的政策设计相比，目前北京在活动聚集的政策设计方面显然不够完善。在吸引国际组织方面，目前我国缺乏相配套的国际组织入驻政策，北京应该发挥大国首都优势，统筹协调中央及全市资源，有计划、有重点地开展工作，做到不仅能够“引进来”，还要“留得住、有实效”，积极吸引国际组织落户，为国际活动聚集之都的长远发展奠定坚实的基础。在吸引和培育专业公司、人才方面，打造国际活动之都必须更加注重本土活动策划管理机构的培育和发展，出台支持大型活动管理公司发展的相关扶持政策，以及吸引和培育具有高级创意技能的策划人才群体以及相应的市场中介和社团组织的政策，鼓励一些有能力的企业进行有目的的重组，形成产业规模，提升服务贸易能级。在文化层面，应着重培育文化创新能力，在突出自身东方文化特色的同时，鼓励多样化的文化传统和价值观念，大力推进多元文化发展，营造一个宽松的多元文化发展氛围。

二、北京打造国际活动聚集之都需要重点突破

奥林匹克公园拥有鸟巢、水立方、国家会议中心、国家体育馆等完备场馆设施，涵盖了会议会展、文化演出及体育赛事的功能，是北京乃至中国的一张名片，同时也具备良好的基础条件，是北京实现国际活动聚集之都建设重点突破的理想区域。

（一）奥林匹克公园具备打造国际活动聚集之都示范区的良好条件

1. 活动聚集态势良好

奥林匹克公园是奥运会主会场所在地，已成为北京乃至中国的名片，向世界全面展示着中国风貌和首都风采。奥运会闭幕以后，园区内各场馆进行了赛后改造。自正式对外开放以来，奥林匹克公园内举办各种会议会展、文艺演出以及体育赛事达到 2295 场次，累计参与人数达到 1360.5 万人次，累计接待中外游客超过 1.2 亿人次。特别是随着园区内业主单位在完成赛时竞赛运行向赛后长效发展的平稳过渡后，场馆群运营状况良好，园区优势逐步显现，各种活动在逐年成倍增长，聚集态势喜人。2011 年，园区内各类大型活动数量骤增，共举办了活动 654 场、会议会展 752 场，总参与人数达到 809 万人次，在 2010 年比 2009 年实现翻一番的基础上，又实现了翻番的跨越式发展。其中，举办会议项目 690 个，总参加人数达到 33 万人；展览项目 62 个，总参观人数约 56 万人，展览面积 2 万平方米以上的展会 18 个，包括中央政治局常委共同出席的“十一五”科技成就展等；举办滚石 30 周年演唱会、红歌汇、安德烈波切利演唱会等文艺演出 21 场；引进了 FLL 机器人世锦赛、国际物联网总决赛、世界跳水赛等国内外大型赛事活动进入园区各场馆，共举办 76 场不同规模的体育活动，其中包含国际性赛事 4 个。总之，奥林匹克公园已成为北京市乃至全国文艺演出、体育赛事和会展活动最密集的区域之一，以及北京旅游新地标和国际旅游新景区，为建设国际活动聚集之都示范区奠定了坚实的基础。

2. 设施承载条件优良

奥运会的成功举办使园区成为举世瞩目的城市功能区，加之赛后的综合改造

和综合提升，奥林匹克公园具备了独一无二、无与伦比的历史内涵和城市标志景观。一是奥运场馆优势明显。奥林匹克公园内汇集了包括鸟巢、水立方、国家体育馆、国家会议中心四大标志性建筑在内的44%的奥运比赛场馆设施。特别是鸟巢和水立方，充分发挥其首都标志性建筑物的优势，赛后日均客流量一度超过故宫和长城，已成为首都著名的旅游标志地，也创造了二战以来历届奥运城市主要标志性场馆最好的经营业绩。二是文化设施优势明显。园区内除了奥运场馆优势外，还有大量的科技文化设施，如已经运营的中国科技馆新馆，在建拟建的中国国家美术馆、中国国学中心、中国工艺美术馆等三家国家级大型文化设施和奥运博物馆、世博会北京馆，承载了中华民族优秀文化的深厚内涵。三是基础设施和区位优势明显。地处中轴线北段，具备良好的市政设施、交通网络和生态环境。拥有亚洲最大的城区人工水系、城市绿化景观和最长的地下交通环廊，拥有世界最开阔的步行广场。区域内有4条城市主干道、城市次干道14条，地铁8号线、10号线、13号线和15号线贯穿功能区，融入城市地铁网络。具有独一无二的城市生态环境，拥有北京市最大的城市公园——奥林匹克森林公园，绿化覆盖率近60%。占据北四环内外黄金地段的大量未开发用地，具有大规模产业用地。亚奥商圈西接中关村，东临CBD，具有广阔的商务空间。另外，奥运会后又新建了国家网球中心新馆、廉洁奥运主题展馆、民族团结广场等设施，国家全民健身示范基地已落户奥林匹克森林公园，奥林匹克公园已成为世界上最大的综合性奥林匹克文化展示区。

3. 运行保障安全有序

奥运会后，奥林匹克公园在园区管理、产业发展、公共服务、组织建设等诸多方面进行了有益尝试和大胆探索，构筑了强有力的支撑保障。一是加强了组织建设。成立了北京奥林匹克公园管委会，加强公园运行管理，统筹功能区发展；成立了由奥运场馆及周边重点企业组成的“奥运功能区发展联盟”，建立了街乡经济工作联席会议制度，形成了功能区联动发展的格局；成立了奥林匹克公园治安派出所和城管分队，加强园区秩序维护，精心维护景观环境。二是完善了工作机制。以承办大型活动为重点，建立了园区大型活动协调保障工作机制，积累了大型活动管理和服务的先进经验。建立了日常管理和重点保障分级保障模式，采取了分片划区配置安保力量、重点区域封闭安检、全区警力城管增援、四位一体联勤联动、周边街乡外围保障等措施，基本实现了园区秩序的平稳有序。三是加强了旅游环境建设。启动了国家5A级旅游景区创建工作，建设了游客服务中心等一批游客服务设施，具备了较强的游客服务能力。四是完善了场馆建设和运营体系。奥林匹克公园内的场馆建设和运营，引进了多家战略合作伙伴，北京新奥集团有限公司、国家体育场有限公司、国家游泳中心有限公司、北京演出集团有限公司、国奥投资发展有限公司、北辰集团、国家会议中心有限公司、北京世奥森林公园开发经营有限公司等企业逐步汇聚，使中心区成为众多具有世界一流管理理念和管理手段高端市场的聚集地。

4. 奥运品牌影响深远

奥运会作为一项具有全球影响力的盛会，其品牌具有极大的融通性和全球影响力，不仅表现为奥运精神与政治、经济、国际关系、科技、文化、教育等融为一体，还体现在对世界各民族文化兼收并蓄上，为世界各国各民族所接受。北京奥运会受到了最广泛的国际关注，极大地提高了北京的知名度，扩大了北京城市品牌影响力，使全世界对北京市的认知达到新的高度。奥林匹克公园作为北京奥运主场馆所在地，承载着奥运品牌文化的深厚底蕴，并把中国文化内涵注入奥运品牌，是北京利用奥运品牌这个独特、稀缺、具有全球影响力的平台，加强与国际组织和知名企业战略合作、加强民族文化传播，打造最具竞争力的民族品牌的重要载体，是北京塑造中国特色世界城市形象的关键抓手。

（二）奥林匹克公园打造国际活动聚集之都示范区的重要意义

1. 有利于突破聚集国际活动的体制机制障碍

北京打造国际活动聚集之都面临着许多躲不开、绕不过的体制机制障碍，在全市迅速推进体制机制的改革创新存在较大困难，需要一个逐步改革的过程，也需要一个逐步探索的过程。奥林匹克公园集中承载着北京奥运会的物质成果和文化成果，是北京市六大高端产业功能区之一，在承载北京国际活动聚集方面，具有其他区域不可比拟的先天优势。打造奥林匹克公园国际活动聚集之都示范区，既有利于通过机制创新，激活各类园区主体的发展积极性，充分挖掘奥运遗产的战略价值，也有利于通过奥林匹克公园的长期可持续发展，不断提升园区对国际活动和高端要素的吸引力和聚集力，构筑起北京打造国际活动聚集之都的核心承载区。最重要的是在奥林匹克公园通过体制机制创新，探索北京大型活动管理、策划、组织方面的新路子、新模式，有利于在破解大型活动组织运营的难题方面找到新的突破口和发力点，为北京市的活动经济可持续发展奠定良好的基础，为北京市打造国际活动之都破解体制机制障碍起到全面的示范作用。

2. 有利于推进北京全国文化中心建设

北京是享誉世界的历史文化名城，积淀了中华民族优秀传统文化的精华，凝结了改革开放以来文化领域形成的一系列新思想新观念新风尚。以北京奥运会的圆满成功为标志，中华文化昂首阔步走向世界，实现了中华优秀传统文化与世界现代文化的有机结合。党的十七届六中全会通过的《中共中央关于深化文化体制改革推动社会主义文化大发展大繁荣若干重大问题的决定》提出，“要发挥首都作为全国文化中心的示范作用”，对首都的文化发展提出了新的更高的要求。当前，首都文化经济初现端倪，文化消费进入快速增长期，文化创新日益成为推动首都科学发展的强大引擎，但文化资源挖掘、文化产业发展、文化演出供求等方面，不仅与伦敦、巴黎等世界城市存在较大差距，与自身承载的全国文化中心功能相比，也仍有较大不足。特别是北京在世界文化遗产数及各类文化机构数量方面，并不逊于其他城市，但文化作品的参与性、趣味性、互动性和感染力仍有不足，缺少与《猫》、《歌剧魅影》等国际知名剧目相当的产品，文化演出活力、影响力和包容性亟待提高。奥林匹克公园具有优良的区位优势、完备的场馆设施、丰富的文化演出经验和包容的文化氛围，是北京市 30 家文化创意产业聚集区之一，是北京目前条件最成熟的文化演出聚集区。特别是刚刚发布的《中共北京市委关于发挥文化中心作用 加快建设中国特色社会主义先进文化之都的意见》提出，“培育奥林匹克公园等国际文化交流平台，着力打造具有北京风格、中国特色、世界水准的文化交流品牌”，赋予了奥林匹克公园新时期发展的文化内涵。通过对奥林匹克公园文化演出的聚集，推动文化、展演、体育产业发展，促进奥运品牌与首都文化的有机结合，是北京文化创新发展的重要支撑，有利于北京加快落实全国文化中心的功能定位，有利于探索科技创新和文化创新“双轮”驱动发展的新模式，有利于探索文化体育管理体制改革的新路子，更好地完成中央赋予北京的特殊使命。

3. 有利于弘扬和践行“北京精神”

北京精神是首都人民长期发展建设实践过程中所形成的精神财富的总结和概括，体现了社会主义核心价值体系的要求，体现了首都历史文化特征，体现了首都群众的精神文化追求。打造奥林匹克公园国际活动聚集之都示范区，是大力弘扬北京精神，进一步推动首都科学发展的重要途径。一是有利于体现爱国主义这个核心。奥林匹克公园内拥有鸟巢、水立方等代表中国形象的地标性建筑物以及丰富的奥运遗产，是弘扬爱国主义精神难得的载体。打造奥林匹克公园国际活动聚集之都示范区，有利于进一步弘扬爱国主义精神，促进社会主义核心价值体系与奥运精神有机融合，增强广大干部群众推动首都科学发展的热情。二是有利于体现改革创新这个精髓。奥林匹克公园作为北京奥运会主场馆所在地，在场馆设计、配套设施建设以及赛后运营、场馆改造等方面都体现出了创新的理念。以改革创新的精神打造奥林匹克公园国际活动聚集之都示范区，深入推进文化体制、管理机制、扶持政策、运营推广等创新，破解文化体育管理体制机制障碍，有利于大力提升园区的文化交流展示功能，为提高首都文化软实力做出新的更大的贡献。三是有利于体现宽广包容这个特征。奥运精神之所以为全世界所接受，就是源于其融通包容的理念。奥林匹克公园是奥运精神传承和发扬的重要载体，正以其宽广的胸怀和开放的心态，积极吸引、融合各方面的文化、要素和资源，成为不同国家、不同民族、不同文化活动的展示舞台，推动首都经济社会的包容发展。四是有利于体现厚德高远这个品质。奥林匹克公园位于北京历史文化中轴线的北端，成为集中体现北京3000多年建城史和850年建都史文化内涵的重要载体，具有重要的区位象征意义。打造奥林匹克公园国际活动聚集之都示范区，有利于加强对民族传统文化的挖掘、整理和传承，促进传统文化和现代文明的交融和整合，打造优秀首都传统文化品牌，进一步增强中国文化在全球的影响力。

三、打造奥林匹克公园国际活动聚集之都示范区的对策建议

立足于服务建设中国特色世界城市和打造国际活动聚集之都的战略要求，通过聚集国际活动、聚集先进活动设施、聚集国际组织总部、聚集国际高端人才等聚集战略举措，以举办国际活动为抓手，以文化、体育、会展、商务、旅游等交流活动为主要内容，把奥林匹克公园打造成为北京国际活动聚集之都示范区。

（一）发展目标

实施奥林匹克公园“十百千万”活动聚集战略，加强体制机制创新，加强资

源要素整合，加强政策支撑，统筹全国、全市重点活动资源向奥林匹克公园聚集，在奥林匹克公园打造十个具有全国甚至全球影响力、经年举办的活动品牌，推进百余家运营国际活动的龙头企业向奥林匹克公园聚集，带动奥林匹克高端产业功能区进入千亿元级收入行列，力争奥林匹克公园每年举办各类活动达万余项，使奥林匹克公园成为北京一张亮丽的城市名片。

（二）强化四大功能

一是文艺演出中心。充分挖掘首都文化资源密集的优势，发挥奥运遗产的文化、教育作用和奥运会文化遗产的巨大价值和多元功能，将大力发展奥林匹克文化与北京创意文化产业有机融合，加快引进大型文艺演出和重要公众活动策划、组织和发布机构，精心打造具有广泛影响力的文化活动品牌，加快培育完善文化演出产业链。加快推进体育产品设计、休闲用品设计、音乐创作、影视创作产业发展，努力打造文艺演出中心。

二是体育赛事中心。充分利用现有体育基础设施优势，以承办大型国际国内体育赛事为龙头，努力打造中国乃至世界著名的体育赛事中心。加快培育发展体育旅游、体育会展、体育建设、体育休闲、体育培训、体育中介、体育传媒和体育商品交易等产业体系。

三是国际会展中心。依托首都科技文化优势、总部优势、商务优势，举办大型国际会议和展览展示，以现有基础设施为会展业发展平台，重点引进学术性、商务性、政务性会议，加快引入专业会展服务机构，提升会议服务的档次和水平，着力打造奥运功能区会展品牌，打造国际会展中心。

四是文化交流中心。立足北京国际交流中心的地位，依托国家体育场、国家游泳中心等国际知名度高的奥运场馆设施，加强国内外文化交流，推动奥运场馆开发利用与旅游产业发展相互促进，以特色奥运场馆为载体，通过创意设计包装旅游产品，丰富奥运旅游内涵，形成以旅游为核心的综合产业群，使奥林匹克公园成为国际国内文化交流的重要承载区域。实现这些功能，重点要采取以下措施：

（三）实施八大重点措施

1. 建立奥林匹克公园活动聚集资源整合平台

在市级层面成立奥林匹克公园国际活动聚集之都示范区建设领导小组，由相关市领导担任领导小组负责人，市有关部门、有关区县政府作为成员单位，统筹推进示范区建设。在奥林匹克公园管委会设立国际活动创新服务平台，由市级相关委办局和相关活动组织参加，具体负责示范区内活动的审批、协调和保障服务，形成高效运转、充满活力的国际活动聚集发展服务管理体系。在国家层面，成立首都国际活动聚集之都建设咨询委员会，请国际组织、国际会议、国际展览、文化交流和演艺赛事等相关主管部门和单位参加，建立国际活动部市会商制度，指导和支持北京市做好国际活动筹办工作，争取更多大型国际活动及品牌落户北京。增强奥林匹克公园管委会的开发建设、管理监督、产业准入等职能。

2. 设立奥林匹克公园示范区国际活动发展引导基金

通过财政投入、融资创新等方式，加大对筹办国际活动的资金支持力度。通过市政府出资、区政府配套的方式，设立国际活动聚集之都建设专项资金，重点支持重大设施建设、公共设施维护、活动申办、场租补贴、品牌活动引进奖励、领军人才奖励等。按照财政专项资金作为引导，鼓励社会资本积极参与，吸引银行、信托基金、私募股权投资进入的思路，探索成立市场化运作的国际活动发展引导基金，以股权投资方式满足大型国际活动创办、申办、引进时的大量资金需求，增强活动聚集的资金支持。

3. 开展奥林匹克公园活动审批改革试点

建立“一口受理、集中审批、分级管理”的审批模式。公园内举办活动审批，由公园内国际活动创新服务平台统一受理、集中审批。凡能够由市场自主调节、企业自主决定、中介机构自主服务的一般性活动，由创新服务平台办公室（奥林匹克公园管委会）负责审批，报相关专业审批部门备案。达到一定规模以上并在北京市层面可以审批举办的国际活动，由创新服务平台进行一站式审批。

4. 开展示范区活动安保标准化、社会化改革试点

制定示范区活动安全保障分类分级标准，按照活动规模、活动类别、活动区域以及安保条件等，明确不同类别、不同级别的活动安全保障标准，并按相应标准进行审批管理，按照安全保障标准进一步制定规范的安保力量配置标准和收费标准，降低活动举办成本。建立专业化安保队伍，在安全检查、交通疏导等领域实现安保社会化。

5. 开展活动领军人才引进改革试点

参照海外高层次人才来京创业和工作的有关政策，制定示范区国际活动领军人才奖励政策。研究国际高层次活动个人所得税补偿相关政策，对国际体育、文化明星，以及其他提升大型活动能级的领军人才的个人所得税，经市政府核准，按不高于周边国家或地区税赋水平的原则给予补贴。争取将国际活动名人纳入执行我国与协议签订的文化活动计划的演职人员范围，免征个人所得税。推动北京海外学人中心在奥林匹克公园设立分中心，为引进的海外高层次人才提供全程代理服务。开展奥林匹克公园工作人员雇员制试点，面向全球招聘项目策划、创意设计、招商引资等方面的紧缺人才。为持有外籍护照的关键人才及其配偶和未满18 周岁子女办理 2 至 5 年期多次入境签证。符合《外国人在中国永久居留审批管理办法》相关规定的外国人，根据个人意愿，可申请办理外国人永久居留证。

6. 争取海关改革服务试点

开展国际活动器材进出口审批改革试点。对接天竺综合保税区建设，完善电子口岸建设，建立健全国际活动器材进出口“大通关”工作机制，试点在奥林匹克公园实行与天竺综合保税区同等的报关、报税政策。开展购物离境退税改革试点。参照海南岛离岸退税和离岛免税政策，借鉴国际城市过离境免税政策，研究在奥林匹克公园开展境外游客离境退税和国内游客离京免税的改革试点，设立免税商品店。增强国际活动的吸引力，提高活动的经济贡献度，促进活动聚集于此。

7. 构建奥林匹克公园市场化运行服务机制

探索创新体育场馆、赛事运营机制，针对奥林匹克公园大型场馆集中的实际，吸引专业公司、专门人才和市场资金等社会力量参与场馆运营，实现场馆专业化管理和社会化经营。出台支持政策，研究组建旗舰型的体育产业集团和演艺集团，大力引进活动管理行业龙头企业，对相关资源进行整合和集中运营管理，有计划地推进活动策划、活动管理、活动文化的产业整合与发展，形成产业规模。研究设立示范区国际活动服务公司，负责奥林匹克公园内软件设施（如：电视转播线路、网络宽带等）相关配套设施的建设和维护，改造升级场馆内外的临时性设施，提升商务服务、电视转播线路、网络宽带、停车服务等配套资源体系水平。

8. 构建实施奥林匹克公园活动品牌营销推广体系

在奥林匹克公园管委会与园内业主单位建立紧密合作机制，开展联合品牌营销，通过市场化运作，申办、举办一批重大活动，打造具有国际影响力的文化、会展、体育、演艺等品牌活动，增强全国乃至全球既有品牌活动在奥林匹克公园的根植性。提升开发建设和配套服务等水平，尽快拓展产业空间，广泛建立与国际组织、行业协会、演艺集团等国际活动资源的联系，完善餐饮住宿、交通出行、购物休闲等景区服务和翻译、广告、设计等商务服务，为各类大型活动的举办奠定良好的基础。支持以行业龙头企业为主体，以行业协会为纽带，建立活动公司企业联盟。

香港私家车备受“冷落”调查及对北京市的启示*

小汽车交通模式能够提供门到门的交通服务，交通的可达性最强，因此随着经济的持续快速增长和人们生活水平的显著提升，自 20 世纪 80 年代末期起小汽车逐步进入普通中国家庭，越来越多的人通过购买和使用小汽车，为自己和家人提供便捷、灵活的出行条件。私人小汽车的增长在给人们带来方便的同时也衍生了许多问题，比如交通拥堵的加剧、城市道路资源的紧张、城市环境的恶化等等。为缓解交通拥堵、严控机动车数量快速增长，北京市在加大交通设施建设投入、继续提升公共交通出行比例的基础上，对私家车采取了尾号限行政策和汽车限购政策等。以上政策的实施虽然一定程度遏制了私家车增长过快的趋势，但由于交通需求总量急剧增长及需求构成的多样性和复杂性，北京市民的购车需求有增无减，城市交通形势依然十分严峻。据北京缓解拥堵网站公布的最新数据显示，北京购车摇号量持续走高，截至 2012 年 10 月 8 日，累计收到个人小客车配置指标申请和确认延期的共 1195857 个，再创历史新高。

反观我国香港，香港是一个地域狭小、人口密集的城市，总面积为 1104 平方公里，80% 以上都是山地，人口多达 713.63 万人；2011 年底香港车辆总数为 630281 辆，其中私家车 434843 辆，而香港公路总长为 2076 公里，其每平方公里的平均人口密度及车辆承载量均位居世界城市前列。依照常理，在人口密度如此之高，经济活动密度如此之大的地方，交通必然拥挤不堪。但令人惊讶的是，香港的交通却十分畅通，香港市区平均车速多年保持在 30 公里以上。尤其值得关注的是，2011 年香港人均 GDP 已达 3.42 万美元，一般市民约一年的收入就能买一辆普通家

* 作者简介：吴玲玲，首都社会经济发展研究所助理研究员，北京健康城市建设促进会办公室副主任。

用小汽车，可香港的小汽车拥有率和使用频率却一直不高。因此，认真分析研究香港私家车备受冷落的原因，借鉴香港引导合理出行的成功经验，将有助于引导北京市民的交通需求、缓解现实交通拥堵状况，推进首都交通事业的进一步发展。

一、香港私家车发展状况

香港运输署统计的“私家车”，是指除政府车辆、摩托车、公共汽货车、特殊用途车辆之外的机动车，与我们定义的“私人小汽车”概念并不相同。香港私家车除了香港市民个人拥有的“私车”外，还包括一定比例的以公司名义登记购买的、用作公事用途及在正常情况下不能由职员或住户使用的车辆。

据香港运输署历年公布的运输资料年报及相关数据显示，过去二十年来，香港私家车总量增长平缓（见图 1）。1991 年香港私家车数量为 212017 辆，2001 年为 340568 辆，十年间香港的私家车净增 128551 辆，年均增长量为 1.3 万辆左右。到了 2011 年底，香港私家车数量为 434843 辆，比 2001 年增加了 94275 辆，平均每年新增私家车的数量保持在 0.94 万辆左右。

2002 年 –2011 年间，香港私家车的年均增长速度基本维持在 2.49% 左右，2010 年和 2011 年私家车年增长出现些许反弹（见表 1）。

表 1　2002 年 –2011 年香港私家车增长情况

年 份	私家车数量（辆）	年增加量（辆）	年增长速度
2002	340855	287	0.08%
2003	338930	–1925	–0.56%
2004	344713	5783	1.70%
2005	350753	6040	1.75%
2006	360427	9674	2.76%
2007	372203	11776	3.27%
2008	383141	10938	2.94%
2009	393812	10671	2.78%
2010	414966	21154	5.37%
2011	434843	19877	4.79%

注：2001 年私家车为 340568 辆。　资料来源：香港运输署网站。

二、香港私家车备受冷落的原因分析

对于私家车的管理，香港政府的对策更多是“疏”，而不是“堵”，相关限制措施主要针对路面交通或汽车的增长速度。为实现满足需求和抑制需求之间的平衡，香港政府在对小汽车总量增长进行实时监控的同时，充分运用政策和市场杠杆疏导人们的买车需求，引导市民选择更高效的交通方式。在相关政策措施的影响下，人们购买和使用私家车的意愿逐步下降。目前，造成私家车在香港备受冷落的原因，主要有以下几点：

原因一：高昂的购车税，抑制了私家车数量的增长

香港地域狭小，市区高度集中。受地理条件限制，香港道路曲折、狭窄，很少有四车道以上的道路，大部分道路都只有两车道，且大多是单行线。因无法大规模改善道路，香港不得不大力发展空中交通，建造大量的双层路、回转线和高架桥。在现有的道路环境下，香港政府认识到，小汽车与公共交通等交通方式相比，小汽车运行所需的人均道路面积及停放面积是最高的，因而运行效率最低，公共交通工具效率是小汽车 8 倍；就运行所占道路面积来说，小汽车运行每位乘客所需的交通面积是地铁的 6 倍至 12 倍。如果不对小汽车交通进行一定程度的限制，路、桥等交通设施的建设速度根本难以满足汽车高速增长的需要，大范围的街区道路拥堵必将出现。

为缓解交通拥堵，抑制小汽车需求量的增长，香港政府早在 20 世纪 80 年代初期，就大幅增加了车主为车辆申请首次登记时所缴付首次登记税，其后一直跟随通胀率同步上升，直至 1991 年为止。2011 年，香港政府针对近期小汽车数量出现小幅上扬的情况，着手对原有的汽车首次登记税进行调整。2011 年 6 月，《2011 年汽车（首次登记税）（修订）条例》在香港立法会获得通过，并于当月 17 日起生效。新条例对私家车首次登记税进行了调整，私家车首次登记税的新税率如下：最初的 15 万港元，税率由原条例的 35% 提高到 40%；其次的 15 万港元，税率由原条例的 65% 提高到 75%；其次的 20 万港元，税率从 85% 提高到 100%；余额部分（即 50 万以上的余额），税率由原条例的 100% 提高至 115%。也就是说，一辆售价 50 万港元的轿车，车主需要分段付税：最初的 15 万缴税 40%，其次的 15 万缴税

75%，再次的20万缴税100%。这样，购买这辆50万港元的轿车，车主除支付裸车费用外，还需要另缴税37.25万港元，比条例调整前多缴税5.25万港元。同时，新条例为了限制购买大型高油耗汽车，鼓励公众购买环保汽车，对首次登记的环保私家车的税费进行宽减。可获宽减的汽车首次登记税由原条例的30%上调至40%，宽减上限也由每辆50000港元调高至75000港元。

表2 香港私家车首次登记税同国际某些国家税率的比较

<table>
<tr><th rowspan="2">首课税价值</th><th colspan="3">首次登记费</th></tr>
<tr><th>香港</th><th>日本</th><th>新加坡</th></tr>
<tr><td>首15万港元</td><td>40%</td><td rowspan="2">110%</td><td rowspan="2">4.50%</td></tr>
<tr><td>次15万港元</td><td>75%</td></tr>
<tr><td>次20万港元</td><td>100%</td><td rowspan="2">另加20%关税</td><td rowspan="2">另加5%的销售税</td></tr>
<tr><td>超过50万港元之余额</td><td>115%</td></tr>
</table>

资料来源：香港运输署网站。

原因二：高昂的养车费用，抑制了私家车的使用频率

在香港可谓一动车就要交费，因此香港的私家车大部分不是“代步工具”，平日呆在停车场里，只有周末才会使用，如去郊野公园玩、采购以及探望父母等。其实，市民选择让“私家车”平日休眠的重要原因在于，香港那些由市场调节决定的养车成本过于高昂，迫使市民不得不自觉减少私家车使用频率。

首先，政府每年会核定牌照并收取牌照费（包括交通意外伤亡者援助基金催款）。香港政府规定，任何人士均不得在道路上驾驶或使用未经登记及领牌的车辆。所以，车辆只有每年或每四个月核定一次车辆牌照后，方可在道路上行驶。在核定牌照的同时，政府还会按私家车排量大小计征车辆牌照费，排量越小收费越低，排量越大收费越高（见表3）。

表3 香港私家车车辆牌照征收标准

车辆类别 私家车（汽油）	一年牌费（港元）	四个月牌费（港元）
汽缸容量:		
1. 1500cc以下	3929	1404
2. 1500cc—2500cc	5794	2056
3. 2500cc—3500cc	7664	2711
4. 3500cc—4500cc	9534	3365
5. 4500cc以上	11329	3994
私家车（轻质柴油）		
汽缸容量:		
1. 1500cc以下	5389	1915
2. 1500cc—2500cc	7254	2567
3. 2500cc—3500cc	9124	3222
4. 3500cc—4500cc	10994	3876
5. 4500cc以上	12789	4505

资料来源：香港运输署网站。

其次，私家车要缴纳高额的燃油费。香港汽油价格除随国际油价调整外，还包括不菲的燃油税，这使香港的汽油价格高得惊人。例如同样标号的汽油每公升的价格约为内地的3倍左右，其中，油价约占46%左右，燃油税则占54%左右。而公交车则享有香港特区政府的免税优惠，因而油价要便宜许多。高昂的香港油价极大地增加了小汽车交通的出行成本，有效抑制了小汽车的滥用。

第三，道路收费政策的实施，控制了交通需求增长。香港没有高速公路费，但重要的隧道和桥梁都收费。香港共有16条行车隧道，其中政府拥有11条隧道，这11条隧道由私人公司根据运输署批准的管理合约管理和营运，有8条隧道收费，收费金额在3－8港元之间。另外有5条行车隧道如东区海底隧道、西区海底隧道、大老山隧道及大榄隧道由私人公司建造并营运，其收费金额在15－50港元不等。道路收费的施行，增加了私家车的使用成本，起到了减少交通总量和缓解交通拥堵的作用。

第四，通过停车设施供应和停车收费管理，控制中心城区交通量。香港全境车辆与停车车位的比率不到3∶1，市区比率则更低。香港的停车收费完全实行商业化运作，中心区停车费很贵，如中环的月租达到4000港元以上，市区计时车位的停车费用也在每小时20－40港元之间，而且经常要排队等位。高昂的停车费，增加了以中心区为出行终点的小汽车费用，有效遏制了需要长时停车的通勤小汽车交通，减少了该地区的小汽车交通。同时，香港还对违章停车、不交费停车等进行严惩，所以在香港的马路上很少见到随意停放的车辆。

原因三：方便快捷的公共交通，促使人们自愿放弃小汽车交通

香港人不疯狂买车的根本原因，在于香港拥有高密度、高覆盖、高水平的立体交通运输服务网络，大多数人不买车也能满足多元化的出行需求。香港公共交通服务由铁路公司及私营机构以营利方式提供，政府主要承担协调不同模式的责任，既不直接介入，也不提供直接资助。2011年，香港公共交通日载客量达到1191万人次，约有89%的人乘坐公共交通工具。香港城市公共交通系统由港铁、电车、专营巴士、公共小型巴士、的士、非专营公共巴士、缆车及轮渡等多种交通工具组成，各种方式分工明确，联结紧密，换乘方便，形成了高效率的网络体系：

首先，港铁是城市公共交通的骨干系统。香港铁路交通系统四通八达，全长246.2公里，由地铁、轻铁、机场快线等行车网络构成。地铁具有以低边际成本载运大量的乘客，对环境损害较少的特点，因而承担着在极高需求的走廊提供主干服务的任务。轻铁等的作用是在高需求的走廊提供主干服务，并接驳地铁或渡轮。2011年，港铁每日载客量为473万人次，占公共运输总载客量约37%，是香港乘客量最高的公共交通服务。香港铁路每天运营时间从早上6点至次日1点，共计19个小时。高峰时间地铁基本上每2－3分钟有一班，平常时间每5分钟有一班。香港地铁网发达，人口集中地区均有地铁直达，人们从城市最边缘地区到市中心，乘坐地铁差不多半个小时都能到达。在每个地铁或轻轨车站，均设有大型的公交车转换站及大型停车场；站内的换乘也十分方便，两条路线之间的换乘，很多是下车门对面站台就能换线，根本无需上下楼梯或兜圈。为吸引更多人选择公共交通，地铁站附近一般建有购物街、饮食店、美容店、时装饰物店、电影院等，颇受人们欢迎。

其次，巴士、小巴、电车等地面公交是城市公共交通的重要组成部分，主要为铁路提供接驳服务，并为没有地铁的地点提供服务。在香港交通模式的分级中，巴士的作用是在中需求走廊提供主干服务；小巴的作用是在低需求走廊提供服务；电车的作用是提供短程服务，特点是低速、票价低廉。目前，各种地面公交占有香港公交流量的比重较高，其中专营巴士服务位居香港载客量第二位，每日接载乘客达 379 万人次。香港公共汽车不仅准时、空调足，而且严格规定了人数，不允许超载。尽管地面公交的比重较高，但出于长远考虑，香港政府自 1976 年起限制巴士的总数，同时采取不鼓励巴士提供长程服务，减少行走在繁忙市区道路的巴士班次等措施。

第三，便捷的出租车交通及班车。出租车提供了全港公交日流量的 8.8%。尽管香港出租车收费大大高于内地，但打车费还是比开私家车一天的停车费要低。出租车虽然能提供直达目的地的个人服务，但对路面的利用率不高，因此政府对出租车进行总量控制，从 1997 年起没有再拍卖发放新的出租车运营牌照。据 2012 年香港运输资料年报显示，2002 年 – 2011 年，香港出租车总量始终保持在 1.8 万辆左右，在全港机动车总数中的比重呈下降趋势。此外，市民日常上下班，还有公司班车、社区班车可以选择。

原因四：坚持交通规划先行，将城市规划、交通、住宅、环境作为一体统筹考虑解决交通问题

香港的交通之所以如此畅通，与城市管理者坚持交通规划先行，以扩展和完善公共交通为政策指引，把环境、土地使用指标和交通改善目标联系起来，由此带动城市发展的理念是密不可分的。到目前为止，香港曾有过 3 次大规模的整体运输研究规划，分别完成于 1976 年、1989 年和 1999 年，每次规划调研都用了大概 10 年的时间来规划设计香港未来 10 – 15 年的发展愿景，而且每一次都是由相关政府机构、专业人士与民间力量共同完成的。这三次的整体运输研究规划均预测了香港经济和车辆的增长趋势，提供了限制小汽车和鼓励公共交通的必要框架，而且规划中最为重要的一项原则就是，要求任何一块土地的城市建设发展容量都必须以交通容量为上限。例如，在香港如果某地的所有交通方式加起来所能容纳的交通流量为每天 10 万人次，那周边的房产项目设计必须在 10 万人以内。同时要在新区规划之初就会对公共交通做通盘考虑，处理好土地用途与环境、交通的关系，尤其是生活居住区内的生活福利服务设施配套、生活居住用地与就业岗位分布等问题，让居民多数需求可在区内满足，从而从源头减少出行量和运输需求，缩短出行距离。

三、对北京市的启示

启示一：运用政策和市场杠杆，限制小汽车的拥有和使用

目前，中国处于小汽车市场高速发展时期，北京市小汽车发展更为迅速。截至2011年底，北京市机动车保有量为498.4万辆，其中有371.7万辆是私家车，占机动车总量的74.6%。自2011年汽车限购政策实施以来，私人购买小汽车的热情更是有增无减，小客车指标申请屡创新高。北京不仅小汽车拥有率逐年递增，而且小汽车使用频率也在持续走高。据交通部门统计，北京市小汽车是全球“最累”的，过度使用状况尤为严重。北京市小汽车不仅年均行驶里程在2.5万公里左右，是发达国家同类城市的近两倍，而且小汽车出行距离较短，5公里以下的出行比重竟达到44%。

造成小汽车的无节制拥有和过度使用的主要原因在于，北京市购买小汽车的门槛低、小汽车使用成本低、人们绿色出行意识薄弱以及替代出行方式的服务水平有待提高等问题。借鉴香港经验，实施适度从紧的小汽车限制政策将对城市出行结构产生显著影响。从北京城市特点看，土地资源供应日益紧张，历史文物保护要求很高，因此北京和香港一样，有着许多地理条件的限制，不可能大规模扩张道路交通设施，不具备充分发展小汽车交通的条件。为了抑制小汽车的过快增长，有效缓解城市交通拥堵，北京市必须充分运用政策和市场杠杆，对私家车的拥有和使用实行总量控制和引导。一方面要结合市情，适时出台限制私家车拥有的相关措施，加大私家车购置成本，比如运用香港那种累进制税率的首次登记税，来减弱人们的买车意愿；另一方面，通过立法及税收等相关经济政策与具体管理措施，如燃油税、牌照费、高停车费等，加大私家车使用成本，使私家车出行的费用大大高于公交出行费用，从而引导和促进小汽车出行向公共交通与慢行交通转移，优化交通出行结构。

启示二：采取以公共交通为主导的政策，努力提高公共交通吸引力

近年来，北京市实施公交优先战略取得了明显效果，公共交通吸引力得到有效提升，公共交通出行比例得到持续增长。2005年北京市公交出行比例为29.8%，小汽车出行比例29.8%；2007年公交出行比例为34.5%，超过小汽车32.6%的出行比例；2009年公交出行比例为38.9%，小汽车出行比例为34.0%。

到了2011年，公交出行比例达到42%，而小汽车的出行比例则首次出现下降，为33%。而香港公交出行比例为89%左右，小汽车出行比例仅在10%左右。总体看北京公交增幅仍需进一步加大。

一般而言，在高密度的城市里，公共交通与小汽车很难做到同时得到发展。北京作为一个建筑与人口高度密集的城市，为促进城市的可持续发展，必须在贯彻落实好现有公交发展政策的基础上，继续不断提高公交系统的客运分担率，促使小汽车出行方式向公共交通出行方式转移。一是学习借鉴香港经验，做好交通模式的分级，将地铁作为城市交通客运系统的骨干予以大力发展，而其他公共交通工具则担当辅助角色，主要为铁路提供接驳服务，以及为没有地铁的区域提供服务。各种交通方式的整合协调，形成合理的出行方式链，从而满足不同出行需求。二是努力建设方便快捷的换乘体系。北京市地铁不同线路之间的换乘、地铁与地面公交的换乘，以及公交与公交之间的换乘条件有待改善，接驳换乘多有不便，制约了公交出行比例的有效增长。应加快综合客运枢纽、换乘中心站等换乘设施建设，构建轨道交通、地面公交、出租车等融为一体，地上地下互通互联的立体交通网络，缩短换乘的距离和时间，强化公共客运综合体系的整体吸引力。三是提升公交服务质量，提升公共交通的吸引力。可以借鉴香港经验，以发展地下空间为重点，改善轨道交通运营环境。通过在地下建立集交通、饮食、购物、娱乐等为一体的地下城，将人流由地上引入地下，减轻地面压力。同时，地面公交也应增加其乘坐的舒适度，缩短高峰期发车班次或间隔，缓解高峰期公交车上人挤人、肉贴肉的状况。

启示三：积极推动慢行交通建设，努力促进慢行交通出行比例回升

高品质的慢行系统是降低小汽车出行比例、促进公共交通优先发展的基础和保障。香港政府在《第三次整体运输研究报告》中提出安步当车是最环保的交通方式，同时针对当前香港街道行人多、慢行环境差等问题，采取了兴建直达公共交通工具的行人设施、专门的行人通道以及划设行人专用区等措施，鼓励人们"绿色出行"。近年来，伴随机动化水平快速提高，北京市的小汽车出行比例持续增长、慢行交通出行比例持续下降。恢复和保持慢行交通出行比例，应当成为北京市引导城市交通出行结构合理化的工作重点之一。为此，北京市应进一步突出慢行交通在交通规划体系中的地位，尽快着手恢复城市自行车交通网络建设，大力改善慢行交通的出行条件。在公交枢纽站、中心区商业街和客流集中地区增设自行车停车场，方便和鼓励居民采用自行车与公交接驳的方式出行。在主要街区增加公共自行车租赁点覆盖面。同时给予步行者更多的人文关怀，搞好行人步道、人行横道、人行地道、人行天桥、行人专用区等设施建设，保障慢行设施的无障碍及通行空间的连续性。

启示四：坚持交通规划先行，处理好交通发展与城市规划、建设、管理的关系

由于香港可供利用的土地面积有限，为争取每一块土地的最大利用价值，就必须将城市规划做到最好。其中，与人居密切相关的交通问题，自然是考虑重点。因此，多年以来，香港长期坚持交通规划先行，并严控土地开发建设容量与交通容量的匹配度，由此避免了高容积率住宅开发建设与道路建设不配套，公共交通模式难以与城区扩张同步发展的问题，减轻了因公交可达性差导致的人们对私家车出行的依赖。近年来，北京市伴随着城市人口的快速增长，在“摊大饼”的城市发展形态下，在便利性与可达性较高的环路周边进行高密度土地开发，但对土地开发建设容量与交通容量的匹配度却没有做过多的考虑，这样不仅创造出巨大的交通需求，而且大量日常出行要通过市中心，从而造成市中心的交通拥堵及潮汐式通勤交通流，进而呈现拥堵范围由中心城区向周边扩散的态势，相应引发一系列城市交通问题。为此，北京市应更加重视交通规划先行的重要性，并从减少交通总量的角度统筹多种城市功能要素的用地布局，包括生活居住用地与就业岗位分布的关系、主要交通发生源与交通吸引点的空间布局、大中型生活居住区内的生活福利服务设施配套等等，以便从源头上缩短居民出行距离，避免或减少无效交通量和跨区中长距离交通量的发生。重视引导城市用地朝通勤短程化和功能混合化方向发展，及时疏解城市功能，鼓励近业择居，尽量减少“职住分离”现象。

在城市交通需求与日俱增、市区道路资源又很有限的情况下，控制私家车的无节制拥有和过度使用，避免机动车不加限制过快发展给城市交通带来难以治理的灾难性后果，需要加强领导，统筹规划，多方配合，建立适合北京市情的交通发展模式，实施治标与治本相结合的交通政策，促使北京交通进入良性发展的轨道，逐步形成高效、优质、功能结构较为完善的一体化交通体系格局，为首都的发展和宜居城市的建设提供良好的交通保障。

绿色生态与环境

本单元研究重点

- 繁荣首都生态文化打造东方园林之都
- 新思路：建设环首都生态涵养发展圈
- 首都环境建设当前形势分析
- 植物净化空气颗粒物PM2.5对策
- 北京市生活垃圾减量化对策
- 北京市建设节水型城市对策
- 北京市发展电动汽车的思路
- 环境政策背景下的都市农业发展

繁荣首都生态文化打造东方园林之都*

一、发达的生态文化是首都科学发展的重要标志

当今世界正处在大发展大变革大调整时期，世界多极化、经济全球化深入发展，增强文化软实力、影响力已成为转变发展方式、增强竞争力的战略选择。生态文化是人与自然和谐相处的文化，既是中华传统文化的历史积淀，又是社会文明进步的客观反映，将成为人类走向未来的一种理性选择。作为一种先进文化，生态文化在文化建设中发挥着日益重要的作用，越来越成为提升城市文化内涵和影响力的重要支撑。

（一）发展生态文化是建设生态文明的核心和灵魂

建设生态文明，实现人与自然和谐，是人类文明进步的最高境界。生态文明从本质上说，就是以生态伦理、生态道德和生态文化为支撑的高级文明状态。从人类发展历史看，在近一百多年的发展中，人类社会在创造高度物质文明的同时，也带来了气候变暖、土地沙化、湿地缩减、水土流失、干旱缺水和物种灭绝等严重的生态危机。改革开放30多年来，我国经济社会事业高速发展，但也形成了“高投入、高消耗、高排放和低效率”为特征的粗放型经济增长方式，并为发展付出了沉重代价，使生态问题成为制约民族生存与发展的根本性问题。北京作为首都，目前全市常住人口已达到1961万人，人口规模的持续增长，使人口资源环境的压力持续尖锐。水资源短缺的状况日益突出，人均水资源只有250立方米，不到全国平均水平的1/8，世界平均水平的1/24，远低于人均年1000立方米的国际水紧缺警戒线。城市绿色空间不足，人均公共绿地面积仅为15平

---

* 作者简介：邓乃平，北京市园林绿化局局长，首都绿化办主任。

方米，分别比纽约、伦敦、巴黎、新加坡低 4.6、10.4、9.7、10 个百分点；森林健康程度偏低，全市每公顷单位面积森林蓄积量和碳储量仅为全国平均水平的 40.1% 和 46.8%，世界平均水平的 28.6% 和 29.4%。我们今天所面临的全球性生态危机，起因不在生态系统本身，而在于我们的文化系统。用生态伦理、生态道德、生态价值和生态文化的思想引导经济社会可持续发展，不仅是国际共识和根本出路，同时也是生态文化的本质内涵和重要目的。

（二）发展生态文化是建设中国特色世界城市的重要支撑

文化是城市的灵魂和魅力所在，也是提升城市软实力的核心要素。城市随经济而盛，应文化而兴，人们对一座城市的深层了解，大多源于对其文化底蕴的认知。没有文化底蕴的城市就会丧失个性和特色，缺乏可持续发展的能力。世界城市作为国际城市的高端形态，文化魅力是其重要的特质风貌。这类城市不仅是全球经济中心，同时也是全球文化中心，而且这种文化体现出鲜明的文化主题，如水上之都威尼斯、旅游之都夏威夷、电影之都洛杉矶、时装之都巴黎等。同时，国际发达城市的文化特质往往在生态文化的载体——园林绿化的风格上得到充分体现。英国的园林文化充满了浪漫主义风格，追求更多的曲折、更深的层次、更浓郁的诗情画意；东京园林精巧细致，形成了极端“写意”的艺术风格；而美国的纽约中央公园几乎是原生态的，强调的是原始的自然山水、自然风貌。北京拥有 3000 多年建城史和 800 多年建都史，积淀了丰富的文化内涵。特别是故宫、颐和园、天坛、长城等光辉灿烂的东方园林文化和历史名园文化，早已成为北京文化的独特标识，折射出强大的吸引力、影响力、辐射力，成为国内外游人感知北京、感悟北京、体验北京的重要窗口，这应该是北京有别于其他世界城市的最大文化特质和文化主题。这种特色就体现在生态特色、园林特色与地域文化特色的紧密结合上，体现在中华传统历史文化与现代生态文明理念的紧密结合上，二者自古传承，相得益彰，博大精深。北京作为东方大国的首都，理应在继承发展生态文化、建设东方园林之都方面突显自己的城市品牌和文化特色。

（三）生态文化是建设社会主义先进文化之都的重要内容

在“十二五”发展中，北京明确提出了建设社会主义先进文化之都的战略目标。以园林绿化资源为依托的生态文化作为最符合绿色发展理念、最具发展潜力、最受都市人群欢迎的新型文化形态，是首都先进文化不可或缺的重要组成部分。特别是随着全市人均GDP突破1万美元，越过了6000美元休闲时代临界点，广大市民对绿色的关注和需求正在从简单的家庭种养、庭院绿化上升到宜居环境、休闲空间、生态品位的新高度，从观赏花卉、保护绿色的初始需要上升到享受绿色、亲近自然、品味文化的新高度，对高品质生态文化产品的追求越来越迫切。目前，全球范围内的森林旅游发展热潮势头强劲。到2010年底，我国共建立森林公园2583处，总面积近1700万公顷。自1993年起，我国仅森林公园的游客人数就保持在20%以上的年增长率。近年来，更是呈现爆发增长态势，2002年全国森林公园游客人数首次突破1亿人次，到2010年已达到近4亿人次；自1993年起仅全国森林公园旅游收入就保持在30%以上的年增长率，到2010年已达到近300亿元。据不完全统计，2009年全市园林绿化行业第三产业实现总产值100多亿元，其中仅各大公园和森林旅游的产值就达70多亿元，特别是历史名园接待游客达1.2亿人次，占全市全年旅游接待总数1.67亿人次的70%，实现门票收入达9.52亿元，而园林绿化在促进身心健康、刺激市场消费、带动地产增值、拓展就业渠道等方面的间接价值更是难以估量。大力发展生态文化事业，必将极大地丰富首都先进文化的内涵，提高首都的综合竞争力和对外辐射力，有力推动全国文化中心建设。

二、首都生态文化建设潜力巨大、任重道远

（一）北京生态文化建设取得重大进展

1. 生态科普文化蓬勃发展。经过长期不懈的大规模植树造林和绿化美化建设，全市山区、平原、绿化隔离地区三道生态屏障基本形成，呈现出城市青山环抱、市区森林环绕、郊区绿海田园的优美景观，全市森林覆盖率达到37%，林木绿化率达到53%，城市绿化覆盖率达到45%，人均公共绿地面积提高到15平方米，这为发展各具特色的生态科普文化奠定了坚实的资源基础。通过大力开展义务植树日、“爱鸟周”、“生物多样性保护月”等生态科普活动，在全社会营造了绿色健康、蓬勃向上的生态文化氛围。“十一五”期间共协调组织1600多万人次参加义务植树，创建花园式街道办事处13个、花园式单位1397个、花园式社

区 67 个。

2. 都市园林文化大力弘扬。大力加强对全市公园、历史名园和风景名胜区的分级分类管理，深入挖掘皇家园林深厚的文化底蕴，使一大批历史名园得到有效保护。全市公园数量从“十五”末的 190 个增加到 339 个，免费开放比例达到 85.6%，初步形成综合公园、专类公园、街区公园构成的公园管理体系，各级公园和风景名胜区年接待游客量达 2.2 亿人次。特别是历史名园文化独具风采，全市皇家园林总面积达 1000 多公顷，是世界上规模最大的皇家园林区。近些年逐步形成了颐和园、圆明园皇家园林文化和艺术创作聚集带，成功打造出“皇家园林文化节”等知名品牌，彰显了北京园林文化的独特内涵。

3. 节庆游园文化丰富多彩。以重大会议和节日庆典景观布置为主题，节庆游园文化快速发展。如奥运期间规划实施了“两区花港、三线花廊、五环花带、六类花境、百座花园”的赛时花卉布局，11 家市属公园推出了“中华文明、光彩奥运”等一批大型文化展演活动；国庆 60 周年景观布置形成了“广场敬献花篮、轴线立体装扮、节点花岛呈现、环线花带成链、绿地鲜花不断、千园添彩无限、社区芬芳吐艳”的格局，策划推出了“十方乐奏、百园展示、千园添彩”的大型国庆游园和文化展演活动，打造了首都精品园林文化品牌。近年来，城区各大公园连续举办的桃花节、菊花节、樱花节、荷花节，各森林公园举办的杏花节、梨花节、丁香节、红叶节和重阳登高节、金秋采摘节等，把北京传统文化、民俗文化与皇家园林文化、生态休闲文化紧密结合，丰富了新时期首都园林文化的内涵。

4. 会展创意文化成效显著。高水平、高质量完成了第二届中国绿化博览会、第七届中国国际园林花卉博览会、日本滨松国际立体花坛大会、台北国际园艺博览会等多项国内外博览会的参展工作，扩大了首都园林绿化的影响力。成功举办了“高水平、有特点”的第七届中国花卉博览会，突破了历届花博会之最。园林文化创意产业迅速崛起，在各项园林绿化工程的带动下，催生和壮大了首都园林规划设计市场，涌现出一大批高端园林设计人才和园林古建公司，市场发展潜力巨大。地坛公园举办的“创意点亮北京”文化艺术周，第一次将皇家坛庙与汽车文明联系在一起；八大处公园举办的“园林茶文化节”活动，首次将茶文化与园林文化结合起来，名山、名茶交相辉映。

5. 绿色休闲文化日趋繁荣。依托全市丰富的林木绿地、历史人文和林业产业资源，建成了600余个旅游观光休闲果园和全市唯一的专业花卉产业园区——国际鲜花港，形成了“百万市民观光采摘游”、“三节一展”花事活动等一批大型特色文化品牌，昌平苹果文化节、密云生态文化节、平谷大桃节等已成为市民的节日盛宴。2010年全市果树、花卉、种苗、蜂业等林业产业实现总产值78.5亿元，解决农民就业100多万人。大力发展以森林旅游为主体的绿色休闲文化，全市共建成各类自然保护区26处，形成了25处以西山、八达岭、松山、百花山等为代表的森林公园和森林旅游区，年接待旅游人数达2000万人次；以汉石桥、野鸭湖、翠湖、南海子等为代表林水相依、林园镶嵌的湿地公园。如八达岭国家森林公园积极打造红叶岭、青龙谷、丁香谷风景区，兴建科普长廊、中国艺术家生态文化园，连续举办六大生态文化节，通过动植物卡通造型和生动各异的生态科普展示牌等形式，为人们了解生态知识、参与生态保护提供了平台，成为一道亮丽的风景。

（二）北京发展生态文化具有独特优势

1. 山水交融的资源优势。北京市是国际上少有的靠山向海的大都市，山区面积占全市总面积的62%，独特的地理位置和气候区位，孕育了丰富的植被土壤类型，形成了异常丰富的自然景观资源，为野生植物的生长发育、野生动物的栖息繁衍提供了良好的条件。全市自然保护区达到20个（国家级2个），森林公园和森林旅游区达25处（国家级15处），恢复建设了野鸭湖、汉石桥等6个湿地自然保护区，全市拥有古树名木4万余株，国家和市级重点保护野生植物83种（类），重点保护野生动物283种。通过多年林业生态建设，全市林地面积已达到104.61万公顷，其中森林面积达到65.89万公顷，城市绿地面积达到6.17万公顷。这些丰富多样、得天独厚的生态资源优势为北京大力发展生态文化提供了坚实的资源基础。

2. 悠久灿烂的人文优势。北京有3000多年建城史和800多年建都史，是世界历史文化名城和古都之一，更是世界人类发源地之一，荟萃了自元明清以来的中华文化，拥有众多名胜古迹和人文景观，是全球拥有世界文化遗产最多的城市。一大批举世闻名的皇家园林和历史名园以其独特的风采成为中国古典园林的集大成者，是体现世界城市软实力的重要元素。全市共有文物古迹7309项，注册公园达到313个，历史名园现有21家，风景名胜区达到27处（国家级2处、市级8处），故宫、长城、天坛、颐和园、十三陵等风景名胜区被联合国列入世界文化遗产。以“天人合一、道法自然、和实生物、和而不同”为核心理念和思想精髓的生态文化在颐和园、天坛等首都园林绿化资源中处处可见。这些博大精深的园林文化资源，为北京建设国际一流的园林城市奠定了坚实基础。

3. 得天独厚的区位优势。北京是我国的政治、文化中心和国际交往中心，全国关注，举世瞩目。首都的特殊优势，使这里成为中央党政军机构、驻华使馆和各类国际组织、跨国公司总部聚集的中心，对全国乃至全世界都具有巨大的吸引力、辐射力和影响力。特别是北京聚集了一大批国内外顶尖文化机构，拥有一大批国际国内著名文化泰斗，这为我们统筹利用国际、国内两种资源，加大对外交流合作的广度和深度，站在更高起点上加快发展生态文化事业，努力走在全国前列，赶超国际一流水平，创造了宽松的外部条件。

4. 保障有力的经济优势。园林绿化作为重要的公益性事业，持续稳定的财政投入是发展的重要前提和基础。近年来，市、区县两级政府对园林绿化建设的资金投入逐年加大，仅2011年就达到120多亿元。2009年北京市经济总量达到1万亿元，人均GDP首次突破1万美元大关，财政收入突破2000亿元，首都发展开始由中等发达阶段向发达阶段迈进，这为首都园林绿化加快向世界城市一流水平迈进奠定了坚实的物质基础。

（三）北京推进生态文化建设任重道远

1. 生态核心价值需要不断强化。大力发展生态文化，可以引导全社会了解生态知识，认识自然规律，树立人与自然和谐的价值观，转变传统的生产生活方式；可以引导政府部门的决策行为，使经济社会发展更加注重节能环保、绿色低碳，更加有利于促进人与自然和谐；可以推动科学技术不断创新发展，提高资源利用效率，促进生态改善。生态文化是以弘扬生态文明理念为核心的先进文化，需要全社会共同参与。但目前社会公众对生态文化建设的认知情况及相关知识的掌握情况并不乐观，乱砍滥伐、乱捕滥猎和破坏生态、破坏环境的行为时有发生，需要通过多渠道、多形式、多方法开展生态文化知识普及和宣传教育活动，进一步引导全社会牢固树立生态价值观。

2. 文化资源利用需要加大统筹。全市各类公园、历史名园、风景名胜区和湿地、自然保护区等是极其重要的生态文化资源，目前对这些资源的管理分散在多个政府部门，园林绿化部门的行业监管、行政执法、规划审批等管理职能相对较弱，权责不够统一。生态文化科研、职业教育院所资源分散。同时，生态文化涉及多个部门、多个领域，目前还没有建立有效的统筹协调机制。国家林业局已经成立了中国生态文化协会，全国已有重庆、浙江、宁夏等兄弟省市自治区成立了生态文化协会，上海、福建、江苏等省市也在积极筹备之中。而目前北京还没有负责生态文化建设的专门机构、协会和人员。特别是生态文化作为一种新型文化形态，还没有被纳入全市文化建设总体规划中，园林文化创意产业也没有被列入全市创意文化产业政策扶持范畴，游离于文化政策之外。加快生态文化资源统筹整合，制定市级层面生态文化专项规划还任重道远。

3. 品牌文化活动需要深入挖掘。尽管近些年北京市相继策划开展了一系列关注度高、影响较大的园林文化创意活动，并取得了显著成效，但是与资源优势的发挥和建设世界城市的新要求相比，以森林旅游、节庆会展、园林创意、绿色产业为主体的生态文化产业仍然不大、不强、不精，由于缺乏高端管理人才和高素质从业者，生态文化产品的技术含量低，各级主要公园景区大多以门票收入为主，缺乏有特色、有创意、有影响的品牌文化活动；林果产业停滞在采摘、观光等低端层面，缺乏带动能力强的大企业、大项目，数量规模和质量效益亟待进一步提高；首都的园林绿化规划设计市场潜力巨大，但目前由于缺乏市场调查，底数还不清，需要政府的合理引导规范；生态文化创意产品开发严重不足，缺乏针对性强的支持政策。

4. 生态基础设施需要加大投入。各级公园、风景名胜区、自然保护区是生态文化建设的主阵地，也是社会公益性事业。虽然近些年生态文化设施建设有了长足进步，但总体上普遍面临着资金不足、运转困难的情况。特别是对生态文化建设没有相应的项目支持，没有相应的资金来源，由于采取不获取收入的开放式管理方式，大部分公园筹措资金比较困难，一些文化基础设施不足，给开展生态文化活动造成诸多不便。如在公园行业，除市属 11 家公园外，各区县的公园普遍没有纳入政府财政资金全额保障，对生态文化建设项目没有相应的支持和资金来源，只能靠自已创收维持生计，面临着免费开放与运转困难、公益性与市场化的双重矛盾。农村基层生态文化基础设施普遍不足，缺乏高品位的生态文化基础设施和特色活动。

5. 专业人才培养需要加强扶持。实现生态文化的大繁荣大发展关键在人才。

生态文化作为一种新兴文化形态和交叉学科，涉及面广，关注度高，专家学者和社会各界对它的认识看法不一。目前，尽管首都地区一些科研院所都开展了一些理论研究工作，但大多属于理论层次，缺少系统的、综合的研究、分析、评价和推广体系，没有形成统一有效的研究方法，缺乏相应的生态文化建设指标体系。这就要求出台相关政策扶持人才培育，打造专业队伍。

三、科学把握生态文化的丰富内涵

20 世纪 60－70 年代全球性生态危机，使保护生态环境，实现人类可持续发展，推动社会经济增长，促进社会和谐成为全球共识。在此背景下，一种以协调人与自然关系为核心，提倡保护生态环境、追求生态平衡，通过人与自然和睦相处来认知自然、把握自然规律的新兴文化——生态文化应运而生。

（一）生态文化的定义

生态文化是一种社会现象，是人们长期创造形成的产物；又是一种历史现象，是社会历史的积淀物；是伴随着经济社会发展的历史进程形成的新的文化形态。它传承和弘扬了中华传统文化的思想精髓和质朴而深邃的生态伦理智慧，如儒家主张“天人合一”，即人与自然的和谐相处，道家提出“人法地、地法天、天法道、道法自然”的思想。

作为正在新兴的文化形态，生态文化是人们在改造客观物质世界过程中形成的协调人与自然、人与社会的关系，追求生态平衡和可持续发展的观念和意识。它是一种物质生产与精神生产都高度发展，从人统治自然过渡到人与自然和谐相处，自然生态与人文生态和谐统一的文化，是生态物质文化、生态精神文化、生态制度文化的总和，是大众的文化、民族的文化、世界的文化。

具体而言，生态文化是探讨和解决人与自然之间复杂关系的文化，是基于生态系统、尊重生态规律的文化，是以实现生态系统的多重价值来满足人的多重需求为目的的文化，是渗透于精神文化、物质文化、制度文化和行为文化之中，体现人与自然和谐相处的生态价值观的文化。其核心思想是人与自然和谐，主要任务是科学认识、积极倡导和大力推动人与自然和谐。

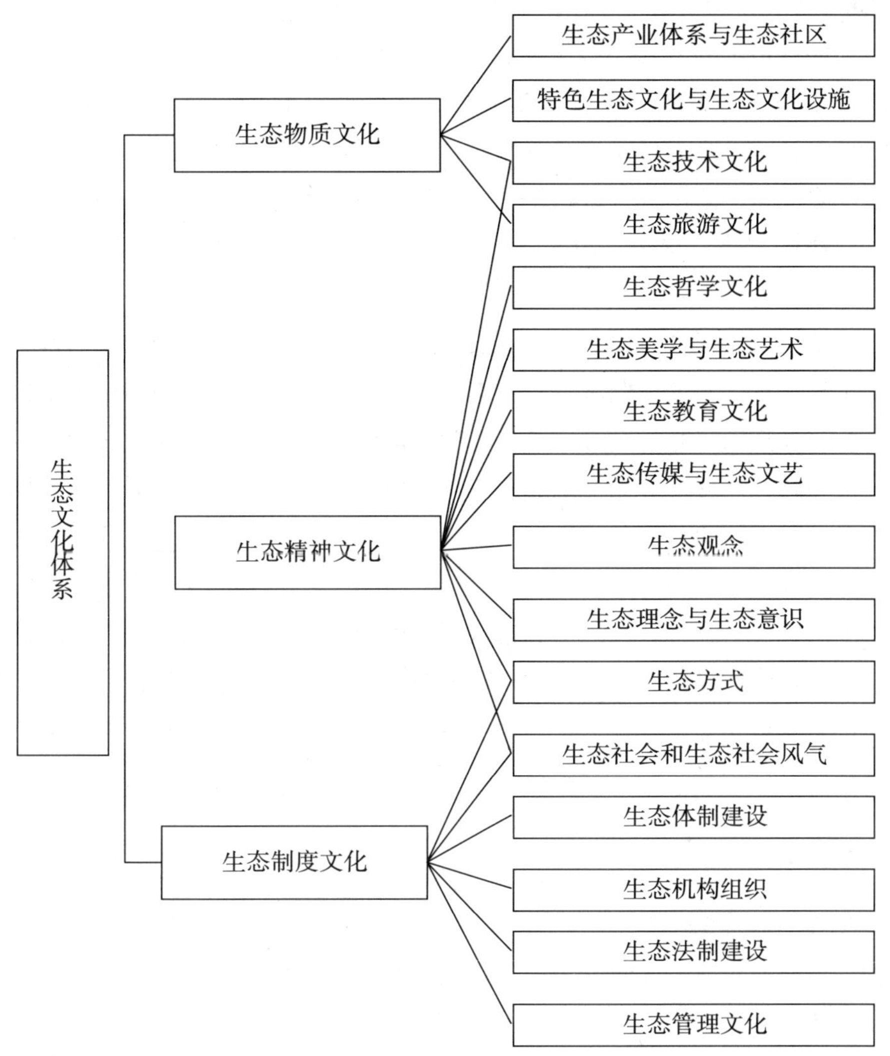

（二）生态文化的内涵

1. 生态文化是和谐文化。广义的生态文化是指人类在社会历史发展过程中所创造的与自然相关的物质财富和精神财富的总和；狭义的生态文化是指人与自然和谐发展，共存共荣的意识形态、价值取向、制度适应、行为方式。和谐是人类所追求的美好生活状态和崇高社会理想。伴随着社会的变迁和发展，以和谐为特征的文化精神生生不息。生态文化主张人与自然、人与人、人与社会、经济与环境相得益彰、协调发展，达到“青山涤我目，流水悦我耳，树影引我思，鸟语动我心”的和谐境界，是经济繁荣、社会文明的标志。

2. 生态文化是多样文化。它把实现生态系统的多重价值、满足人的多重需求作为重要目的，要求把保护生态系统作为首要任务，通过开发利用自然历史和人文景观等资源，挖掘具有区域特色、民俗特色、自然特色的文化内涵，包括园林文化、森林文化、湿地文化、林果文化、花卉文化、民俗文化等多种文化形态。

3. 生态文化是美学文化。生态美是建立在生态人文观基础上的一种崭新的、具有生态哲学意义的美学概念，是生态文明社会中人类的一种共同价值取向和目标追求，其最高境界是“天人合一”的和谐统一。自然界的蓝天白云、红花绿叶、江河海湖、飞禽走兽无一不充满着美，对自然价值认识不同则产生不同的美学观点，有着不同的美学感受。

4. 生态文化是先进文化。它倡导健康文明的生产、生活及消费方式，要求全社会牢固树立生态价值观、生态道德观、生态政绩观、生态消费观，推进绿色增长、绿色发展和绿色执政，实现经济效益、社会效益与生态效益相统一，体现了当代社会发展的文化思潮，是马克思主义自然观和科学发展观的文化表现，成为经济社会可持续发展的有力支撑。

（三）生态文化的特征

1. 人本性。生态文化是一种有关人与自然关系的文化。社会文化要探讨和解决的是单纯的人与人之间的关系，而生态文化所探讨和解决的主要问题是人与自然之间的复杂关系。

2. 融合性。生态文化与属于社会科学的传统人文文化不同，是一种与社会科学和自然科学都有关系的一种全新的、交叉的先进文化，它是生态生产力的客观反映，是人类文明进步的结晶，又是推动社会前进的精神动力和智力支持，渗透于社会生态的各个方面。

3. 协调性。生态文化是人类文明与环境协调发展的结果。它以尊重和保护自然社会生态环境为宗旨，以未来人类继续发展为着眼点，强调人类在发展中可以与环境实现协调统一，互为载体、相互促进、共存共融，发展既不能以损害环境和资源为代价，也不能超越环境和资源的承载能力。

4. 广泛性。生态文化的载体不仅包括绿色行业、绿色部门，还包括生态产业、生态工程、绿色企业，以及有绿色象征意义的生态意识、生态哲学、环境美学、生态艺术、生态旅游和绿色生态运动、生态伦理学、生态教育等众多领域。

5. 时代性。生态文化既具有传承性，又具有时代性，它与古代的“天人合一”自然观一脉相承，又具有鲜明的时代特色，是对远古社会渔猎时代、农业文明时代、工业文明时代的文化在更高层次上的升华。同时，生态文化是属于人类的“文化共同体”，是人类社会共同的追求，具有鲜明的时代特色。

四、加快首都生态文化体系建设的对策措施

（一）大力弘扬生态文明，构建导向性生态文化核心价值体系

“文化是一个民族的精神和灵魂，是一个民族真正有力量的决定性因素”。加快发展生态文化，是建设生态文明、促进社会和谐、推动绿色增长的重大举措，也是功在当代、利在千秋的惠民事业。首都发展生态文化的根本目的在于用生态文明的现代理念引领前进方向、凝聚奋斗力量，引导全社会加快转变经济发展方式，牢固树立尊重自然、热爱自然、善待自然的生态价值观、生态道德观、生态政绩观和生态消费观，积极倡导健康文明的绿色生产、生活和消费方式，让生态融入生活，用文化凝聚力量，从而推动全社会自觉走上生产发展、生活富裕、生态良好的文明发展道路；在于用以人为本的科学理念提升城市生态品位，满足市民生态享受需求，更好地服务于北京社会主义先进文化之都建设。我们要站在文化强国、文化惠民的战略高度，进一步深刻认识中央关于促进社会主义文化大繁荣、大发展的战略部署，深刻认识市委、市政府关于建设全国先进文化示范中心的重大决策，深刻认识生态文化建设对于推动首都园林绿化“转方式、调结构、强功能、惠民生”的重大意义，努力把生态文化与历史文化、道德文化、民族文化和园林行业文化紧密结合起来，加深对发展社会主义先进文化的理解，加深对生态文化核心精神和本质内涵的理解，加深对新形势下拓展首都园林绿化功能作用的理解，不断统一思想，凝聚力量，在全行业形成共同的生态价值观，促进首都生态文化事业大繁荣、大发展。当前和今后一个时期，我们要以学习贯彻党的十七届六中全会精神为指导，紧紧围绕北京建设全国文化中心的战略目

标，按照“传播生态文明、享受文化品质、倡导绿色生活、促进和谐发展”的理念，坚持“城乡统筹，科学发展，以人为本，共建共享”的方针，把握“世界眼光、国际标准、国内一流、首都特色”的方向，着力完善全市森林、湿地、绿地三大生态系统，提升生态、文化、经济、社会四大效益，发展历史名园、园林创意、森林休闲、生态科普、绿色产业五大文化，使生态文化基础设施大力加强，生态文化产业结构不断优化，生态文化体制机制科学高效，生态文明理念深入人心，努力把北京建成山川秀美、林园相依、绿荫花海、人居和谐的东方园林之都、生态文明之都。

（二）加快基础设施建设，构建公益性生态文化公共服务体系

按照公益性、基本性、均等性、便利性的要求，大力加强生态文化基础设施建设，完善公共文化服务网络，使弘扬生态文明理念有基地、开展生态文化活动有平台。一是加强生态文化载体建设。围绕完善“山区绿屏、平原绿网、城市绿景”三大生态体系，重点在山区实施一批重点生态建设工程，着力提升森林质量，增强碳汇功能，努力将山区建成森林旅游主导区、康体休闲示范区、森林文化展示区；在平原，按照“一环三带四团十核多廊道”的空间布局，重点启动实施百万亩森林景观建设工程，构建林海绵延、绿道纵横、公园镶嵌的大森林景观，形成“青山环抱、森林环绕”的大生态格局；按照“公园下乡、森林进城”的思路，推进一批大型公园建设，着力构建“城市休闲—近郊郊野—新城滨河—山区森林”四级圈层式公园体系；加快实施环路“增绿添彩”、空间立体绿化和十大滨水绿廊建设，大幅度拓展绿色空间，提高城市总体绿量。尝试在生态文化遗产丰富、保持较完整的区域，建设一批生态文化保护区，维护生态文化的多样性。二是加强公园和风景名胜区的精细化管理。编制出台《全市公园事业发展规划》和《北京市风景名胜区体系规划》，按照分级管理、分类经营、分区施策、分层治理的思路，根据不同的性质和类别，分别完善质量标准，强化行业监管，理顺公园景区行政执法体制，全面提升管理服务能力，重点加强八达岭、十三陵、石花洞和百花山等国家级风景名胜区的建设管理，推进云居寺历史文化风景区、中华文化主题公园等重大项目建设。三是加强基层生态文化公共设施建设。将生态文化与民俗文化有机结合，探索建立覆盖全市区县、乡镇和村的三级生态文化传播体系，建设一批生态文明教育基地、生态文化示范中心。实施重点小城

镇园林绿化建设，打造一批园林城镇、绿色村庄、森林人家，提高农村群众的生活品质。

（三）拓展多种功能效益，构建融合性生态文化产业发展体系

坚持生态效益、社会效益与经济效益相统一，积极推动生态文化产业与旅游、体育、传媒等产业相融合，向园区化、规模化、主题化的方向发展，使之成为绿色经济新的增长点、绿色消费的重要着力点，努力把城区建成园林文化创意产业集聚区、郊区建成现代林业示范区、山区建成森林文化旅游区。一是大力发展历史名园文化。加快编制《北京市历史名园保护与发展规划》，进一步明确历史名园的概念内涵、认定标准和支撑政策，抓紧公布全市历史名园名录，重点对现行历史名园的主要古建筑、标志性建筑进行保护和修缮，深入挖掘皇家园林文化、历史名园文化和游园休闲文化的丰富内涵，逐步构建彰显中华古典园林风采、体现首都现代园林特色的世界名园体系。二是大力发展园林创意文化。以各类林场苗圃和公园景区资源为载体，鼓励各类智力创作和创意开发活动，组织策划影视传媒、网络动漫、书画摄影、科普读物、文艺演出等各具特色的文化创作活动，大力发展园林设计、绿色休闲、园林艺术、生态影视等园林文化创意产业，规划建设一批园林文化创意产业示范园、试验区，彰显东方园林魅力。高水平策划北京生态文化节、公园文化节和森林旅游节、森林音乐会等大型文化活动；高质量举办第九届中国国际园林博览会，重点推进园博园、中国园林博物馆、中国生态博物馆和国家级植物园、动物园等标志性生态文化设施建设。三是大力发展森林休闲文化。坚持“立足保护、适度开发、引资共建、突出特色”方针，编制《北京市森林公园体系规划纲要》，努力打造东北以云蒙山、雾灵山为代表的自然景观森林游；西南以百花山、上方山为代表的植物景观森林游；西北以八达岭、十三陵为代表的人文古迹景观森林游等重点旅游项目，形成一批各具特色的森林休闲基地、自然体验园区、生态疗养胜地。按照“诗画山水、魅力栖谷”的建设理念，大力加强沟域森林景观建设，打造一批以森林旅游、观光采摘、绿色科普、森林养生、山地休闲为特色的森林休闲文化主题沟域，建成“赏自然景、喝山泉水、吃林家饭、洗森林浴”的生态优美新山区。四是大力发展生态科普文化。依托各类湿地、自然保护区和野生动植物资源，策划湿地节、零碳音乐季、“生物多样性和野生动物保护宣传月”、“爱鸟周”、“生态科普周”等大

型生态科普品牌项目，大力倡导绿色、低碳、环保、和谐的生态道德观、生态价值观和生态消费观。在有代表性的区县，依托各类自然生态资源，建设一批规模适当、独具特色、免费开放的生态科普博物馆、标本馆、科技馆、文化馆及生态科普教育示范基地。深入挖掘古树名木的历史文化价值，在加强保护的基础上合理开发利用，建设一批古树保护示范区。五是大力发展绿色产业文化。坚持品牌化、国际化、集约化的导向，以节庆会展为依托，发展壮大果树、花卉、种苗、蜂业，高标准筹办第十一届中国菊花展和世界葡萄大会，加快建设一批果品观光采摘、花卉文化欣赏、蜜蜂观光疗养等特色主题文化园，高水平策划百万市民观光采摘和“三节一展”等系列花果节庆活动。

（四）完善共建共享机制，构建社会性生态文化全民参与体系

一是提高全民生态文化素养。结合“世界环境日”、“世界地球日”、“世界防治荒漠化日”等重要主题纪念宣传日，组织开展形式多样、丰富多彩、健康向上的宣传活动，促进生态文化传播，树立生态文明新风尚。二是推进绿色生态创建活动。广泛开展全国绿化模范城市、国家生态园林城市、森林城市和园林小城镇、低碳社区、绿色村庄、花园式单位等“绿色系列”创建活动，开展生态文化示范基地、生态文化企业、生态文化村、生态文化社区创建活动，推动生态文明教育进单位、进学校、进社区、进乡村、进家庭，让生态文化活动更加贴近群众、贴近生活、贴近实际。三是实施绿色生态实践行动。大力推进政府信息公开，完善新闻发言人制度、听证会制度、重大事项告知制度，以及重大决策事项专家论证、群众评议等制度，保证人民群众对园林绿化建设的知情权和监督权，为城乡人民参与生态实践活动创造条件。鼓励企事业单位和个人通过认建认养林木绿地、义务植树、种植纪念林、纪念树、购买林业碳汇等多种方式，主动承担起更多绿化美化义务，形成全社会重视绿化、关心绿化、参与绿化的强大合力。

（五）创新管理体制机制，构建制度性生态文化组织管理体系

一是创新生态文化管理体制。加快政府职能转变，进一步强化园林绿化行业主管部门在生态资源管理和生态文化建设方面的综合职能，成立生态文化管理机构；处理好政府、企业、文化机构之间的关系，成立市级层面的协调机构，加强相关部门、行业之间的配合，建立政府引导协调、部门互动配合、协会规范监

管、企业组织承办、社会广泛参与的生态文化活动运营机制，形成发展合力；要把生态文化建设纳入全市经济社会发展和文化事业总体规划，加快编制未来 5 到 10 年全市生态文化体系建设规划纲要和行动计划，优化存量、挖掘增量，扩大容量、提高质量，促进首都生态文化大繁荣、大发展。健全完善湿地保护，公园和风景名胜区、自然保护区管理等方面的法规规章和标准体系，提高生态文化建设的法制化水平。加强各级各类公园和风景名胜区、自然保护区、湿地的机构建设，建立监管有力的高效管理体制。二是充分发挥行业协会的作用。尽快成立北京生态文化协会，按照“组织、协调、管理、服务”的职能，统一整合全市生态文化和相关协会资源，组织策划大型生态公益、学术研讨与节庆会展活动；建立志愿者服务队伍和文艺创作队伍。三是加快培养高素质人才。着眼于现实需求，采取多种措施，加强对各级从业人员的岗位培训和素质教育，加强对生态文化理论与实践研究、重大节庆会展活动策划、创意产业开发等方面专业人才的培养，促进生态文化学科体系建设，为加强生态建设和保护，实现经济与生态双赢、人与自然和谐共生提供科学依据和理论支持。

（六）统筹利用各类资源，构建开放性生态文化交流合作体系

一是加强国际合作交流。把握世界园林绿化的发展前沿、热点问题，大力加强与世界城市在林业碳汇、森林文化、城市生态景观建设和公众环境教育等领域的国际合作，积极引进项目、资金、技术和先进理念、管理方式，吸收借鉴国外生态文化建设优秀成果。积极参加京外举办的各类园林绿化博览会“北京园”建设，积极推动在北京国际友好城市中建设北京园林精品，积极争办风景园林、绿化文化等方面的高层次国际性会议，不断扩大首都生态文化的对外影响力。二是加强部委省市协作。充分利用国家部委和科研院所的资源优势，强化部市合作，争取生态文化重大项目落地北京；加强与环京省市间的协作，推进生态环境、生态安全和生态文化建设的交流合作，携手打造面向京津冀、辐射环渤海的大首都“生态文化圈”。三是加强市有关部门与区县之间的协调联动，统筹城市与农村、城区与郊区生态文化资源，策划包装重大文化项目，形成发展合力。

（七）加大公共财政投入，构建保障性生态文化政策支撑体系

一是完善公共财政支持政策。按照突出重点、分类实施、兼顾一般、推动全

局的原则，建立对公益性生态文化单位和经营性生态文化产业的扶持政策，将公益性生态文化项目纳入全市固定资产投资和推进国家文化中心建设领域，将经营性园林文化创意产业纳入全市文化创意产业项目支持政策范围，特别是加大对生态文化载体建设、生态文化原创产品开发等关键环节的支持力度。二是大力拓宽生态文化投融资渠道。支持生态文化单位与科研院所、中介组织、群众团体合作，鼓励社会团体、企业和个人捐资投资生态文化事业，形成多种经济成分并存的多元化经营格局。三是加强生态文化市场体系建设，完善市场流通服务体系，建立生态文化产品交易市场，推广产业园、示范区、连锁店等新型发展模式。

新思路：建设环首都生态涵养发展圈*

环首都圈地区包括紧邻北京的廊坊、承德、涿鹿等14县市，是广义的“首都经济圈”中距京最近的地区。2010年河北省委、省政府确定的“环首都经济圈”概念以及发展规划提出以来，得到了环京十几个县市的热烈响应，各地参与发展、融入北京的热情都很高，也都做了大量的工作，取得了较为显著的成就，为推进首都经济圈建设、服务中央、支持北京、助推当地发展，都立下了举足轻重的功绩，发展成就有目共睹，目标和思路非常明晰，成绩值得充分肯定。这充分说明“环首都经济圈”的建设规划思路是科学的、成功的、有效的。“十二五”是环首都经济圈发展的关键时期，需要按照科学发展观的要求，以更大的视角、更长远的眼光、更加科学的方法来进一步推进环首都圈地区发展水平的实质性提升。

当前京津冀三地政府及学术界关于“环首都经济圈”发展路径的研究非常多，研究角度多立足于如何依托首都资源而发展当地经济。笔者跟随所在课题组通过对14个县市、所辖乡镇村以及京津冀鲁晋辽广大地区的历次走访考察，认为“环首都圈”的发展，应更侧重于生态涵养保护，为首都北京筑起一道广阔、厚实、持久的生态屏障和涵养地，也就是应跳出建设“经济圈”的思路框框，建设一个“环首都绿色圈”，将这一地区定位为和北京绿化隔离带一样的专门生态涵养区，彻底根除“环京贫困带”现象。无论从中央、北京市还是河北省的角度而言，建设“环首都绿色圈”比建设“环首都经济圈”都有更大、更为长远的优势与好处，能够更好地实现各方多赢的局面，实现环首都及北京地区长期协调可持续发展，可能成为继“环首都经济圈”之后的另一条思路。

---

* 作者简介：乔智玮，北京市委研究室编辑信息处助理研究员。

一、首都圈经济聚集带应放在距京稍远的圈层

1. 京津两极的巨大吸附效应对环首都经济圈的客观影响

沿北京各条放射性高速公路出京百余公里，或是沿出京铁路夜行，都不难发现一个现象：从六环以外开始一直到出北京边界几十公里远的地方，周边基本灯火寥寥、以林地和耕地为主，夜间行车漆黑一片。但继续前行，进入了距离北京百余公里左右的任丘、天津、保定市和唐山辖区境内，就会发现厂房明显增多、广告牌林立，和刚才的人烟稀少形成了鲜明的对比。从飞机上看或是用 Google Earth 软件从空中俯视，这一趋势则一览无余：紧贴北京的几十公里半径环京区域，从西北部山区到东南部平原，都是一片绿色，山区绿带比平原绿带面积更大、地块更为连续。再往远，到了距京百余公里的圈层，成片的农村宅基地、市镇、工业区所占面积比例明显增加，黄色的沙砾地、撂荒地星罗棋布，深绿色的林地数量明显减少，以南部、东部地区最为明显。继续远行到了沿海地区，则又是另一派兴旺景象。从京津冀地区建设用地密度分布图和人口密度分布图上，也可以明显看出这一规律。如果观察天津周边，也会发现一致的吸附现象——北京和天津就像两个同性电荷，在周边地区造就了一个递远递减的强电场，吸附的资源数量也是递远递减。

这样的“吸附”现象并不是偶然。按照经济地理学理论，北京对周边邻近地区的资金、技术、人才、市场等各种资源必然会产生吸附作用，从而造成“大树底下不长草”的现象。回顾环首都圈各地区发展历程，都可以验证这一事实。从北京的现实情况看，当前绝大多数人才、科技、资金、市场等高端优质资源要素都纷纷向北京靠拢，不愿远离中心城，更不愿出京；除了计划经济时代一部分中央企事业单位分支迁至廊坊、涿州等特殊情况外，在今天的市场经济条件和首都经济的发展规律作用下，“吸附效应”始终是不可忽视的力量。从这个意义上说，环首都地带需要注意避免在经济、科技、产业发展上和京津走同质化的道路，也需要避免被动接受京津两地的外溢资源，而是走一条更加符合区域特征、更加有利于京津冀整个区域全面、协调、可持续发展的道路。

2. 距京更远的圈层客观上具备更大的发展潜力

北京周边 300 公里左右的地区，特别是南部和东部地区，发展潜力巨大。辽

东半岛经济圈、天津滨海新区、山东和河北沿海经济带、山西和内蒙古的资源储藏地带以及以石家庄、秦皇岛、唐山等大城市为核心的多个经济圈层和多条经济发展带已经形成，无论从人口、规模还是各项发展指标来看，这些地区都远比环京 14 县市要发达很多，而且其最重要的特征是与首都的依附依存关系不很明显，市场、资源和人才等经济要素相对独立。随着交通基础设施日益完善，这些地区都将被纳入首都“一小时经济圈”。从这些角度看，这几个地区和北京的关系，更加符合“城市群”和“多中心”的特征。因此，环京 14 县市不太适合再搞较大规模的“城市群带”和“多中心”，否则，环京各个中小型县城和城镇很可能并不会发展成“卫星城”，而是很快发展成为继通州、天通苑之后新的单一功能“睡城”，甚至会很快出现乡镇村连片“摊大饼圈”大兴违章建筑而难以控制的局面，吸引来全国各地更多的流动人口和一般产业，不仅不利于首都人口疏解，也不利于环京各县市的持续发展，更为日后首都圈地区有限的资源承载力与人口产业膨胀矛盾埋下了隐患。目前燕郊、固安、涿州等城市向“卧城”发展的趋势已经显露。

二、建设“环京绿圈”对京津冀等多方主体都有好处

1. 首都需要增加更大面积的生态涵养发展区域

首都环境质量特别是空气质量和周边地区关系密切。北京相当比例的大气污染物来自周边省市，周边省市的绿化水平、生态涵养发展水平、水耗和能耗程度与北京的生态环境唇齿相依。2008 年奥运会期间，北京周边污染企业的关停范围不仅包括河北省大部分地区，而且还涉及到了山东省的部分地区。假想北京城周围半径 100 公里范围内都是茂密的森林，没有工业污染源，没有耗水量大的产业项目，那么即使北京再拥挤，城市里的生态平衡和环境问题也都能大大缓解；假设从渤海、黄海海岸直至北京的 200 – 300 公里腹地内都能高标准建成绿化隔离带，那么清新的海风就有望直吹到北京，东南季风所带来的大气污染就不复存在。从整个华北地区角度来看，资源枯竭、能耗严重、生态破坏已是通病，也同样迫切需要建设一块规模较大的“绿肺”，而“绿肺”的位置，建在环京圈地区则十分合适。

从城市功能区分布格局来看，目前北京市的五个生态涵养发展区都位于西部

和北部山区，东部和南部没有专门的生态涵养发展区，但东南方向恰恰是大气污染物的主要来源地，也是水资源、各类能源消耗的密集区域，需要建立更为坚实的生态屏障，同西部和北部山区一起，形成保卫京畿的完整绿色圈层。当前从渤海、黄海的海岸线到北京市界 200 - 300 公里范围内的华北平原上，各种工厂、乡镇企业星罗棋布，各种污染源、耗水产业分布仍然密集，虽然河北省已经有部分县市按照建设“环首都绿色经济圈”的要求开展造林工作，但规模都非常小，以景观美化功能为主，没有形成体系。要继续提升首都的生态环境水平，仅凭借现有的两道绿化隔离带、五个生态涵养发展区以及周边市县零散的造林绿化活动仍显不够。

2002 年以来，以六环周边为界的第二道绿化隔离带建设至今，未来科技城、新机场、金盏金融服务园区等很多新兴城镇和产业聚集区已经逐渐建到了第二道绿化隔离带以外。近五年来五个城市发展新区的流动人口增速 6 倍于中心城区，首都的城镇化进程还在持续，建设规模还在不断扩张。可以预见的是，未来十余年内，北京还可能需要第三、第四道绿化隔离带。这个隔离带要避免像目前五环路内第一道绿化隔离带那样零散不连续，也需要避免重蹈近 20 年来北京建设绿化隔离带花很大成本拆房建绿、退耕还林的代价。最好的方法就是从现在开始做起，将整个环首都圈 14 县市建设成为面积更大、半径圈层更大的第三、第四道绿化隔离带，特别是南部、东部平原地区更要加大力度。

2. 环首都经济圈需要增加新的发展增长点和着力点

“环首都经济圈”建设目标提出两年来，环京各县市都在积极探索发展思路。从两年来各地的实践可以看出，环首都经济圈目前在农业、食品加工、住宅、旅游等几个产业方面具备优势，也具备和首都进行合作互利的条件，而在科技创新、高端制造业、文化创意等产业上则并不占明显优势，对北京城市人口疏解功能效用也比较有限，大面积的“环京贫困带”仍旧存在。这是由于京津两极巨大的“吸附效应”、地方软硬件条件历史基础等多方面因素决定的。要想更加快速高效地推进环首都经济圈的建设，就应转换思路，把绿化建设、绿色就业放在更加优先的位置甚至是最主要的位置。借鉴北京市近年来山区生态林就业补偿机制、绿化隔离带建设和城乡结合部改造、2012 年以来百万亩造林工程以及延庆县等地农村地区“绿领”就业的一系列成功经验，将环首都圈打造成为生态良好、环境优美的京津腹地，成为京津两地的“绿色生态功能区”。要更加深刻地认识到，环首都圈地区搞好生态建设、做好保卫京畿的绿化工作，可以提升地区品位、推动区域产业结构转型升级，可以提升旅游业、房地产业等多项产业的发展水平，是一次难得的发展机遇。这同样能创造GDP、同样能促进就业，还有望彻底消除“环京贫困带”现象，是更高水平上的科学发展，有可能实现比依照目前的路径去单纯追求产业高端化、同质化发展更为巨大的经济和社会效益。

3. 有利于调整首都圈产业结构，实现京津冀三地长远协同发展

“环首都经济圈”提出以来，14 县市及所辖诸多乡镇出现了一拥而上，“村村点火、户户冒烟”的产业发展趋势，同北京市产业结构转型升级的战略存在偏差，对生态环境保护以及当地未来产业结构转型升级也是不利的。如果不加以规划控制，就很容易重走上个世纪 90 年代北京城市边缘城乡结合部地区“先发展、后治理、最终建绿”的老路。如果现阶段能够下决心在环京津地区退出那些一般工业、制造业等发展项目，改为集中精力建设生态涵养区，那么环首都圈地区相当多数小散乱的低端产业、农居区域就将得以清退，京津两地及周边卫星城、城镇群带的城市功能定位、城市组团轮廓线就将更加清晰。特别是天津市将有更大的平台和空间集中发展高端工业、制造业，实现更高水平的规模经济，实现成为经济中心的目标。

这一点十分类似于北京市绿化隔离带建设前后的对比。上个世纪 90 年代北京市建设绿化隔离带之前，五环到六环路的广大城乡结合部地区承担着居民居住、农村农业、工业和服务业发展等多重功能，总体感觉是“小、散、乱”，占地规模大，难以形成规模经济，而且对生态破坏严重。经过建设绿化隔离带这一“整合”过程，这一地区原有的居住功能被分散到了城市组团中的居住功能区，农业生产功能被分散到了远郊区，低端工业服务业得以清退，原有的地块被用作绿化，提升了居住环境质量和区域品位，缓解了交通拥堵，“地尽其用”，实现了这一地块的最大利用效率。因此，应认真研究借鉴绿隔建设的成功经验，放眼整个首都圈区域来统筹规划，使环首都圈地区成为控制城市及小城镇群蔓延边界、提升京津冀区域品质的新的“绿化隔离带”，成为联系京津两地的“京津后花园”。

三、建设“环首都生态涵养发展圈”的路径和政策支持

1. 建立“环京圈”生态涵养发展补偿等一系列完备的机制

借鉴北京以及国内外城市多年来建设“绿化隔离带”、生态涵养发展区生态补偿、集中造林、绿领就业等成功经验，将北京绿化隔离带建设的好做法推广到环首都圈地区，实现全区域大面积大规模高水平造林绿化。可建立跨省市的经济协调补偿机制、耕地占补平衡机制以及人口迁移工作方案，并以国家规划、文件乃至立法的层面加以明确，妥善解决当地群众居住、社保、就业等问题，使“环京贫困带”转型成为永久的“环京绿带”。河北省可借鉴北京市单独设立五个“生态涵养发展区”，对这五个区县在 GDP 指标考核、发展目标以及发展规划上区别于其他十一个区的做法，对环京生态涵养发展县市给予特殊政策，单独考核评价。中央及有关部门可对环京地区单独设立生态涵养发展补偿资金，“花钱买绿”，买来的是对首都的永久性生态效益。环京绿化隔离带的建设需要多方协调配合，形成工作合力，并有明确而严格的上位法规，方能成功。

2. 将环首都带纳入北京、天津两市长远发展规划范畴

北京是一个各类资源要素只进不出的城市。从北京市的发展历史脉络来看，城市尺度不断扩大、周边地区不断被纳入北京是大势所趋。上世纪 50 年代以来，原属河北省的通州、怀柔、大兴等县市相继被纳入北京，城市版图不断扩大；近年来，城区的合并和行政区划的调整，说明城市的宏观尺度在不断扩大，外延膨胀的趋势愈发强烈。因此说，环京地区的发展，并不仅仅关系到当地和河北省，而是更加关系到中央和首都。做好“四个服务”，服务中央，环首都圈地区也应责无旁贷。在短期内不调整行政区划的条件下，建议请中央协调各地，创建新的工作体制机制，使紧邻北京的环首都圈地区纳入北京、天津两市的长远发展规划范畴，使其功能定位得到规划和法规的支撑，为实现当前的各项发展目标、推动未来整个区域的全面持续发展和实施新一步的行政区划调整战略而打下基础、做好铺垫。

建设“环首都生态涵养发展圈”还只是一个设想，涉及的人口就业、土地规划、耕地指标等具体问题以及可行性还需要进一步地深入论证与研讨。但无论在哪一个发展阶段，首都圈地区的生态承载力和绿色发展问题，都将是长期的、严峻的，需要我们在未来的发展过程中给予更加重视。

首都环境建设当前形势分析研究*

北京 2008 年奥运会后，首都城市环境建设按照总结经验、统筹协调、完善组织、建立机制和稳步推进的工作思路，逐步形成首都环境建设的新格局。

一、当前首都城市环境建设存在的问题

城市生态环境建设问题突出。伴随首都经济社会的快速发展，城市人口不断膨胀，居民对环境建设的要求越来越高。大气污染、交通拥堵、水资源短缺、生活垃圾处理、噪声污染等问题仍然较为严重，并呈现出复合化和复杂化的趋势。城市周边地区的水体、土壤、大气污染等问题日益突出。农村环境问题逐渐凸显，协调城乡环境建设的难度进一步加大。

城市环境建设政策供给相对不足。目前，首都城市环境建设委员会的统筹协调能力不足，人财物等基本工作保障还不到位，环境建设“建管并重”的体制机制尚未完全确立。有关首都城市环境建设的规划、运行、监督、考核的制度体系仍不健全。

首都城市环境建设发展仍不平衡。首都中心城区的重点大街在市容景观、园林绿化、夜景照明、道路建设、公共秩序等方面显著改善。但是，城乡结合部、公共交通站点和沿线、进京第一印象区、重要旅游景区、老旧小区等环境建设还有待提高。从四大环境建设的水平看，也存在明显差距。

首都环境建设的公共意识相对薄弱。社会各界自觉维护、自觉参与环境

---

* 作者简介：吴亚梅，北京市市政市容委副主任；路根喜，北京市市政市容委环境建设协调处处长。

建设的公共环境意识依然不高，仍制约着首都环境建设的进一步发展。重视经济发展，忽视城市环境建设的问题依然存在；群众对城市设施保护和利用的责任意识都有待提高；城市居民维护社会秩序环境的主体意识明显不足。特别是北京市在 20 世纪 80 年代创造的“门前三包”等环境建设的好经验好做法没有顺应新形势加以巩固和提升，基层政府、群众自主管理的作用还没有充分发挥出来。

为什么首都环境建设中还存在上述突出问题？究其原因，从深层次矛盾分析可以从以下几个方面探索。

首先是转变政府职能、建设服务型政府的要求与首都环境建设服务管理体制机制相对不足之间的矛盾。北京作为首都，在人口、经济、社会组织以及文化教育等方面都呈现出高度密集的态势。这种特征决定了我们在城市环境建设问题上，必须坚持运用总体的方法和综合的手段。但是，目前首都环境建设及管理的职能相对分散、部门协调统一难度大，这在一定程度上制约了首都环境建设的水平。这些问题突出体现在：个别部门的环境服务意识不够，一些通过加强服务管理就能够解决的问题，长期得不到解决。有的部门环境建设意识不够，主动性不足，遇事相互推诿扯皮。一些部门以政策法规欠缺为借口，拒不作为，而不是想方设法通过完善政策去解决问题。部门之间的主动协调和联动不够，有的部门重部门管理、轻部门联动协调，不懂得运用政策组合拳去努力解决首都城市环境问题，最终导致在环境建设问题上缺乏统筹，各管一段，一些环境问题边解决、边发生，难以形成长效治理机制。

其次是环境建设的长期性与社会需求的现实性之间的矛盾。城市环境建设需要充分考虑城市的长远发展，但是广大群众有自身的现实环境需求。因此，在处理具体环境建设问题上，必须协调好环境建设有关的部门利益、企业发展、群众需求之间的关系，这无疑增加了首都城市环境建设和管理的难度。

第三是城市区域发展的不平衡与环境建设的均衡要求之间的矛盾。从一般意义上说，环境建设客观要求我们必须有一个全面的、统一的、均衡的标准体系。但是，首都城市建设和发展却存在很多不平衡的地方。城市核心区、重点地区的环境保障措施比较到位，而城乡结合部、远郊区和农村地区的环境建设意识和投入就相对滞后。这种情况，一方面使城市环境建设先进区域的成就很难持久，另一方面也使环境建设后进区域的水平难以较快提升。

二、当前首都环境建设阶段性特征

首都环境建设高标准持续运行的要求更加常态化。“十二五”期间北京将围绕科学发展、加快转变经济发展方式的主题主线，推动实现北京建设中国特色世界城市迈进，把首都城市环境建设管理提高到了世界城市的新高度。随着北京打造“五个之都”，推进中国特色世界城市建设步伐的不断加快，北京已经成为著名的国际会议城市，每年举办的国际会议数量超过伦敦、东京和纽约，进入世界前10位。未来北京环境建设必须长期保持在一个较高的发展水平，以满足越来越高城市管理要求。

首都环境建设进入了全面提升城乡精细化管理水平的新阶段。精细化管理首先要树立起高标准的意识。北京是首都，是迈向世界城市进程中的特大型城市。北京城市的建设、运行、管理都要坚持首善、一流的标准。要全面提升城市运行的设计标准、建设标准，以科学的标准为指导，全面提升城市科学管理水平，使城市建设和管理水平逐步与首善之区的要求相适应，逐步与建设中国特色世界城市相适应。同时，要注重将环境建设与首都文化发展紧密结合起来，进一步提升首都环境建设的文化品位，构筑具有首都特色的环境建设软实力。

首都环境建设进入了统筹推进“四大环境”（城市市容环境、生态环境、设施环境和秩序环境）协调发展的新阶段。近年来，市政基础设施建设不断加快，设施环境总体上显著改善，但结构性矛盾依然突出，如市政排水设施应对极端天气条件的能力不足，应急避难场所数量相对短缺。与此同时，人民群众对环境建设的需求随着经济社会发展水平的不断提高也在逐步升级，突出体现为人民群众对市容环境、秩序环境和生态环境提出了更高的要求，特别是对以大气质量为代表的生态环境的要求越来越苛刻。这就要求首都的环境建设必须统筹推进设施环境、市容环境、秩序环境和生态环境等四大环境建设，提高四大环境协调发展水平。

首都环境建设进入了统筹城乡、区域环境协调发展的新阶段。随着北京提出率先实现城乡一体化发展新格局的战略任务，首都环境建设也进入了统筹城乡、区域环境协调发展的新阶段。首都环境建设既要进一步提升首都功能核心区域的环境水平，又要统筹推进城乡结合部地区、新城、重点镇和广大农村地区的环境建设，要形成环境建设全市一盘棋的新格局。尤其要强化城乡之间、区域之间环境建设公共投入能力上的相对均等化，对承担首都生态环境屏障的远郊区县的环境建设投入给予适当倾斜。

首都环境建设进入了标本兼治，源头治理的新阶段。总结“十一五”期间围绕重大活动保障积累的首都环境建设的宝贵经验，环境建设仅治标还远远不够，必须从城市规划、建设、管理这一闭合循环上寻求新的突破，把大量可以通过规划、建设能够解决的后期环境管理问题消灭在萌芽状态，从源头上减少后期环境建设管理的压力。同时，要针对环境建设中的疑难杂症，发挥首都城市环境建设委员会办公室的综合协调作用，逐一研究提出解决的具体措施，避免环境问题的长期积压。

首都环境建设进入了积极探索分级分类、管理重心下移的新阶段。在实施对重点地区环境建设分级分类管理方面，海淀、西城等区进行了积极的探索，形成了很好的经验，这些经验可以尽快在全市加以推广。根据各区域的功能定位对环境建设的不同要求，探索实施分级分类的环境建设管理新模式，不仅可以有效节省管理资源，也有利于调动属地管理的积极性。要强化城市管理的基层基础工作，推动城市管理重心下移，使精细化管理的任务落实在基层、岗位和具体人，切实把城市运行管理中的种种安全隐患解决在基层。要尽快打破环境建设自上而下推动的思维定势，积极探索自上而下与自下而上相结合的城市管理新模式。

首都环境建设进入与社会服务管理创新紧密结合的新阶段。首都环境建设是全社会的共同责任。要从根本上提高首都环境建设水平，既要强化环境建设的综合协调和投入保障，更要在培育和强化全社会的环境意识上寻求突破，努力营造“人人爱护环境、人人参与环境建设、人人共享环境建设成果”的生动局面。针对首都环境建设问题与人口聚集之间的因果关系，尤其是与流动人口大量聚集的直接相关性，加强首都环境建设必须与创新社会服务管理紧密结合起来。要探索通过加强对流动人口的服务和管理，搭建流动人口参与首都环境建设的有效途径，进一步增强流动人口的环境责任意识。

三、首都环境建设新价值理念探索

首都环境建设要突出公共性的价值导向。“公共性的价值导向”包含如下含义：城市公共环境是城市居民生产、生活的公共空间，城市环境建设的好坏、质量的高低关系到广大居民生产、生活环境的好坏，关系到广大居民工作、生活质量的高低；城市环境建设是城市居民的公共利益，要求政府在环境建设的过程中以公共利益为首要考量，充分尊重全市居民整体的、公共的环境利益和环境舒适度，努力为居民提供安全、舒适、便利、优美的环境；城市环境建设是政府公共服务的重要内容，需要全市居民的共同参与，需要全市居民的共同建设、共同管理、共同爱护和共同维护。公共性的价值导向是北京精神在环境建设中的具体体现。这一导向要求公民必须具备自觉爱护首都环境设施、自觉维护首都环境秩序的优良品质。

首都环境建设要突出精细化创新理念。“精细化的管理创新”是社会主义核心价值体系中的以改革创新为核心的时代精神、以创新为精髓的北京精神的具体体现。首都环境建设“精细化创新”要展现中国建设环境友好型社会的自信及成就，就是要展现首都北京改革创新30多年的经验及历程。“精细”要求在首都环境建设中要敢于创新、勇于创新、善于创新，用创新的理念推进精细化规划，用创新的技术手段运用于精细化建设，用创新的制度体系确保精细化运行，用创新的机制建立精细化的监督流程。首都环境建设的精细化就是精明规划、精美建设、精确运行、精到监督：精明规划是指首都环境建设在规划过程中要体现出国际先进的理念、适度超前的意识、瑰丽多元的融合等品格，这就要求创新环境建设的规划体制、战略理念以及管理手法，使环境规划以新的面貌来实现精细化要求；精美建设是指首都环境建设在项目建设过程中以创新为动力，不断建设出一批又一批符合主流价值观和人们审美情趣的产品；精确运行是指首都环境建设在运行过程中要体现科学严谨的精神，通过改革，探索出既符合首都特点，又符合经济社会发展规律的制度体系，这些制度运行效率要高，同时又不增加制度成本；精到监督是指首都环境的规划、建设、运行等各个环节都要进行全过程监督，通过监督，使整个环境建设与管理的体系实现无缝隙式发展、节约性发展、效能型发展以及公正性发展。

首都环境建设要突出共建共享的包容性发展思想。包容是北京最具异质性特征的城市精神之一，包容既是北京市民海纳百川、雍容大度的胸襟和气度，也是城市环境建设博采众长、兼容并包的思维方式，更是北京作为首都尊重差异、和谐共生的文化特质和独特品质。北京作为国际范围内地域开放性最高的都市之一，在推进首都环境建设的过程中，必须秉承包容精神，坚持均等化的原则，共建共享，为不同民族、不同群体提供舒适美观的生产、生活环境，在公共环境的规划、建设等方面要充分尊重和照顾包括外来人口、弱势群体等特殊群体在内的城市居民的环境需求，使全市居民分享环境建设的成果。

四、当前首都环境建设的基本情况

建立了“纵向到底、横向到边”的首都环境建设统筹协调体系。传承 2008 年北京奥运精神，巩固奥运环境建设成果，按照中央编办的批示精神，北京市委市政府决定于 2010 年 5 月成立首都城市环境建设委员会及其办公室。2010 年 5 月 13 日，由中央单位、驻京部队、市属各部门以及北京各区县共 71 家单位组成的首都环境建设委员会及其办公室正式成立。按照首都环境建设总体思路和工作部署，16 个区县全部成立了环境建设委员会和办公室，委员会其他成员单位也分别建立了首都环境建设工作领导小组。各区县环境建设办积极推进辖区街道、乡镇建立环境建设执行机构，形成了首都环境建设“纵到底、横到边”的统筹协调组织体系。

明确了新时期首都环境建设的内涵、任务和目标。首都城市环境建设委员会明确提出了今后一个时期首都环境建设的内涵、任务和目标。明确了以城市市容环境、生态环境、设施环境和秩序环境为主要内容的首都环境建设内涵，细化了以四大环境的规划、建设、运行服务和保障为核心的主要任务，确立了整洁优美、和谐有序、服务完善、运行高效的总体工作目标。

加大了首都环境建设规划统筹的工作力度。完成首都环境建设系列规划编制。编制《“十二五”时期首都城乡环境建设规划纲要》、《北京市“十二五”时期城乡市容环境建设规划》，指导、督促各区县编制本地区《“十二五”时期城乡环境建设规划》。出台城市道路景观和居住区环境建设各十条标准，为首都城市环境建设奠定了规划目标和制定完善了部分标准。

全面推进首都环境建设精细化管理。首都环境建设委一手抓首都环境建设基础工作，一手抓重点工作落实，2011 年确立了“精细管理，美化市容”环境建设主题，积极推动 5 个重点（提升重点大街景观水平、提高重点地区环境水平、改善进京通道环境面貌、整治脏乱地区突出环境问题和改善市民生活环境）和一个网络（推进以网格化管理为核心的精细化管理网络）的环境建设各项重点工作落实。2012 年确立了“精细管理，服务群众”的环境建设主题，大力推动三大环境工程（即惠民工程、清新工程和提升工程）和两项基础建设（精细管理机制建设和社会动员基础建设）。提升了重点大街的环境建设水平，解决了一批领导关注、群众关心的突出环境问题，有效改善了进京第一印象区域环境面貌，扎实有序推进了重点地区环境建设，改善了居民身边生活环境，形成了适应首都环境建设的常态化运行机制。充分发挥市、区、街三级作用，探索落实管理、执法、作业、监督四位一体的基层管理体制，实现大部分环境问题发现在基层，解决在基层。建立和完善统筹协调、考核评价、落实责任、优化流程等配套机制，初步形成环境建设相关机制的制度框架。积极培育和挖掘基层机制创新亮点，深化小广告治理、施工工地管理和渣土管理等专项工作机制。

植物净化空气颗粒物 PM2.5 对策研究*

PM2.5 是悬浮于大气中空气动力学当量直径小于 2.5 微米的颗粒物质。与较粗颗粒物相比，它大多含有重金属等有毒物质，在大气中停留时间长、输送距离远，可随着人的呼吸进入体内，甚至进入人体肺泡或血液循环系统，直接导致心血管、呼吸系统等疾病。由于 PM2.5 粒径过小，富含大量的有毒、有害物质且在大气中的停留时间长、输送距离远，对人体健康和大气环境质量的影响巨大。因此控制 PM2.5 污染，改善空气质量是首要的民生工程。

近年来，各国将 PM2.5 纳入了环境质量考核体系，加强了对 PM2.5 的监测与治理。特别是 2011 年入秋后，北京频发的雾霾天气，将北京的 PM2.5 治理推向了舆论的风口浪尖，北京随即也开始了大量的研究和防治工作。在治理 PM2.5 方面，主要是通过减少污染排放和增加吸附两个方面。目前国内外对可吸入颗粒物的控制技术以减少 PM2.5 的排放为主，但对于北京这样一个迅速发展中的特大城市，靠单一减少排放源的控制技术很难在短期内产生明显效果。研究表明树木、草坪、花卉不但可以除尘降噪，还可以吸收污染物，绿色植物的吸附阻滞作用，是治理 PM2.5 的重要措施之一。与减少污染源控制 PM2.5 排放量的治理方法不同，利用绿色植物措施控制 PM2.5 污染物的方法是利用植物的生物学特性吸附和滞留大气中的颗粒物，达到减少和控制大气中颗粒物含量的目的，成本低，见效快，具有一举多得的好处。因此，加强对植物在净化空气颗粒物 PM2.5 的对策研究，对于提高 PM2.5 治理成效，改善首都环境具有重要作用和意义。

---

* 作者简介：甘敬，北京市园林绿化局、首都绿化办党组成员，副主任，教授级高级工程师；袁士保，北京市园林绿化局造林营林处调研员，高级工程师。

一、植物在净化 PM2.5 中的作用

植物是生命的主要形态之一，包含乔木、灌木、藤类、青草、蕨类、地衣及绿藻等生物，是自然界的主要组成部分。在北京地区，由于属于大城市小郊区，平原面积小，农作物种植相对少，森林植物所占面积较大，山区大面积森林和平原地区林木绿地成为北京生态环境系统的重要组成部分。因此本文所研究的植物主要是指园林绿化中的乔木、灌木和花卉、草类。

绿色植物是生态平衡的支柱，具有调节气候、净化空气、美化环境、保持水土、涵养水源、防风固沙、阻滞扬尘、吸纳噪音、截留粉尘、吸收大气中有害气体等多种功能，可以大面积、长时期、连续地净化空气。绿化造林可以减少水土流失，增大土地绿化面积，减少裸露的地表，减少扬尘，并可阻止沙尘暴的流动，减少受污染区面积，降低城市大气中可吸入颗粒物。现有的研究表明绿化覆盖率每增加 10%，可使空气中 PM100 的含量降低 3% 左右，使总悬浮颗粒物（TSP）下降 15% –20%。当绿化覆盖率达 40% 时，总悬浮颗粒物下降 60% –80%。据测定每公顷绿地平均年滞留粉尘 1.518 吨，北京规划市区绿地年滞尘量 5.2 万吨。因此，加大造林绿化力度是治理大气颗粒物污染的有效手段，其作用机理主要表现在以下几个方面：

（一）绿色植物防风固沙作用，可降低风速沉降颗粒物

风是反映大气动力稳定性的重要特征量，是与空气污染密切相关的气象参数，它对大气污染物的稀释扩散和三维输送起着重要作用。绿色植物，特别是森林降低风速作用明显，一方面由于森林的天然植物屏障作用，消耗了一部分风动力，使森林附近风速降低，这时的气流密度加大，迫使一部分气流由森林上方越过而减弱。二是一部分风进入森林后，风力消散在林木枝叶的摆动上，风速很快减弱。据有关资料介绍，一般情况下，林带的防风作用是在迎风面距树高 5 倍处风速开始减弱。在背风面距树高 3 –5 倍处风速达到最低，以后则逐渐升高。在树高 10 倍处风速仍比旷野低 60%，在树高 20 倍处低 30% –40%。因此，森林可有效降低风速，风速的降低，使颗粒物随风传输的动力减少，从而使部分颗粒物得以沉降在植物表面和地表，防止了进一步传输扩散。据研究显示，森林的滞

尘能力比裸露地面高 75 倍。

（二）绿色植物蒸腾作用，可吸附颗粒物

蒸腾作用是植物体进行生命活动的过程中，不断向空气散发水分，水分以气态在植物体内散发到体外的过程。植物的蒸腾作用，为大气提供大量的水蒸气，使叶表面和树冠周围空气保持较大湿度，空气中的水分子，以及叶表面水分子和醛类等极性分子可与颗粒物中极性物质发生作用，从而吸附较多的颗粒物。同时，在蒸腾过程中，水变为水蒸气时需要吸收热能，因此，蒸腾能够降低叶片表面的温度，使叶片周围温度维持一个相对较低的状态。一棵树冠高大、枝叶浓密的树木在夏季里比光秃秃的空间可局部降低气温 4－8℃，湿度则增加 50%，温度的降低可减小颗粒物的活性，有利于颗粒物沉降和被吸附。

（三）绿色植物的枝叶，可滞留颗粒物

植物的叶、花、果实表面分布密集的绒毛有利于颗粒物的滞留。植物叶片还可吸收二氧化硫和氮氧化物，降低这些化合物转化成 PM2.5 的可能性。据研究，森林的叶面积总和可达它占地面积的 75 倍，一棵成形的白皮松大约拥有针叶 660 万个，一棵成年椴树的叶总面积 3 万平方米以上，一株 165 年的松树针叶的总长度可达 250 公里。这样大的叶面积，加上叶片上一些毛状结构，对 PM2.5 有很大的吸附作用。据测算，绿化覆盖率每增加 10%，可使空气中 PM10 的含量降低 3% 左右，使总悬浮颗粒物（TSP）下降 15%－20%。当绿化覆盖率达 40% 时，总悬浮颗粒物下降 60%－80%。据测定每公顷绿地平均年滞留粉尘 1.518 吨，北京规划市区绿地年滞尘量 51879.62 吨。表明绿色植物具有显著的滞尘作用，是治理大气可吸入颗粒物污染的有效手段。

（四）绿色植物光合作用，可沉淀颗粒物

空气中的负氧离子由植物产生。绿色植物依靠光合作用，吸收二氧化碳，释放出大量的氧，氧气分子捕捉电子，从而形成负氧离子。植物由于光合作用，在植株冠层产生大量的空气负离子，这些负离子能够捕捉 PM2.5 等小粒微尘，使其凝聚沉淀。据研究，在未剔除各种气象因素的情况下，负离子与 PM2.5 的关系最密切，负离子中和 PM2.5 的能力较强。据测定，每公顷森林和公园绿地，

夏季每天分别释放 750 公斤和 600 公斤的氧气。氧气含量的增加，相应也提高了空气中负氧离子的含量，在森林里每立方米空气中高达 2 万个以上，而在城市室内空气中只有 40 – 50 个。因此植物的光合作用，可间接沉淀空气中的颗粒物，特别是对中和 PM2. 5 具有明显作用。

（五）绿色植物能起净化空气作用，可减少颗粒物

随着现代工业的发展，很多有毒的工业废气排放到空气中，植物的叶片可以将其吸收解毒或富集于体内而减少空气中的有毒物量。特别是空气中的 SO_2，是形成物硫酸盐的物质，硫酸盐则是 PM2. 5 的主要来源。SO_2 被植物叶片吸收后，在叶片内形成亚硫酸和毒性极强的亚硫酸根离子，后者能被植物本身氧化转变为毒性小 30 倍的硫酸根离子，因此达到解毒作用而不受害或受害减轻。据测算，森林中空气的二氧化硫要比空旷地少 15%—50%，每公顷垂柳在生长季节每月可吸收 SO_2 10 公斤。另外，植物能吸收 Cl_2、氟等大量的有毒有害气体、固定重金属，减少 PM2. 5 对有毒有害物质承载量。据测定，每公顷刺槐林每年可吸收 42 公斤 Cl_2 和 12 公斤的氟化物。把芦苇栽培在实验水池中，结果它们能使水中的磷酸盐、有机氮、氨和悬浮物分别减少 20%、60%、66% 和 30%；1 公顷凤眼莲一昼夜能从水中吸收锰 4 公斤、钠 34 公斤、钙 22 公斤、汞 89 克、镍 297 克、锶 321 克、铅 104 克等。中科院植物所的专家用植物清除重金属污染的研究已经取得了很大的进展。

（六）绿色植物的气候调节功能，可消除颗粒物

绿色植物可调节气候，增加降水，促进局部区域形成良好的水气循环。据统计，林地的降雨量比无林地平均高 16% – 17%，最低多 3% – 4%。在俄罗斯的森林地区，一般年降水量可增加 1% – 25%，在印度南部的平原地区，造林使当地的年降水量增加 12%（约 150 毫米）。我国的观测证明，森林能使降水量平均增加 2% – 5%，如果把森林增加大气凝结水也估算在内，则森林能提高平均降水量的 10%。绿色植物调节气候，增加空气湿度和降水，特别是在增加降水的过程中，一方面雨滴下降时可有效吸附空气中的颗粒物，直接减少空气中 PM2. 5 的含量。另一方面，通过雨水对枝、叶、茎、干、花、果实的冲刷，使滞留在植物枝叶等表面的颗粒物直接进入林下土壤，被充分固定，达到了消除颗粒物的目

的。另外，绿色植物保持水土，涵养水源，从源头上减少了PM2.5含量。科学家们观测发现森林覆盖率30%的林地，水土流失比无林地减少60%；还有人对坡度为13度的山地做过观测，发现每年流失的土沙量，裸地是林地的48倍。

二、北京市在利用植物净化PM2.5中所做的主要工作和存在的问题

北京市PM2.5的主要来源为燃煤、机动车排放、建筑尘、扬尘、生物质燃烧、二次硫酸盐和硝酸盐及有机物。其中燃煤尘、扬尘、有机物及二次硫酸盐和硝酸盐生成率较大。北京市三面环山的地形条件决定了污染物易凝聚而不易扩散，需要加大市域内治理力度。因此，长期以来，北京市出台了一系列政策，限制污染排放，加大监管力度，同时，注意到绿色植物对这些污染物有显著的治理成效，因此大力加强植树造林和森林经营工作，以生物措施来改善空气质量，有效降低了PM2.5的污染，主要措施是：

（一）通过植树造林，增加了绿色植被总量

北京市植树造林从上世纪50年代起一直持续到现在，特别是近年来，北京市把造林绿化建设作为改善首都生态环境，治理PM2.5的战略措施来抓，不断创新政策，加大投入，提高标准，扩大规模，加速发展，使得森林资源总量大幅提升，公园绿地迅速增加，生态环境明显改善，呈现出了“城市青山环抱、市区森林环绕、郊区绿海田园”的优美景观。截至2011年底，北京市林地总面积达到104.6万公顷，林木绿化率达到54%，森林覆盖率达到37%，活立木蓄积达到1810万立方米；湿地总面积达到5.14万公顷；城市绿地面积达到6.17万公顷，城市绿化覆盖率达到45.6%，人均公共绿地面积达到15.3平方米；全市各类公园达到1187个。森林资产总价值6148亿元，生态服务总价值达到5539亿元，森林每年固定二氧化碳992万吨、释放氧气724万吨，森林生态服务功能显著提升。

1. 城市绿化在治理PM2.5中发挥了首要作用。北京城区是PM2.5产生的主要区域之一，近年来，北京市在城区重点是加大新建小区的绿化、环路美化和老旧小区绿化改造力度，同时见缝插绿，建设街头公园绿地，开展立体绿化，大面

积增加城市绿量，提高城市绿化覆盖率。据统计，北京市近五年老旧小区绿化改造500余处，完成屋顶绿化50万平方米，建成了以奥林匹克森林公园、北二环城市公园等为代表的一大批精品公园绿地，全市城市公园数量已从“十五”末的190个增加到339个，城市环路和主干线均建成了绿色景观大道，市民居住环境得到有效改善，城市公园绿地成为治理PM2.5的首要战场，发挥了重要作用。

2. 绿化隔离地区绿化在治理PM2.5中发挥了关键作用。北京市城市建成区到六环之间有两道绿化隔离地区，总面积1960平方公里。其中城市建成区到五环为城市绿化隔离地区，总面积310平方公里，五环到六环外一公里为第二道绿化隔离地区，面积为1650平方公里。2000年以来，北京市加大绿隔地区绿化建设力度，先后出台一系列优惠政策，使该地区森林覆盖率大幅提升，目前一道绿隔已经完成128平方公里的绿化建设任务，种植各类乔木和灌木3000多万株，建成了7个万亩以上的绿色大版块，发展了一批以旅游观光、休闲娱乐、文化体育为主体的绿色产业项目。二道绿隔完成了规划163平方公里的绿化任务，栽植各类苗木2513万株，形成了以河路为主体的绿色走廊和生态景观带65条，1000亩以上生态片林26处，乡村休闲公园绿地23处，形成了环绕城市的绿色生态景观带格局。绿隔地区绿化建设，极大地提升了北京平原地区绿化水平，建成了环绕北京城区的绿色防护屏障，发挥了阻挡风沙、净化空气、美化环境、固碳释氧、市民游憩的重要功能，在治理PM2.5污染中发挥着关键作用。

3. 平原造林是降低PM2.5的重要举措。2012年，北京市针对PM2.5的治理，启动了平原地区造林工程，规划利用五年时间在平原地区营造大面积、高水平、有特色、多功能的城市森林100万亩，构建以大面积森林为基底、大型生态廊道为骨架、九大楔形绿地为支撑、健康绿道为网络，点线面、带网片、林园水相结合的森林生态系统，形成“城市青山环抱、周边森林环绕”的生态格局，切实治理PM2.5，改善首都空气质量。据分析测算，实施平原地区百万亩造林工程，将使全市森林资产总价值增加529亿元，生态服务价值增加406亿元；年增加固定二氧化碳121万吨，释放氧气88万吨，滞尘62万吨，显著降低PM2.5浓度，提高首都空气质量。截至2012年6月，平原地区已经完成造林20.79万亩，植树1328万株，造林1000亩以上地块51个，5000亩以上4块，万亩以上1块，使平原地区万亩以上生态片林净增9块，达到19块。平原造林成为当前治理PM2.5的重要举措。

4. 山区造林绿化在治理 PM2.5 中发挥了重要基础作用。北京市山区占全市总面积的62%，山区林地面积占全市林地面积的 84.2%，山区森林表现在资源总量巨大、规模区域最大、生态防护最强，在阻挡风沙、调节气候、净化空气、涵养水源、保持水土、固碳释氧等方面，发挥了重大作用，是首都的第一道生态屏障，也是最为厚重的一道绿色生态防护体系，其在降低 PM2.5 中也发挥着巨大的基础支撑作用。近年来，北京市在山区通过实施国家京津风沙源治理工程、太行山绿化工程和市级矿山生态修复、水源林建设等园林绿化重点工程，森林面积迅速增加，山区基本实现了绿化。截至 2010 年，北京市山区林地面积达 88 万公顷，森林面积达 51.5 万公顷，林木绿化率达 72%，森林覆盖率达 51%，山区相对巨大的森林面积，在治理 PM2.5 中发挥了重要的基础保障作用。

5. 区域绿化建设成为治理 PM2.5 的新举措。位于北京市西北部的河北省张家口市和承德市，是阻挡风沙进入北京的最后一道防线，也是防止外来 PM2.5 进京的最后屏障。近年来，北京市在加强市域造林绿化建设的同时，加大了区域生态建设力度，2009－2011 年启动实施了京冀生态水源保护林建设合作项目一期工程，在张家口市怀来县和赤城县、承德市滦平县和丰宁县范围内官厅水库、密云水库流域，营造了 20 万亩生态水源林，栽植各类苗木 2075 余万株。同时加强了森林防火和林木有害生物防治联防联治，努力构筑环京绿色生态带。2012 年，又启动了二期建设，规划 2012－2015 年，北京市在张承两市的 9 个县范围内密云水库、官厅水库上游集水区造林 80 万亩，使京冀生态水源保护林面积达 100 万亩，使项目区森林覆盖率由目前的 39.4% 增加 6.2 个百分点达到 45.6%，形成十条绿色生态带。区域绿化建设的推进，使北京上风上水森林覆盖率大幅提升，涵养了水源，保持了水土，减少了就地起沙，有效阻挡了进京风沙，降低了 PM2.5 的传播，成为治理北京 PM2.5 的有力措施。

（二）加强森林经营，不断提升林木绿地的质量和功能

近年来，北京市在加大造林绿化步伐的同时，不断加强森林经营工作，提升了林木绿地的质量，增强了其多种功能，提高了降低 PM2.5 的功效。主要工作有：

1. 实施中幼林抚育工程，促进了树木生长。为提升森林质量，提高功能效益，北京市实施了中幼林抚育工程，对水源保持区、风景旅游区、前山脸地区，

以及主要公路河道两侧等重点区域、重点林区的300万亩中幼林进行了以割灌扩堰、补植抚育、生态疏伐等为主要措施的抚育。通过实施中幼林抚育工程，调整了林分密度，优化了林分结构，促进了林木生长，改善了森林景观，提升了森林在治理PM2.5方面的功能作用。

2. 启动郊野公园建设工程，拓展了林木绿地功能，提高了功能效益。为增强现有林木绿地多种功能，2007年北京市启动实施了绿化隔离地区公园环建设工程，对城市绿化隔离地区原有片林采取调整林木结构、丰富生物多样性、完善基础设施等措施，把片林改造成多树种、多植物、复层立体结构的，以森林自然生态景观为主体的绿色空间。截至2011年底，北京市新建郊野公园52处，加上原有的29处共计81处，面积5400公顷，新建公园已全部免费向市民开放。郊野公园建设，不但使市民直接享受到了绿化建设成果，也构建起了生物多样、结构合理的多功能森林生态体系，在降低PM2.5方面发挥了重要作用。

3. 开展了一系列森林经营试验示范，为全面推进森林可持续经营进行了有效探索与实践。为加强森林经营，探索多种经营模式，近年来，北京市先后引进美国的森林健康经营理念和德国近自然经营理念，并建立多个示范区，进行森林经营技术模式的研究和示范、推广，取得了明显成效。北京市开展的森林健康经营实践，使现有森林生态系统的稳定性增强、生物多样性增加、森林火灾和病虫害的发生得到了有效的控制，森林的生态服务功能增强，逐渐形成了一个系统的适合北京特点与社会经济发展的森林健康经营模式。

4. 建立了生态林管护长效机制，有效保护了森林资源。为巩固造林绿化成果，加强对森林资源的管护，确保森林更好地发挥生态、经济和社会服务功能。2004北京市启动实施了山区生态林补偿机制。4.68万名农民作为生态林管护员上岗务林，负责对67.4万公顷山区森林的林木抚育、森林防火、林木有害生物防治、资源保护等工作。通过政策的实施，达到了促进林木生长、调整林分密度和结构的目的，提高了生态防护功能和景观效果，充分发挥森林资源的水源涵养、水土保持、防治风沙危害的作用，改善生态环境，实现了山川秀美、空气清新、环境优美、生态良好、人与自然和谐的生态景观，提高了森林治理PM2.5的功效。

5. 制定了森林生态效益促进发展机制，实现了森林可持续经营。森林经营是保证森林健康发展，提高森林功能的重要措施。2010年北京市实施了山区生态公益林生态效益促进发展机制，该政策明确由市、区两级财政年投入4.04亿元对山区森林按每年每亩40元的标准进行效益补偿，其中60%直接按林地股份发给集体经济组织成员，40%统筹用于森林健康经营项目。森林健康经营项目重点是对山区森林进行抚育管理，主要采取松土扩堰、修枝割灌、间株定株、补植补造、抚育间伐等技术措施，调整林分密度和结构，改善林木生长环境，提高林分质量，切实提升森林的功能效益。据北京市园林绿化局公布，2010－2012年，每年结合该项目完成林木抚育5万公顷，极大地提升了森林质量，实现了森林可持续经营，也确保了森林治理PM2.5的长效性。

（三）开展相关课题研究，努力探索防治PM2.5的方法对策

为进一步推进北京市防治PM2.5方面的进程，探索绿色植物在防治PM2.5方面的机理和有关治理模式，北京市加大了对绿色植物防治PM2.5的科研攻关力度。2012年专门启动“应对PM2.5空气污染的北京造林工程关键技术研究与示范”重大课题，列为市委市政府重点工作及区县政府应急项目，由北京市园林绿化局、北京市园林科研所、北京林业大学等管理机构和科研院所，集中多方面专家和技术力量，研究植物种类差异、植物配置方式、绿化带结构、园林绿化规模、园林绿化带区域规划对治理PM2.5污染的效果；筛选治理效果好的植物种类和优化模式，提出治理PM2.5污染的综合技术措施；结合平原地区大规模造林工程和城区新建改建项目，建立北京市高效控制PM2.5的园林绿化工程试验示范区；为有关领导和管理部门决策提供科学依据，为建立科学有效的PM2.5治理方法，改善首都生态环境提供必要的理论和技术支撑。

（四）存在的主要问题

多年来，北京市通过加大园林绿化建设力度，有效防治了可吸入颗粒物的污染，但也存在不足：

1. 当前对植物防治PM2.5的科研力度不够。目前的研究多集中于TSP或PM10，关于植物滞纳PM2.5的研究相对较少，相关机理还不完全清楚，特别是没有研究筛选出适生的滞纳能力强的树种和相关优势组合模式，使得在园林绿化建设设计中缺乏针对性，植物防治PM2.5的相关功能发挥不够充分。

2. 平原地区森林少，治污力度小。从全市生态体系完整性看，按照北京城

市总体规划、土地利用总体规划和绿地系统规划中确定的北京地区生态空间结构要求，平原地区森林覆盖率较低。据北京市第七次森林资源调查显示，北京市平原地区森林覆盖率仅为14.85%，平原农田林网出现部分断带、残破，部分道路和河道绿化带功能弱、景观效果差，生态服务功能低，平原绿色防沙滞尘生态屏障亟须完善。

3. 源头上治理难度大。北京市 PM2.5 的主要来源之一为扬尘，导致北京地区沙尘天气的沙尘既有北京以外地区，也有北京本地，但主要来自于北京以外的地区。外来风沙主要来自北京周边地区、西北地区及境外。北京周边主要包括内蒙古高原中南部的锡林郭勒草原、浑善达克沙地、乌兰察布高原—河北坝上—山西雁北的农牧交错区。西北干旱区，主要包括河西走廊与阿拉善高原及新疆东部、乌兰布和沙漠与库布齐沙漠、毛乌素沙地、河套地区（主要是耕地裸露）、黄土高原北部等地。国境以外地区，有蒙古及中亚诸国等。近年来，北京市虽然与河北省张家口市、承德市开展了生态水源保护林建设合作项目，但与风沙源头和入京通道上的内蒙古、山西，以及更远的新疆、甘肃、宁夏、陕西等省市自治区合作很少，外来风沙治理成为防治 PM2.5 的一个难点。

三、有关对策和建议

利用园林绿化措施控制 PM2.5 污染物具有不可替代的重要作用，针对当前北京市在利用绿化植物防治 PM2.5 工作中的主要问题，提出如下建议：

（一）进一步加大科研力度

充分发挥北京科研院所多、专家学者多、科研力量强的优势，加大对绿色植物治理 PM2.5 的科学研究，从治理机理、治理模式、治理成效、监测评价等方面进行全方位研究，开展示范推广，为利用绿色植物治理 PM2.5 提供技术支撑和治理模式，从而提高治理成效。特别是要筛选出滞尘作用明显、抗逆性强、景观效果好的树种，为造林绿化设计提供参考。同时研究筛选出不同植物组合、乔灌草立体配置、疏密度设置、规模面积的优势配置，为造林绿化和森林经营规划设计提供模型，更好地发挥绿色植物治理 PM2.5 的功能。

（二）进一步推进造林绿化，并注重规划设计的针对性

持续推进京津风沙源治理、太行山绿化和三北防护林体系建设工程等国家级重点生态建设工程和废弃矿山生态修复、重点绿色通道绿化、彩叶工程、公路河道绿化工程等市级造林绿化工程，不断增加森林面积，提高森林覆盖率，加快对 PM2.5 的治理。同时，在造林绿化和森林经营规划设计中，把治理 PM2.5 作为一个重要目标，充分利用现有对可吸入颗粒物的研究成果，在工程规划、项目设计中，有针对性地选择吸纳可吸入颗粒物能力强的优势树种和优化模型，充分考虑治理 PM2.5 的最优设计，发挥绿色植物治理 PM2.5 的最大功效。

（三）进一步提高平原地区森林覆盖率

针对北京市现有平原森林覆盖率低的现状，大力推进平原地区百万亩造林工程，营建大尺度、大面积的平原森林，提高植被覆盖度，提升生态功能。同时积极完善农田林网，修补缺株断带；对新建道路进行高标准绿化，对原有通道和河道绿化带，进行改造，加宽加厚，提升质量；对现有片林，未纳入郊野公园建设规划内的，要进行提升改造，提高质量，拓展功能，切实使平原地区森林覆盖率大幅提升，林木绿地功能明显增强，在治理 PM2.5 方面发挥重要作用。

（四）加强森林经营

山区大面积森林是北京最重要的生态屏障，巩固多年的绿化建设成果，实现健康发展对于改善首都生态环境，维护生态安全，治理 PM2.5 具有重大意义。当前要全面落实好山区生态林生态效益促进发展机制和管护机制，规划实施好森林健康经营林木抚育项目，“十二五”期间，每年完成 60 万亩的林木抚育任务，使山区森林实现科学经营、规范经营、可持续经营，从而发挥强大的生态屏障作用。对于平原地区林木绿地，也要加强养护管理，实现功能效益的最大化。

（五）加大区域治理力度

从源头上减少风沙危害，降低可吸入颗粒物的传输，是降低 PM2.5 污染的根本措施之一。北京市应一方面持续推进与河北省开展的生态建设合作，按规划推进京冀生态水源保护林建设合作项目，到 2015 年完成 100 万亩的造林任务，

切实推进北京市界周边的荒山绿化进程，提高区域森林覆盖率，改善环境质量，减少就地起沙和水土流失，发挥生态屏障作用。另一方面，争取国家相关部门的支持，加大与周边其他省市，特别是风沙源头和风沙带上省区的区域合作力度，探索合作方式和治理模式，从源头上治理进京风沙，降低可吸入颗粒物的传输，切实杜绝外来的 PM2.5 的污染。

北京市生活垃圾减量化对策研究*

近年来，随着首都城市化进程加快、消费规模激增，北京市生活垃圾问题日益严峻。2005 年 – 2008 年年均产量增长 8%，2008 年为 672 万吨，2009 年为 669 万吨，2010 年为 635 万吨。城市生活垃圾处理已不仅仅是关系到北京市居民的日常生活环境的基础性公益事业，更是直接关系到首都经济社会可持续发展、绿色北京建设和世界城市建设。因此，如何科学有效地处理北京市城市生活垃圾，实现“减量化、无害化、资源化”已成为首都关注的热点，同时推进垃圾减量分类对北京建设世界城市也将是个有力的推动。

一、减量化对于北京市的重要性

近年来，北京市城市生活垃圾处理以生活垃圾分类、垃圾处理厂建设为重点，出台了相关政策措施，并取得了一定的效果，城区生活垃圾产生量的增长速度得到了有效的控制。但还存在一些突出的问题：垃圾处理以末端治理为主，从源头上的减量化工作重视不够，造成资源大量浪费；北京市生活垃圾填埋比例过高，资源化水平低，占用土地资源，难以为继，不可持续。

结合北京市实际情况，对于目前垃圾数量庞大、潜在的环境污染影响大、管理资金和处理设施严重缺乏，土地资源紧缺等现实困境而言，无论是为了降低环境风险、减少垃圾管理费用还是从实施源头减量、增加资源回收的综合效益、遵循可持续发展思想等方面进行权衡，垃圾的减量化相对于垃圾资源化、无害化而言，更具有优先选择的重要意义。因此，对于减量化原则在北京市城市生活垃圾处理中的优先地位必须给予相当的重视。

---

* 作者简介：葛新权，北京信息科技大学经济管理学院院长，教授。

城市生活垃圾减量化是一项复杂的社会系统工程。生活垃圾减量化涉及的主体广泛、环节多样，受经济、技术、文化等多种因素的影响，因此，要有效推进城市生活垃圾减量化工作，必须综合考虑各方面因素，运用经济、法律、行政、教育和技术手段，系统构建可行的模式与途径。

二、城市生活垃圾减量化调研启示

（一）国外调研启示

1. 美国垃圾减量化的特点与启示

美国垃圾减量化的特点主要有以下几个方面：

（1）垃圾处理的主要特点是源头减量，循环利用和再生利用。以控制垃圾源头为先、垃圾再循环和堆肥利用居次、填埋或焚烧垃圾随后的多层次垃圾管理。

（2）美国把处理垃圾作为了一种规范的环保产业来运作。正是有这样一种缴费、收费的资金运作体制，确保了污染物的无害化处理和循环利用，也确保了环保投入、产出效益和环保产业的健康发展。

（3）建立了全面细致的关于城市垃圾处理的立法框架。

（4）结合美国国情采取家庭堆肥的方式从源头上减量。

2. 加拿大垃圾减量化的特点与启示

加拿大垃圾减量化的特点主要有：

（1）落实到家庭的“蓝色桶”垃圾回收系统。

（2）家庭堆肥。由国情决定，厨房垃圾和庭院垃圾是城市固废的主要组成部分，约占每年收集的生活垃圾的45%。

（3）垃圾发电产业是世界最成功的国家之一。

（4）加拿大垃圾两分法。使用典型的两分流法——所有的食物残渣、庭院废弃物、污染的纸类、宠物排泄物、动物的皮毛和人类的头发是湿有机垃圾流；可回收的物品（纸、金属、玻璃器皿和塑料）和其他生活垃圾（织物、皮革、其他各种玻璃、陶瓷等）组成干垃圾流。

（5）减量化是一项社会工程，需要全社会的共同努力。部门职责分工明确，机构之间、机构内部协调合作，垃圾实行源头分类、信息公开，注重教育和共同参与。公众宣传方式多样，垃圾收运司机也参与公众教育，公共场所也经常进行宣传教育，小学和中学设置学校环境教育协调员，将垃圾管理情况向居民公布。

（6）循序渐进。首先确定大策略，接着根据策略进行管理规划和制定目标，然后为实现目标制订行动计划和具体措施；其减量化管理历程，先从包装和印刷纸着手，然后家庭“蓝色桶”回收、集中式和家庭式有机垃圾堆肥、电子垃圾回收、危废垃圾，再到废轮胎、废油类的减量和回收，从而不断渗透扩大。

3. 德国垃圾减量化的特点与启示

（1）垃圾收费制度。居民垃圾分类投放后，原则上对所有垃圾进行收费，但在德国各个区域对收费的核算方式是不同的，这样通过经济手段可鼓励居民对生活垃圾进行分类投放。

（2）环境警察监督制度。各垃圾清运单位和当地环保部门共同承担了环境警察的职责。环境警察负责检查垃圾分类收集情况，在垃圾错误投放的情况下，有权拒绝清运，只有交付罚款后才予清运。这样通过法律与经济综合手段，有效地提高了垃圾分类的质量。

（3）全民教育制度。在垃圾收费中专门有部分用于环境教育和宣传。各县市都有垃圾咨询电话、环保信息中心，为居民与企业提供减少垃圾产生、降低垃圾费用、解决环保问题的咨询服务。德国也非常重视对青少年的环保教育。

4. 英国垃圾减量化的特点与启示

（1）“垃圾分层”战略原则。包括一共五个程度不同的要求层面：垃圾预防（Waste prevention）；垃圾再用（Re－use）；垃圾回收/合成肥料（Recycle/compost）；垃圾能源回收（Energy recovery）；垃圾抛弃（Disposal）。

（2）通过税收手段控制垃圾数量。一方面对一次性产品征税，减少一次性产品消费数量。另一方面，对丢弃较少垃圾的住户减税，同时对过量生产垃圾的人实施罚款措施。在家庭的垃圾箱上加装数据芯片，当垃圾车每家每户地收集垃圾时，市政工人就可以从这些晶片中读取垃圾的重量，不可循环回收的垃圾超重的家庭将收到罚款通知单。

5. 日本垃圾减量化的特点与启示

（1）垃圾管理立法。2001 年日本颁布实施《循环型社会形成推进基本法》，大力推进 3R（Reduce、Reuse、Recycle，减量、再利用、资源回收再生），标志着从大量消费、大量废弃的社会向循环型社会的全面转型。此外，制定实施了《废弃物处理法》、《资源有效利用促进法》、《容器包装再生法》、《家电再生法》、《建设再生法》和《绿色购买法》等一系列法律，为构建循环型社会提供了法制保障。

（2）垃圾分类制度。从1980年开始，日本逐步建立起一套近乎苛刻的垃圾分类制度。每年12月份，日本的每一家住户都会收到一张来年的特殊“年历”：每月的日期都用黄、绿等不同的颜色来标注，每一种颜色代表哪一天可以扔哪种垃圾。垃圾分类标准严格而细致，包括资源垃圾、可燃垃圾、不可燃垃圾、危险垃圾、塑料垃圾、金属垃圾和粗大垃圾等等。

（3）日本的垃圾分类教育。日本从娃娃开始训练垃圾分类，培养全体国民的环保意识，垃圾分类则是入门课程。

（二）北京市社区居民调查

为了科学开展北京市社区居民生活垃圾减量化问卷调查，课题组开展了预调研和正式调研两次调研。预调研——北京市居民生活垃圾分类调查，共发问卷105份。在此基础上，完善了北京市社区居民生活垃圾减量化调查问卷。对北京市16个区县380个社区进行问卷调查，共发放问卷3920份，回收问卷3537份，问卷回收率达到90.22%。调研发现：

（1）大部分居民在实际中并没有养成对生活垃圾进行分类的习惯。就现在北京市居民的环保意识来看，我们尚处于浅层次的环境保护意识。需要循序渐进，逐步加深意识的影响，使其形成知识并可渐变为深层次的环境保护意识。所以，对居民进行意识层面上的影响是有很大的用处的。

（2）当前的基础教育中也严重缺乏对生活垃圾分类知识的传播。除此以外，庞大的流动人口也对公众展开垃圾分类教育造成了很大的困难。

（3）公众参与生活垃圾减量的程度与职业属性是息息相关的。所以，对不同职业类别的人进行分类教育与宣传是一种较为可行的方法。

（4）分类垃圾桶与普通垃圾桶的识别性比较低。而且，各种各样，颜色各异的垃圾桶分布在各个街区，这样就很容易造成公众在意识上对垃圾分类的混乱。未来需要统一。

（5）居民对可回收垃圾的价格不是很敏感，所以在一定程度上讲在家庭里对可回收垃圾进行分类并不能影响居民的行为。这一点需要特别关注。

(6) 不同层次的社区对生活垃圾分类、减量化的重视程度是不一样的。在生活垃圾减量化的政策上要允许市场化和多样化的探索。

可见，城市生活垃圾减量化存在着诸如政府协调统筹不足，法律法规缺乏针对性、企业垃圾减量意识薄弱、居民垃圾分类意愿不足、环卫作业部门缺乏透明度、废品回收体系缺乏制度保障，行业竞争不公平等问题。

三、城市及北京市生活垃圾减量化对策

(一) 城市生活垃圾减量化的调控政策

由前文可知，本报告选择有害垃圾总量来衡量生活垃圾全过程多级减量化的效果，本节的调控政策将针对有害垃圾产生量的影响因子分源头、中间和末端三个部分来阐述，并依据前文的模拟结果给出相应政策可能达到的减量化效果。

有害垃圾总量 $H = W1 * (1 - K1 * K2 - K1 * K3 + K1 * K2 * K3)$，其中 H 为有害垃圾总量，W1 为垃圾产生量，K1 为垃圾综合收集率，即前端削减率，K2 为垃圾回收率，即中段削减率，K3 为垃圾综合无害化处理率，即末端削减率。政策调控的最终目标是有害垃圾总量 H 的降低，可以通过降低 W1，提高 K1、K2 和 K3 来实现，具体措施可以有以下几个方面。

1. 源头减量政策

生活垃圾的产生量受众多因素的影响，其中包括人口因素、社会文化因素、垃圾收费及绿色商品比例等。人口的控制是一个更为复杂的问题，受众多其他因素的影响，不能为垃圾减量制定简单的人口政策，所以本报告从另外三个方面来考虑生活垃圾源头减量的控制方法。

(1) 社会文化方面

社会文化方面可以从两个思路展开垃圾减量工作，一个是关键性的垃圾分类工作，另一个是加强宣传提高居民环保意识，鼓励居民在生活的一点一滴中参与到垃圾减量中。

为了推动垃圾减量分类，近几年来，北京市有关部门投入了不少财力、物力。但就目前情况来看，垃圾减量分类的效果还不能令人满意。这其中有客观原

因，比如城市化进程不断加快，城市人口增长和生活水平提高都超出了预期，垃圾处理能力和硬件设施投资难以一下子跟进。但更重要的还是主观原因，即粗线条的生活方式与管理方式尚未得到根本性的转变，而生活方式与管理方式，恰恰是决定一个城市文明与发达程度的关键因素。结果，一方面垃圾减量分类没有完全成为普通市民的生活习惯和自觉行动，另一方面，有关部门对垃圾减量分类缺乏精细化、系统性的管理，不利于垃圾分类减量工作的开展。

同时，政府应加大宣传力度、加强环保教育来强化人们的环保观念，使居民在日常生活中自动采取一系列利于环境保护的做法，减少垃圾产生，这样可以在节约大资源、减少污染的同时改善环境卫生状况。“人”是产生垃圾的主体，从改变人的行为习惯入手必将带来垃圾产生状况的本质性改变，但这将是一项长期而艰巨的任务。

总而言之，只有普通市民不仅成为一座城市的生产者、消费者、城市资源和现代化生活的分享者，也成为这座城市的治理者，以脚踏实地、一丝不苟、人人动手、不厌其烦的态度，做好垃圾减量这样的身边小事，自觉创造更良好的生产环境和生活环境的时候，共建共享文明的社会氛围才能够真正形成，垃圾处理等社会难题才能够得到真正破解，文明、绿色的现代化城市才能够真正建立。

（2）垃圾收费方面

城市生活垃圾收费制度是解决垃圾污染环境的重要经济手段，科学地制定城市生活垃圾收费制度，这将有助于提高经济效益、促进社会公平和调动公众参与改善环境的积极性，从而有助于生活垃圾的减量。北京市目前的垃圾收费制度存在着诸多弊端，比如：只重视垃圾末端治理而忽略垃圾的全过程治理，只重视按户收费而忽略按垃圾排放量收费，缺乏对环境保护的奖励手段等等，从而导致交易成本高、公平性缺失等问题。

北京市政府已经开始探索生活垃圾的计量收费制度，虽然面临重重难题，但生活垃圾收费制度的综合改革已经箭在弦上，并且将大大有利于生活垃圾的源头减量和中间减量。

（3）绿色商品比例方面

绿色商品改革主要包括两个方面，一方面是商品原材料的绿色化，主要包括净菜进城方案，另一方面是商品的绿色包装，即抵制商品的过度包装。

就目前的情形看，净菜进城还没有做到令人满意的地步。其主要的原因是受居民的生活观念的影响，居民不是不愿意购买净菜或嫌其价格过高，而可能认为有根、有皮甚至有泥的菜更新鲜。实现净菜进城要实行政府组织推动，企业运作的方式。即政府要综合考虑，采取行政干预的手段并制定相关的经济政策，逐步推广和规范净菜进城的行为；企业经营采用现代化的管理手段，实现规模效益和连锁经营，降低净菜的成本和价格，以使净菜进城得以顺利实施。此外还要加强宣传教育，使人们进一步明确净菜进城的必要性。

我国是发展中国家，人口众多，人均资源占有率低，在发展我国包装工业的同时，必须注意保护好环境。据有关资料显示：我国每年产生的包装废弃物1500万吨（县以上城市），在我国某些大中城市的“工业垃圾”和“生活垃圾”中，包装废弃物占40%以上。目前我国使用的大部分塑料包装垃圾需百年才能完全分解，而且人工处理难度极大。

为解决我国目前包装污染现象严重，在治理污染措施方面又不得力的问题，应尽快开始限制过度包装和使用一次性产品的管理工作，其要点是：（1）制定有关规定，实现依法管理。规范征收过程，杜绝有法不依、执法不严的现象。（2）明确和落实生产者、销售者和消费者的责任。（3）使用经济手段限制包装材料的资源使用，鼓励循环利用和回收利用。

2. 中间减量政策

中间减量包含两个环节，分别是垃圾收集和垃圾回收，在生活垃圾产生数量一定的前提下，垃圾的收集量越大、回收量越大，则有害垃圾最终的累积量越小。影响垃圾收集量及回收量的主要因素包括垃圾收费政策及垃圾回收价格，前文已经介绍了生活垃圾收费制度改革，本节着重介绍如何发挥回收价格在生活垃圾减量中的杠杆作用。

关于垃圾的回收问题，现在研究得还不够深入。近些年来，随着对废品回收倾斜政策的取消，废品回收业从经济效益上难以维持，处于萎缩状态。所以在改造现有商业系统的废品回收网络外，怎样建立居民区的回收点以完善整个回收网络系统，如何成立专门协调机构、协调回收利用政策、回收物质的再生利用等，是回收有序化的一个难点。城市生活垃圾管理系统是一个包含多个不同要素的复杂系统，它有着众多的参与主体和利益关系。价格机制影响着居民社会行为，同时也影响城市生活垃圾处理系统的运行效率。

运用经济手段，适当地提高垃圾回收价格，通过回收奖励政策加大回收力度，完善回收设施及政策、提高回收物品循环再利用率来降低城市生活垃圾最终产生及处理。生活垃圾的回收一方面可以减少末端垃圾的处理量，同时还可以提高资源的再利用率，所以回收率的提高对于生活垃圾的减量以及环境保护举足轻重。在运用经济杠杆的过程中需要认识到在市场化的环境下，回收价格并不是越高越好，回收价格太高会降低回收企业的积极性，反而不利于回收率的提高。所以通过调查和深入研究，制定市场化的回收价格，有效提高生活垃圾回收率，将对生活垃圾的减量化工作起到杠杆的作用。

中间减量的政策还包括垃圾收集率及回收率的提高，随着北京市经济的发展，未来的垃圾收集设施及生活垃圾回收渠道将越来越健全，这都将大大有利于生活垃圾的中间减量效果。

3. 末端减量政策

生活垃圾的末端减量影响因素较少，主要受无害化处理率及末端处理技术的影响，其中无害化处理率包括垃圾的资源化率，而这也是生活垃圾未来发展的新方向。

（1）垃圾处理技术的改革建议

在北京，生活垃圾的主流处理方式也是填埋加焚烧。填埋和焚化，这两种方法既污染空气环境、占用土地、浪费资源，又不能彻底解决问题。比如，堆肥处理的减量只有40% －50%，大量的垃圾又回到了填埋场；焚烧增加大气粉尘和有害气体。正因为如此，目前美国垃圾焚烧厂由120多座减少到了70多座。从上世纪70年代起，日本率先封杀了垃圾填埋，欧、美和中国也相继改垃圾填埋为焚烧。

处理技术的进步（比如减少垃圾焚烧的粉尘污染、提高垃圾填埋的渗透液处理率等）不但可以从根本上解决填埋、焚化等传统垃圾处理方式对环境造成的种种不良影响和后果，而且可将垃圾中的绝大部分有价资源回收，其自动化程度高、能耗低、性价比优，具有良好的经济效益和巨大的社会效益。推动垃圾处理技术的进步与改革将有效提高生活垃圾的末端处理效率。

（2）垃圾资源化的建议

在资源化方面，要提出一些操作性强的法规规范，如《废旧轮胎回收利用管理办法》、《废旧家用电器回收利用管理办法》等，将垃圾资源化逐步纳入法制化管理的轨道。认真落实国家资源化利用的有关政策，加大公共财政对资源化利用的支持力度，并在信贷等方面给予必要支持，如：废旧物资回收企业免征增值税的政策，翻新轮胎免征消费税政策等。对废弃电子产品要建立更加紧密的网络治理结构与机制，形成从生产、商家、消费者到回收与处理者的全过程责任与利益制衡体系。

以上的调控政策体系涉及政治、经济、文化和技术，覆盖生活垃圾多级减量化的生产环节、消费环节、收集回收环节及处理环节，分为源头减量、中间减量和末端减量三个部分，在不同的部分又分别有多个方面的影响因素及政策建议，同时在系统中模拟出了不同的减量政策组合预期的减量化效果，是一个立体式、定量化的生活垃圾减量化调控政策组合。

（二）提高北京生活垃圾减量化水平的政策建议

北京市在“十二五”规划中提出城市生活垃圾“2015 年基本实现零增长”的目标，为落实《北京市生活垃圾管理条例》和《北京市“十二五”时期城乡市容环境建设规划》，应尽快组织相关部门制定和发布《北京市生活垃圾减量化“十二五”规划》，提出要求更高的城市生活垃圾减量化目标，出台城镇、街道、社区与居民生活垃圾减量、分类、回收、清运与处理的具体措施，明确责任。

1. 建立北京市生活垃圾源头减量体系

具体来讲，一是实行“商场大件商品与包装物分离、包装物单独收费”制度，鼓励顾客将包装物留在商店；二是加强农贸集市生活垃圾减量与处理管理，鼓励农贸集市为消费者提供净菜服务，要求大型农贸集市就地设立废菜烂叶处理设施；三是根据《北京市生活垃圾“零废弃”管理办法（试行）》，出台“党政机关、学校、宾馆饭店、度假村生活垃圾源头削减行动计划”，逐年实施，提倡资源节约。

2. 构建生活垃圾分类监测与统计体系

市市政市容管委与市统计局组织力量，开展了生活垃圾统计与监测研究，理清“垃圾产生量”、“废旧物资回收量”、“垃圾清运量”和“垃圾处理量”之间的关系，构建数据收集容易、连续、科学的分类统计指标，设立监测点，建立生活垃圾全程监测体系，为北京市生活垃圾减量化决策提供科学的数据支撑。

3. 开展“生活垃圾不落地”试点

在全市选择有代表性的街道和社区，开展生活垃圾“定时定点清运”试点，做到“垃圾不落地”。市市政市容管委统一规划垃圾回收线路，市环卫集团组织垃圾回收班车，沿线商家和居民在停车收集点等垃圾班车的来到，从商店或居住点拿出垃圾直接放到垃圾车及资源回收车上。在此基础上，逐步推行街道、社区垃圾分类清运、分类收费、垃圾费随袋征收等制度。

4. 开展无害生活垃圾“源头处理”试点

在重视生活垃圾末端处理的同时，要重视生活垃圾源头处理。结合北京市生活垃圾分类试点，在试点街道和居住区开展无害生活垃圾源头就地处理试点。完善装修垃圾、餐厨垃圾、枯枝落叶专项管理系统；厨房垃圾分为生厨房垃圾、熟厨余（煮熟、含盐分的食品），进行分类处理。开展街道和社区枯枝落叶、生厨房垃圾等无害生活垃圾就地处理的探索，减轻末端处理压力。

5. 开展全市“周五下午大扫除”

在全市发起“周五下午大扫除”倡议，逐步建立全市“周五下午大扫除”制度。政府部门引导和鼓励全市企事业单位全体成员在每周周五下午参与本单位及所在辖区内的垃圾大扫除活动，集中清理垃圾。市环卫集团配合全市周五下午大扫除，集中清运各街道、社区、园区的生活垃圾，形成全民参与的大格局。

6. 建立社区废旧物资“零存放”制度

配合北京市“回收站进社区”，强化社区回收站的规范管理，构建社区废旧物资和垃圾回收的社区物业监管制度，实施社区废旧物资“定时回收清运”，保证社区废旧物资“零存放”，净化社区环境。

7. 建立志愿队伍，推动生活垃圾减量

发挥北京市环卫部门的牵头作用，以市、区、街道（镇）三级管理网络为基础，建立常设志愿者服务基地，开展以社区为立足点的生活垃圾减量志愿服务，吸引包括物业、居委、社区居民、退休人员、在校学生等志愿者参与。在学校建立“垃圾银行”，鼓励学生及家长搜集垃圾上交“垃圾银行”，再用所得“利息”换取学习用品，如果急需缴纳学费，还可向垃圾银行贷款，引导学生参与生活垃圾减量。

北京市建设节水型城市对策研究*

北京市是严重缺水的城市，面对日益严峻的水资源形势，建设节水型城市，促进经济发展方式的转变，实现经济社会发展与资源环境相协调具有十分重要的意义。

一、北京市节水的紧迫形势

（一）水资源形成情况

一般来说，北京市天然水资源的形成主要有两个途径：一是通过天然降水形成地表径流水和地下水；二是入境水。其中，天然降水形成的地表径流水和地下水是构成水资源总量的主体，占多年平均水资源来源的 80.6%。

1. 天然降水情况

根据自有水文记录以来的统计，北京市多年平均降水量为 585 毫米，其中形成的可利用地表径流水 17.72 亿立方米，可利用地下水 25.59 亿立方米。扣除重复计算的 5.92 亿立方米，北京市天然降雨形成的多年平均可利用水资源总量为 37.39 亿立方米。

但是，由于近年来持续干旱少雨，天然水资源形成量在不断下降。2000 - 2009 年北京市境内年均降水量为 481 毫米，比多年平均水平减少了 17.8%；年均可利用水资源量为 20.98 亿立方米（见图 2），比多年平均水平减少了 43.9%。水资源量形成不足的问题非常突出。而且，由于持续干旱少雨和土地缺水严重，同等降水形成的可利用水资源量也出现了显著下降。2009 年全

---

* 作者简介：鹿春江，首都社会经济发展研究所副处长，北京健康城市建设促进会副秘书长，副研究员。

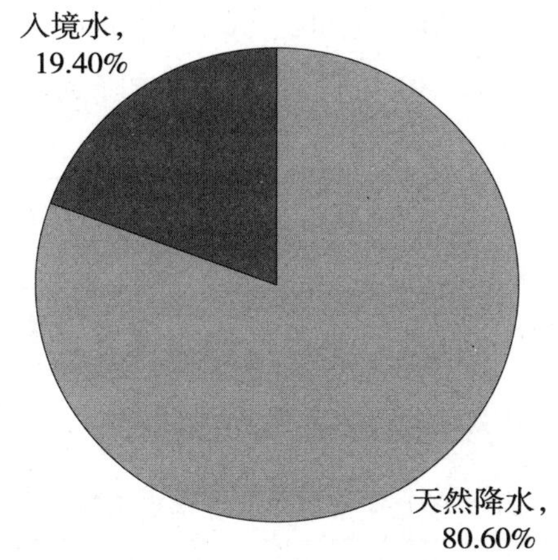

图 1　北京市多年平均水资源形成来源情况

市平均降水量 448 毫米，比多年平均水平少了 23%，但是水资源总量却仅形成了 21.84 亿立方米，比多年平均水平少了 15.55 亿立方米，少了近 42%。

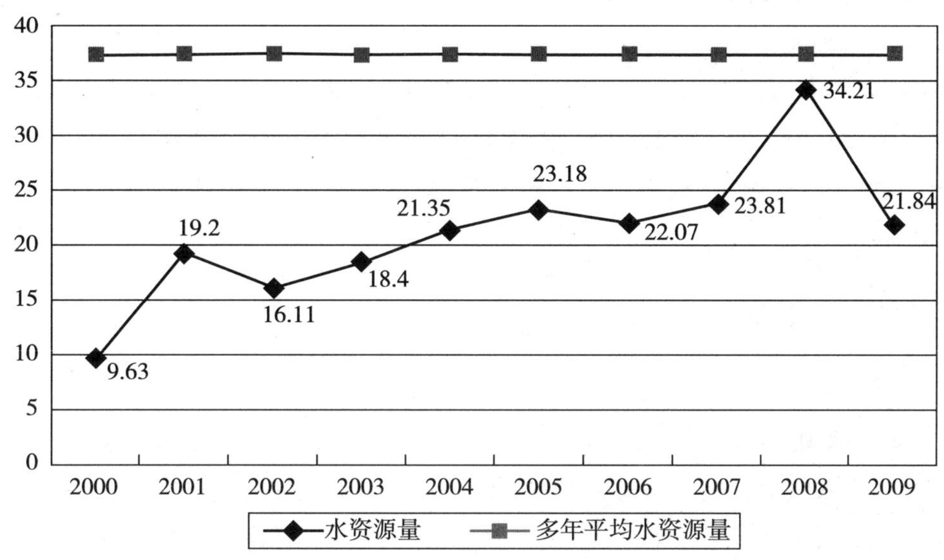

图 2　2000－2009 年北京市年水资源量（亿立方米）

2. 入境水情况

入境水是外省流入北京市境内的地表水，主要通过永定河、潮白河和蓟运河三条水系流入。上世纪 50 年代后期北京市的入境水量大约在 35 亿立方米左右。但是，近半个世纪以来随着三条水系上游的干旱和生产生活用水拦截，流入北京的水资源量下降非常明显。上世纪 60 年代和 70 年代后期分别降到了 19 亿立方米和 17 亿立方米左右，80 年代后期进一步降到了约 10 亿立方米，而到了本世纪初，年均入境水量仅为 4 亿立方米左右（见表 1）。入境水量的不足，导致了北京市主要水库来水量大幅减少。2009 年官厅水库和密云水库的可用来水量仅为 0. 22 亿立方米和 1. 77 亿立方米，水库蓄水量也分别由 2001 年初的 4. 2 亿立方米和 15. 4 亿立方米下降到了 2009 年末的 1. 19 亿立方米和 10. 39 亿立方米。

表 1　2002 – 2009 年北京市每年入境水资源量（亿立方米）

年　份	2002	2003	2004	2005	2006	2007	2008	2009
入境水资源量	2. 60	4. 18	6. 32	4. 59	4. 25	3. 45	5. 35	3. 03

综合以上情况，我们可以看出，尽管北京市自有水文记录以来的多年平均水资源总量达到了 46. 39 亿立方米（降水形成的多年平均可利用水资源量 37. 39 亿立方米加上多年平均入境水资源量 9. 0 亿立方米），但是由于持续干旱和经济社会发展的消耗不断增加，2000 年以来北京市每年的天然可用水量大约在 24. 98 亿立方米左右。扣除年均未曾利用过的出境水量 2. 11 亿立方米（按近三年数据测算），2000 年后全市每年可用的水资源量大约为 22. 87 亿立方米。

（二）水资源的使用情况

1. 用水总量

1990 – 2009 年 20 年间，北京市用水总量经历了一个先增长后回落的过程。由于用水方式粗放，经济结构调整不到位，北京市用水总量由 1990 年的 41. 1 亿立方米增加到 1992 年 46. 4 亿立方米，并在 90 年代中期保持在 45 亿立方米的高位。随着北京市水资源短缺问题的凸显和城市规划建设理念的转变，北京市加大产业结构调整力度，大力发展节水型产业，使得 90 年代末北京市用水规模下降到 40 亿立方米左右。进入新世纪以来，随着产业结构的进一步调整，全市用水总量进一步下降，基本稳定在 35 亿立方米左右。

表 2　2002－2009 年北京市用水量变化情况（亿立方米）

年　份	2002	2003	2004	2005	2006	2007	2008	2009
用水量	34.7	35.8	34.6	34.5	34.3	34.8	35.1	35.5

2. 用水结构

在用水结构方面，随着用水总量下降，农业用水、工业用水均呈下降趋势，但生活用水、环境用水逐渐增加。其中工业用水由 1990 年的 12.34 亿立方米下降为 2009 年的 5.2 亿立方米，以每年 4% 的速度下降，所占比例由 30.0% 下降到 14.6%。农业用水由 1990 年的 21.7 亿立方米下降为 2009 年的 12.0 亿立方米，以每年 3% 的速度下降，所占比例由 52.9% 下降到 33.8%。生活用水由 1995 年的 7.0 亿立方米增加到 2009 年的 14.7 亿立方米，以每年 3% 的速度上升，所占比例由 17.1% 增加到 44.4%。环境用水由 2000 年的 0.4 亿立方米增加到 2009 年的 3.6 亿立方米，以每午 11% 的速度上升，所占比例由 1.1% 增加到 10.1%。

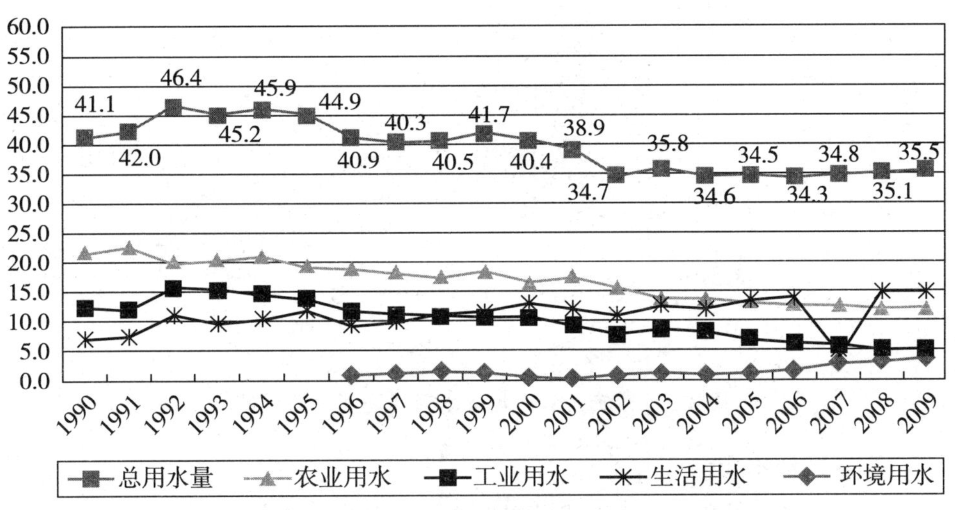

图 3　1990－2009 年北京市全年用水量趋势图（亿立方米）

（三）供需矛盾的影响

由以上分析可以看出，一方面是持续干旱造成的水资源形成不足，另一方面是尽管全市用水总量在进一步下降，但用水总量仍基本稳定在 35 亿立方米左右。因此，近年来，全市每年都会缺水 12 亿立方米左右。同时，由于城市经济总量增加、人口激增等对水资源还有增加的客观需求，北京的水资源短缺形势十分严峻。为保障首都的用水供应，北京市主要采取了两种途径采水：

1. 超采地下水

地下水是指地下水中参与水循环且可以更新的动态水量。北京市天然降水形成的多年平均地下水资源量为 25.59 亿立方米，占天然降水可利用水资源量的 68.4%（见图 4）。但是，近年来随着总体降水量的减少，导致地下水的形成量不断减少。2009 年北京市全年平均降水量 448 毫米，比多年平均水平少了 23.4%，平原区年末地下水资源量仅形成了 15.08 亿立方米，比 1980 年末减少了 86.2 亿立方米，比 1960 年末减少 106.9 亿立方米。由于地下水资源量形成不足，为保障迅速发展的经济和社会对水资源的需求，北京市不得不超采地下水，年均超采量在 4 亿立方米左右。其中，2009 年超采量达到了 6.72 亿立方米。

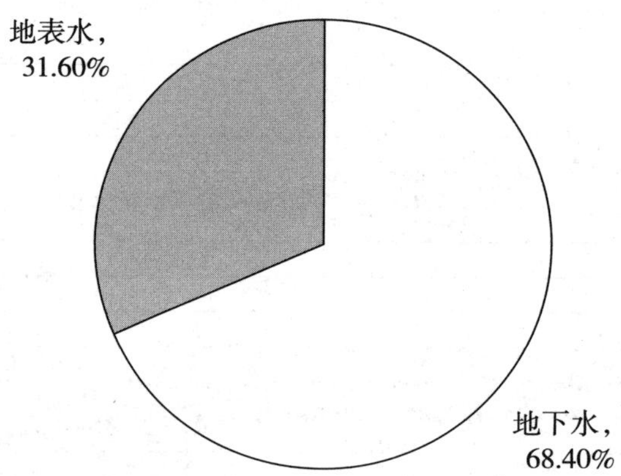

图 4　北京市多年平均降水形成地下水的比重

2. 开拓其他水源

由于超采地下水具有较大的地面沉降隐患，而且过度超采也有可能导致地下水资源枯竭，为保障首都供水稳定安全，北京市被迫努力开拓其他供水水源。

首先是再生水。再生水是水质介于污水和自来水之间，由城市污水、废水经净化处理后达到国家标准，能在一定范围内使用的非饮用水。北京市的再生水是从无到有逐步发展起来的，2009 年利用水平达到了 6.5 亿立方米，占供水水源的 18.3%。

其次是南水北调水。南水北调工程是解决我国水资源南北分布不均的重要手段，共分东线、中线、西线三条调水线，其中中线主要向河北、河南、北京、天津四省市供水，重点向北京、天津、石家庄等城市供水。根据规划，建成后，南水北调工程将向北京年均供水 12 亿立方米。但是，由于工程进展原因，预计从丹江口水库调水从 2010 年推迟到了 2014 年，北京市目前的用水紧张问题仍然十分严峻。不过，目前北京市也实现了利用南水北调工程从河北调水，2009 年调水规模达到了 2.6 亿立方米，占总供水量的 7%。

北京市水资源不足导致了以下直接后果：

一是地下水平均埋深不断下降。由于超采地下水，1960 年北京市地下水的平均埋深为 3.19 米，1980 年为 7.24 米，而到 2009 年已下降到 24.07 米，而且每年仍然按照 1 米多的速度下降。地下水平均埋深的下降，使北京市地下形成了一个巨大的漏斗区，给北京造成了很大的地面沉降地质灾害隐患。2009 年这一漏斗区面积（按最高闭合等水位线计算）已达到 1047 平方公里。

二是供水水源结构转向联合供水。上世纪 90 年代以前，北京市的供水水源主要靠地表水和地下水。到目前，供水水源已逐步实现向地表水、地下水、再生水、外调水联合供水转变。其中，地下水仍是主要供水水源。1990 年，北京市的地下水占供水水源的 56.2%，2004 年一度达到了 77% 的高位，随后逐渐回落，到 2009 年已经回落到 62%。地表水的供给量在大幅下降。1990 年北京市地表水的利用占到了总供水的 43.8%，随后迅速下降，2004 年降到了 17%，2009 年仅为 13%，持续干旱对北京市的水资源补给产生的影响非常显著，加剧了北京市水资源短缺的局面。进入 21 世纪之后，北京市逐渐加大了雨水及再生水、外调水的利用，它们的比例有了很大的提升，在很大程度上缓解了北京市降水不足造成的水资源供给紧张局面。

三是人均水资源量大幅下降。1990 年，全市形成的水资源量为 41.1 亿立方米，按常住人口 1086 万计算，人均拥有水资源量 373 立方米。而到了 2009 年，全市共形成水资源量 21.84 亿立方米，按市统计局公布的常住人口 1755 万计算，人均水资源量仅为 124 立方米，年均下降 13.1 立方米，年均下降率为 5.3%。即使包括目前使用的再生水和外调水，人均水资源量也仅为 202 立方米。

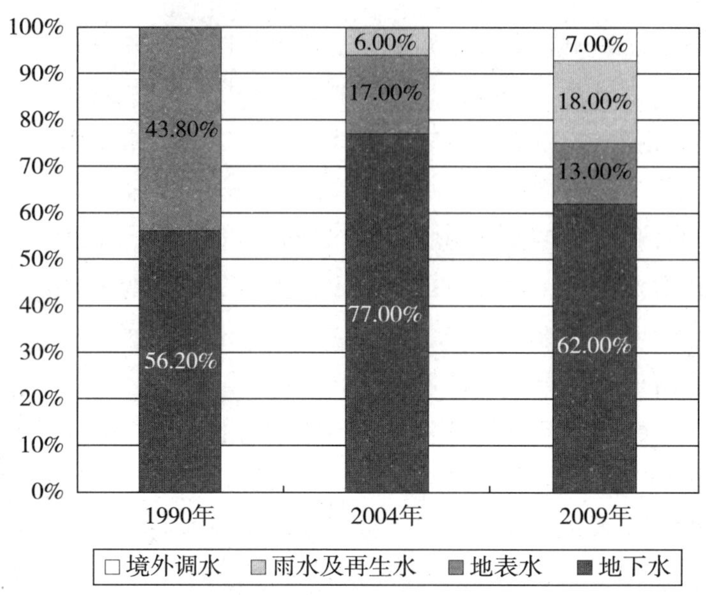

图 5　北京市供水水源结构变化情况

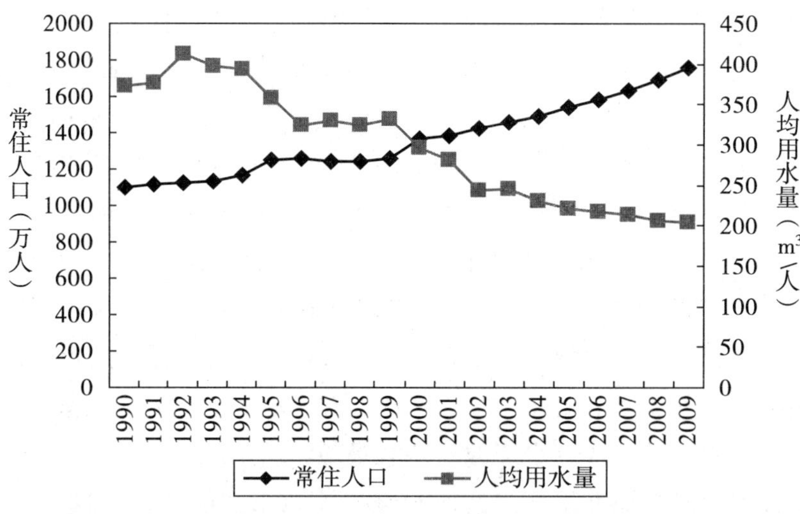

图 6　1990 -2009 年北京人均用水量变化（含再生水和外调水）

二、北京市节水工作取得的成绩和存在的问题

解决北京的缺水问题，一是节水，二是调水。虽然南水北调工程将大大缓解

北京市的缺水问题，但从长期来看，人口和产业还将在一定时间内向北京聚集，降水状况改善也不可预期，因此，解决北京水资源短缺问题的根本出路还是节水。近年来，在市委、市政府的领导下，在科学发展观的指引下，北京市坚持“向观念要水、向科技要水、向机制要水”，在节水方面取得了很大的成绩。2001年到2009年，全市每年节水都在1亿立方米以上。其中，总新水用量由38.9亿立方米减少到了29亿立方米，减少了9.9亿立方米；万元GDP水耗由104.91立方米减少到29.92立方米，仅为全国平均水平的1/7，使1立方米创造的GDP由82元增长到了334元。

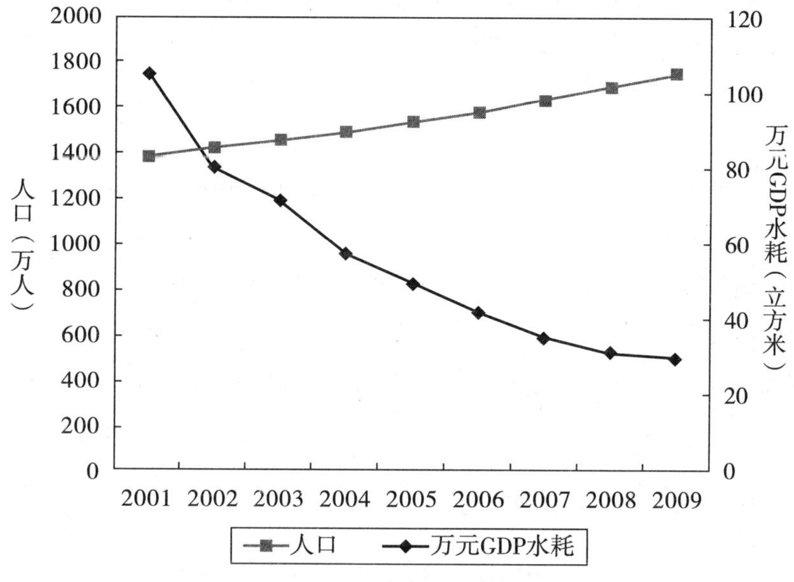

图7　北京近年万元GDP用水量变化情况

北京市节水工作取得的巨大成绩与近年来采取了一系列的措施是分不开的。

（一）实行计划用水定额管理

从1981年起，北京市就开始了计划用水管理。到2009年为止，北京市已先后出台多个节水法规、规定，北京市计划用水行业及单位范围日益扩大，并逐步确立了对计划用水指标的分级审定制度、逐月考核与预警制度及超计划用水的加价标准，计划用水指标确定的依据也从最开始的以用水单位实际用水量为基础，逐渐完善到以定额为基础。2009年初，北京市共对全市3万个计划用水单位下达了用水定额指标，比上年压缩计划水量4900万立方米，并对重点行业、重点用水单位实行逐月考核，超量用水预警管理，全年共发出预警2.6万户次。

（二）推进产业结构升级

全市加大了产业结构调整力度，对65个高耗水行业实行市场禁入。到目前为止，已完成小水泥、小造纸等27种传统工业退出北京市生产领域，并关停、搬迁焦化厂等200多家高耗水、高污染企业。2001年到2009年，全市工业生产总值由938.8亿元增加到2303.1亿元，用新水量从9.2亿立方米下降到5.2亿立方米，工业万元生产总值用水量由同期的98立方米下降到22.6立方米，全市规模以上工业用水重复利用率达到93%。

（三）加强农业节水

全市大力开展农业节水，取消水稻等高耗水作物种植，并从2005年开始对农业用水实行了装表计量，月统月报。目前，全市88%的农田实现了节水灌溉，集中连片设施农业采用滴灌、微喷等先进的节水技术。2001年到2009年，全市农业生产总值由84.7亿元增加到140.4亿元，农业用新水量从17.4亿立方米下降到12.0亿立方米，万元生产总值用水量由2054.3立方米下降到854.7立方米。

（四）提升水资源利用效率

全市逐年加大了再生水和雨水的利用量，不断提升水资源的利用效率。目前，全市9座热电厂生产冷却用水全部用再生水替代，年利用再生水1.2亿立方米；58万亩再生水农田基本建成，年利用再生水2.8亿立方米；10余处湖泊、公园以及70%以上的城区河道都已把再生水作为其主要水源，年利用再生水1.8亿立方米；市政杂用方面，再生水用于绿地浇灌、道路冲洒、施工降尘等，年利用再生水2000万立方米。2008年北京再生水利用量占到全市总用水量的17%，首次超过了地表水用量，2009年更是占到了总用水量的18.3%。同时，全市雨水利用工程也得到了迅速发展，截至2009年底，全市共建成雨洪利用工程1350处，蓄水能力2853万立方米，累计积蓄利用雨洪水7500万立方米。

（五）发挥科技对节水的引领作用

北京依托首都科研优势，大力开发推广节水新技术和新产品，并以节水技改示范工程建设，带动节水技术的全面升级。市建委、水务、规委、工商、技术监督等8个部门建立联动工作机制，共同促进节水型技术和器具的普及和推广。其中仅2001－2008年就实施节水技术改造1002项，节水5300万立方米；推广园林节水微喷灌技术，节水1.2亿立方米；普及推广节水型用水器具420万套（件），节水1470万立方米。到2009年底，北京公共场所已基本普及节水器具，家庭节水器具普及率已达到91.4%。

（六）积极做好宣传教育

宣传教育是做好节水工作的重要基础工作。多年来，北京市通过大力开展节水的宣传，提高全民节水意识，增强对水资源的危机感和节约用水的紧迫感，努力使全社会形成人人节水、处处节水的社会氛围，并让节水变成个人的自觉行动。在节水宣传中，一是通过加大宣传力度、将节水内容纳入中小学课本中、评选百户节水家庭和组织观摩节水工程以及设立节水教育基地、开展节水短信大赛、节水之星评比等，使节水成为全市共同参与的公益行动。二是加强节水型单位、小区的创建工作，到2009年全市已创建节水型单位和小区9000余个。还在农村开展了节水示范村的试点建设工作。

尽管北京市的节水工作取得了很大的成绩，但是随着工作的不断深入和时代要求的不断提高，北京市节水工作开始进入精细化阶段。与精细化阶段的要求相比，北京市的节水管理的许多领域还有许多不足：一是用水结构不尽合理，部分行业和产业仍然不符合首都北京水资源紧缺的现实，产业结构有待进一步升级；二是节水管理手段不足，特别是监督和执法手段缺乏，责任不能有效落实，如对农用机井擅自改变用途、擅自打井取水等；三是全民节水意识仍有待提高，浪费水现象依然严重，洗车、洗浴等行业节水管理存在盲区，城市绿化灌溉管理不够精细；四是定额管理制度的指标体系和节水服务体系有待进一步完善；五是有关节水政策不配套，全面激励社会各行业各方面节水行动的机制没有形成。

三、国外建设节水型城市的主要经验

（一）重视节水规划编制和法制建设

为提高水资源利用效率，实现水资源可持续开发利用，很多国家都非常重视编制完善的水资源综合利用规划。如日本陆续制定了《水资源白皮书》（1983年）和《全国水资源综合规划》（1987年）以及新的《全国水资源综合规划》（2000年）等文件；美国于1999年颁布了城镇公共用水的《节水规划指南》。同时，这些国家还特别重视通过节水的立法工作。如美国先后制定了《供水法》、《水污染防治法》、《水资源开发法》等30多部水资源法规；以色列也陆续制定了《水法》、《水井控制法》、《量水法》等有关水的法律、法规。

（二）重视再生水和雨水利用

发达国家特别重视废污水的治理、排放和回收利用，并通过各种法规和严厉的处罚条例，迫使工业废污水排放单位改进污水处理技术，增加水的循环利用。同时，发达国家还非常重视利用雨水。德国是开展雨水利用较成熟的国家之一。目前，德国的雨水利用技术已经进入产业化、标准化阶段，市场上已存在大量收集、过滤、储存雨水的产品，有的地方已建立了雨水利用生态小区。

（三）鼓励水权市场的建立

一些国家在通过法律确定水权的基础上，建立了水权交易市场，利用市场机制实现水资源的有效配置。如澳大利亚从1994年开始开放了水权市场，允许拥有水权的用户可以把自身在生产过程中节约下来的水以商品形式卖给需求者，以促进节约水资源。美国加利福尼亚州在1988年到1993年连续大旱期间，通过与各城市、企业和农场主协作设立“水资源银行”，用水权买卖形式成功地解决了大旱时期的严重缺水问题。

（四）利用水价政策促进节水

当今各国许多城市通过制定水价政策来促进节水。美国一项研究表明：通过计量和安装节水装置，家庭用水量可降低11%，如果水价增加一倍，家庭用水可再降低25%。对于水价政策，有的国家采取累进加价和高峰水价形式，也有的采取基量用水优价甚至免费，超过基量则加价收费形式。同时，国外大部分国家一般都是全成本水价，即水价包括供水、污水处理、水源地保护、工程建设维护等项成本。

（五）推进产业结构升级

在缺水地区，发展耗水量小的工业和农业种植耗水少、效益大的经济作物，同时压缩耗水量大的工业及农作物的种植，从而使有限的水资源发挥最大的效益，这是当今世界节水工作的一大趋势。美国、日本近年来通过将耗水量大的化工、造纸行业进行压缩，甚至转移到国外，而大力发展耗水量小的电子信息行业，从而使工业用水量出现了负增长。以色列也面向国际市场，将有限的水资源用于高效益的经济作物和出口蔬菜上，促进了农业用水的良性循环。

（六）大力开发和推广节水器具

许多国家都非常重视开发节水器具。目前，发达国家已经开发出节水马桶、节水龙头、节水型水箱、节水型洗衣机、节水型喷头等多种节水器具。同时，国外还很重视采取多种政策措施，大力推广节水器具。如制定使用节水器具的奖励政策等。

（七）重视节水教育

为使人们充分认识水资源紧缺问题的严重性，强化节水意识，许多国家都采用了各种形式的节约用水重要性、迫切性和保护水资源的宣传和教育工作，从而提高了民众的节约用水的自觉性，使广大社会成员自愿参与节水活动。如向青少年介绍节约用水的重要性、设立“水日”或“节水日”、设立“节水奖”等。

四、北京市建设节水型城市的对策建议

今后一段时期，北京的水资源形势将更加严峻，节水仍是摆在我们面前的一项非常紧迫的工作。北京市应在多年节水工作的基础上，按照社会化、制度化和

精细化的要求，进一步挖掘节水潜力，并探索采取多种节水措施，推进北京市的节水工作。

（一）建立北京市节约用水领导小组

建设节水型城市是一项复杂的系统工程，涉及社会的各个方面，需要各个部门的共同参与。特别是作为首都，北京有大量的在京中央单位。因此，为进一步加强节约用水工作的管理力度，建议成立由市领导牵头，由中央国家机关、部队、市属有关单位和各区县政府主管领导参加的北京市节约用水领导小组，对全市节约用水工作进行统一的协调、部署和行业指导。领导小组在市水务局的节约用水管理中心设办公室，具体负责制定政策和相关管理工作。各区县亦成立相应组织，负责各区县的节约用水工作。

（二）实行更加严格的定额管理制度

目前，北京市已经将宾馆、学校和医院等十大行业的用水定额管理上升到了地方标准，今后应进一步扩大定额管理地方标准的范围，将机关、国有企业单位、写字楼以及洗车行业等的定额管理都提升到地方标准，并对近年来定额执行效果进行评估，研究建立定额调整机制。

要探索建立有效形式或机制，将定额管理的责任落实到具体的用水主体，推进节约用水的精细化管理。目前，在定额管理单位中，管理的责任主体是单位，而非具体的直接用水主体。迫于管理难度大，单位对具体的用水主体难以形成有效的约束机制，水资源浪费的现象仍然存在。只有将定额管理对象由单位落实到具体的用水主体上，才能使每个微观主体都注意节约用水，从而实现整个社会的节水。典型的做法是在用水较多的环节实行计量取水，定额供应。如在开水间装设计量取水装置、为厨师配备取水卡等。实践证明，给厨师配备取水卡，尽管不会杜绝水资源的浪费现象，但比不用水卡要节约很多水。

（三）强化节水日常管理和建立用水节水信息平台

要加强节水工作的日常管理，特别是日常巡查力度和群众举报信息的查处力度，及时发现和制止违法违规用水行为。同时，要建立全市用水节水信息平台，通过将用水重点户的用水信息直接传输到信息平台，一方面实现对用水大户用水节水情况的实时监督，及时制止超额用水行为，另一方面可以用来研究全市不同行业用水重点户的用水规律，及时做好高峰时段的水资源调配和发现节水潜力，并为市委市政府决策提供依据。目前，北京市自来水集团的信息平台只能实现对各管网供水情况的实时监督，并不能实现对终端用户的监督，市节水办获取相关用户用水信息只能通过每月一次的人工上报形式。以用水大户的用水节水信息为基础，建立北京市节水信息监督平台对于促进北京市节水工作及时有效开展具有重要意义。

（四）理顺节水执法体制

在市城管执法局成立以前，北京市水务部门已有自己的执法队伍，对于浪费水或违章违法用水等行为，能够及时发现，并能采取强有力的纠正措施。市城管执法局成立以后，北京市节水工作的执法处罚权从水务部门转移出来。由于城管执法局具有几百项执法项目，工作任务非常繁重，对于不太容易发现和不经常发生的违法或违章行为查处力度远不如专门执法。因此，应探索重新赋予水务部门节约用水的行政执法处罚权和监督检查权，使节水工作的管理权与行政处罚权相统一，从而使水务部门在日常管理中实现节水的行政执法，通过行政执法进一步促进节水的日常管理。这不仅有利于及时发现和制止用户的违法违章行为，也有利于加强对受处罚用户的服务和技术指导，同时还有利于理顺北京市节水主管部门与国家节水主管部门的对应关系。

（五）加大再生水利用力度和提升再生水水质

再生水是补充北京市水资源不足的重要手段。今后应通过制定行业强制性措施和政策引导措施，加大再生水的使用范围和利用力度。同时，出台再生水厂建设及再生水厂升级改造的鼓励政策，增加再生水的供给能力。

随着使用量的日益增多，再生水开始出现了一些负面效应。国外研究表明：再生水中多数污染物在环境中的蓄积对动植物有毒性，还很有可能进入地下含水层使饮用水水质超标；长时间地使用含有高浓度的溶解性固体物质的再生水会降低土壤的肥力；再生水中的病原体会对人体的健康安全性构成威胁。

国外解决再生水危害的办法：一是分类控制。美国等多数国家在制定再生水使用标准时根据人口的密集情况将灌溉的绿地划分为开放性地区和限制性地区，开放性地区包括公园、居民区景观及学校操场等人口密集地区，这些地区灌溉的再生水在二级处理后，还需过滤和消毒，用严格的生化指标、浑浊度、细菌总数或大肠菌数以及残留物和 pH 来监测；限制性地区则指高尔夫球场、公墓和高速公路等少人地区，这些地区的水质要求则相对低一些。通过这一划分对水质要求具体化，减少了造成健康风险的概率，也避免了不必要的深度处理。二是统一监管。加拿大等国在标准中除了对水质提出要求外，另外还有处理工艺和日常监测的要求，处理工艺要求是指根据不同的灌溉区域规定不同深度的处理来确保再生水水质安全并借此免除对某些指标的监测；日常监测要求是规定在再生水灌溉开始之后一段时间内对特定的指标进行监测，如规定对大肠杆菌监测从再生水灌溉开始第 1 天到第 60 天不间断地进行。

目前，我国的再生水管理暂时依据的是《生活杂用水水质标准》，而该标准只泛泛地给出了绿化用水的要求，显得较为笼统，而且也没有具体的检测规则，在实践中很容易产生歧义。因此，制定符合北京市市情的再生水水质标准具有十分迫切的重要意义。

（六）促进节水技术的创新与推广

科技是节水工作的支撑。无论在工业节水、农业节水，还是在城市生活节水等领域，要特别重视开发节水新工艺、新技术，依靠科技进步节约水资源。具体来说：一是充分发挥科研机构、大专院校和专业厂家的作用，加强城市节水技术、工艺和设备的研制，加大节水创新力度，走科技节水之路。二是抓好节水管理措施的落实，确保新项目做到“三同时”，即建设项目的主体工作与节水措施同时设计、同时施工、同时投入使用，并通过市场准入，确保新建建筑全部采用节水型器具。三是加快公共场所与家庭节水器具，包括节水龙头、节水马桶、节水水箱、节水洗衣机等的普及程度，使普及率尽快达到 100%。四是在传统节水龙头、节水马桶等节水器具的基础上，进一步开拓节水器具的应用范围，如开发和推广节水沐浴花洒、节水计量装置、家庭二次水利用装置等，为节水开辟新的空间。

（七）加快产业结构调整

实现科学发展和转变经济发展方式必须加快产业结构的调整。北京市要根据各相关部门联合制定的产业投资项目指导目录和限制发展项目名录，限制并逐步淘汰落后、耗水量高、用水效率低下的产业项目，建立适应北京缺水条件的产业结构，严格控制水资源利用总量，促使水资源向节水高效的领域流动，逐步培育起适应北京缺水条件的产业结构形式及生产生活方式。

（八）继续推进节水宣传

宣传教育是改变人们不良用水习惯的重要手段。据有关分析，家庭只要注意改掉不良的习惯，就能节水大约70%。因此，全市应紧紧围绕水资源的短缺性、节水的重要性、节水技术、节水知识以及水污染的危害、相关法律法规和典型经验等，利用多种手段，大力开展宣传教育。特别是随着水资源短缺的形势日益突出，节约用水已成为人的文明程度、城市的文明程度以及人与环境友好程度的重要标志，在全社会形成人人节水，处处节水的社会氛围，让节水成为每个人的自觉行动，成为刻不容缓的重要任务。在宣传过程中，我们不仅要教育人们树立节水意识，还要教给人们正确的节水方法，特别是要认真研究大众对公共宣传的认识心理和接受程度，探索采用新形式、新方法，提升宣传效果。目前，我们很多宣传工作尽管搞了很多活动，但对于全市居民来说，知晓率和理解率并不高，宣传效果并不尽如人意。

此外，北京市还应完善节约用水的各项配套政策，如对市民和单位节水的奖励政策和浪费水的惩罚政策，群众举报浪费水行为的奖励政策，自建再生水设施的投资、运营、维护的支持政策，节水技术创新与推广的奖励政策等。

北京市发展电动汽车的思路研究*

近日，国务院发布《节能与新能源汽车产业规划（2012－2020年）》，从国家战略高度明确了电动汽车①的技术路线和产业目标。“十二五”时期，北京市进入经济结构调整和发展方式转变的攻坚阶段，资源环境约束增强，节能减排任务更加艰巨。汽车产业是北京市的支柱产业，发展电动汽车是应对日益严峻的能源和环境压力，实现汽车产业结构调整和转型升级，从而促进全社会经济增长方式转变的重要途径，因此，总结提出发展电动汽车的新思路具有强烈的现实意义。近日，市经济和信息化委员会研究室就北京市发展电动汽车的思路问题进行了初步研究。

一、国内外电动汽车发展现状

（一）国际现状

国际电动汽车发展总体处于产业化准备期的后期，预计在未来二至三年内，在美国、日本和欧洲等发达地区将迎来第一波产业化浪潮。

美国当前的发展重点是插电式混合动力汽车，主要产品通用 VOLT 全球累计销量已超过 1 万辆。2011 年 1 月，美国总统奥巴马在国情咨文中提出，要在 2015 年达到累计销售插电式混合动力汽车和纯电动汽车 100 万辆的目标。2011 年全美电动汽车总销量为 1.8 万辆，2012 年预计可达到 6 万辆。

日本的混合动力技术世界领先，丰田普锐斯至今全球销量已超过 400 万辆，普锐斯插电式混合动力汽车已经在美国上市并取得不俗销量；纯电动汽车也已进

---

* 作者简介：叶强，北京市经济和信息化委员会研究室主任助理，高级工程师。

① 本文中所指的电动汽车主要包括纯电动、插电式混合动力以及燃料电池汽车三类。

入产业化阶段，日产 LEAF 纯电动汽车全球累计销量超过 3 万辆。根据日本发布的《新一代电动汽车战略 2010》规划要求，到 2020 年电动汽车和混合动力汽车等“新一代”汽车的销量要占到当年新车总销量的 50%。

欧洲的发展重点则是纯电动汽车，据欧洲汽车工业数据中心统计，2011 年西欧电动汽车销量接近 1.2 万辆。主要国家和地区都制定了专项规划，德国启动“国家电动汽车平台计划”，提出到 2020 年电动汽车和插电式混合动力汽车的保有量要达到 100 万辆；英国启动“电源伦敦”项目，计划到 2013 年至少建成 1300 个充电站以覆盖整个伦敦地区；法国巴黎启动电动汽车自助租赁计划，目标是在巴黎市区和郊区共推广 3000 辆电动汽车。

未来 2－3 年国际电动汽车产业化进程将逐渐加快，产能有望进一步释放。如日产公司在其位于日本的基地已形成 5 万辆纯电动汽车的生产能力，其在美国年产 15 万辆纯电动汽车和 20 万套锂离子动力电池的工厂正在建设；通用公司 2011 年已形成了年产 1 万辆插电式混合动力汽车的产能并计划在 2012 年进一步扩大；丰田公司近期也将形成 5 万辆插电式普锐斯的产能。主要汽车集团纷纷选择在 2012－2015 年密集发布一批纯电动汽车和插电式混合动力汽车。

总体来看，国际电动汽车发展的主要经验有：技术路线多元化，纯电动、插电式混合动力和燃料电池汽车多头发展，但不同的地区根据各自的实际情况又各有侧重；高度重视核心前沿技术特别是电池领域新技术的研发；注重整车试验和示范运行，特别重视技术验证和监测评估，保证了车辆的一致性和安全性；注重市场统一开放，在美国销售的所有电动汽车品牌都可以享受同等的税收优惠和补贴；倡导基础设施建设主体多元化，政府投资、汽车企业自建、第三方参与，多种形式并存，有效扩大了建设资金的来源渠道。

（二）国内现状

我国的电动汽车经过近十年的科技攻关和示范运行，初步建立了产业化基础，但是仅处于产业化准备期的前期，纯电动汽车和插电式混合动力汽车开始小规模投放市场。截至 2011 年底，在全国 25 个示范城市中，共推广 1.15 万辆新能源汽车，其中，混合动力公交车接近三分之二，纯电动乘用车不到四分之一；已建成 6800 个充电桩和 168 座充电站，但基础设施数量总体不足和分布不均的现象仍然存在。

当前，我国电动汽车产业与国际先进水平的差距正在拉大，著名咨询公司麦肯锡的报告显示，中国电动汽车产业成熟度已经从 2010 年 7 月的全球第三位降至 2012 年 2 月的第五位，排在日、美、法、德之后，特别是在电池系统的一致性、安全性和工程化能力等方面，在整车能量管理和控制匹配技术等方面，都明显落后于国际先进水平。未来十年将是我国电动汽车产业发展的关键时期，如果我们能够尽快提升自主创新能力，解决好产品研发与市场需求的对接，我国电动汽车产业仍然有潜力重返世界领先地位。

二、北京市电动汽车发展现状及问题分析

（一）发展现状

经过多年潜心发展，北京市已基本具备了电动汽车整车以及电池、电机、电控等关键零部件的自主开发能力，产业架构进一步完善，市场培育逐步展开，电动汽车产业化准备工作在国内处于领先地位，为下一步电动汽车产业化发展和规模化应用奠定了较好的技术基础。

整车方面，已有 48 款纯电动车型取得国家产品公告，北汽福田、北汽新能源、北京长安等企业年产能合计达到 7 万辆，产品覆盖轿车、多功能乘用车、大客车、轻客等多个系列。其中，纯电动环卫车累计产销 2090 辆，混合动力和纯电动客车累计产量达 2000 辆，纯电动乘用车产量接近 1000 辆。

关键零部件方面，普莱德、盟固利等电池企业已形成 1.7 亿安时锂电池产能，大洋电机、精进电动、亿马先锋等电机企业已形成 3 万套永磁同步电机年产能，全市已初步形成大兴、顺义、房山、昌平等新能源汽车零部件配套基地。

示范运行方面，2009 －2011 年，市级财政在公交、环卫、出租、物流等领域累计投入 8.6 亿元，完成采购 3510 辆电动车，目前已投入示范运营 1691 辆；2012 年，市财政安排不低于 2.5 亿元，计划新增采购 1926 辆电动车，示范运营总规模有望达到 5500 辆。

基础设施方面，已建设完成高安屯及北土城等 4 座大中型充换电站、45 个充电桩群，可为 2100 辆各类电动车提供充换电服务。其中高安屯以垃圾发电为主要能源，同时融合了光伏、风电等新技术，是目前国内规模最大的智能化充换

电站。

运营保障方面，开展了涉及充电基础设施、电能供给设备、电池系统、充电设施运行管理等四个方面共十六项标准的制定工作，并已发布了其中的十一项；搭建了北京市统一的电动汽车运营保障平台，将所有示范车辆纳入平台管理，实施三级监控，实现了电动汽车在线监控和故障实时处理。

（二）存在的问题

虽然北京电动汽车产业取得的进展令人鼓舞，但仍然存在以下一些问题。

1. 行业发展的体制机制矛盾有待进一步解决

当前，电动汽车行业的发展遇到了一系列问题，诸多累积的矛盾没有得到妥善解决，已影响到了行业的可持续发展。因此，我们应该对现有的管理体制和组织模式进行深刻反思，重新调整工作思路和重点，注重顶层设计，从战略高度对一些关键问题进行探索。比如在体制方面，如何对现有的电动汽车行业管理体制和运行机制进行调整创新，以适应新形势和新任务的要求；又比如在技术层面，选择什么样的电动汽车技术路线，既能符合国家战略规划的要求，又能考虑到北京的现状和优势，等等。这些关键问题的探讨有助于从根本上解决行业内存在多年的深层次矛盾。

2. 电池企业生存环境有待进一步改善

电池的性能是决定电动汽车产业化的关键。然而，北京市电池企业的核心研发能力仍然比较弱，电池技术水平还不能支撑产业发展，关键材料的自给率低，低水平产能相对过剩，资金拖欠问题严重，导致电池企业的资金链出现问题，难以投入足够资金进行核心技术的再研发，影响了企业竞争力的提升。电池企业的生存困境可能会传导至整条产业链，从而产生不良的连锁反应。

3. 私人消费市场有待进一步培育

北京市作为国内六个私人购买电动汽车试点城市之一，私人购车市场迟迟没有启动，至今仍没有正式出台地方性的私人购买新能源汽车试点的补贴办法，不仅落后于深圳、上海等大城市，也不如杭州、合肥等省会城市。这需要引起主管部门的高度重视，一方面要促进企业尽早推出成熟产品，另一方面也要加快政策体系的构建和相关工作的推进力度。

4. 基础设施建设有待进一步推进

北京虽已建成全国最大的充电站，充电设施的服务能力总体超前，但结构和布局还不够合理：大型充电站较多，而且不对私人开放，充电桩数量过少，公共停车场、住宅小区和商业网点的充电设施严重不足，电动汽车难以实现便利的电能补给，也限制了电动汽车的使用。此外，充电基础设施建设模式单一，建设运营市场被高度垄断，也阻碍了充电基础设施建设的进一步发展和完善。

5. 外部不利因素有待进一步消除

当前，车载动力电池的安全性和可靠性成为社会最为关注的问题，近期电动汽车安全事故频发也极大影响了消费者的信心，而国内外严峻的经济形势也对电动汽车企业和电池企业的生产经营造成了巨大影响，急需政府出台拉动消费、鼓励企业研发等积极政策来扭转这些不利因素的影响。

三、北京市电动汽车推广的潜在市场

当前，电动汽车由于技术性能方面的限制，只能作为一种局部替代产品，还不可能全面取代传统燃油汽车。因此市场推广必须有序进行，重点从以下几个领域突破。

一是公务用车领域。政府带头使用电动汽车对于市场具有很强的示范效应。公务出行的目的地明确，行驶里程容易预估，适合电动汽车的使用。北京的公务车更新市场潜力较大，2011 年，全市及各区县政府机关和事业单位的公务用车共 6 万多辆。按一般公务用车 10 年报废计算，平均每年需更新车辆达 6000 辆。在扣除国家和地方补贴之后，电动汽车的终端售价一般不会超过 18 万元的公务用车标准。

二是公共服务用车领域。主要包括公交车、环卫车、邮政车、市政维修车等由市财政统筹资金购买的车辆。这类车辆基本会在固定的时间窗口沿固定线路行驶固定的里程，而且有统一停放的站场，便于建设大规模充电桩群对进场车辆充电，也便于在出行路线两侧布局快速充、换电设施满足应急补电之需。以公交为例，当前北京市公共电汽车保有量接近 2. 8 万辆。“十二五”时期，北京市仍然会优先发展公共交通，公共电汽车的数量可能还会进一步增加，同时原有车辆中的 7385 辆面临更新。适度增加财政采购资金的额度，将有助于引导电动汽车在公共服务领域的推广。

三是出租车领域。出租车行业对节能降耗的要求更为迫切。电动汽车的使用成本大约只有同类型燃油汽车的六分之一，只要车辆的性能稳定、维修成本低廉，同时有足够的充电基础设施支撑，出租车行业最有可能率先大范围推广电动汽车。目前，北京全市出租车保有量达7万辆，报废周期一般为8年，平均每年有8000多辆出租车面临报废更新。提高对出租车公司采购使用电动汽车的补贴力度将有助于启动这部分市场。

四是物流配送用车领域。城市配送的特点是少量多次，因此对车辆的行驶里程要求不高，但是要求通过性、灵活性要强，车辆加速性能和爬坡性能要好，而且还要符合低排放、低使用成本的特点，中小吨位的电动货车正符合了这种需求。目前，北京市物流配送用车总规模接近7万辆，但是仅占30%的市场份额。"十二五"期间，北京市还将在鲜活农产品配送、大型市场批发零售等环节增加绿色物流车辆的需求。2011年4月北京市实施了《城市中心区货运汽车营运技术要求》，对配送车辆的油耗、排放和噪声指标制定了强制性标准，并且提倡货运车辆使用新能源汽车，这为电动货车带来了极大的商机。

五是租赁用车领域。北京汽车租赁市场的增长空间很大，近期参与购车指标摇号的人数已突破100万。受限购政策的影响，一部分人无法购买汽车，必然会去寻求其他替代措施，比如汽车租赁。北京居民的日均出行里程为45公里，其中很大一部分是上下班代步、接送孩子、购物娱乐等出行，只要租车的价格具有竞争力，这部分市场完全可以由电动汽车替代。而且北京市短期居留的人流量也非常大，为电动汽车短期租赁提供了广阔的市场。以旅游市场为例，2011年北京地区游客中的散客比重超过70%，总量接近1.3亿人次。根据著名咨询公司罗兰贝格的调查，2010年中国租车普及率为0.4%，按两人一车估算，北京市每年租车总次数将达到26万车次。只要租车程序足够简化、价格合理，短租市场可在短期内爆发式增长。

四、北京市发展电动汽车的思路建议

当前，北京的汽车社会已进入较为成熟的发展阶段，电动汽车的市场潜力逐步体现，而且北京市民出行的日均里程和平均车速也非常契合电动汽车的技术性能，因此，只要措施得当，北京的电动汽车市场必将迎来难得的发展机遇。

我们应深入贯彻市第十一次党代会精神，坚持双轮驱动，以建设中国特色世界城市的战略目标为指引，充分认清当前的形势和机遇，借鉴国际先进地区的发展经验，推动北京市电动汽车产业有所作为，力争把北京建设成为电动汽车示范运营规模最大、汽车品种最全、运营范围最广、充换电站技术最领先的城市。

（一）坚持产业化引领，深化体制机制创新

电动汽车示范运行以来的经验教训告诉我们，只有把工作重心转移到产业化上来，才能有效破解当前电动汽车发展的困局，必须把产业化作为推动当前工作的主要抓手，围绕产业化进程进行体制机制创新。要探索建立由市经信委牵头的电动汽车产业化协调工作机制，在市委市政府的领导下开展工作，坚持以产业化为导向进行科技、人才、资金、市场等相关资源的优化配置，为北京电动汽车产业发展提供有效的组织机制保障。要探索充电设施建设新模式，突破电动汽车发展瓶颈，探讨由市政府牵头、联合汽车企业与国家电网公司合资成立电动汽车运营公司，共同推动电动汽车基础设施建设和商业化运营。要创新电动汽车市场运营新模式，通过整车租赁、电池租赁、融资租赁等商业模式的推广，鼓励在私人消费领域先用后买。要探索使用企业自发电以及风能、太阳能等可再生能源为电动汽车充电的技术，在局部地区试行电动汽车自供电模式。

（二）提倡技术路线多元化，加强关键技术突破

应统筹考虑不同发展阶段的市场需求、技术风险以及其他积极因素与制约条件，指导企业根据国家规划的要求并结合自身特点选择适合自己发展的技术路线。要增强对电池产业的支持力度，改善电池企业的生存环境，积极推进动力电池规模化生产，加快培育和发展具有持续创新能力的动力电池生产企业，力争到2020年，形成1家产销规模超百亿瓦时、具有关键材料研发生产能力的龙头企业，并在正负极、隔膜、电解质等关键材料领域形成2－3家骨干企业。要以企业需求为导向，以产业化、市场化项目为引导，加大对共性技术研发平台的支持力度，吸收更多创新能力强、体制机制灵活的民营企业加入，进一步做强北京新能源汽车创新产业联盟。要加大对国际一流研发人才的招聘力度和与国际领先研发团队的合作力度，借助外部力量寻求在最短时间内突破核心技术，全面提升北京的技术研发实力。

（三）重点支持骨干企业，大力培育产业链

集中力量支持整车龙头企业和零部件骨干企业，围绕动力电池、电机、电动附件、电动空调等关键零部件培育产业链。要加快推进电动汽车零部件基地建设，促进全市零部件配套产业相对集中，以便充分发挥集聚优势。要以电动汽车产业发展为契机，带动相关产业协同发展，利用电动汽车对电能补给的需求拉动新能源的获取、存储、传输等环节装备制造业的发展；不断健全电池储能和电池回收等产业链环节，促进动力电池的梯级利用；建立和完善电动汽车产品的安全评估体系和运营保障体系，重点防控电池的安全风险，并带动运行监测和故障检测等设备的发展；将电动汽车融入“智慧北京”工程，带动车联网、物联网软硬件产业的发展。要围绕北京电动汽车产业链的薄弱环节，加强招商引资力度，尤其要重点引进车用动力电池成组、检测关键技术以及插电式混合动力总成开发技术，以不断增强产业链的支撑能力。

（四）科学制定规划，统筹推进充电基础设施建设

统筹规划充电基础设施的建设，充分调动多方力量，加速推进全方位的基础设施建设。研究制订在居民住宅小区和办公楼宇建设充电设施的管理办法；鼓励政府机关和企事业单位在自有停车场建设充电桩；推动公交公司与电力公司合作，在交通枢纽地区和公交场站建设集中式充、换电站，并在一定程度上向私人电动汽车用户开放；探索设立基础设施建设奖励基金，有条件开放基础设施的运营权，吸引社会力量参与社会停车场和公共区域的充电基础设施建设。

（五）扩大示范运行规模，积极改善消费环境

进一步扩大电动汽车示范运行规模，增加示范车型和数量，要高度重视购车补贴的落实情况，建议地方补贴部分可采取事先拨付的方式，结算时多退少补，以减轻生产企业垫资的压力。可借鉴上海建立国际电动汽车示范区的经验，考虑在北京基础较好的周边区县设立电动汽车示范区，吸引国内外汽车厂家投入新产品进行示范运行，以进一步提高社会对电动汽车的认知度和接受度。积极扩大政府采购电动汽车的规模，探索制订市区两级公务用车采购电动汽车的实施办法。继续大力支持在公共服务领域推广电动汽车，适度增加电动出租车公司经营牌

照，扩大电动出租车的运营范围，逐步增加电动汽车在城市公交车、物流配送车、微循环摆渡车[①]等领域的投放数量。要采取多种措施，积极改善电动汽车消费环境，研究制订对电动汽车运营企业进行补贴和税费减免等优惠政策。要重视对潜在用户消费需求与消费行为的研究，在此基础上制订实施有利于电动汽车推广的政策措施，最大限度地提振电动汽车私人消费市场。

① 大型住宅区内部、住宅区到地铁和公交车站之间以及住宅区到周边学校及购物中心之间开行的定点、定时、定线路的人员摆渡车。

环境政策背景下的都市农业发展*

——以北京市为例

“环境保护”理念直到卡逊1962年在《寂静的春天》中揭示了农药危害环境以及人类和其他生物所面临的危险后，才真正进入公众意识和科学讨论，各种环境保护组织才纷纷成立。由于良好的环境属于公共产品，因此最终环境保护问题被提到各国政府面前。1972年联合国在斯德哥尔摩“人类环境大会”上签署了《联合国人类环境会议宣言》，开始将全球环保事业纳入统一框架之中。随后各国政府均制定了适合本国的各种环境政策。

尽管农业随着各国经济发展和产业结构升级，在国民经济中所占比重在减少，但农业的地位并未减弱。农业新业态随着科技的发展不断涌现，并在上个世纪五六十年代随着城市化进程发展出现了“都市农业”的概念。都市农业不仅向大城市提供农产品，而且为其提供所需生态功能和其他社会生活服务功能，在经营方式上具有生产、加工和销售一体化的特征。在以城市为主体的经济中，都市农业与城市主体之间的互补和融合不断加强，尤其在生态功能上。因此，相较传统农业，都市农业更易受到环境政策的影响和调控。

一、现代都市农业的发展

1. 现代都市农业

“都市农业”这个概念最早出现在1935年日本学者青鹿四郎发表的《农业经济地理》一书中，美国经济学家们则在20世纪50年代末至60年代初

* 作者简介：倪晓宁，北京第二外国语学院国际经济贸易学院副教授，博士。

开始研究都市农业，1977 年美国农业经济学家艾伦·尼斯在《日本农业模式》中采用“都市农业（Urban Agriculture）”一词并得到普遍认可。“都市农业”指大都市中、都市郊区和大都市经济圈内，为适应现代化都市生存与发展需要而形成的现代农业。

但是，我国都市农业概念与西方有很大差别。我国都市农业在空间范围上属于都市边农业，是在城市周边地区或城乡边界模糊地区发展起来、可为都市居民提供绿色农副产品和优美生态环境的多功能化农业，通常在城市快速扩张中从城郊型传统农业转变而来；而国外都市农业从地理空间上属于城市中农业，土地由城市市区在工业化早期快速扩张中遗留的零星农业用地以及城市在工业化后期再扩张中出于维护生态和自给能力有意保留的农业用地构成。

都市农业在我国经济发展中的角色也不同于西方发达国家，除提供农产品并实现生态功能之外，都市农业也是顺利实现城市化进程的必要手段。如果推行城市化层次发展战略即各地区根据自身工业化类型及自有经济条件选择城市化最优发展路径，那么都市农业在其中大有可为，其推广建设既可吸引农村人口向城市及城市近郊集中，也可吸引过度拥挤的城市人口向城市近郊转移，并在此过程中消除城乡在经济、文化和信息方面的差距，带动都市农业相关产业发展，扩大劳动力就业范围。

2. 北京都市农业类型

北京作为首都，在全国城市中占有明显的区位和资金优势，但是农业生产仍然受到水资源和耕地面积等自然资源的制约。北京发展都市农业的必要性来自对环境、生活以及缩小城乡差距的需求，并受到经济利益驱动。与其他城市相比，北京郊区土地类型多样，文物古迹和景观资源丰富并具有科技、人才、资金和市场等优势，因此在发展都市农业上具有得天独厚的条件。

都市农业可从形成机制上分成三种类型：第一种是生存自助型或危机回应型都市农业，主要指利用城市内或郊区土地从事农业生产以获得食物或增加经济收入，以保证城市穷困人口的生存或用于应对暂时的经济危机，这样的例子有俄罗斯的圣彼得堡、古巴的哈瓦那以及印度尼西亚的雅加达。第二种是生态休闲型都市农业，城市政府和居民重视农业土地生态价值和自然美感以及珍视回归自然和亲近自然农业生活方式，同时也非常看重农业生产方式的安全性，属于有机农业和生态农业，主要分布在北美、西欧等经济发达、土地资源较丰富的西方国家。第三种是多功能现代化都市农业，既要担负重要经济或生产功能，就近为城市居民提供生鲜食品，同时还要满足城市生态与景观美化、避减灾害、市民绿色休闲旅游等不断增长的其他功能，多分布在经济较发达的亚洲人口稠密国家和地区，如日本、新加坡、韩国和中国台湾等。

根据北京作为首都城市功能的要求和城市郊区的特点，北京都市农业应当具有经济功能、社会功能、教育功能、生态功能、休闲功能、健身功能和文化功能等。显然，北京都市农业类型属于多功能现代化都市农业。

3. 北京都市农业现状

北京市在 1998 年召开全国都市农业研讨会后，明确提出要以现代农业作为都市农业新的增长点，抢占科技制高点和市场制高点，强化其食品供应、生态屏障、科技示范和休闲观光功能，使京郊农业成为中国农业现代化的先导力量。

北京都市农业的发展从农业结构和功能角度经历了三个阶段，即农区型农业阶段、城郊型农业阶段和都市型农业阶段。北京农业在 20 世纪 80 年代以前处于农区型农业阶段，主要功能是解决温饱问题；20 世纪 80 年代初进入城郊型农业阶段，首要任务是发展副食品生产；20 世纪末则开始进入都市型农业阶段，重在从生产功能拓展出生态功能和生活功能。

目前，尽管北京市 2010 年底地区国内生产总值中第一产业的比重已经下降到0.88%，但是农业的地位尤其是都市农业的地位在工业化城市化高速发展中愈发显得重要。为此，在北京市政府的推动下，从 1995 年开始到 2010 年末，以标准化工作为手段，北京已建成6 批 79 个国家级农业标准化示范区，遍布城市功能拓展区中的海淀等四区、城市发展新区中的通州等5 区以及生态涵养区中的怀柔等三区两县。下图显示了 2005 年至 2010 年北京都市农业主要组成部分——设施农业、种业、民俗旅游和农业观光园——的收入增长状况，在总收入中占比例最高的是设施农业，其次是农业观光园，种业经过快速发展之后有超过农业观光园的趋势。这四项收入总额在整个第一产业中的比重，则从 2005 年末的 40% 快速上升到 2010 年末的 65%，充分说明北京市农业的多功能性日益增强，并已基本转型为现代都市农业。

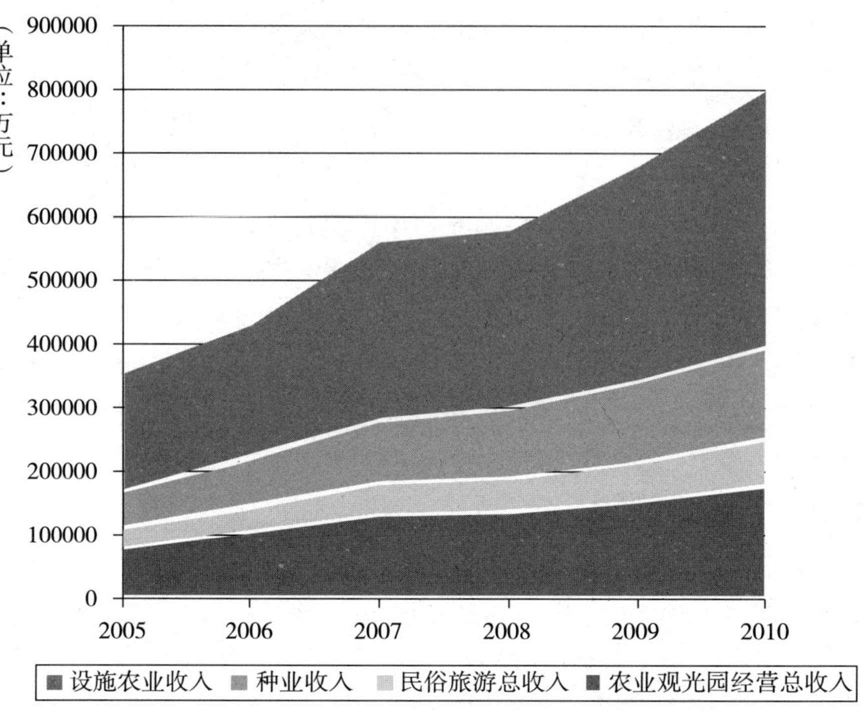

2005 –2010 北京市农业观光园、民俗旅游、种业和设施农业营业收入图

资料来源：根据《北京市统计年鉴（2011）》表 10 –15 相关数据整理并绘制。

4. 都市农业的不利环境影响

在都市农业对城市的不利影响中，环境污染是其中主要问题之一。笔者认为，都市农业和城市之间的相互影响主要体现在以下两个方面：

第一个方面是城市生产生活对农业生产造成了污染，引发农产品安全问题，并在消费阶段转而成为人们的健康威胁。例如，城市工业生产活动产生的废气、废水和固体废弃物都会对农业带来负面效应，废水和固体废弃物会通过破坏土壤成分对农产品产生重金属（如铅、镉等）污染，由废气污染物中二氧化硫产生的酸雨会通过加剧土壤酸化影响农作物产量。

第二个方面是农业生产过程对城市生活造成了污染，从而造成危害。例如，农业生产过程所使用的化肥（氮、磷）会对土壤和地下水资源造成污染，过多及过频繁使用杀虫剂和除草剂会污染水体和土壤环境，危害农产品安全，最终危害人们的健康。2010 年第一次全国污染源普查结果表明，农业源已成为全国水体污染的重要来源。

二、环境政策的主要内容和框架

1. 环境政策

环境政策是指政府为解决一定历史时期的环境问题、落实环境保护战略并达到预定环境目标而设置的一系列控制、管理、调节措施的总和。环境政策从内容上看，包括国家颁布的法律和条例，中央政府各部门发布的部门规章等和省级人大颁布的地方条例和办法等；从范围上看，环境政策包括环境污染防治政策、生态保护政策和国际环境政策；从本质上看，环境政策是价值或利益再分配，体现国家为了保护环境而作出的各种制度安排、改进与创新。

简单说来，环境政策可分为经济手段和规制手段。由于世界各国政府在制定环境政策的过程中，除需考虑环境承载能力外，还要系统考虑经济发展以及生态环境、自然资源、人口和文化等社会需求，因此各国的环境政策规制体系略有不同。我国除制定了环境法以及各项配套法规和条例外，截止到2011年3月7日，环保部共发布了各类标准1434个，因此可以认为我国已经基本形成了较完善的环境政策规制手段。

2. 环境经济手段

环境政策中的环境经济手段是指利用经济杠杆如价格、补贴、税收、金融和贸易等手段，引导并促进市场主体在生产、建设和开发活动中遵循环保要求，实现经济发展与环境保护协调发展的政策手段，具体分类见表1。

表1 环境经济手段的分类

利用市场型政策 （庇古手段）	建立市场型政策 （科斯手段）
减少补贴、排污费、环境税、使用费、补偿金/保证金、押金－返还制度、专项补贴	产权（环境权、资源权、排放权等）确立、权力下放/私营化、可交易的许可证/权利、国际补偿制度

资料来源：孙纲、黄志斌：《环境经济政策对贸易的影响分析［J］》，《生态经济》，2009（4）。

中国对环境经济手段的研究始于20世纪70年代，表2总结了中国自上个世纪70年代以来执行过的主要环境经济手段，共计有税收、计划、财政、环保、金融、矿产、物资和城建等多个国家部门参与了这些经济手段的实施过程。

表 2 （1979－2010 年）环境经济政策在中国的应用现状

环境经济政策类型	开始实施时间	实施地域
污染赔款、罚款	1979.9	全国
超标排污费	1982	全国
财政补贴	1982	全国
差别税收	1984	全国
环保投资渠道	1984	全国
资源税	1986	全国
排污许可证交易	1987	实施总量控制区
生态环境补偿费	1989	广东、福建、江苏等地
污水排污费	1991	全国
污染责任保险	1991.1	大连、沈阳
二氧化硫排污费	1992	“两控区”
生活污水处理费	1994	上海、淮河流域的城市
运用信贷手段保护环境	1995	全国
环境税试点	“十一五”时期	湖北、湖南、江西、甘肃
资源税改革试点		新疆
排污费改革		广东、江苏
生态补偿试点		山西、辽宁、浙江等 8 省市
自发流域生态补偿试点		江苏、河南、河北、湖南、福建、山西、山东、江西、海南、广东等 10 多个省市
试点排污权交易		全国过半省市，其中江苏、浙江等 7 省市为国家试点
环境污染责任险试点		湖南、重庆、云南、湖北、江苏、上海等地

资料根据以下文献整理：苏明、傅志华、刘军民、张维：《中国环境经济政策的回顾与展望［J］》，《经济研究参考》，2007（27）；董战峰、葛察忠、高树婷、李晓亮、逯元堂、王金南：《“十二五”环境经济政策体系建设路线图［J］》.《环境经济》，201（6）。

3. 环境农业政策

当环境政策涉及农业问题时，农业环境政策成为一种结合农业生产与环境保护的政策，目的不仅是为了保持较理想的生态环境，更是为了取得农业生产活动与自然资源间的可持续发展。

日本是较早意识到农业环保问题的国家之一。20 世纪 70 年代以后，日本政府陆续制定了一系列制度和政策以倡导在兼顾农业生产率的同时减少化肥、农药等农业化学品对环境的负荷，这同时促使日本农业政策关注的对象从农业扩展到食品和农村问题。日本的“环境保全农业”主要涉及农业化学品减量化、资源再生化和农业生产有机化；其农业环境政策主要推行路径与措施有健全农业环境法规体系、规范农业生产技术规程、提升生态农业研究水平、完善环保农业认证制度和落实环保农业扶持政策等。目前，日本的环境法规体系，由总法、专项法以及配套制度、规则和标准共同构成；农业环境政策中的经济手段主要采用政府财政补贴的方式，具体包括现金补贴、政府贴息和税收减免等。

中国农村环境问题一直是亟待解决的大问题，尤其是生态脆弱区的农村环境问题。经过多年努力，目前基本形成了由多种环境政策工具协调配合的农业环境政策体系。但是，农村面源污染有分散性和随机性特点，污染主体不集中，环境产权不明晰，偏重使用管制性工具而较少采用税收、补贴、押金退还等经济手段，“谁污染谁治理”的原则在农村地区难以推行，这种“软约束”使得环境政策在农村地区的执行效果远不如城市地区，甚至可能因例如农村基层环保执法不力和农民环境意识差等因素在农村地区完全失效。导致农村环境政策效果不佳的另一个原因是，以单一政策应对由显著区域收入差异造成的复杂农村污染形势。

可以说，由于中国国情的限制，农业和农村给环境政策在该领域的推行带来了很大挑战；而都市农业有别于传统农业的特征，使农业环境政策也给都市农业的发展带来了巨大的挑战和机遇。

三、环境政策与都市农业的交互发展

1. 都市农业发展有利于环境农业政策

由于城市边缘地区农业资源条件明显不同于其他地区，都市农业的经营有高度集约化特点，具体表现为设施化和工厂化、专业化和产业化以及基地化和市场化。未来都市农业将与工业有更多交融，并在交融过程中充分利用城市工业资源形成科技农业新业态。这种特征给环境农业政策带来了两个主要影响，并使都市农业更易受到环境政策规制。

首先，都市农业的发展特征使环境农业政策管理中的难点得以缓解，因为都市农业部分改变了传统农业面源污染特性分散性、隐蔽性、随机性和不确定性的特点，使农业污染更易监测和量化，工业环保治理中的总量控制和工程减排手段亦可用于农业中，在降低治理难度和治理成本的同时提高了管理效率。

其次，上述特征使部分城市科技人口随都市农业发展融入农村经济，同时交融的结果会通过提高农民科技和文化水平提高农村劳动力整体素质。最近十几年的都市农业实践表明，都市农业大大提高了农民收入水平，模糊了城乡收入差距。这意味着都市农业的发展改变了城市工业－乡村农业的传统分工格局，将有益于解决二元经济问题，将获得农村和城市双赢局面。因此，都市农业的发展，将打破原先“政府治污”与“农民致富”利益相悖的困境，增强农民环保意识，为环境农业政策赢得微观意愿和基础，有利于环境农业政策的制度设计和执行。

2. 环境政策推动都市农业的未来

都市农业目前为人们提供农产品和食品，提供休闲旅游和科普教育，并保障良好的城市生态，然而未来都市农业的发展，应将市场转向国内高端市场和国际市场，获得出口创汇能力。发展出口创汇能力是都市农业的显著特征。北京都市农业有产业化程度提高和国际化程度提高等发展趋势。

当前我国国内农产品质量安全事件频发，原因之一是农产品供应链纵向分工细化与横向低组织化以及农产品供应链上生产、加工、零售等环节的横向低组织化推高了监管成本，可以通过加强质量标准的监管和推动农民建立专业合作经济组织解决。而都市农业的集约化特征，有助于在环境标准的规制下消除农产品安全问题。

当前我国农产品出口中遭遇的主要问题是绿色贸易壁垒问题，受到限制的产品几乎覆盖所有出口农产品。主要出口地区欧盟、美国和日本等都有完整的食品安全保障法律、法规和标准体系，中国出口的农产品多次因农药残留、兽药残留和重金属含量超标被封杀。因环保要求造成的障碍在相当长时期内将制约我农产品出口。

既然北京市提出要瞄准国际化大都市高端形态建设世界城市，那么农业发展也应满足这种需求，应当建设与世界城市相适应的都市农业，建立良好的环境农业体系，并利用农产品质量安全管理三大体系——标准体系、认证体系、检验体系走出国门，扩大北京农业的影响力。

因此，环境农业政策不仅可起到保护环境和保障食品安全的作用，还有助于都市农业出口创汇功能的发展。

3. 环境农业政策体系创新

应当从农业产业结构调整、农业准入、农业技术政策、生产规范标准、农业绿色补贴等方面着手，对农业环境管理体系进行系统设计。就农业环境政策体系而言，笔者认为应在以下三个方面进行制度创新。

（1）完善规制手段

环境政策中的规制手段由一系列法律法规和条例组成。由于城乡区域差异显著、城乡居民收入差异显著以及不同地区农民收入差异显著等特点，规制手段十分必要，而且单一政策难以应对当前局面。因此，在全国性的法律法规之外，各地区应当结合当地情况，在充分考虑农业增效和农民增收的基础上对本地区的规制管理措施进行创新。例如白洋淀地区所采用的“以奖促治”、“连片整治”、“以创促治”、“以减促治”和“以考促治”等制度。又如具有北京特色的《北京市密云水库怀柔水库和京密引水渠水源保护管理条例》和《官厅水系水源保护管理办法》。

（2）加强农业标准化建设

农业标准化就是按照标准对农产品进行生产的全过程。农业标准化工作在北京都市农业建设中占有重要地位，应当建立首都特色的国际化农业标准体系。欧美和日本等发达国家的农业均以高度标准化为基础生产，因此，随着经济全球化进程的深入，农产品和食品贸易上的标准竞争已成为国际贸易市场上主要竞争手段之一，标准问题在国际贸易中的作用越来越重要。因此，构建国际化农业标准体系也是都市农业可持续发展的必然要求。目前应当在全国建立三级技术标准规范体系：第一级为有机农产品和 AA 级绿色农产品目标，对应可代表国际先进水平的环境安全技术规范和标准；第二级为 A 级绿色农产品目标，对应我国国内现代生态农业技术体系的环境安全生产技术规范和标准；第三级为无公害农产品目标，对应的是农业清洁生产技术体系。

依据《土壤环境质量标准》（GB15618－1995）评价，北京市清洁级耕地面积占 97.8%，适宜于无公害农产品、绿色食品、有机食品生产的发展。截止到2008 年年底，无公害农产品生产面积为 67.16 万亩，绿色食品生产面积为 16.83 万亩，有机食品生产面积为 18.97 万亩，三项合计占 2008 年北京市实有耕地面积的 29.6%。由此可见，北京都市农业还有很大的发展空间，通过加强农业标准化建设推动北京都市农业特色发展，不失为良好路径。

（3）重视经济手段

表 2 列出了我国历年实行过的环境经济手段主要包括：环境税和资源税、差别税收、财政补贴、环境收费和罚款、信贷和投资手段、生态补偿、排污权交易和环境污染责任险等。这些手段都适用于农业生产中的污染控制。

但是，就鼓励都市农业发展而言，目前财政补贴和生态补偿效果更好，其中生态补偿是指对生态环境保护、建设者和生态环境质量降低的受害者进行补偿的经济机制。原因是，环境经济政策通过改变相关产品生产成本和市场价格的方式起作用，如果采用补贴政策，那么通过弥补或部分弥补因生产方式环保化后带来的成本增加，使相关产品获得市场竞争力，微观主体在利益驱使下，会逐渐采用环保化生产，从而推动都市农业环保发展。应当在全国范围内将农业补贴改造成农业绿色补贴，例如将现有水电资源、化肥农药的各种价格补贴转变为对节水灌溉设施、秸秆还田、生物农药应用及相关技术应用的补贴。

在未来，在由国际气候问题解决框架构成的低碳经济体系中，低碳贸易将成为绿色贸易壁垒的新内容，并将给世界贸易格局和世界贸易规则带来深刻的影响。在这样的背景下，北京更应当充分利用国际化城市的优势，利用税收和补贴等经济手段，在搞好其他产业发展的同时，利用低碳经济契机建设世界一流的城市、都市农业和农业出口体系。

医疗卫生与健康

本单元研究重点

- 北京市2011年卫生与人群健康状况
- 北京市居民慢性病现状及防控策略
- 居民家庭主要病媒生物发生与控制策略
- 北京市食品安全现状及对策
- 北京市推动“三低”食品调查
- 修订“北京市公共场所禁止吸烟的规定”
- 大力推进北京市无烟医疗卫生机构建设
- 朝阳区慢病防控体系的建立与发展
- 从小汤山疗养院体检数据看慢病防治
- 北京市第一社会福利院发展状况调查

北京市2011年度卫生与人群健康状况报告*

——慢性病及危险因素现状分析

健康和疾病关系到家庭和谐、经济发展和社会稳定等诸多方面，日益受到政府和百姓的关注。2009年北京市政府出台了《健康北京人——全民健康促进十年行动规划（2009－2018年）》。“十年规划”以科学发展观为指导，将提高市民健康素质作为首都社会发展的重要目标。《北京市卫生与人群健康状况报告》（简称健康白皮书），是“十年规划”行动中的重要内容之一。通过白皮书的发布，期望引起社会各界的高度关注和广泛参与，动员全体居民共同努力，为将北京建设成为拥有一流“健康环境、健康人群、健康服务”的国际化大都市，为全面建设小康社会奠定坚实的人口素质基础。

随着社会的发展，科技的进步，居民期望寿命的显著延长和生活方式的深刻变化导致了慢性病的流行。由于慢病的发病受多种因素的影响，病程长，无有效的治疗手段等特点，其预防与控制显得尤为重要。尽管近年来政府加大了对公共卫生的投入，并不断加强北京市卫生防病体系尤其是慢病防治体系的建设，但这种慢病患病率和死亡率逐年上升的趋势仍不能得到有效遏制。据北京市慢性病监测数据显示，常住居民高血压、糖尿病、恶性肿瘤、血脂异常、超重肥胖等慢性病的患病率与危险因素流行水平同2008年相比均有所增高。

---

* 作者简介：赵春惠，北京市卫生局副局长，北京市健康促进工作委员会办公室主任；焦淑芳，北京市健康促进工作委员会办公室干部（北京市疾控中心慢病所原所长），主任医师。

一、主要慢性病的现状

1. 高血压

2011 年北京市 18 – 79 岁常住居民高血压患病率为 33.8%，与 2008 年（30.3%）相比上升了 11.6%。其中，男性高血压患病率为 40.1%，女性为 27.2%，男性高于女性。50 岁及以上中老年人群高血压患病率超过了 50%。城区居民高血压患病率为 32.5%，郊区居民为 36.2%。

表 1　2011 年北京市常住居民不同年龄人群高血压患病率（%）

年龄（岁）	男性	女性	合计
18 – 29	18.4	4.4	11.3
30 – 39	31.1	11.6	19.7
40 – 49	49.8	30.0	38.4
50 – 59	58.2	50.7	54.8
60 – 69	71.8	70.3	70.9
70 – 79	72.9	80.5	77.7
合计	40.1	27.2	33.8

分析：据监测资料显示，自 2002 年以来北京市常住居民高血压患病率为 25.4%；2005 年为 29.1%，2008 年为 30.3%，2011 年为 33.8%。北京市居民高血压近年处于增长趋势。高血压患病率的增长趋势，男性升高幅度大于女性；年轻人比老年人上升幅度明显。高血压患病率随着年龄的增长而升高，郊区居民高血压患病率高于城区。说明农村高血压发病率正在快速上升，“城乡差别”明显减少并反超。经统计分析，居民中处在理想血压状态（≤120/80mmHg）、高血压前期（120 – 139/80 – 89mmHg）和一级以上高血压（≥140/90mmHg）人群基本各占 1/3。高血压和正常高值血压者常常无症状，往往悄然起病，造成突然事

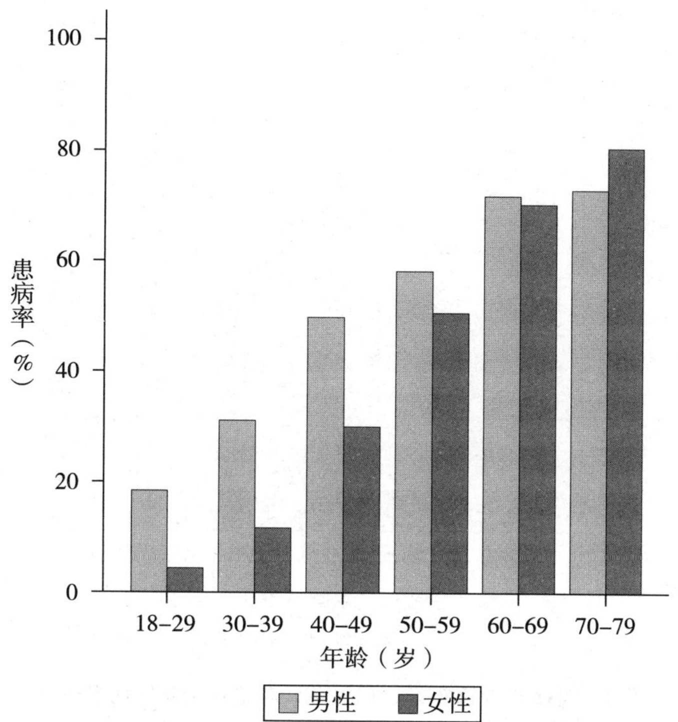

图1　2011年北京市常住居民不同年龄性别高血压患病率

件，被公众认为是沉默杀手。

高血压既是一个独立的疾病，又是冠心病、脑卒中的重要危险因素，如不能有效控制，将发生严重后果。有效地开展高血压的预防、控制和管理，是降低心血管疾病发生和死亡的关键。基于此，高血压预防策略应当前移，强化对正常高值血压人群的管理和干预。若不注意对正常高值人群的干预和控制，不仅高血压患病率还会逐年增长，心梗、卒中、肾脏疾病、外周血管疾病的发病率也将迅速上升。

2. 糖尿病

2011年北京市18－79岁常住居民糖尿病患病率为8.9%，与2008年（8.6%）相比增加了3.5%。其中男性糖尿病患病率为10.3%，女性为7.4%，男性高于女性。糖尿病患病率随着年龄的增长而升高。60岁以下男性患病率高于女性，60岁以上女性患病率高于男性。城区居民糖尿病患病率为9.0%，郊区居民为8.7%，城乡无明显差别。

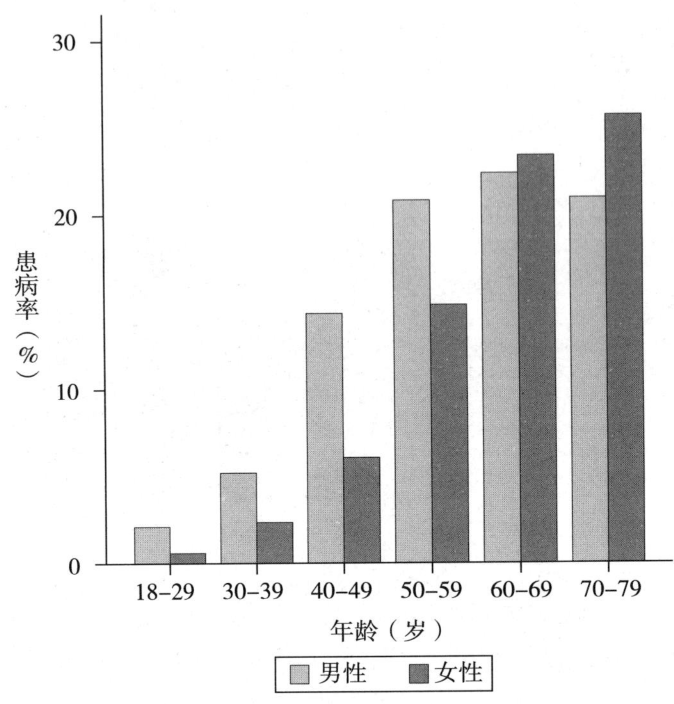

图 2　2011 年北京市常住居民不同年龄性别糖尿病患病率

分析：糖尿病的发生虽然与遗传因素有关，但生活因素和环境因素起决定作用。有研究表明，健康的饮食结构和有指导地进行运动锻炼，能够使糖尿病患病率降低 58%，并能使至少一半的人推迟患上糖尿病。北京市男性居民糖尿病患病率逐年升高，女性居民患病率与 2008 年相比基本持平，患病率水平仍然呈现随着年龄的增长，患病率升高的趋势。糖尿病已成为影响居民健康的主要因素之一和医疗费用增长的重要原因。如何遏制糖尿病及其并发症的流行，减轻它对个人、家庭和社会所造成的危害，已成为慢病防治研究的重要课题。应该在早期病人中进行强化管理，真正做到早期控制病情，预防严重并发症的发生。只有这样，才能真正提高病人生活质量。

3. 恶性肿瘤

2010 年北京市户籍人口共报告恶性肿瘤发病率为 301. 93/10 万，比 2009 年（297. 04/10 万）上升 1. 6%。在恶性肿瘤新发病例中，男性发病率为 310. 99/10 万；女性发病率为 292. 73/10 万。男女恶性肿瘤新发病例性别比为 108∶100。恶性肿瘤的发病率随年龄增长而升高，55 岁以前女性的发病率略高于男性，55 岁之后，男性恶性肿瘤发病率明显高于女性。城区恶性肿瘤占总新发病例的67.7%，发病率为329.62/10万，郊区报告占新发病例的32.3%，发病率为256.76/10万。

2010年北京市户籍人口男性恶性肿瘤新发病例中肺癌发病居第一位，其次分别为结直肠癌、肝癌、胃癌和食管癌；女性中乳腺癌发病居第一位，其次分别为肺癌、结直肠癌、子宫体癌及甲状腺癌，其中甲状腺癌发病顺位由2009年的第八位上升至2010年的第五位。

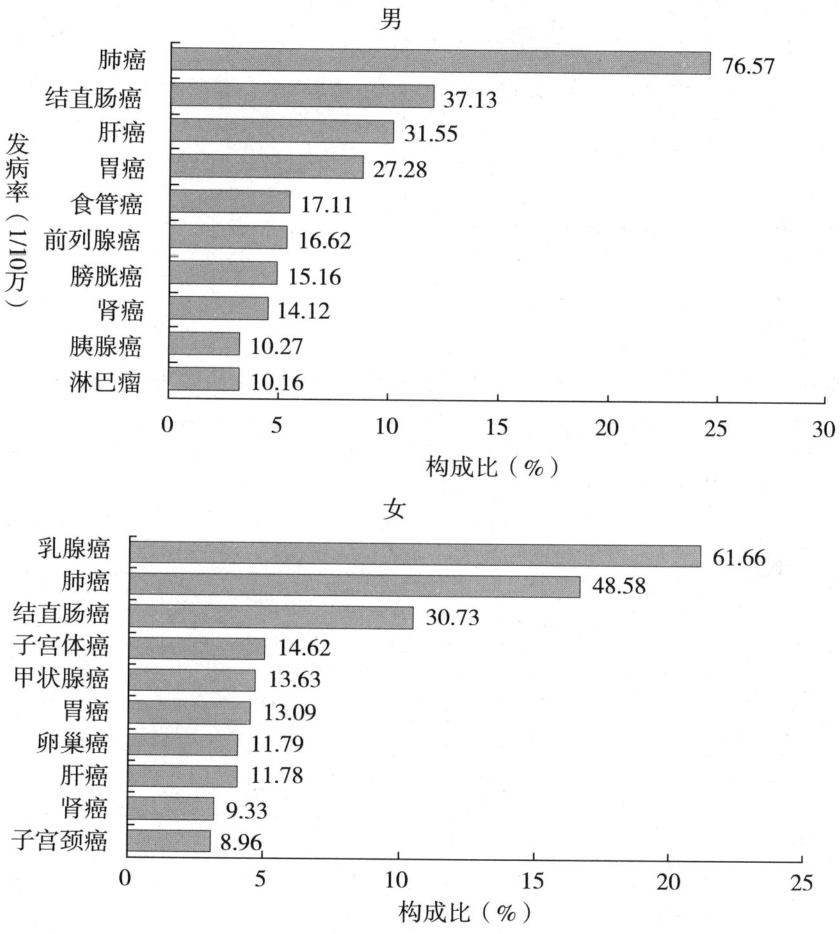

图3　2010年北京市户籍居民分性别前十位恶性肿瘤发病顺位及构成

分析：恶性肿瘤的发生发展与机体的免疫状态密切相关。儿童期免疫系统不成熟，老年人免疫功能减退，这两个年龄组肿瘤的发病率均高于其他年龄组。总的来看，随着年龄的增长，恶性肿瘤的发病率和死亡率呈上升趋势。老年人发生恶性肿瘤的危险性最高。但是不同部位的恶性肿瘤高发年龄又不尽相同。儿童组（0－14 岁）白血病比例最高，占男性儿童恶性肿瘤患者的 37. 8%，占女性儿童恶性肿瘤患者的 36. 6%。青壮年组（15－44 岁）肝癌和乳腺癌分别位居该组男、女性发病的第一位。中年组（45－64 岁）肺癌和乳腺癌分别位居该组男、女性发病的第一位。老年组（65 岁及以上）无论男女，肺癌的发病率均居第一位。

恶性肿瘤是由多种因素综合作用而发生的，绝非单一因素所致。恶性肿瘤的危险因素可分为生活方式、环境因素和机体因素等。有研究表明，60%－90% 的恶性肿瘤与生活方式和环境因素有关。预防恶性肿瘤主要通过不使用烟草、健康饮食、身体活动等。

二、慢性病的主要危险因素

1. 血脂异常

2011 年北京市 18－79 岁常住居民血脂异常患病率为 50. 5%，与 2008 年（34. 7%）相比上升了 45. 6%。其中男性血脂异常患病率为 64. 1%，女性为 36. 3%，男性高于女性。

表 2　2011 年北京市常住居民不同年龄人群血脂异常患病率（%）

年龄（岁）	男性	女性	合计
18－29	58. 5	27. 4	42. 7
30－39	68. 9	30. 5	46. 5
40－49	68. 9	36. 3	50. 3
50－59	65. 1	49. 9	58. 4
60－69	60. 9	52. 9	55. 9
70－79	55. 3	51. 3	52. 8
合计	64. 1	36. 3	50. 5

城区居民血脂异常患病率为 50. 3%，郊区居民为 50. 8%。男女性血脂异常类型均依次为：高密度脂蛋白胆固醇降低、甘油三酯升高、总胆固醇升高和低密度脂蛋白胆固醇升高。男性患病率分别为 51. 2%，23. 4%，9. 5% 和 4. 3%，女

性患病率分别为25.8%，9.9%，8.6%和3.7%。

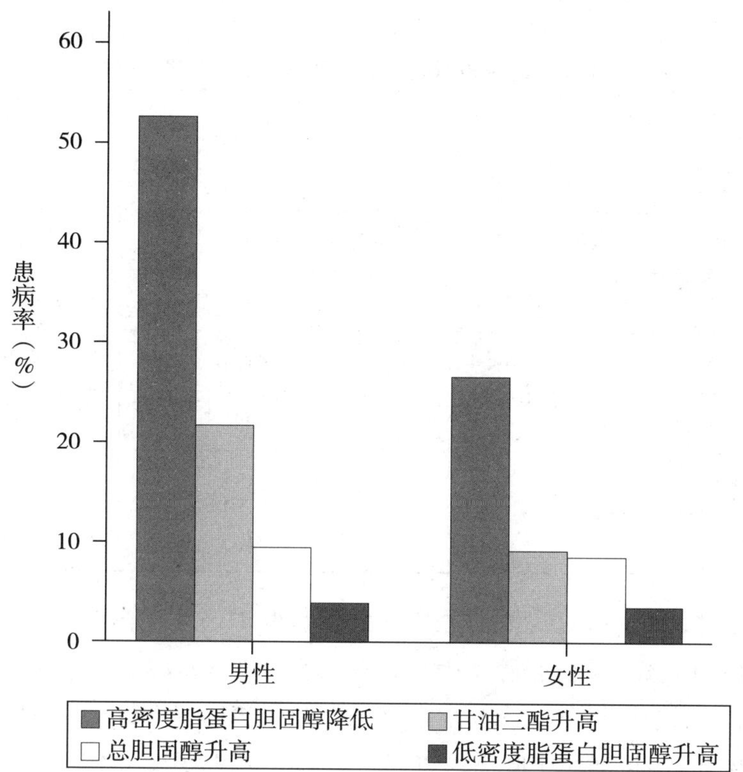

图4　2011年北京市男女性不同类型血脂异常患病率

分析：血脂异常患病率男女均随着年龄的增长而升高的趋势。男性30－50岁年龄段为最高，女性则是50岁以后上升幅度较快。城乡居民血脂异常患病率接近。说明农村血脂异常患病率正在快速上升，“城乡差别”明显减少；更令人担忧的是，患病率的增长趋势，劳动力人群比老年人更明显。

血脂异常是心血管疾病的重要危险因素。血脂异常没有明显的临床表现，只有通过验血才能发现。血脂异常与不良生活方式密切相关。饮食调节和健康生活方式的培养可以预防血脂异常，也是治疗血脂异常的基础。

2. 超重和肥胖

2011年北京市18－79岁常住居民超重率为36.5%，与2008年（36.1%）相比增加了1.1%。男性超重率为41.3%，女性为31.5%，男性高于女性。超重率随着年龄的增长而升高。60岁以下男性超重率高于女性，60岁以上女性超重率与男性基本持平。城区居民超重率为 36.2%，郊区居民为 41.0%，郊区高于城区。

表 3　2011 年北京市常住居民不同年龄人群超重率（%）

年龄（岁）	男性	女性	合计
18 - 29	31.5	17.4	24.4
30 - 39	42.1	30.1	35.1
40 - 49	47.0	40.1	43.0
50 - 59	49.4	41.1	45.6
60 - 69	44.4	43.3	43.7
70 - 79	44.9	41.5	42.8
合计	41.3	31.5	36.5

2011 年北京市 18 - 79 岁常住居民肥胖率为 21.1%，与 2008 年（19.1%）相比增加了 10.5%。男性肥胖率为 25.3%，女性为 16.7%，男性高于女性。肥胖率随着年龄的增长而升高。50 岁以下男性肥胖率高于女性，50 岁以上女性肥胖率高于男性。城区居民肥胖率为 20.5%，郊区居民为 22.6%。

表 4　2011 年北京市常住居民不同年龄人群肥胖率（%）

年龄（岁）	男性	女性	合计
18 - 29	21.3	6.9	14.0
30 - 39	31.0	13.4	20.7
40 - 49	27.5	19.9	23.2
50 - 59	24.6	27.4	25.8
60 - 69	23.9	28.8	26.9
70 - 79	14.8	28.1	23.1
合计	25.3	16.7	21.1

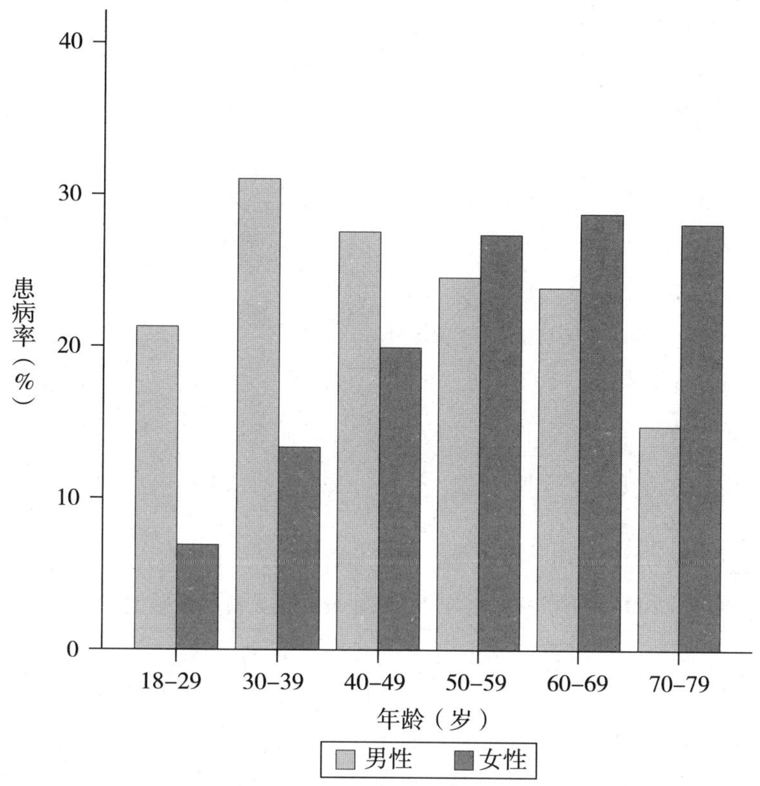

图 5　2011 年北京市常住居民年龄别性别肥胖率

分析：体重超重和肥胖已成为当前热门话题之一。因为肥胖不单单是一种臃肿的体态，而是一种疾病。体重在超重水平就可以表现增加心脑血管疾病、高血压、肿瘤和糖尿病的发病率，肥胖不但会导致糖尿病、高血压、癌症等诸多疾病，肥胖者更易患骨关节病、脂肪肝、胆结石、痛风、阻塞性睡眠呼吸暂停综合征、内分泌紊乱等多种疾患。还会使人早逝。有数据表明，肥胖者早逝的危险是非肥胖者的 1.3 ~2 倍。因此，世界卫生组织已将肥胖定为疾病，是目前继心脑血管病和癌症之后对人类健康威胁的第三大敌人。

改善饮食习惯是控制超重和肥胖的首要选择。一旦形成肥胖，那就不仅仅是体内脂肪含量增多，而是慢性全身性疾病，需要长期治疗。肥胖的治疗是很难的，因此，肥胖的预防显得比治疗更易奏效和更重要。面对肥胖蔓延趋势，一些国家已经采取措施加以抵制。比如，新加坡学校加强了体育活动，以瓶装饮用水代替软饮料；巴西政府则下令在学校午餐中增加水果和蔬菜比重。虽然目前中国的肥胖问题不像欧美国家那样严峻，但“前车之覆，后车之鉴”，有必要及早认真对待。

3. 吸烟状况

2011 年北京市 18 – 79 岁常住居民吸烟率为 29.4%，与 2008 年（29.0%）相比增加了 1.4%。男性吸烟率为 54.9%，女性为 3.0%，男性高于女性。男性 40 – 50 岁组吸烟率最高，达到 62.9%，女性吸烟率随着年龄的增长而升高，70 岁以上年龄组吸烟率最高，为 7.5%。

城区居民吸烟率为 29.2%，郊区居民为 29.9%。

2011 年北京市 18 – 79 岁常住居民被动吸烟率为 50.7%，与 2008 年（29.0%）相比增加了 1.4%。男性被动吸烟率为 58.9%，女性为 42.2%，男性高于女性。男性被动吸烟率 18 – 29 岁组最高，为 66.2%，女性被动吸烟率 40 – 49 岁组最高，为 51.3%。

表 5　2011 年北京市常住居民不同年龄性别人群被动吸烟率（%）

年龄（岁）	男性	女性	合计
18 – 29	66.2	43.0	54.4
30 – 39	64.3	44.6	52.8
40 – 49	63.9	51.3	56.6
50 – 59	60.1	44.6	53.0
60 – 69	29.5	27.1	28.0
70 – 79	20.2	19.2	19.6
合计	58.9	42.2	50.7

分析：近年来男性吸烟率无明显变化，女性吸烟率有所上升。有资料研究表明，吸烟会导致老年人认知功能的下降，增加阿尔茨海默病的患病风险。Reitz 等研究结果表明：年龄超过 55 岁的吸烟者出现阿尔茨海默病可能性较之年龄相仿的不吸烟者高出 50%。吸烟已是较明确的为人们所熟知的致癌因素，与 30% 的癌症有关。吸烟主要引起肺、咽、喉及食管部癌肿，在许多其他部位也可使其发生肿瘤的危险性增高。吸烟者患肺癌的危险比非吸烟者高 18 倍；65 岁前患心肌梗塞的危险比非吸烟者高 3 倍；50% 的心血管疾病引起的死亡都归因于烟草。国内外众多科学研究证明，任何有关“低危害”烟草制品的研究，都不能降低

或者减少烟草对人体带来的健康危害。

4. 饮酒状况

2011 年北京市 18 - 79 岁常住居民饮酒率为 46.8%，与 2008 年（44.2%）相比增加了 5.9%。男性饮酒率为 70.3%，女性为 22.4%，男性高于女性。

男性 40 - 49 岁组饮酒率最高，达到 74.4%；女性 18 - 29 岁组饮酒率最高，为 29.4%，女性饮酒率随着年龄的增长而降低。城区居民饮酒率为 45.1%，郊区居民为 50.0%。

表 6　2011 年北京市常住居民不同年龄性别人群饮酒率（%）

年龄（岁）	男性	女性	合计
18 - 29	71.6	29.4	50.2
30 - 39	74.6	24.2	45.1
40 - 49	74.4	22.9	44.8
50 - 59	72.7	16.7	47.3
60 - 69	55.4	9.5	26.7
70 - 79	45.5	10.7	23.7
合计	70.3	22.4	46.8

北京市 18 - 79 岁常住居民过量饮酒率为 16.2%，与 2008 年（6.8%）增加了 138.2%。男性过量饮酒率为 29.2%，女性为 2.6%，男性高于女性。男女性 40 - 50 岁组过量饮酒率均为最高，男性为 39.3%，女性为 3.7%。城区居民过量饮酒率为 15.0%，郊区居民为 18.3%。

表 7　2011 年北京市常住居民不同年龄性别人群过量饮酒率（%）

年龄（岁）	男性	女性	合计
18 - 29	26.9	2.7	14.6
30 - 39	32.8	2.9	15.4
40 - 49	39.3	3.7	18.9
50 - 59	31.2	2.1	18.0
60 - 69	13.6	0.8	5.6
70 - 79	8.0	0.7	3.5
合计	29.2	2.6	16.2

分析：大多数长期饮酒者都有高脂血症。因饮酒量增多，极易造成热能过剩而导致肥胖，如果每日饮酒量酒精含量 80 克以下时，一般不会发生酒精性肝病；如果每日摄入 80－100 克酒精时，则患酒精性肝病的危险性增加 5 倍；如果每日摄入超过 160 克则增加到 25 倍。饮酒虽不是患癌的直接原因，但是饮酒能促进致癌物的致癌作用，还能抑制免疫系统的功能。长期大量饮酒可以诱发食管癌、肝癌、口腔癌、胰腺癌、乳腺癌、胃癌、肠癌等。

许多人都认为，适量饮酒，有益于身体健康。多项研究表明，喝酒对人体其实并没有什么好处，饮酒与健康的益处可能被高估了。长期饮酒给身体健康带来了很多的损害。在长期饮酒者中，腹部肥胖的比例增加，有调查显示，57.5% 的人患有脂肪肝，15% 的患有肝硬化。长期饮酒会对男性的性功能造成影响。还有就是大量饮酒，会造成脂肪和钙盐沉积，血管弹性降低，管腔变窄，血流减慢，易造成脑出血、心梗、高血压、糖尿病等。

5. 体力活动

2011 年北京市 18－79 岁常住居民缺乏体力活动率为 31.7%，与 2008 年（32.7%）相比降低了 3.1%，其中男性缺乏体力活动率为 29.1%，女性为 34.5%，女性高于男性。城区居民缺乏体力活动率为 31.2%，郊区居民为 30.3%。

表 8　2011 年北京市常住居民不同年龄性别人群缺乏体力活动率（%）

年龄（岁）	男性	女性	合计
18－29	29.0	40.2	34.7
30－39	32.2	42.7	38.3
40－49	29.9	32.8	31.6
50－59	30.4	25.7	28.3
60－69	20.4	16.8	18.1
70－79	21.0	20.4	20.6
合计	29.1	34.5	31.7

分析：随着工业化程度的加剧和生活水平的提高，人们的身体活动越来越少。原来上班是重体力劳动者，现在则多坐在办公室进行仪表操作；原来上班步行、骑车或挤公共汽车，现在则坐（开）轿车；原来下班回来有许多家务劳动，

现在下班后多是看电视或上网。体力活动的不足，是肥胖、高血压等心脑血管疾病的主要原因。2011 年的监测结果显示，居民缺乏体力活动率有所降低，这是一可喜的现象，说明大家重视了体力活动。中低强度的身体活动或运动是安全有效的防治慢性病的方法。现在最缺乏体力活动的人群集中在 25 岁至 65 岁年龄之间。对久坐的人们来说，体育锻炼如较快速骑车、中速走路、游泳等，可提高其心肺功能。需要做好因势利导，促进居民参与运动，而工间（前）操是最喜闻乐见、最省钱省力、最常规管用的一种方法了，恢复电台播放广播体操节目应成为实施“健康北京人计划”的一个抓手。

6. 膳食模式

北京市城区 18－79 岁常住居民平均每标准人日摄入谷薯杂豆类 355. 3 克，蔬菜类 290. 0 克，水果类 157. 5 克，畜禽肉类 77. 1 克，鱼虾类 22. 3 克，蛋类 47. 0 克，大豆类及坚果 16. 4 克，奶类及其制品 93. 2 克。

表 9　2010 年北京市城区 18－79 岁常住居民膳食结构与推荐量的比较

食物种类	平衡膳食推荐量（克/日）①	低于推荐量下限的人数比例（%）	符合推荐量的人数比例（%）	高于推荐量上限的人数比例（%）
谷薯杂豆类	250－400	37. 8	43. 4	18. 8
蔬菜类	300－500	71. 3	22. 6	6. 1
水果类	200－400	74. 2	18. 6	7. 2
畜禽肉类	50－75	48. 7	16. 2	35. 1
鱼虾类	75－100	93. 1	3. 0	3. 9
蛋类	25－50	38. 9	28. 7	32. 4
大豆类及坚果	30－50	87. 7	6. 1	6. 2
奶类及其制品	>300	96. 8	3. 2	—

北京市城区 18－79 岁常住居民主要营养素每标准人日平均摄入能量 1950. 4 千卡、蛋白质 63. 5 克、脂肪 76. 2 克、碳水化合物 260. 3 克，蛋白质、脂肪、碳水化合物提供的能量分别占总摄入能量的 13. 1%、34. 9%、52. 0%。

① 推荐量（值）来源于《中国居民膳食指南》，中国营养学会编著，2011 年修订版。

表 10　2010 年北京市城区 18 – 79 岁常住居民膳食供能比与推荐值的比较

分类	供能比推荐值（%）	低于推荐值下限的人数比例（%）	符合推荐值的人数比例（%）	高于推荐值上限的人数比例（%）
碳水化合物	55 – 65	62.3	30.5	7.2
脂肪	20 – 30	5.4	25.6	69.0
蛋白质	11 – 15	20.4	58.1	21.5

分析：健康膳食和适当的体力活动是使生命更长久、更健康的关键。从居民膳食模式结构调查结果来看，居民普遍存在油盐肉类脂肪吃得太多，蔬菜水果、奶类、鱼虾吃得太少的情况。饮食中动物性食品如肉奶蛋消耗及脂肪用量不断增加，高热能、低营养的快餐食品和含糖软饮料流行，全谷类和蔬菜水果食用量不足，是当前居民膳食存在的主要问题。食物没有好坏之分，各种食物都有各自的营养优势。实现平衡膳食的关键在于选择不同的食物种类及数量，以达到平衡搭配。

医学发展到 21 世纪，取得了许多划时代的成就。医学总的发展目标是使人类“无疾病”（预防）、“无重病”（治疗）和“无久病”（康复）。医生的服务对象不仅是病人，更重要的服务对象应是健康人。WHO 明确提出：“21 世纪的医学，不应该继续以疾病为主要研究领域，而应该把人类健康作为主要研究方向。”面对不断增加的慢性病，药物、手术、医院、医生的作为受到限制，唯一可行的是每个人都从自己做起，摒弃不良习惯，成为健康生活方式的实践者和受益者。在过去的 30 年，澳大利亚、加拿大、美国、英国等国的心脏病死亡率大幅下降，最突出的下降了 70%。证明只要对人群和个体实施全面干预，预防危险因素，慢性病是可预防和控制的。

吸烟、膳食不合理、身体活动不足即是造成多种慢性病的三大行为危险因素。许多研究表明：采取健康的生活方式，有效地控制行为危险因素，就能减少慢性病的发生和发展，使人群减少 40 – 70% 的早死，1/3 的急性残疾，2/3 的慢性残疾。但目前北京市居民认知水平仍然偏低，慢性病行为危险因素广泛存在。北京市正处于经济快速增长时期，也是慢病控制的关键阶段，若政策落实，措施得当，就可不失时机地控制其上升趋势。否则，随着北京市人口老龄化和不良生活方式的比例增加，慢病患病率快速上升的趋势将难以遏制。

大量研究证明，一些与生活行为因素相关的成年期疾病，其发病往往始于儿童期；致病危险因素一旦形成，又不及时干预，将持续终生。因此，开展成年期疾病早期预防非常重要，既能保护儿童少年的健康和生长发育，又可降低成年时的防病、伤残和过早死亡，对提高全面健康水平有深远意义。

北京市居民慢性病现状及防控策略*

世界卫生组织2008年的资料显示，全球5700万例死亡中估计有3600万例死于非传染性疾病，特别是心血管疾病、癌症、慢性呼吸系统疾病和糖尿病。世界银行的研究报告《创建健康和谐生活——遏制中国慢病流行》也做出预测，在未来20年里，中国40岁以上的人群中，慢病患者（心血管疾病、慢阻肺、糖尿病以及肺癌）人数将增长一到两倍，慢病的快速增长主要在未来10年（2010－2020年）。因此，了解北京市成人慢病及其行为危险因素的流行现状及动态变化，发现慢病防控的重点人群、主要问题和重要环节，并采取有效的防控策略，已成为北京市疾病预防控制工作的重中之重。

本调研报告从北京市慢性病现状、慢性病相关行为危险因素流行水平、北京市的慢病防控策略、主要问题及建议等五个方面对北京市的慢病防控状况进行阐述。

一、慢性病现状

（一）死亡情况及死因顺位

2011年北京市户籍人口死亡75125人，总死亡率为5.9‰，主要死亡原因为慢性非传染性疾病，前三位死因分别为恶性肿瘤、心脏病和脑血管病，共占全部死亡的73.0%。其中恶性肿瘤的死亡率为158.05/10万，男性高于女性，占总死亡的26.7%。占死亡前三位的癌肿为肺癌、肝癌、结直肠癌和肛门癌，分别占恶性肿瘤死亡的32.0%、11.5%和9.0%。心脏病的死亡率为146.00/10万，男性

* 作者简介：董忠，北京市疾病预防控制中心慢性病防治所所长；曾晓芃，北京市疾病预防控制中心副主任。

高于女性，占总死亡的24.6%。死亡以急性心肌梗死和其他冠心病为主，共占心脏病死亡的89.0%。脑血管病的死亡率为128.59/10万，男性高于女性，占总死亡的21.7%。死亡以脑血管病后遗症、脑梗死、脑出血为主，占脑血管病死亡的97.1%。

（二）高血压

2011年北京市18－79岁常住居民高血压患病率为33.8%，男性高于女性，分别为40.1%和27.2%；郊区居民高于城区，分别为36.2%和32.5%。高血压患病率随着年龄的增长而升高，50岁及以上中老年人群高血压患病率超过了50%。

（三）糖尿病

2011年北京市18－79岁常住居民糖尿病患病率为8.9%，男性高于女性，分别为10.3%和7.4%；城区略高于郊区，分别为9.0%和8.7%。患病率随着年龄的增长而升高。

（四）血脂异常

2011年北京市18－79岁常住居民血脂异常患病率为50.5%，男性显著高于女性，分别为64.1%和36.3%；城区与郊区接近，分别为50.3%和50.8%。按构成多少，主要的血脂异常类型依次为高密度脂蛋白胆固醇降低、甘油三酯升高、总胆固醇升高和低密度脂蛋白胆固醇升高。

（五）恶性肿瘤发病情况

2010年北京市户籍人口共报告恶性肿瘤新发病例37795例，发病率为301.93/10万，男性为310.99/10万，女性为292.73/10万，男女恶性肿瘤新发病例性别比为108∶100。男性恶性肿瘤新发病例中肺癌发病居第一位，其次分别为结直肠癌、肝癌、胃癌和食管癌；女性中乳腺癌发病居第一位，其次分别为肺癌、结直肠癌、子宫体癌及甲状腺癌。城区共报告恶性肿瘤新发病例25575例，占总新发病例的67.7%，发病率为329.62/10万；郊区报告12220例，占新发病例的32.3%，发病率为256.76/10万。

（六）各主要慢性病患病或发病的时间变化趋势

2002 年至 2011 年，北京市常住居民高血压、糖尿病和血脂异常的患病水平仍呈现上升趋势（图 1）。

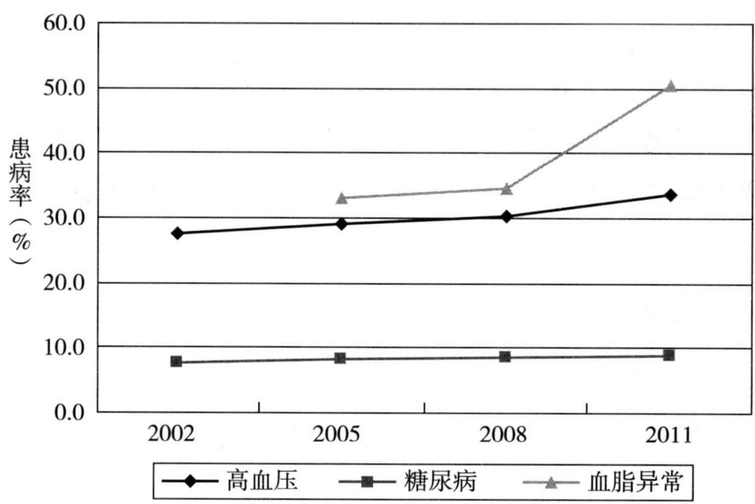

图 1　2002 - 2011 年北京市常住居民主要慢性病患病率

2001 年至 2010 年，北京市户籍居民各种恶性肿瘤的发病水平增长显著（表 1）。前列腺癌在男性肿瘤发病顺位中由 2001 年的第八位升至 2010 年的第六位，甲状腺癌在女性肿瘤发病顺位中由 2001 年的第十位升至 2010 年的第五位。

表 1　2001、2010 年北京市户籍居民主要恶性肿瘤的发病情况

	2001 年（/10 万）	2010 年（/10 万）	年平均增长率（%）
肺癌	40. 29	62. 68	2. 40
乳腺癌	31. 88	61. 66	6. 80
结直肠癌	17. 22	33. 95	5. 00
肝癌	16. 06	21. 73	0. 86
胃癌	14. 79	20. 24	0. 69
前列腺癌	5. 53	16. 62	9. 20
宫颈癌	3. 92	8. 96	10. 10

续表

	2001 年（/10 万）	2010 年（/10 万）	年平均增长率（%）
白血病	4.06	6.79	2.80
甲状腺癌	2.70	8.78	14.20
淋巴癌	4.37	9.13	4.90

（七）高血压、糖尿病的知晓率、药物治疗率和控制率

1. 高血压的知晓率、药物治疗率和控制率

2011 年北京市 18－79 岁常住居民高血压的知晓率为 49.5%，男性低于女性，分别为 46.4% 和 53.2%；城区居民高于郊区，分别为 49.8% 和 49.0%；低年龄组人群的知晓率最低。

高血压患者的药物治疗率为 42.8%，女性高于男性，分别为 49.3% 和 37.2%；城郊区居民接近，分别为 43.1% 和 42.1%；药物治疗率随着年龄的增长而升高。

北京市 18－79 岁常住居民高血压患者的控制率较低，仅 13.3%；女性高于男性（15.9% 与 11.2%）；城区居民高于郊区（15.1% 与 10.2%）。控制率在 30－40 岁组成人中最低，为 6.7%，60－69 岁组最高，但也仅为 21.4%。

2. 糖尿病的知晓率、药物治疗率和控制率

北京市 18－79 岁成人糖尿病的知晓率为 62.6%，男性低于女性，分别为 70.1% 和 56.7%；郊区略高于城区，分别为 64.6% 和 61.7%；60－69 岁组的知晓率最高，为 80.0%。

糖尿病患者的药物治疗率为 51.7%，女性高于男性（59.8% 和 45.3%）；郊区高于城区（52.7% 和 51.2%）。糖尿病患者的控制率为 23.9%，女性明显高于男性，分别为 31.5% 和 17.9%；城区好于郊区，分别为 25.2% 和 21.1%。

二、慢性病相关行为危险因素流行水平

（一）超重与肥胖

体重指数（BMI）介于 24.0－27.9kg/m^2 之间的成人，被判断为超重者。

2011 年北京市 18 – 79 岁常住居民超重率为 36.5%，男性超重率为 41.3%，女性为 31.5%，男性高于女性，城区居民超重率为 36.2%，郊区居民为 41.0%，郊区高于城区。

体重指数（BMI）超过 28.0 kg/m^2 的成人即为肥胖者。2011 年北京市 18 – 79 岁常住居民肥胖率为 21.1%，男性高于女性，分别为 25.3% 和 16.7%；郊区居民高于城区，分别为 22.6% 和 20.5%。

（二）吸烟状况

如果成年人已累计吸烟达到或超过 100 支，而且目前仍在吸烟，则为吸烟者。2011 年北京市 18 – 79 岁常住居民吸烟率为 29.4%，男性显著高于女性，分别为 54.9% 和 3.0%；城郊区相近，分别为 29.2% 和 29.9%。被动吸烟指不吸烟者或已戒烟者吸入他人吸烟时产生的烟雾，北京市居民的被动吸烟率为 50.7%，男性被动吸烟率为 58.9%，高于女性的 42.2%；城区居民被动吸烟率为 50.1%，郊区居民为 52.1%，主要的被动吸烟场所是工作场所。

（三）身体活动

成年人在 1 周中至少应有 3 天，每天的中等强度体力活动累计在 20 分钟以上，每次的持续时间需达到 10 分钟。如果达不到这个标准，则被认为缺乏体力活动。2011 年北京市 18 – 79 岁常住居民体力活动缺乏率为 31.7%，女性高于男性，分别为 34.5% 和 29.1%；城郊区相近，分别为 31.2% 和 30.3%。

（四）主要食物食用频率

北京市 18 – 79 岁常住居民中，有 90.6% 的人每天都会食用新鲜蔬菜，但每天都食用新鲜水果的人群仅占 40.0%，每天都食用乳制品的更低，仅为 21.5%。其中，男性每天食用新鲜水果和乳制品的比例显著地低于女性，每天食用新鲜水果的男性仅有 26.4%，甚至有 17.1% 的男性每周吃水果不足 1 次；每天食用乳制品的男性占 16.1%，根本不食用乳制品的男性占 40.9%。郊区居民食用新鲜蔬菜的情况好于城区（每天食用新鲜蔬菜的比例分别为 93.9% 和 88.7%）；但食用新鲜水果的情况却不如城区居民（每天食用新鲜水果的比例分别为 37.5% 和 41.4%），并且，无论城区还是郊区，均有 10% 的人每周吃新鲜水果不足 1 次；

每天食用乳制品的情况也是城区好于郊区，分别为25.1%和14.8%，近40%的郊区居民根本不食用乳制品。随着年龄的增加，具有良好膳食习惯的人群比例逐渐升高。

三、北京市慢病防控的主要策略

（一）开展监测，了解动态变化

监测工作一直是疾控系统的核心工作内容之一，北京市疾控中心自2002年开始，即带领全市各区县每三年开展一次成人慢病及行为危险因素监测，截至2011年已开展了4轮。此项工作的开展，在全国范围内位列前茅。通过监测获得的数据也已成为2009、2010、2011年《北京市卫生与人群健康状况报告》（即白皮书）中慢病部分的主要数据来源，成为北京市卫生局制定、完善慢病防控策略和规划的重要依据。从2012年开始，该监测已改成常态监测，针对重要的行为危险因素指标每年开展一次调查，以评估并及时完善相关的慢病防控策略。同时，越来越多的区县也在开展区县层面有代表性的成人慢病及其行为危险因素监测，以获得各区慢性病的患病水平及行为危险因素流行水平，为制定更有针对性的区域慢病防控策略提供科学依据和数据基础。

（二）践行健康生活方式，塑造健康北京人

全民健康生活方式行动是由卫生部疾病预防控制局、全国爱卫会办公室和中国疾病预防控制中心共同发起，于2007年9月1日启动，以“和谐我生活，健康中国人”为主题，不断强化健康意识，长期保持健康的生活方式。全民健康生活方式行动坚持政府主导和倡导，强调多部门协作与配合，以“和谐我生活，健康中国人”为主题，广泛动员社会力量，创造支持性环境，将传统文化与先进文化有机融合，以科学为依据，从日常生活和工作入手，结合爱国卫生、全民健身、中小学生阳光体育工程等活动，倡导和推进全民健康生活方式，提高国民整体素质，实现“健康护小康，小康看健康”的战略目标。

到2012年，北京市已在16个区县先后启动了全民健康生活方式行动。各区县借此已初步建立政府主导、政策倡导、多部门协作、全社会参与的工作模式，

并将全民健康生活方式行动作为疾病预防控制工作与基层医疗卫生服务体系建设相结合的切入点之一，广泛发动社会力量，倡导和传播健康生活方式理念，开展各种全民参与的健康促进和健康教育活动。北京市现已在多家公园、社区、街道等地建成“健康宣传栏”、“健康步道”、“健康主题公园”、“健康知识一条街”等支持性环境，让市民可以感受到更多的健康氛围，有了更多的身体活动场所和获取便利的健康知识环境；已成功创建全民健康生活方式行动的示范单位 28 个、示范社区 47 个、示范食堂 44 个、示范餐厅 22 个、示范超市 5 个，让市民可以从相关社会环境获取健康适宜工具和技术支持；并先后举办“健康生活指导员培训”、“健康主题演讲比赛”、“营养主题厨艺比赛” 等社区居民、单位职工参与的活动，让市民通过参与活动，增长健康知识和技能，自己多受益，他人受带动，最终达到改善健康、促进健康的目的和目标。

全民健康生活方式行动与北京市的《健康北京人－全民健康促进十年行动规划》目标一致、相得益彰，采取了更多更具体的措施，倡导健康生活方式，打造健康北京人。

（三）推行患者自我管理，让患者成为自己健康的主人

对慢病病人的日常随访和管理已被纳入基层社区卫生服务机构的基本公共卫生服务。然而，以高血压为例，2011 年北京市 18 – 79 岁常住人口的患病率为 33.8%，以 1660 万人口计，北京市高血压患者有近 560 万人。与全市社区卫生服务机构 3 万左右的社区医生相比，1 个社区医生需管理高血压患者近 200 人，每年对每个患者至少应随访 4 次，完成任务的难度可想而知。同时，还有 160 余万的糖尿病患者，25 万左右的脑卒中患者。在庞大慢病患者人群面前，要求社区医生按照基本公共卫生服务规范做好慢病患者的规范化管理、达到良好的控制效果，确实是勉为其难的。并且，传统的管理模式是医生居主导地位，单方面确定治疗和管理方案，患者往往被动地遵从医生安排，缺乏主动性，管理效果也多不尽如人意。

针对这一现状，北京市疾控中心近几年不断研究并推广慢病患者的自我管理模式，把慢病患者组织起来，形成小组，在专业人员的少量指导下，主要通过病友之间的沟通、交流、分享与鼓励和督促，提高慢病患者的自我管理技能，变被动服从为主动参与，变医患不平等为病友间和谐共处，使患者积极管理自己的疾

病和健康，做自己健康的主人，同时也可以缓解社区医生的严重不足。

经过摸索尝试，高血压自我管理小组的模式已初见成效，也正在全市逐步推广。截至目前，全市已有自我管理小组600多个，并且，房山区已在全区启动了自我管理小组，村/居委会的覆盖率达到了40%以上。该模式也已被纳入了“阳光长城计划2012”的“健康北京人心血管病防治行动”。在高血压自我管理小组模式的基础上，北京市疾控中心于2012年开始将该管理模式应用于糖尿病患者，尝试“糖尿病同伴支持”方式，进一步提高糖尿病患者的自我管理技能和疾病的控制效果。

（四）政府主导，创建慢病综合防控示范区

心脑血管疾病、癌症、呼吸系统疾病、糖尿病等慢性非传染性疾病（以下统称慢性病）是影响我国居民健康和生命质量的主要疾病，同时也是可以有效预防和控制的疾病。国内外实践表明，政府主导、部门协作和社区行动是防控慢性病的有效策略。为落实《中共中央国务院关于深化医药卫生体制改革的意见》（中发〔2009〕6号）的精神，加强慢性非传染性疾病预防控制工作，卫生部于2010年11月决定在全国范围内开展“慢性非传染性疾病综合防控示范区”创建工作。2012年3月，陈竺部长在爱国卫生运动60周年纪念暨第24个爱国卫生月活动启动仪式上的讲话中明确指出，创建国家卫生城市须建成1个以上国家级慢性病综合防控示范区，进一步提高了对“示范区”创建工作的重视程度。

“示范区”创建工作的总目标是利用3–5年时间，在全国建立一批以区/县级行政区划为单位的慢性病综合防控示范区。通过政府主导、全社会参与、多部门行动综合控制慢性病社会和个体风险，开展健康教育和健康促进、早诊早治、疾病规范化管理减少慢性病负担，总结示范区经验，推广有效管理模式，全面推动我国慢性病预防控制工作。具体的工作目标包括：在示范区建立政府主导、多部门合作、专业机构支持、全社会参与的慢性病综合防控工作机制与体制；建立和完善慢性病防控工作体系，加强慢性病防治队伍建设，提高专业人员技术水平和服务能力；规范开展慢性病综合监测、干预和评估，完善慢性病信息管理系统；探索适合于本地区的慢性病防控策略、措施和长效管理模式。“示范区”的主要工作内容包括：收集主要资料，开展慢性病相关社区诊断；建立和完善慢性病监测系统；广泛开展健康教育和健康促进；深入开展全民健康生活方式行动；

重视慢性病高危人群，采取预防性干预措施；加强基层慢性病防治，规范慢性病患者管理。“示范区”的考评标准分7大类、24项、71个具体指标，经材料评审和现场评审后符合标准的被授予“国家级慢病综合防控示范区”。

2011年，全国共成功创建国家级慢病综合防控区39个，其中包括北京市的朝阳区；2012年，北京市东城区、西城区和房山区申报“国家级慢病综合防控示范区”，其中西城区和房山区通过了材料评审，并已接受现场考评，正在等待最终的评审结果。2013年，海淀区、丰台区、石景山区和怀柔区将申报“国家级慢病综合防控示范区”，目前正在积极的准备过程中。

四、主要问题

（一）慢病患病趋势仍处于上升阶段

多年来，北京市已采取了多种策略和措施预防慢性病的发生。加强对慢性病的管理，以提高慢性病的管理效果，但各种监测数据显示，北京市成人各主要慢性病的发病和患病趋势仍处于上升阶段。一方面是随着北京市人口的老龄化，慢性病的发生呈现出一个自然增加的过程；另一方面，慢性病与急性传染病不同，其发病和发展需要一个不断积累的过程，防控措施的效果也需要一个相对较长的时间方能呈现。另外，也需要对现有的慢病防控策略进行梳理，开展科学的评估并作出及时的完善与调整，使得各项策略和措施的科学性、针对性、有效性更强，以更好地缓解上升趋势。

（二）慢性病的行为危险因素流行水平居高不下

监测数据显示，北京市成人的吸烟率、被动吸烟率、肥胖率、不合理膳食率和缺少身体活动率仍处于较高水平，增长趋势变化尚不显著。表明针对全人群的健康教育、健康促进工作还任重而道远。

（三）各种慢性病的管理和控制水平仍较低

监测数据显示，北京市成人高血压和糖尿病的知晓率和治疗率仍处于较低的水平，糖尿病的控制率为20%左右，高血压的控制率低至不足15%，而且低年龄组的情况最差。

自2009年开始实施新一轮深化医药卫生体制改革以来，北京市在进一步完善公共卫生服务体系的同时，将公共卫生工作的重点和着力点集中在促进基本公共卫生服务的均等化方面。主要内容是面向全体常住城乡居民免费实施了建立居民健康档案、健康教育、慢性病管理等11大类43项基本公共卫生服务项目。在免费实施基本公共卫生服务项目的同时，北京市还实施了11项重大公共卫生服务项目，其中也包括了多项针对慢性病的服务项目。2011年时，北京人均经费已达67元，是全国平均水平的近3倍。然而，在政府措施得力、财政支持充足的情况下，管理效果却仍然不尽如人意。究其原因，可能是基层社区卫生服务机构专业人员数量的严重不足。如前所述，与560万的高血压患者、160余万的糖尿病患者和25万左右的脑卒中患者相比，3万的社区医生是微不足道的。也正是因为人员数量的不足，导致社区医生忙于完成日常工作，无法积极参加各种技术培训，进而使得专业技术水平仍然有限，进一步影响了疾病的控制效果。

（四）慢性病监测体系不健全

虽然，每三年一轮的成人慢病及其危险因素监测已在北京市开展了4次，其数据为北京市政府和北京市卫生局提供了主要和重要的慢病患病数据，该项工作在全国也处于领先地位。然而，北京市到目前还缺少新发心脑血管事件的报告监测系统，无法获得重要的脑卒中、心肌梗死等心脑血管事件新发病例的数据，使得北京市至今仍无法及时动态了解心脑血管事件的发病状况、准确直观地评估慢病干预策略的效果。

（五）慢性病高危人群的主动发现和干预工作有待加强

35岁及以上人群首诊测血压是主动发现高血压高危人群的有效措施，也被北京市卫生局确定为北京市各级医疗机构在慢性病防控工作中的重要内容之一；测量方法简单，易于实施。然而，2012年初对北京市医疗机构的督导检查中发现，多数医疗机构落实情况欠佳，诊室无血压测量装置，医生测量血压的意识不高，在主动发现慢性病高危人群并实施干预的工作中，医疗机构的作用未得到有效落实。

（六）创建国家级慢病综合防控示范区的步伐过于缓慢

2011 年，全国共成功创建国家级慢病综合防控示范区 39 个，北京市仅有一个朝阳区，同期，上海市成功创建 6 个，浙江省 5 个，广东省 4 个，重庆市、江苏省和山东省各 3 个。2012 年，也只有东城区、西城区和房山区创建国家级慢病综合防控示范区，而重庆市 6 个区申报，广东省 6 个区申报，上海市 9 个区申报，并计划在三年内创建成国家级慢病综合防控示范市，即各区均达到国家级慢病综合防控示范区考评标准。因此，与上述省市相比，北京市创建国家级慢病综合防控示范区的步伐已显出缓慢。

五、建议

（一）尽快建立北京市心脑血管事件新发病例报告系统

心脑血管事件新发病例的监测是卫生部疾控局出台的《全国慢性病预防控制工作规范》（2011 年 1 月）中的重点工作内容之一，也是国家级慢病综合防控示范区的主要考评内容之一，该监测系统的缺失也为北京市各区县申报国家级慢病综合防控示范区造成了阻碍。因此，建议北京市卫生局尽快出台相关政策，按照《规范》的工作要求，由各级医疗机构进行登记报告，由各级疾控中心负责数据的收集、整理和分析，并及时向卫生局上报分析结果，作为政策和策略制定和评估的重要依据。

（二）落实阳光长城计划 2012，遏制慢病的发展趋势

“阳光长城计划 2012”已于年初启动，其中包含了“健康北京人心血管病防治行动”、“健康北京人脑血管病防治行动”及“健康北京人肿瘤防治行动”，借此北京市将采取更多的策略、措施、行动和方法来预防各主要慢性病的发生。各相关机构和部门应积极投入、密切配合，在科学可行的实施方案的指导下，将各项行动落到实处，通过三年的努力，达到预期的目标。

（三）采取多种举措，提高慢病患者的控制效果

建议按照辖区人口或慢性病患者的数量配备社区卫生服务机构的专业人员，

以满足日益增多的慢病患者的日常诊疗和管理需求；在工作场所开展慢性病防控知识的宣传，并由工作单位自身或在社区医生的指导和帮助下实施慢性病患者的管理，以提高劳动力人群的慢性病控制水平；加大力度开展慢病患者的自我管理，通过高血压自我管理小组和糖尿病同伴支持等形式，倡导患者的自我管理和病友之间的互助，提高患者管理疾病的信心和技能，进一步提高疾病的控制效果。

（四）加大力度开展慢病高危人群的主动发现和干预

高血压和糖尿病是多种心脑血管疾病的重要危险因素，主动发现慢性病的高危人群并积极采取干预措施，可以有效地预防或推迟高血压和糖尿病的发生，也可以更好地预防高致死率、高致残率的心脑血管疾病的发生。因此，在加强健康教育，提高市民定期体检意识的同时，建议各级医疗机构认真落实 35 岁及以上人群首诊测血压制度，主动发现高血压的高危人群，并与基层社区卫生服务机构建立畅通的双向转诊机制，及时将高危人群转至基层，实施高危人群的健康管理。同时，在更大的范围内、采取更多的方法，对糖尿病、脑卒中等高危人群进行筛查和主动发现，并实施管理，预防疾病的发生。

（五）创造更好的政策和环境条件，促进全民健康行为的形成

行为的改变既需要个人知识水平和健康意识的提高，更需要支持性的政策和环境条件。以烟草控制为例，烟草已被科学证实是多种慢性病的主要危险因素，也被列为最主要的慢性病优先干预策略之一。法律、法规的出台、税收和价格的调控已被证实是最有效的措施。虽然，北京市在全国较早地、于 2008 年奥运会之前即起草并出台了《北京市公共场所禁止吸烟的若干规定》，在该规定中扩大了禁止吸烟公共场所的范围，但对《规定》的监督和监管力度不够，使得北京市成人吸烟率和被动吸烟率仍居高不下。因此，建议加强对公共场所禁止吸烟情况的监管和督导，并尽快出台针对工作场所禁止吸烟的规定或法规，以有效地降低北京市成人的吸烟率和全人群的被动吸烟率。

合理膳食和适量身体活动的倡导需要知识的提高，其践行还需要更多的支持环境建设，因此，应加大力度开展全民健康生活方式行动。如建设更多的知识宣传栏传播健康知识，举办更多的讲座传授健康技能，出台健康食品的优惠和不健

康食品的市场准入限制制度和措施，建设更多的健身场所、组建更多的健身团体、组织更多的群众性健身活动、创建更多的全民健康生活方式行动示范食堂和示范餐厅等，为北京市提供更多的支持性环境，使北京市民能够在有利的环境条件下，将知识转化为行动，降低慢性病行为危险因素的流行水平，预防慢性病的发生。

（六）市区两级齐努力，加快创建慢病综合防控示范区的步伐

创建慢病综合防控示范区为开展慢病防控工作提供了一个最佳的平台，使得各区县能够在政府的领导下，在多部门的协作和配合下，在全社会的共同参与下，通过多种策略和措施，针对全人群、慢病高危人群和慢病患者开展全方位的干预和管理，最终提高辖区居民的健康水平。因此，市级应确定目标，力争在5年之内将全市16个区均打造成慢病综合防控示范区，并在财政和技术上给予更大的支持；同时，各区应争取区政府的支持，结合区情，尽早开始慢病综合防控示范区的创建工作，使得全市居民获益。

2012年5月，卫生部联合15个部委印发了《中国慢性病防治工作规划（2012－2015年）》，这是首次以多个部委的名义下发慢性病的工作规划，在我国慢性病防治工作中具有重要的意义。对比《中国慢性病防治工作规划（2012－2015年）》，北京市的慢病防控工作任重而道远，需要各相关机构、社会各界、广大市民，在北京市政府的正确领导下，在健康北京的建设进程中，各司其职、各尽所能，加快慢性病的防控进程，提高首都市民的健康水平，实现人与社会的和谐发展。

北京市居民家庭主要病媒生物发生与控制策略调研*

病媒生物如蚊、蝇、蟑螂、鼠、蚂蚁等经常出现在人们生活居住环境，影响人们的正常生活，其中蟑螂、蚂蚁是北京市居民家庭中最为常见且危害较为严重的病媒生物。蟑螂、蚂蚁等在人们居住环境中大量滋生繁殖，影响了群众的健康生活质量，给人们生活带来了许多困扰和不便。同时蟑螂、蚂蚁还可通过携带病毒或细菌传播疾病，危害人体健康，降低人民生活质量。近年来以蟑螂、蚂蚁为主要代表的病媒生物在北京市呈现增长的趋势，北京市爱卫会、市卫生局为落实为百姓办实事的惠民政策，解决困扰北京市居民家庭的蟑螂、蚂蚁危害问题，于2008－2010年和2012年分别开展了全市“健康北京灭蟑行动”和“健康北京灭蚁行动”，有效缓解了居民家庭蟑螂、蚂蚁困扰问题。

一、居民家庭主要病媒生物危害情况

（一）居民家庭蟑螂危害情况

1. 北京蟑螂种类

全世界的蜚蠊共有5000多种，我国有253种，生活于室内的种类不到1%，与人类关系密切。我国室内蜚蠊有6科11属20种，其中蜚蠊科大蠊属的美洲大蠊、澳洲大蠊、黑胸大蠊、褐斑大蠊、日本大蠊和姬蠊科小蠊属的德国小蠊等5种蜚蠊

---

* 作者简介：佟颖，北京市疾病预防控制中心消毒与有害生物防治所所长，主任医师；刘泽军，北京市爱卫会办公室主任，主任医师；曾晓芃，北京市疾病预防控制中心副主任；张勇，北京市疾病预防控制中心消毒与有害生物防治所副所长，副研究员；于传江，北京市爱卫会办公室干部。

为我国室内的优势广布种。北京市室内蟑螂主要有德国小蠊和美洲大蠊两类，其中，德国小蠊为常见种，约占95%，美洲大蠊主要栖息在地下管线中，约占5%。

2. 居民家庭蟑螂侵害率

全市蟑螂密度监测分为农贸市场、中小餐馆、宾馆饭店、医院、机关单位、学校、居民区和食品加工企业等八种类型，2008 年开展了居民家庭蟑螂危害专项调查，2009 年 5 月启动全市居民家庭蟑螂密度监测。

（1）全市总体情况：

2008 年全市居民家庭蟑螂侵害率高达 47. 18%，2009 年蟑螂侵害率降为 24. 25%，2010 年降为 16. 84%。

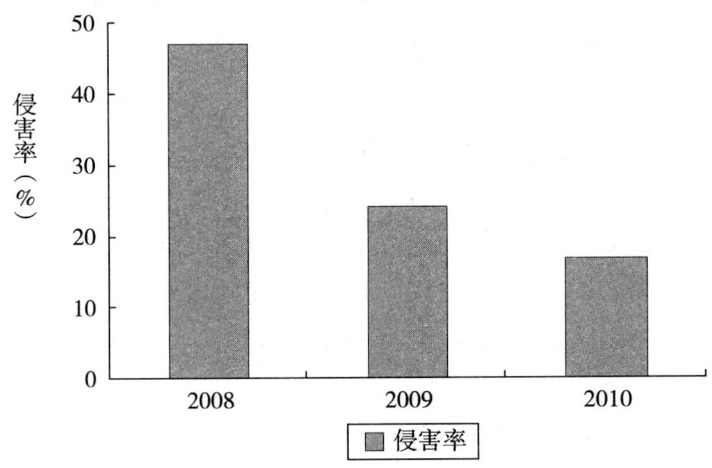

图 1　2008 –2010 年北京市全市居民家庭蟑螂侵害率

（2）不同区县侵害比较。

2009 年监测结果显示，全市 18 个区县中朝阳区（45. 61%）居民家庭蟑螂侵害率最高，西城区（6. 20%）居民家庭蟑螂侵害率最低，超过全市平均侵害率的有 4 个区。2010 年监测结果显示，全市 18 个区县中崇文区（27. 00%）居民家庭蟑螂侵害率最高，西城区（9. 00%）居民家庭蟑螂侵害率最低，超过全市平均侵害率的有 5 个区。

3. 居民家庭蟑螂密度

（1）全市总体情况：

2008 年全市居民家庭蟑螂密度为 2. 24 只/张 · 夜，2009 年为 0. 59 只/张 ·

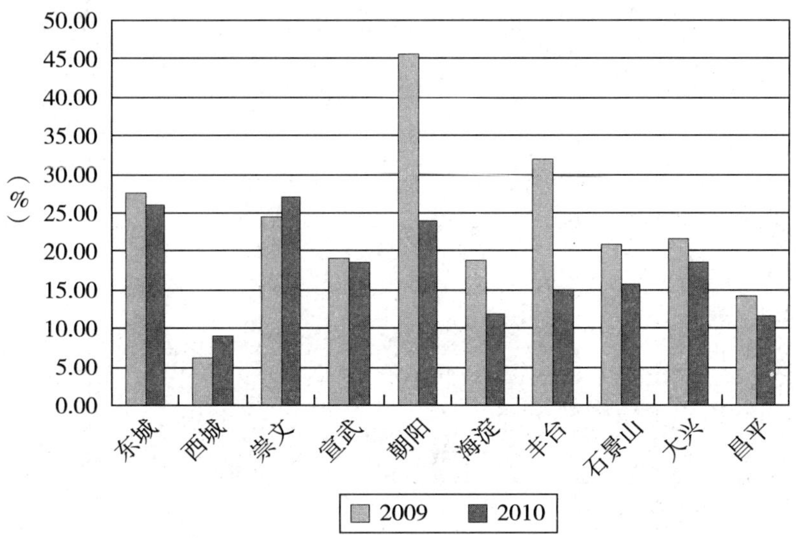

图 2　2009－2010 年北京市各区县居民家庭蟑螂侵害率

夜，2010 年为 0.32 只/张·夜。

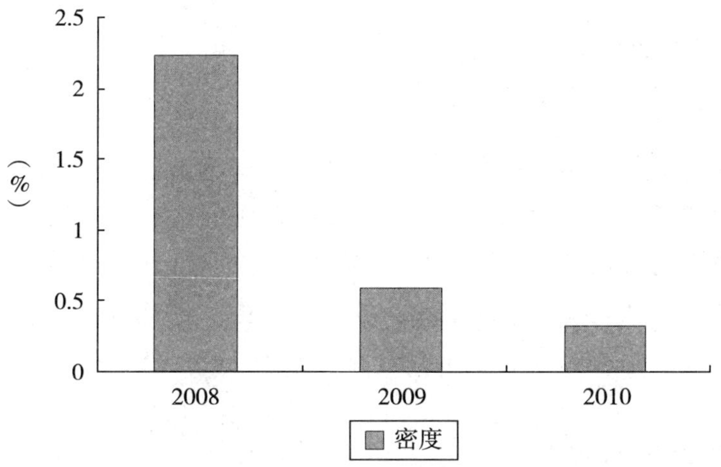

图 3　2008－2010 年北京市全市居民家庭蟑螂密度

（2）不同区县密度比较。

2009 年监测结果显示，全市 18 个区县中朝阳区（0.80）居民家庭蟑螂密度最高，昌平区（0.23）居民家庭蟑螂密度最低，超过全市平均密度的有 3 个区。2010 年监测结果显示，全市 18 个区县中石景山区（0.58）居民家庭蟑螂密度最高，朝阳区（0.24）居民家庭蟑螂密度最低，超过全市平均密度的有4个区。

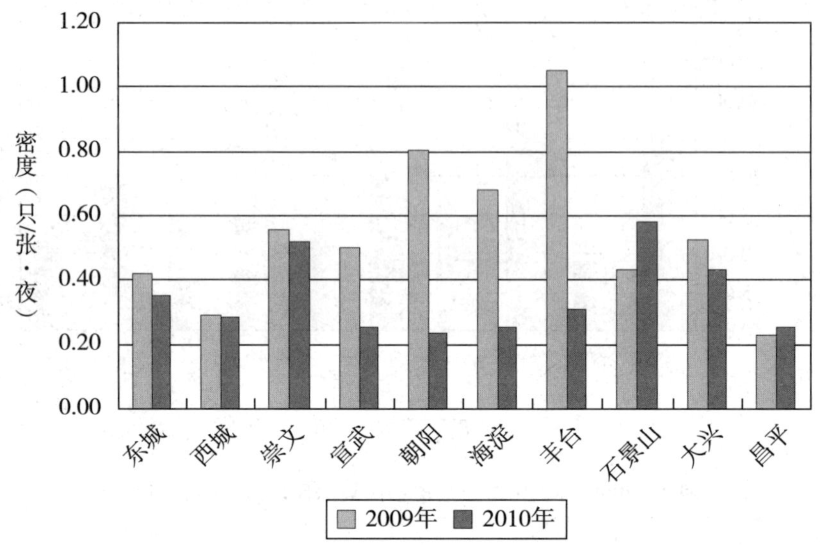

图4 北京市2009－2010年各区县居民家庭蟑螂密度

（二）居民家庭蚂蚁危害情况

1. 蚂蚁种类

蚂蚁种类繁多，世界上约有1.5万种，我国已知至少有800种以上，室内环境中蚂蚁常见的种类有15种。北京地区居民住宅、宾馆、商店、食堂及医院环境中均有蚂蚁的分布。发现室内蚂蚁5属9种，它们是棕黄家蚁、中华小家蚁、宽结大头蚁、菱结大头蚁、黄毛蚁、黑毛蚁、亮毛蚁、吉氏酸臭蚁和铺道蚁。北京地区家庭中最常见的蚂蚁是棕黄家蚁，又名小黄家蚁、小家蚁、小红蚁。

2. 北京市蚂蚁危害情况

根据近年来市民集中反映家中受到蚂蚁侵害的情况，为全面了解和掌握北京市居民家庭蚂蚁危害情况，北京开展了两次蚂蚁危害调查。2011年1月通过北京市疾控中心网站、12320公共卫生热线及入户问卷调查等形式对全市20000余户家庭进行了蚂蚁侵害情况调查，2012年7月通过专业人员入户的形式对全市2652户有蚁家庭目测调查蚂蚁密度，初步掌握了蚂蚁危害情况。

（1）总体情况：

北京市居民家中蚂蚁危害严重，其中全市居民家庭在近一年（2010年）发现蚂蚁活动的比例高达41.19%，全市有蚁家庭蚂蚁平均密度为24.92只/户。其中32.42%的家庭在2010年一年中发现蚂蚁6次以上；有蚁家庭家中发现蚂蚁的地点多为厨房（40.24%），其次为卫生间（18.65%）和客厅（17.55%）；65.32%的百姓选择自己投药灭蚂蚁，同时对灭蚁效果不满意的占到40.67%。

（2）蚂蚁侵害率。

全市居民家庭蚂蚁侵害较为普遍，全市16区县居民家庭蚂蚁侵害率全部超过20%。其中6个区县的蚂蚁侵害率超过50%，分别为平谷区、门头沟区、石景山区、宣武区、房山区、大兴区，其中平谷区蚂蚁侵害率最高，达到69.6%。侵害率低于30%的区县仅3个，分别为延庆县（23.9%）、密云县（26.2%）和朝阳区（27.9%）。

（3）蚂蚁密度

全市调查了8个区的有蚁居民家庭，其中蚂蚁平均密度最高的区为平谷区，密度高达44.54只/户，其次为东城区和丰台区，密度分别为38.02只/户和36.31只/户。蚂蚁平均密度最低为顺义区和通州区，平均密度为10.93只/户和12.38只/户。

二、主要病媒生物控制对策

北京市居民家庭蟑螂、蚂蚁危害严重。2008年全市近一半的居民家庭受到蟑螂侵害，2011年全市40%的家庭发现蚂蚁。分析原因，一是蟑螂、蚂蚁本身生态习性决定防治难度大。因蟑螂多滋生于缝隙，蚂蚁属于社会性昆虫，施药方法复杂，防治技术要求高，蟑螂繁殖速度快、易于扩散，蚂蚁只有工蚁外出取食，单门独户进行灭蟑、灭蚁往往难以达到根除的效果。二是群众缺乏科学的灭蟑、灭蚁知识，自己买药动手灭蟑、灭蚁效果不理想。针对这一情况，北京市启动了“健康北京灭蟑行动”和“健康北京灭蚁行动”，在全市开展统一的大规模灭蟑、灭蚁，专业人员入户进行全社区、整栋楼、一单元统一灭蟑、灭蚁，从而保障灭蟑、灭蚁效果，切实解决困扰北京市居民家庭的蟑螂、蚂蚁危害问题。

“健康北京灭蟑行动”和“健康北京灭蚁行动”均采用了“政府出资，专业人员上门服务”的方式，由政府统一出资，爱卫会组织，疾控技术指导，专业人员入户具体操作，免费为市民统一灭蟑、灭蚁，具体控制对策主要包括组织措施和技术措施两个方面。

（一）组织措施

1. 广泛宣传，全力动员，确保群众积极参与

群众积极参与是百万户灭蟑、灭蚁行动获得成功的基础。为使行动能真正做到家喻户晓，使全体市民积极参与此次活动，从以下几个方面着手开展工作：

（1）充分利用各种媒体广泛发布灭蟑灭蚁信息，通过新闻发布会、印制发放“致全体市民的一封公开信”、招贴画和电视、电台、报纸、网络等多种媒体从不同的角度进行了宣传。

（2）各级爱卫会、街道、社区通过登记表的填写、居委会会议、张贴告知书等各种形式对广大居民家庭进行广泛动员。

结果表明我们的宣传方式行之有效，使群众参与灭蟑灭蚁的意愿提高。

2. 选取专业队伍入户服务，确保服务质量

为保证入户灭蟑灭蚁效果，我们特从北京市市场现有有害生物防治专业服务公司中选取优秀的 PCO 公司参与百万户“健康北京灭蟑行动”和“健康北京灭蚁行动”，并经专家讨论确定了入选条件：

（1）必备条件。

1）具有北京市爱卫会有害生物防治服务备案证明。

2）具备北京市有害生物防治服务机构 A 级或 B 级资质。

3）各项规章制度完善，有严格的质量管理与控制体系。

4）近五年未发生过重大责任事故，且具备对其操作过失所造成损失进行赔付的能力。

5）上报参加灭蟑活动的服务人员数量不低于 15 人，且必须能够保证全程参与灭蟑灭蚁行动。

（2）优先条件。

1）具有北京市有害生物服务机构 A 级资质。

2）技术人员具备应对突发事件的能力，操作人员经验丰富，实际操作能力强。

3）严格遵循“健康北京灭蟑行动”各项要求与流程进行灭蟑操作。

4）服务人员参与并通过奥运会病媒生物防治专项培训，考试合格。

5）拥有的设备和器械能满足此次行动中所涉及的各类场所灭蟑工作的需要。

6）具有家庭或大型活动病媒生物防治服务的经验。

7）具有确保防治工作能严格遵守安全防火、环境保护等相关规定的一系列措施。

8）积极参加创建国家卫生城市（区）或统一除害活动中的病媒生物防治工作，防治效果满意。

9）积极参加各项病媒生物防治公益活动，受到过有关部门的表彰或嘉奖。

3. 严密组织，明确分工，确保灭蟑行动科学有序

面对规模空前、参加居民达246万户（次）的以家庭为主的灭蟑行动和参加户数达134万户的家庭灭蚁行动，严密有序的组织协调是确保整项工作顺利实施的关键。为确保行动顺利实施，实现预期目标，重点采取了以下几项措施：

（1）成立了行动指挥部。指挥部下设协调组、信息组、技术组和服务组，统一部署协调百万户灭蟑灭蚁行动。

（2）建立五级工作网。工作网由市爱卫会、区爱卫会、街道、社区和灭蟑小分队组成。市爱卫会负责全市灭蟑工作的组织、协调、宣传与督导；区（县）爱卫会负责辖区内灭蟑工作的组织、实施与督导；街道办事处负责本街道活动的登记、统计和协调工作；社区居委会负责小区的宣传、登记和数据收集，安排专业小分队入户灭蟑灭蚁；专业小分队负责实施入户灭蟑灭蚁。

（3）形成每日信息反馈制度。为及时沟通入户灭蟑工作情况，以例会、电话会议、通报等多种形式进行沟通和信息反馈。

（4）开展试点工作。为保障全市灭蟑灭蚁工作的全面铺开，稳妥推进，在全面铺开灭蟑灭蚁行动前，先行在西城区对4万户居民家庭进行了为期1周的试点，检查各级网络工作情况，规范入户现场操作，为全市大规模入户灭蟑灭蚁工作积累经验。

4. 规范服务，严格监督，确保杀灭效果

在百万户灭蟑灭蚁行动中，为保证专业小分队入户现场服务质量，一方面对蟑螂和蚂蚁生物学特性、现场施药技术、施药范围等进行了严格的技术培训；另一方面进行了仪容仪表、语言表达等服务规范的培训，全体入户专业人员统一着

装，统一持证上岗。

为确保灭蟑灭蚁质量与防治效果，市爱卫会提出了“杀灭效果第一，数量服从质量”的明确要求，确保现场人员严格按照技术方案和服务规范进行现场操作。在活动期间多次组织北京市疾病预防控制中心和军事医学科学院等单位的专家，分别对各个区县进行现场指导，规范现场技术操作。

（二）技术措施

1. 制定规范防治方案，指导科学灭蟑灭蚁

要保证灭蟑灭蚁行动的杀灭效果，必须制定科学的监测、控制等技术方案。“健康北京灭蟑行动”和“健康北京灭蚁行动”中制定了《健康北京灭蟑（蚁）行动组织实施方案》、《健康北京灭蟑（蚁）行动用药技术方案》、《健康北京灭蟑（蚁）行动监测实施方案》、《健康北京灭蟑（蚁）行动家庭灭蟑（蚁）用药说明》及《健康北京灭蟑（蚁）行动服务规范》等一系列详细的技术方案与规范，科学指导了灭蟑、灭蚁行动的开展。

2. 科学开展监测，全面评估灭蟑灭蚁效果

为保障本次灭蟑、灭蚁行动能够科学、有效地开展，切实了解北京市的蟑螂、蚂蚁危害情况，全面评估灭蟑和灭蚁行动的效果，“健康北京灭蟑行动”和“健康北京灭蚁行动”在灭蟑、灭蚁行动前后开展了严密、科学的监测工作。

“健康北京灭蟑行动”根据各区县报名参加灭蟑的情况，随机在东城区、西城区、崇文区、宣武区、朝阳区、海淀区、丰台区、石景山区、昌平区和顺义区等10个区县抽取3000户居民家庭作为蟑螂密度监测点，进行灭前、灭后蟑螂侵害率和密度监测。活动结束后，又随机发放了居民调查问卷，对现场工作进行全面调查评估。

“健康北京灭蚁行动”监测采用多阶段分层整群随机抽样的方法，按照住户楼房的年龄，即高楼龄（>20年）、中楼龄（10－20年）、低楼龄（<10年），平均在核心区、功能拓展区、发展新区和生态涵养发展区各选取800户，全市共选取3200户家庭，分别在灭蚁行动开始前、灭蚁行动结束后开展家庭蚂蚁密度监测。监测同时对居民灭蚁知识知晓率进行了调查。

3. 严格筛选药物，采用套餐方式灭蟑、灭蚁

市疾控中心与军科院、中国农大合作经过大量的现场和实验室试验，根据蟑

螂、蚂蚁的适口性和蟑螂抗药性等数据科学选配适宜的药械组成灭蟑套餐。

“健康北京灭蟑行动”采用北京市疾病预防控制中心多年摸索研制的“套餐式”灭蟑技术和方法。根据蟑螂的滋生特性和综合防治的理念，选用胶饵、毒饵、粘蟑纸及熏蒸等药械组成的灭蟑套餐形式进行家庭灭蟑。该套餐综合使用化学防治和物理防治的手段，取得了良好的防治效果。

“健康北京灭蚁行动”根据家居蚂蚁的发生规律，制定针对性的防治方案。综合使用环境防治、物理防治和化学防治等技术手段。健康北京灭蚁行动采取“擒贼先擒王”的灭蚁方式，药械种类优先选用胶饵、毒饵，确定了综合防治、安全环保、专业防治与自己动手结合、根据危害程度采取不同措施药械使用原则，并给每个家庭发放了用药说明，详细说明了药械使用方法和家庭灭蚁药物使用过程中应注意的问题。同时针对目前市场常见的5种灭蚂蚁药剂开展了大量的实验室和现场试验，筛选出了进口毒饵+国产颗粒剂的用药组合，确保了安全合理用药。

三、北京市主要病媒生物控制成效

连续3年的“健康北京灭蟑行动”已全面结束，2012年的“健康北京灭蚁行动”现亦进入收尾阶段。北京市“健康北京灭蚁行动”、“健康北京灭蟑行动”的顺利实施，开创了我国城市家庭大规模统一灭蟑、灭蚁的新模式，规模空前，成效显著，为其他城市灭蟑、灭蚁行动提供了借鉴，同时也为城市中其他病媒生物的防治积累了丰富的经验。

（一）北京市居民家庭蟑螂侵害率和密度明显下降

市疾控中心监测结果显示：2008年当年全市居民家庭蟑螂侵害率为47.18%，密度为2.24只/张·夜，“健康北京灭蟑行动”后全市有蟑家庭蟑螂密度下降率达到91.68%，居民对灭蟑效果满意率为90.1%，对入户灭蟑人员的服务满意率为95.5%。实现了“有效解决居民家庭中蟑螂困扰，使有蟑家庭蟑螂密度下降90%以上”的控制目标。

2009-2010年全市居民家庭蟑螂侵害率和密度均呈现逐年递减的趋势，其中2010年侵害率为16.84%，比2008年下降了64.3%；2010年密度为0.32只/

张·夜，比2008年下降了85.7%。

监测数据表明：2008－2010年连续三年大规模灭蟑行动取得了很好的成效，已大大缓解了困扰居民家庭的蟑螂危害问题。

（二）形成了城市大规模灭蟑的有效组织模式——“北京模式”

对百万户家庭开展入户灭蟑、灭蚁活动在世界上任何一个国家都无先例，组织措施是否有力是行动能否获得成效的关键。

“健康北京灭蟑行动”是应用2008年奥运病媒生物防治的成功经验和工作模式开展的，“健康北京灭蚂蚁行动”在“健康北京灭蟑行动”的基础上进一步完善。两次大规模的全市统一灭蟑、灭蚁行动的实施原则均是：“政府出资支持，爱卫会组织协调，专家技术指导，街道社区具体实施，群众自愿参与，专业人员上门服务。”这种工作模式被外省市称之为“北京模式”。这一模式从组织体系上有力保障了城市大规模灭蟑、灭蚁行动的有效实施和良好的灭蟑、灭蚁效果。

目前“北京模式”的影响正在全国显现，如：重庆市2010年的“百万农户灭蟑螂”活动即是借鉴“北京模式”开展的。

（三）研究和应用了有效的灭蟑、灭蚁技术手段——灭蟑、灭蚁套餐

北京在全国率先推出了“套餐式”灭蟑、灭蚁技术和方法。根据蟑螂的滋生特性和综合防治的理念，“健康北京灭蟑行动”主要选用胶饵、毒饵、粘蟑纸等药械组成的灭蟑套餐形式进行家庭灭蟑、灭蚁采用“擒贼先擒王”的灭蚁方式，优先选用胶饵、毒饵。套餐综合使用化学防治和物理防治的手段，并不断研究和改进，以持续保证套餐的有效性，取得了良好的防治效果。

（四）群众参与积极，蟑螂、蚂蚁防治知识明显提高

“健康北京灭蟑行动”、“健康北京灭蚁行动”也是一次灭蟑、灭蚁知识与意识的大普及，2008年对30000户居民家庭调查显示：居民了解正确灭蟑方法的只有47.1%。通过连续三年的大规模灭蟑，专业人员上门入户、面对面的示教讲解，百姓参与积极，灭蟑意识明显提高，居民灭蟑知识知晓率超过80%。灭蚁过程中对居民家庭进行了灭蚁知识的全面宣传。

（五）建立了一支病媒生物专业队伍，在重大活动保障中发挥了关键作用

2008年“健康北京灭蟑行动”期间，建立了由42家专业防治公司、共计855名专业人员组成的灭蟑队伍，分成55支灭蟑小分队入户灭蟑，高质量地完成了1542108户家庭的灭蟑工作。2012年“健康北京灭蚊行动”中，组织15家专业服务公司500名专业技术人员，分成22支灭蚊小分队，完成了141个街道、1745个社区、115.8万户居民家庭的入户灭蚊工作，平均每天完成近3万户。

通过奥运会和连续3年的“健康北京灭蟑行动”和2012年的“健康北京灭蚊行动”，市爱卫会系统培训了一批专业服务机构的工作人员，提高了其工作的规范性，也增强了他们按照政府的工作重点为百姓服务的意识，在首都纪念新中国成立60周年庆典等大型活动和抗震救灾等突发公共卫生事件保障中都发挥了关键作用，取得了很好的效果。可以说，目前北京市已有一支技术能力强、服务规范的病媒专业消杀队伍，为今后北京开展一系列大规模活动和应对突发公共卫生事件做好了队伍储备。

（六）初步建立起了居民家庭蟑螂危害监测网络，为适时防控提供了科学准确的依据

2009年市疾控中心第一个在全国建立了系统、全面、灵敏的密度监测网络，目前已覆盖了北京市10区县，每月监测1300户居民家庭，全年监测15600户。掌握了全市不同区、街道、社区大量的第一手资料，为居民家庭蟑螂适时防控提供了科学准确的依据。

（七）充分利用首都科研优势，形成了一支高水平的病媒生物防治指导专家团队

病媒生物综合防治离不开科学指导，在连续三年的城市大规模灭蟑期间和2012年的大规模灭蚊期间，市爱卫会充分利用首都科研优势，形成了包括市疾控中心、军事医学科学院和中国农大等多位专家组成的病媒生物防治专家组，制定了《健康北京灭蟑（蚊）行动组织实施方案》、《健康北京灭蟑（蚊）行动用药技术方案》、《健康北京灭蟑（蚊）行动监测实施方案》、《健康北京灭蟑（蚊）行动家庭灭蟑（蚊）用药说明》及《健康北京灭蟑（蚊）行动服务规范》

等一系列详细的技术方案与规范，为灭蟑行动的开展提供了有力的技术支持，也为今后全市的病媒生物防治工作提供了科学保障。

四、下一步工作建议

2008－2010 年连续三年的“健康北京灭蟑行动”已经结束并取得了很好的效果，2012 年的“健康北京灭蚁行动”现在已进入尾声，全市居民家庭蟑螂、蚂蚁侵害率和密度目前都降到了一个较低的水平。下一步总体策略是转入常态化，重在建立长效机制，依据监测预警适时启动局部或全市范围内的灭蟑行动。为此，今后将着力解决如下几个问题：

（一）开展防治知识宣传，动员居民动手防治病媒生物

防治居民家庭出现的蟑螂、蚂蚁等病媒生物的是居民家庭的义务和责任，只有提高居民家庭的防控意识，居民家庭自己动起手来，在日常生活中防止将蟑螂、蚂蚁带入家庭，随时开展相关病媒生物防治，才能彻底解决居民家庭病媒生物防治的问题。但居民家庭对病媒生物防治知识相对匮乏，2008 年开展全市统一灭蚁前，只有 47.1% 的居民了解正确灭蟑方法，更有高达 90% 以上的家庭对以往自行灭蟑效果不满意。因此必须全力开展防治知识宣传，通过网络、电视等各种途径，使居民了解家庭常见病媒生物的生活习性、危害，掌握防治方法，动员居民自己动手防治病媒生物，彻底解决居民家庭病媒生物防治问题。

（二）建立长效防控机制，持续开展居民家庭病媒生物防治

蟑螂等病媒生物防治是一项长期任务，不可能通过一次大规模消杀得以控制。必须建立长效防控机制，从根本上解决家庭蟑螂、蚂蚁困扰问题。一是要建立一支专业防控队伍，随时解答居民防治中的技术问题，必要时，入户协助居民开展家庭病媒生物防治。二是要完善居民区病媒生物控制经费保障机制，增加居民区病媒生物控制经费，以确保今后北京市以家庭为主的灭蟑、灭蚊等病媒生物控制工作能够顺利开展。

（三）构建社区病媒生物服务工作网点，方便百姓病媒生物防治需求

目前社区中病媒生物防治网点不够完善，还存在百姓买药难、防治需求难以满足的问题，一定程度上影响了群众自己动手灭蟑的积极性和防控效果。为此，北京市拟构建社区病媒生物服务工作网点，注重完善“市—区县—街道—社区—家庭”五级工作网络，并有意识、有目的地在各区县建立以社区为核心的病媒生物防治便民服务网络，让市民能够就近享受防治蟑螂、蚂蚁等害虫的指导与服务，实现市民能够“就近接受咨询指导，就近方便购买药品，就近享受防治服务”的目标。

（四）继续做好以家庭为核心的病媒生物监测工作，有效控制危害严重家庭的蟑螂

市疾控中心 2009 年在全市 10 个区开始全面监测全市居民家庭蟑螂密度，2012 年启动了居民家庭蚂蚁密度监测工作，掌握了大到区县，小到社区的居民家庭蟑螂、蚂蚁侵害率和密度情况，可依据监测结果及时预警并选择合适的灭蟑、灭蚁时机，科学指导、有效控制重点区域家庭蟑螂、蚂蚁密度，从而做到重点突出，有的放矢，充分保障灭蟑、灭蚁效果。

北京市食品安全现状及对策研究*

市委、市政府高度重视食品安全工作，连续八年将食品安全工作列为为民办的重要实事之一。近年来，首都食品安全工作取得了显著成效，为加强食品安全现状及对策研究，进一步提升监管能力和保障水平，现就新形势下的北京食品安全工作提出如下分析与建议：

一、当前的食品安全形势

（一）国际食品安全形势

一是世界各地食品安全事件频发。全球每年有数十亿人因吃了污染食品而染病，公众也越来越意识到食品安全的重要性。二是微生物污染是全球食品召回的首因。在世界各地发布的食品召回和警示信息中，微生物超标或存在微生物毒素是最主要原因，约占全部召回信息的60%以上。三是致病菌是引起食物中毒事件的重要原因。因沙门氏菌等致病菌引起的食物中毒，导致世界各地重大食物中毒事件频发。四是人畜共患疫病威胁食品安全。在全世界，禽流感、口蹄疫、猪蓝耳病、炭疽热、疯牛病等人畜共患疫病仍时有发生。五是食品企业违背道德诚信的事件频发。近年来，发达国家食品行业信任危机频发，出现了知名企业生产的方便面检出杀虫剂成分，著名品牌奶酪被掺杂使假等事件。

（二）国内食品安全形势

现代的食品安全问题主要是伴随着工业化和食品的商品化、产业化而产生

---

* 作者简介：李斐然，北京市政府食品安全监督协调办公室协调指导处干部。

的。我国经历的现代化、市场化时间不长，治理工业污染、规范市场秩序、建立信用体系、促进产业升级等一系列问题，在我国当前阶段集中出现、叠加，使得食品安全成为一个在较短时间内摆在我们面前的一项难度极大、极其复杂的工作。当前，我国的食品安全形势总体稳定向好，但基础薄弱，制约因素错综复杂，监管工作还存在一些薄弱环节。食品安全问题既有食品安全监管存在薄弱环节等工作层面的原因，也有市场环境、产业状况等深层次原因，概括起来主要有以下几个方面：

一是产地环境污染。我国工业化进程加快，工矿企业星罗棋布，其中不少环保不达标，排放的“三废”造成了一定程度上的土壤、水体和大气污染，对一些种植养殖产品的产地环境造成了破坏。二是产业基础和素质偏低，生产方式落后。我国食品安全经营者数量众多，特别是食用农产品主要靠2亿多农牧渔民分散生产，市场准入门槛较低，食品安全监管对象小、散、乱的特点突出，这是导致食品安全基础薄弱的重要制约因素。三是主体责任意识问题。企业在安全技术、装备等方面的投入明显不到位，部分食品生产经营者的社会道德诚信意识淡漠，为获取不当利益故意从事违法违规活动。四是消费结构问题。随着经济社会的快速发展，群众对食品消费的需求正在经历从吃饱吃好到吃得安全放心的过程。北京等发达城市的居民对膳食营养健康以及食品的方便性、易储存性等也提出了更高的需求，使新资源、保健食品及相关添加物质的安全性成为新的课题。五是食品安全尚未形成全社会的合力。目前，食品安全工作单靠政府“一条腿走路”的现象非常突出，食品生产经营者、行业协会、消费者、社会舆论监督和监管部门食品安全“责任共担”的理念尚未形成。

二、首都食品安全工作的总体状况

（一）首都食品安全工作的总体情况

近年来，市委、市政府高度重视食品安全工作，将其作为构建“人文北京”、“科技北京”、“绿色北京”以及和谐社会的首善之区、建设中国特色世界城市的重要基础性工作来抓，连续八年将食品安全工作列为为民办的重要实事之一。北京市坚持“以市场换安全、以安全拓市场”的战略思想，以实施食品市场准入制度为切入点，构建现代化的食品安全控制体系，食品安全水平稳步提高，重大突发事件得到有效控制，圆满完成了奥运会和国庆60周年等重大保障任务。2011年，全市食品安全总体合格率达到97.37%，其中列入国民经济和社会发展指标的大米、小麦粉、食用植物油、蔬菜、猪肉、豆制品6类重点食品合格率达到98.23%。

（二）近年来的主要措施

1. 构建了三大食品安全监管体系

一是监管网络和责任体系。成立了市食品安全委员会和市政府食品安全监督协调办公室，强化了综合监督、组织协调职能。各区县和街乡建立了食品安全协调领导机制，在社区、行政村广泛设立了食品安全监督员。初步建立了食品安全部门监管责任、属地监管责任、综合监管责任、行业管理责任构成的责任体系。将监管责任的落实纳入市、区两级国民经济和社会发展指标、干部绩效指标考核。二是检测体系。在重点食品批发市场、连锁商场、超市建立了食品检测室。构建了三级农产品质量安全检测体系和由市、区食品安全监控中心（实验室）和快速检测车、移动实验室组成的检测评估网络。初步形成了监督抽查、委托检验、企业自检相结合的检测评估体系。三是信用体系。初步建立了食品安全信用征集、评价、披露和奖惩制度，按照食品风险度和企业信誉度实行分级分类监管。

2. “从农田到餐桌”的四个重点环节得到有效控制

一是农产品生产源头标准化体系建设初具规模。建设了1000多家市级农业标准化基地，初步实现了产前有环境质量标准、产中有生产技术操作标准、产后有卫生质量和包装标准、全过程有规范管理标准。二是食品生产加工环节许可制度得到严格落实。三是流通领域食品市场准入得到全面推行。在大型农副产品批发市场推行鲜肉、蔬菜、水产品销售“场厂挂钩”、“场地挂钩”协议准入制度。四是消费环节的餐饮卫生状况得到显著改善。大力推行高校标准化食堂建设，在供应全市23万中小学生营养餐的企业中建立了HACCP预防食物中毒保障系统。

3. 五项重点工作的推进夯实了监管基础

一是推进物流配送体系建设和市场升级改造工作。在远郊区县建立了10个食品集中配送中心，食品连锁超市和社区便利店100%覆盖了乡镇和千人以上大村。通过建立安全猪肉、食盐、农药连锁经营配送站点，提高了优质合格食品对社区、偏远乡村的辐射能力，有效控制了高毒、高残留农药流入种植环节。全市重点大中型农副产品市场和社区菜市场的仓储、物流配送设施和场地环境得到明显改善，食品安全管理水平有了较大提升。二是推进食品安全的跨区域协作。市政府与供应进京食品的八个省区市政府签署了备忘录，建立了检测互认、信息共享、全程追溯、案件协作、产销直挂等机制。多家北京企业与进京食品企业签订了安全食品供应协议，大型连锁超市和餐饮企业与外埠农产品基地建立了产销直挂关系。三是建设了信息化工程。建立了首都食品安全监控系统，实现了市、区两级监管部门和各监管环节信息的互联互通、资源共享，提高了调度指挥、快速反应和市场控制能力。四是提升了重大突发事件应急处置能力。在市、区两级公安机关设立了食品案件侦查队伍，建立了监管部门与公安机关的内部协作机制，强化了对食品安全违法犯罪行为的打击震慑力度。以市食品安全监控中心为核心的风险评估和技术支撑体系日趋完善。五是完善了食品安全法规。在全国率先制定了第一部食品安全地方法规《北京市食品安全条例》，为首都食品安全监控提供了有力保障。

4. 完善了科学评估等六项机制，构建统一、权威、高效的首都食品安全控制体系

建立并完善了食品安全科学评估、市场准入、监测与监督抽查、突发事件应急处理、信息归集发布和日常监督协调六项机制，形成了市政府统一领导、属地政府负总责、部门各司其职、全社会共同参与的食品安全控制体系。

三、存在的问题和对策建议

北京市作为拥有近2000万人口的特大消费型城市，85%以上的食品靠外省市甚至国外供应，外埠和世界各地的食品安全风险可能随着食品物流蔓延进入北京，各地发生的食品安全事件都有可能对北京市的食品安全带来影响，输入型风险对首都食品安全的影响将长期存在。此外，在法规建设、组织体系建设、监管科技手段和食品安全知识的教育普及方面，还有许多需要完善改进之处。为科学防控食品安全风险，切实提升首都食品安全保障水平，现就下一阶段食品安全工作提出如下措施建议：

（一）深入贯彻食品安全“十二五”行动计划

2011 年，市委、市政府制定实施了食品安全“十二五”行动计划，实现了由食品安全监管和控制为主向建设和保障并重的转变，成为指导新形势下首都食品安全工作的纲领性文件。坚持“以市场换安全、以安全拓市场”的理念，以市场准入制度为切入点，以科学防控食品安全输入型风险和系统性风险为重点，坚持统一协调与分工负责相结合、集中治理整顿与严格日常监管相结合、加强政府监管与落实企业主体责任相结合、执法监督与社会监督相结合，强化企业的主体责任，进一步完善现代化的食品安全保障体系，全面提高首都食品安全水平，创造安全放心的食品消费环境。通过全社会的共同努力，构建较为完备和现代化的食品安全保障体系，食品安全法规标准进一步完善，监管组织网络和责任体系进一步健全，重大突发事件得到有效控制，违法犯罪行为得到坚决查处，监督执法水平和技术保障能力明显提高，全社会食品安全和预防风险意识显著增强，形成政府、企业、行业组织、消费者和媒体共同参与的监管工作格局。

（二）全面推动食品产业升级

一是大力提升食用农产品生产的规模化、标准化水平，加强生鲜乳收购站的设施改造。二是全面提升食品生产加工产业水平。在重点区县建设食品产业基地，培育食品产业集团，形成食品优势行业总部集群。三是提高食品产业的组织化程度，由区县政府建设小作坊工业产业加工园区，对生产民族或地方特色食品的小作坊实现规模化、集中化生产和统一规范化监管。四是提升餐饮业组织化程度和产业水平。淘汰不符合卫生保障要求的小餐饮单位。鼓励餐饮业发展连锁经营、集中采购、统一配送和网络营销。推动传统餐饮业升级改造。完善早餐便民服务体系。

（三）构建稳定的食品供应基地，严格首都食品市场准入

一是加强北京市重点食用农产品生产基地建设。在重点区县建立生猪、奶牛、肉禽、蛋禽产业带。二是加强与进京食品主要供应省区市的协作，落实信息共享、案件协作、问题食品处置、检测互认、食品溯源等联动协作机制，与外埠协作建立蔬菜、生猪、家禽、奶牛和牛羊养殖等基地，保障进京农产品供应和质

量安全水平，稳步提高重点食用农产品的自给率和控制力。三是加大产销对接力度。支持引导北京市大型食品物流配送企业、连锁餐饮企业、较大规模集体用餐单位与外埠优质食品生产企业实施产销对接，积极组织引进外埠优质食品进入市场、商场、超市和社区便利店，扩大安全食品在首都市场的占有率和控制力。四是严格首都食品市场准入。进京食用农产品应来自规模化、标准化基地并与北京市场建立稳定的签约关系，产品取得省级以上无公害或绿色食品认证，持产地证明和检测报告入市。严格食品经营主体的准入资格，对食品经营场所、卫生标准和经营者法律法规、食品安全知识培训提出明确要求。五是将食品批发市场纳入城市基础设施建设项目予以保障，推动食品市场升级改造，强化其公益性作用。

（四）强化政府监管，完善执法体系，实施全程监控

一是完善监管网络和责任体系。将食品安全工作作为社会管理工作的重要内容，纳入网格化管理体系。完善食品安全综合协调机制，强化重大事件统一评估、统一决策、统一指挥、统一发布制度。在街道、乡镇明确专门机构和人员负责食品安全工作。在全市培训上岗万名食品安全监督员、信息员、志愿者参与食品安全工作。加大投入力度，将食品安全经费、设施建设纳入区（县）预算予以重点保障。强化食品安全部门和属地监管责任，建立完善考核评价和责任追究机制。二是完善行政执法体系，强化全程监控。在食用农产品源头，加强对农业投入品使用的监控和农药、兽药等投入品连锁经营和物流配送体系建设，在食品生产加工环节，严格落实生产许可制度，广泛推行 GMP（良好生产规范）和 HACCP（危害分析与关键控制点）管理体系，强化企业主体责任。在食品流通和进出口环节，加强食品市场的准入管理和对高风险食品的监测，严厉打击疫区产品非法入境行为。在餐饮服务环节，深入推进量化分级管理制度。完善餐厨废弃油脂日常监管制度，建立统一专业化收运、定点无害化处理和资源化利用的餐厨废弃油脂处置体系。三是加强对城乡结合部、农村、旅游景区、交通枢纽等重点地区的整治，严厉打击制售假劣食品、非法添加和滥用食品添加剂、使用病害畜禽加工肉制品等违法行为。探索建立长效监管机制，确保食品安全状况和生产经营秩序持续好转。四是完善法规标准体系。修订并全面贯彻《北京市食品安全条例》。加强食品安全地方标准的制（修）订和奥运食品安全标准的转化应用。

五是建设覆盖社区、农村地区、偏远山区的城乡食品物流配送体系，大力提升食品配送率和物流基础设施水平。六是完善应急处置体系，加大对违法犯罪行为打击力度。充分发挥各级公安机关食品案件侦查队伍的作用，对隐蔽性强、危害大、涉嫌犯罪的案件提前介入。研究建立食品安全监管部门与司法机关的衔接机制，依法追究违法犯罪分子刑事责任。

（五）强化社会各界共同参与监管的工作格局

构建食品安全宣传教育培训体系，加大社会宣传力度，鼓励社会监督。强化食品企业的第一责任人意识，在食品生产经营单位推行关键岗位“先培训、后上岗”的资格准入制度。完善社会监督和举报奖励机制，鼓励包括媒体在内的社会各界提供违法线索。

（六）构建信用体系

建立与各监管部门及金融机构、证券监管等部门联网的信用信息平台，统一归集食品生产经营企业、食品检验和认证机构以及食品企业法定代表人、主管人员、从业人员的信用信息，规范信用信息的征集、披露、使用制度，实现各部门食品安全信用信息共享，并向社会公布食品安全信用信息。通过完善相关法规，实现对守信行为的激励和对失信行为的惩戒。对信用良好的企业，在政府采购、技术改造、融资信贷等方面予以支持；对有不良记录的企业增加监督检查频次，在融资信贷、用地等方面予以限制。因严重违法行为被吊销生产、流通、餐饮服务许可证或营业执照的企业，对其有关责任人依法实行行业禁入。

（七）完善科技支撑体系，加强能力建设

一是完善监督抽检、委托检验、企业自检相结合的检测体系。企业应配备与其生产经营食品品种、数量相适应的自检设备。加强食品安全监管装备标准化建设，为农业、质监、工商、卫生等部门执法人员更新配备快速检测设备。二是以现代物联网技术为支持，建立食品安全追溯体系。在统筹规划并整合现有食品安全追溯信息平台的基础上，加快推进统一的食品安全追溯信息归集、公布平台建设，统一追溯编码、追溯内容和信息归集，保证追溯链条的完整性和兼容性。充分运用物联网等信息技术手段提高追溯体系的便捷性和可靠性。逐步实现婴幼儿

配方乳粉、原料乳粉和畜禽、水产品等高风险食品的全程追溯以及酒类、桶装水等重点预包装食品的流通和溯源管理。三是整合检测资源，完善风险评估机制。培育提升一批综合性重点实验室，专业性、区域性实验室和监测实验站点。加强市食品安全风险评估中心建设。完善市食品安全专家委员会，构建专家数据库。四是加强应急控制技术的研发与应用，完善食品安全应急数据库。

北京市推动“三低”食品调查*

人们一般认为低糖低盐类的食品主要针对有特殊疾病的人群，不必在市民日常餐饮中推广。但是，近年来慢性病发展趋势证明，有必要扩大低糖低盐食品的应用领域，促进食品生产加工领域、流通领域和终端消费、社会餐饮领域中企业与机构之间的合作，通过生产加工、社会餐饮、市场流通、零售供应，尽快地、最大限度地实现从家庭餐饮到社会餐饮的低糖、低盐化，为进一步改善全市居民的主要健康指标，全面提升市民的健康素质，延长全市居民健康寿命，将北京建设成拥有一流“健康环境、健康人群、健康服务”的国际大都市服务。

一、什么是“三低”食品

三低食品是针对三高食品（高脂肪、高糖与高盐）而言的，即低脂、低糖、低盐（低钠），但食品中到底含有多少脂肪、糖和盐才称之为“低”呢？事实上，我国 GB 13432－2004《预包装特殊膳食食品标签通则》对特殊膳食类食品中的“三低”、GB 28050－2011《食品安全国家标准 预包装食品营养标签通则》对普通食品中的“三低”有明确的要求，只有符合标准规定的限量值才能称“低”或“无”。

1. gB 13432－2004《预包装特殊膳食食品标签通则》

表 1　特殊膳食食品中“三低”声称的相关要求

项目	声称	界限（不高于）
能量	低	固体食品：170kJ/100g
	无	液体食品：17kJ/100g

---

* 作者简介：刘晓毅，国家食品质量安全监督检验中心风险预警室主任，高级工程师；曹宝森，国家食品质量安全监督检验中心干部；郎志强、彭艳伟，北京市质量技术监督局食品生产监督处干部。

续表

<table>
<tr><th>项目</th><th>声称</th><th colspan="2">界限（不高于）</th></tr>
<tr><td rowspan="2">脂肪</td><td>无</td><td colspan="2">固体或液体食品：0.5 g/100g（100mL）</td></tr>
<tr><td>低</td><td colspan="2">固体食品：3g/100g；液体食品：1.5g/100 mL</td></tr>
<tr><td rowspan="3">饱和脂肪</td><td rowspan="2">低</td><td colspan="2">固体食品：1.5g/100g；饱和脂肪的能量占食品总能量的10%以下</td></tr>
<tr><td colspan="2">液体食品：0.75g/100mL；饱和脂肪的能量占食品总能量的10%以下</td></tr>
<tr><td>无</td><td colspan="2">固体或液体食品：0.1g/100g（100mL）</td></tr>
<tr><td rowspan="7">胆固醇</td><td rowspan="3">无</td><td>胆固醇</td><td>固体或液体食品：5 mg/100g（100mL）</td></tr>
<tr><td rowspan="2">饱和脂肪</td><td>固体食品：1.5g/100g；饱和脂肪的能量占食品总能量的10%以下</td></tr>
<tr><td>液体食品：0.75g/100mL；饱和脂肪的能量占食品总能量的10%以下</td></tr>
<tr><td rowspan="4">低</td><td rowspan="2">胆固醇</td><td>固体食品：20mg/100g</td></tr>
<tr><td>液体食品：10mg/100mL</td></tr>
<tr><td rowspan="2">饱和脂肪</td><td>固体食品：1.5g/100g；饱和脂肪的能量占食品总能量的10%以下</td></tr>
<tr><td>液体食品：0.75g/100mL；饱和脂肪的能量占食品总能量的10%以下</td></tr>
<tr><td>糖（指所有的单糖和双糖）</td><td>无</td><td colspan="2">固体或液体食品：0.5g /100g（100mL）</td></tr>
<tr><td rowspan="3">钠</td><td>低</td><td colspan="2">固体食品：120mg /100g</td></tr>
<tr><td>非常低</td><td colspan="2">固体食品：40mg /100g</td></tr>
<tr><td>无</td><td colspan="2">固体食品：5mg /100g</td></tr>
</table>

注：饱和脂肪指脂肪中的脂肪酸是饱和的，但以脂肪计。

2. gB 28050－2011《食品安全国家标准 预包装食品营养标签通则》

表2　预包装食品中“三低”声称的相关要求

项目	声称方式	含量要求[a]	限制性条件
脂肪	无或不含脂肪	≤0.5g/100g（固体）或100mL（液体）	
	低脂肪	≤3g/100g 固体；≤1.5g/100mL液体	
	减少脂肪	与基准食品相比减少25%以上	
	瘦	脂肪含量≤10%	仅指畜肉类和禽肉类
	脱脂	液态奶和酸奶：脂肪含量≤0.5%； 奶粉：脂肪含量≤1.5%。	仅指乳品类
	无或不含饱和脂肪	≤0.1g/100g（固体）或100mL（液体）	指饱和脂肪及反式脂肪的总和
	低饱和脂肪	≤1.5g/100g 固体 ≤0.75g/100mL 液体	1. 指饱和脂肪及反式脂肪的总和 2. 其提供的能量占食品总能量的10%以下
	无或不含反式脂肪酸	≤0.3g/100g（固体）或100mL（液体）	
胆固醇	无或不含胆固醇	≤5mg/100g（固体）或100mL（液体）	应同时符合低饱和脂肪的声称含量要求和限制性条件
	低胆固醇	≤20mg/100g 固体； ≤10mg/100mL 液体。	
	减少胆固醇	与基准食品相比减少25%以上	
糖	无或不含糖	≤0.5g/100g（固体）或100mL（液体）	
	低糖	≤5g/100g（固体）或100mL（液体）	
	减少糖	与基准食品相比减少25%以上	
	无乳糖	乳糖含量≤0.5g/100g（mL）	仅指乳品类
	低乳糖	乳糖含量≤2g/100g（mL）	
	减少乳糖	与基准食品相比减少25%以上	

续表

项目	声称方式	含量要求[a]	限制性条件
糖	高或富含膳食纤维或良好来源	“来源”的两倍以上	仅指乳品类
	增加，或减少	与基准食品比增加或减少25%以上	
钠	无或不含钠	≤5mg /100g 或 100mL	也可用“盐”字代替“钠”字，如“低盐”、“减少盐”等，其条件应符合“钠”相应的声称条件。
	极低钠	≤40mg /100g 或 100mL	
	低钠	≤120mg /100g 或 100mL	
	减少钠	与基准食品相比减少25%以上	

注：[a]使用每份食品作为计量单位时，也应符合100g（mL）的含量才可以进行声称。

此外，我国还有一个行业标准 QB 2019 – 2005《低钠盐》来规定盐称“低”的要求，即氯化钠（以 NaCl 计）≤70.00 ± 10.00（g/100g）。

二、“三低”食品与健康

随着生活水平的提高，各类营养物质的摄入量也随之增多，营养素过多摄入也会造成负担。有流行病学调查显示，北京市成人血脂异常率为33.2%，高血压患病率为29.1%，明显高于全国平均血脂异常率（18.6%）和全国平均高血压患病率（18.8%）；糖尿病患病率为6.6%，居全国各大城市之首，与美国、澳大利亚等发达国家的患病率水平基本一致。因此，控制糖、脂肪和盐的摄入量，有利于防止肥胖、心血管和相关疾病。

国际上一般认为每天糖（单糖、双糖）的摄入量应在50g内，因为过量摄入糖，会增加胰腺癌的发病几率；吃糖还会导致胰岛素大量分泌，使胰岛功能受到损伤，增加糖尿病的风险。世界卫生组织推荐每日食盐摄入量小于6g，因为高盐饮食会造成人体内钙的流失，还是导致胃溃疡、胃癌的主要原因之一；此外，盐的主要成分是氯化钠，人体吸收过量的钠会使血压明显升高。根据营养素参考值（NRV），成人每日脂肪摄入量应小于等于60g，饱和脂肪酸摄入量应小于等于20g，胆固醇摄入量应小于等于300mg，因为脂肪摄入过多，会造成身体肥胖、脂肪肝，引发高血脂、高血压、高血糖，同时身体肥胖也会给体内的各个器官带来压力，比如气喘、心脏不适等；还会妨碍身体对其他营养的吸收，影响体内的代谢功能，内分泌功能等。

对此，许多食品的产品标准，从产品特性、风味以及健康角度综合考虑，制定了涉及糖、脂肪和盐分的限量要求，具体如表 3 所示：

表 3 食品中糖、盐、脂肪的限量要求

项目	产品	指标	备注
盐	挂面	盐分	SB/T 10070 – 1992《手工面》，以氯化钠计≤8.0%
	谷氨酸钠（99%味精）	氯化物（食用盐）	GB/T 8967 – 2007 谷氨酸钠（味精），氯化物（以 Cl – 记）≤0.1% 加盐味精，食用盐（以氯化钠计），<20.0%
	鸡精调味料	氯化物	SB/T 10371 – 2003 鸡精调味料，以氯化钠计≤40g/100g
	肉松类和肉干类	氯化物	SB/T 10281 – 2007 肉松，氯化物（以氯化钠计）≤7g/100g
	熏烧烤肉制品	氯化物	SB/T 10283 – 2007 肉脯，氯化物（以氯化钠计）≤5g/100g
	熏煮香肠类	氯化物	SB/T 10279 – 2008 熏煮香肠，氯化物（以氯化钠计）≤4g/100g
	酱卤肉	食盐	GB/T 23586 – 2009≤4g/100g（以氯化钠计）
	中国火腿类	盐分	GB/T 18357 – 2008 地理标志产品 宣威火腿，盐分（以瘦肉中的氯化钠计）≤12.5% GB/T 19088 – 2008 地理标志产品 金华火腿，盐分（以瘦肉中的氯化钠计）≤11%
	方便面	氯化物	LS/T 3211 – 1995 方便面，氯化钠≤2.5%
	膨化食品	氯化钠	GB/T 22699 – 2008 膨化食品，氯化钠≤2.8%（普通型），≤4.5%（大颗粒型）
	油炸、烘烤薯类	氯化钠	QB/T 2686 – 2005 马铃薯片，氯化钠≤3.5%
	酱腌菜	食盐含量	SB/T 10439 – 2007 酱腌菜，食盐（以氯化钠计）糖渍菜≤4g/100g；醋渍菜≤6g/100g；糖醋渍菜≤6g/100g；虾油渍菜≤20g/100g；盐水渍菜≤9g/100g
	蜜饯	食盐（以氯化钠计）	GB/T10782 – 2006 蜜饯通则，氯化钠，糖渍类≤4%；凉果类≤8%；话化类—不加糖类≤35%；加糖类≤15%
	干制水产品	盐分	NY/T 1712 – 2009 干制水产品，盐分，鱼类≤6%；虾类≤6%；贝类≤6%；头足类≤2%；即食干制品≤6%

续表

项目	产品	指标	备注
盐	盐渍水产品	盐分	SC/T 3210－2001 盐渍海蜇皮和盐渍海蜇头，以氯化钠计在 18%－25% 之间 SC/T 3211－2002 盐渍裙带菜，以氯化钠计在 20%－25% 之间 SC/T 3212－2000 盐渍海带，以氯化钠计在 20%－24% 之间
	水产调味品	氯化钠	NY/T 1710－2009 绿色食品 水产调味品，食盐（以氯化钠计）耗油≤14.0g/100g；鱼露、虾油、虾酱、海鲜粉调味料≤25.0g/100g
糖	肉松类和肉干类	总糖	SB/T 10281－2007 肉松，肉松≤30g/100g，油酥肉松≤35g/100g，肉粉松≤35g/100g
	熏烧烤肉制品	总糖	SB/T 10283－2007 肉脯，总糖（以蔗糖计）≤38g/100g
	乳粉	蔗糖	GB/T 5410－2008 乳粉（奶粉），全脂加糖乳粉≤20.0%
	炼乳	蔗糖	GB 13102－2010 炼乳，加糖炼乳≤45.0%；调制加糖炼乳≤48.0%
	葡萄酒	总糖	GB 15037－2006 葡萄酒，干葡萄酒含糖（以葡萄糖计）小于或等于 4.0g/L
	黄酒	总糖	GB/T 13662－2008 黄酒，总糖（以葡萄糖计）15.0g/L
	其他酒	总糖	QB/T 1981－94 露酒，总糖（以葡萄糖计）200g/L
	蜜饯	总糖（转化糖计）	GB/T10782－2006 蜜饯通则，总糖（以葡萄糖计），糖渍类≤70%；糖霜类≤85%；果脯类≤85%；凉果类≤70%；话化类—不加糖类≤6%；加糖类≤60%；果糕类—糕类≤75%；条类≤70%；片类≤80%
	果酱	总糖（转化糖计）	GB/T 22474－2008 果酱，果味酱≤65g/100g
	糕点	总糖	GB/T 20977－2007《糕点通则》，总糖，烘烤类（蛋糕类≤42%，其他≤40%），油炸类（萨其马类≤35%，其他≤42%），水蒸糕点类（蛋糕类≤46%，其他≤42%），熟粉类（片糕类≤50%，其他≤45%）
	婴幼儿配方谷粉	蔗糖	GB 10769－2010 食品安全国家标准 婴幼儿谷类辅助食品，蔗糖，婴幼儿谷物辅助食品≤1.8（7.5）g/100KJ（kcal）；婴幼儿高蛋白辅助食品 1.2（5.0）g/100KJ（kcal）；婴幼儿饼干或其他婴幼儿谷物辅助食品≤1.8（7.5）g/100KJ（kcal）

续表

项目	产品	指标	备注
脂肪	肉松类和肉干类	脂肪	SB/T 10281－2007 肉松 ，肉松≤10g/100g，油酥肉松≤30g/100g，肉粉松≤20g/100g
	熏烧烤肉制品	脂肪	SB/T 10283－2007 肉脯，脂肪，肉脯≤14g/100g，肉糜脯≤18g/100g
	熏煮香肠类	脂肪	SB/T 10279－2008 熏煮香肠，脂肪≤25g/100g
	熏煮火腿类	脂肪	SB/T 10280－2008 熏煮火腿，脂肪≤10g/100g
	方便面	脂肪	LS/T 3211 － 1995 方便面，酸价（以脂肪计）≤1. 8mgKOH/g
	罐头	脂肪（含量）	GB/T13213 猪肉糜类罐头，午餐肉罐头优级≤24%，普通级≤26%；火腿肉罐头优级≤18%，普通级≤22%；火腿午餐肉罐头优级≤20%，普通级≤24%
	速冻面米食品	脂肪	SB/T 10412 － 2007 速冻面米食品，脂肪，肉类≤18g/100g；含肉类≤18g/100g
	膨化食品	脂肪	GB/T 22699－2008 膨化食品，脂肪≤40. 0%
	油炸、烘烤薯类	脂肪	QB/T 2686－2005 马铃薯片 ，脂肪≤50. 0%
	淀粉	脂肪	GB/T 8883－2008 食用小麦淀粉，优级品≤0. 07%，一级品≤0. 1%，二级品≤0. 15% GB/T 8885－2008 食用玉米淀粉，优级品≤0. 10%，一级品≤0. 15%，二级品≤0. 20%
	糕点	脂肪	GB 19855－2005 月饼，蓉沙类≤24%，果仁类≤28%，果蔬类≤18%，肉与肉制品类≤25%，水产制品类≤24%，蛋黄类≤30%，其他类企业自定
	婴幼儿配方乳粉	脂肪	GB 10765－2010 食品安全国家标准 婴幼儿配方乳粉 1. 05－1. 40g/100kJ
	婴幼儿配方谷粉	脂肪	GB 10769－2010 食品安全国家标准 婴幼儿谷类辅助食品，脂肪，婴幼儿谷物辅助食品≤0. 8（3. 3）g/100KJ（kcal）；婴幼儿高蛋白辅助食品 1. 1（4. 6）g/100KJ（kcal）；婴幼儿饼干或其他婴幼儿谷物辅助食品≤0. 8（3. 3）g/100KJ（kcal）；婴幼儿生制类谷物辅助食品≤0. 8（3. 3）g/100KJ（kcal）

三、北京市“三低”食品现状及问题

（一）低糖食品现状及问题

无糖食品和低糖食品是健康饮食的需要，由于研发无糖食品的难度较大且风险较高，许多企业主要就低糖食品进行研发。

1. 低糖食品现状

糖的替代品主要有糖醇类和高倍甜味剂类。国际上通常采用糖醇作为低糖食品的食糖替代品。糖醇是醛糖或酮糖的羰基（-CHO、>C=O）被还原成羟基（-OH）的衍生物。据统计，目前已工业化生产并研制成功的糖醇有山梨糖醇、甘露糖醇、木糖醇、赤藓糖醇、麦芽糖醇、异麦芽糖醇和乳糖醇等。糖醇大都是白色晶体，较蔗糖的甜度低，易溶于水，是首选的甜味剂。糖醇相对甜度对比见表4，热值对比见表5。

表4　糖与糖醇甜度对比表（以蔗糖甜度为1）

物质	甜度	物质	甜度	物质	甜度
蔗糖	1	甘露糖	0.6	甘露糖醇	0.7
葡萄糖	0.7	乳糖	0.4	乳糖醇	0.3-0.4
果糖	1.5	木糖	0.7	木糖醇	1
半乳糖	0.6	山梨糖	0.5	山梨糖醇	0.5
赤藓糖醇	0.65	麦芽糖	0.4	麦芽糖醇	0.9

表5　糖和糖醇物质热值（kJ）对比表

物质	热值（kJ/g）	物质	热值（kJ/g）
蔗糖	16.7	山梨糖醇	12.5
木糖醇	11.7-12.1	麦芽糖醇	8.4
甘露糖醇	8.4	乳糖醇	8.4

糖醇作为糖的重要衍生物之一，耐热性更好，对酸碱较稳定，且不被口腔细菌利用，代谢时不需胰岛素，适应于各类人食用。它们溶解时要吸收大量的热，用它们作糖果食用时有清凉爽感。糖醇具有类似蔗糖的一些性质，国外多用于低热量及低糖的食品中，如糖果、冷冻食品及焙烘糕点等。

糖醇中木糖醇和麦芽糖醇的应用比较广泛，GB 2760－2011《食品安全国家标准 食品添加剂使用标准》（以下简称“GB 2760”）允许木糖醇和麦芽糖醇（冷冻鱼糜除外）在各类食品中按生产需要适量使用。从调查结果看，除饮料中应用较少外，大部分的低糖糕点、低糖饼干和低糖糖果中都会添加木糖醇，其使用量从1%到46%不等；麦芽糖醇的使用量在1%到54%之间不等，且均在口香糖中有较高的使用量。山梨糖醇在低糖食品中的应用多见于低糖糖果，在糕点、饼干和饮料中很少应用。乳糖醇除了具备糖醇类所具有的性质稳定、热量低、降低冰点、能预防龋齿等特点外，还具有双歧增殖因子作用，虽然本身在胃肠道中不易被消化吸收，但可使肠道中的双歧杆菌增殖10到100倍，是一种保健型的糖醇。赤藓糖醇可以在可可制品、巧克力和巧克力制品、糖果、糕点、饮料中按生产需要适量使用，调查显示赤藓糖醇使用得较少。目前，市场上几种糖醇联合使用较普遍，最明显的是口香糖，几乎所有的口香糖都含有两种以上的糖醇，最常见的是木糖醇和麦芽糖醇，许多口香糖还添加了山梨糖醇和甘露糖醇；低糖糕点和饼干中多采用木糖醇和麦芽糖醇联合使用；低糖饮料中较少使用糖醇类甜味剂，抽查结果中仅有几例添加了木糖醇。

高倍甜味剂在低糖食品中的使用，主要是低糖饮料类。GB 2760 允许使用的高倍甜味剂有甜蜜素、安赛蜜、糖精钠、阿斯巴甜、三氯蔗糖等。三氯蔗糖又名蔗糖素，其特点是甜度高、味质好、无热值、稳定性好、生物安全性高，甜度是蔗糖的600倍，且甜味纯正，甜味特性曲线几乎与蔗糖重叠。GB 2760 批准其可以在调味乳、调制乳粉、冷冻饮品、糖果、即食谷物、焙烤食品、醋、酱油、酱、饮料、固体饮料、浓缩果蔬汁（浆）、配制酒、发酵酒等多种食品中使用。调查结果显示，三氯蔗糖主要应用于低糖饮料和低糖口香糖中。在有些标注“无蔗糖”的酸奶中也有添加（见表6）。

表6　样品实测情况

样品名称	三氯蔗糖（μg/mL）
（低糖）可乐	80.4
（无蔗糖）酸奶 A	67.5
（无蔗糖）酸奶 B	52.8
（无蔗糖）酸奶 C	56.7
低糖口香糖	3.16

安赛蜜又称为乙酰磺胺酸钾，类似于糖精，易溶于水，没有营养，口感好，无热量，甜味纯正而强烈，甜度为蔗糖的200－250倍。安赛蜜具有对热和酸稳定性好的特点，是世界上稳定性最好的甜味剂之一，适用于焙烤食品和酸性饮料。糖精钠又称邻磺酰苯酰亚胺钠，甜度约为蔗糖的450－550倍，故其10万分之一的水溶液即有甜味感，浓度高了以后还会出现苦味，是最传统的甜味剂，已有百余年应用历史。阿斯巴甜又称甜味素，由两种不同的氨基酸即天门冬氨酸和苯丙氨酸合成，具有清爽的甜味，甜度是蔗糖的200倍，长时间加热或高温可致破坏，在水溶液中不稳定，易分解而失去甜味，低温时和pH值3－5时较稳定，可作为非营养型甜味剂。调查结果显示，糖精钠在低糖食品中使用较少；阿斯巴甜主要在低糖口香糖和低糖饮料中使用，使用量在0.02－1.72g/kg之间不等；安赛蜜在低糖食品中的应用较为常见，使用量在0.06－1.29g/kg之间不等。低糖食品中高倍甜味剂也存在联合应用的现象，比如口香糖和饮料中会有安赛蜜、阿斯巴甜、三氯蔗糖的联合应用。

此外，糖醇和高倍甜味剂的联合使用也很普遍，最常见的是木糖醇、麦芽糖醇、安赛蜜和阿斯巴甜的联合使用（详见表7）。

2. 低糖食品存在的问题

市场不规范。市场上一些所谓的无糖食品并不能真正达到无糖食品或低糖食品的要求，有些还使用麦芽糖稀即所谓的饴糖替代糖醇生产、销售无糖糕点，以成本低、价格低来冲击市场。我国标准对无糖食品有明确规定，即100克（g）或100毫升（mL）的固体或液体食品中糖（单糖和双糖）的含量不高于0.5g。依照这个标准，现在市场上大多数面制品、乳制品标称为无糖食品都会有问题。因为这类食品的原料——小麦粉或液体乳，即使不添加其他糖分，本身含有一定量的麦芽糖或乳糖。也就是说，按现有无糖食品的标准，这类无糖食品一般都会超过指标要求。

低糖、无糖食品的标称比较混乱。从调查结果看，有标注“低糖”的食品含糖量在19－127g/kg之间不等，最高的仅蔗糖含量就达到111g/kg（11.1%）；有的产品虽标识“无蔗糖”，但其中的蔗糖含量高达51g/kg；有的产品标识“不加糖”，但麦芽糖含量高达到231g/kg。

糖醇类甜味剂存在超范围使用的现象。根据GB 2760对糖醇类甜味剂的使用限量要求，调查发现，有些糕点和燕麦片中存在超范围添加乳糖醇的现象；有些黑芝麻糊、核桃粉、燕麦片等产品存在超范围添加甘露糖醇的现象，且最高使用量甚至大于7%。

表 7　低糖食品及低糖食品中糖含量检测数据表

序号	样品名称	赤藓糖醇（%）	木糖醇（%）	山梨糖醇（%）	甘露糖醇（%）	麦芽糖醇（%）	乳糖醇（%）	果糖（g/kg）	葡萄糖（g/kg）	蔗糖（g/kg）	麦芽糖（g/kg）	乳糖（g/kg）
1	木糖醇沙琪玛	<0.1	5.01	<0.1	<0.1	/	<0.1	<0.1	<0.1	0.62	1.14	<0.1
2	低糖饼干	<0.1	1.05	<0.1	<0.1	9.94	<0.1	<0.1	3.12	1.98	1.06	<0.1
3	低糖五仁月饼	<0.1	9.05	<0.1	<0.1	16.5	<0.1	<0.1	<0.1	2.76	3.21	<0.1
4	低糖蛋白月饼	<0.1	6.10	<0.1	<0.1	16.4	<0.1	<0.1	<0.1	1.12	2.16	<0.1
5	木糖醇沙琪玛	<0.1	5.92	<0.1	<0.1	25.59	2.17	<0.1	<0.1	0.48	1.26	<0.1
6	京式无蔗糖自来红月饼	<0.1	0.43	<0.1	<0.1	6.18	<0.1	<0.1	<0.1	2.73	0.5	<0.1
7	无蔗糖饼干	<0.1	<0.1	<0.1	<0.1	/	<0.1	0.38	0.22	0.26	31.65	1.02
8	无蔗糖沙琪玛	<0.1	<0.1	<0.1	<0.1	3.83	<0.1	<0.1	2.1	0.52	120.42	<0.1
9	低糖南瓜饼干	<0.1	<0.1	<0.1	<0.1	/	<0.1	4.59	3.19	111.36	2.61	5.5
10	苏打香脆饼干（不含蔗糖）	<0.1	<0.1	<0.1	<0.1	<0.1	<0.1	0.11	<0.1	<0.1	0.38	0.28
11	鲜豆浆饼干（无蔗糖）	<0.1	<0.1	0.357	<0.1	17.5	<0.1	0.16	0.24	1.27	<0.1	0.52
12	无蔗糖草莓味饼干	<0.1	1.21	<0.1	<0.1	9.45	<0.1	0.47	0.55	0.91	<0.1	<0.1
13	无蔗糖莲蓉味饼干	<0.1	<0.1	<0.1	<0.1	5.48	<0.1	1.69	1.18	51.12	<0.1	<0.1
14	无蔗糖南瓜味饼干	<0.1	0.32	<0.1	<0.1	7.74	<0.1	0.44	0.55	1.18	0.23	<0.1
15	麦芽糖醇豆沙月饼	<0.1	0.51	<0.1	<0.1	9.46	<0.1	0.13	0.75	0.48	0.57	<0.1

续表

序号	样品名称	赤藓糖醇（%）	木糖醇（%）	山梨糖醇（%）	甘露糖醇（%）	麦芽糖醇（%）	乳糖醇（%）	果糖（g/kg）	葡萄糖（g/kg）	蔗糖（g/kg）	麦芽糖（g/kg）	乳糖（g/kg）
16	麦芽糖醇芋头月饼	<0.1	0.21	<0.1	<0.1	5.11	<0.1	0.3	0.79	0.29	0.45	<0.1
17	广式无蔗糖黑芝麻月饼	<0.1	2.78	<0.1	<0.1	9.5	<0.1	0.17	0.29	1.5	0.58	<0.1
18	纤麸无添糖消化饼干	<0.1	0.42	<0.1	<0.1	11.3	<0.1	<0.1	<0.1	<0.1	<0.1	<0.1
19	夹心低糖口香糖	<0.1	4.03	9.24	17.6	54.5	<0.1	<0.1	<0.1	1.64	<0.1	<0.1
20	木糖醇低糖口香糖	<0.1	34.1	27.1	4.55	2.02	<0.1	0.26	1.45	0.35	<0.1	1.24
21	木糖醇低糖口香糖	<0.1	46.50	3.84	2.61	7.4	<0.1	0.33	1.25	0.5	<0.1	<0.1
22	低糖口香茶	<0.1	<0.1	66.8	<0.1	<0.1	<0.1	0.45	0.96	0.92	<0.1	<0.1
23	木糖醇低糖口香糖	<0.1	22.2	<0.1	<0.1	32.6	<0.1	0.8	4.74	1.26	12.64	<0.1
24	木糖醇低糖口香糖	<0.1	41.65	<0.1	<0.1	11.8	<0.1	0.34	<0.1	0.34	<0.1	<0.1
25	木糖醇（低糖口香糖）	<0.1	22.40	<0.1	<0.1	34.8	<0.1	0.35	0.52	0.39	<0.1	<0.1
26	木糖醇口香糖	<0.1	42.8	<0.1	<0.1	17.3	<0.1	0.40	0.83	37.28	<0.1	45.73
27	低糖杏仁露	<0.1	0.83	<0.1	<0.1	<0.1	<0.1	<0.1	<0.1	0.59	<0.1	<0.1
28	杏仁露（低糖饮品）	<0.1	<0.1	<0.1	<0.1	<0.1	<0.1	<0.1	<0.1	0.22	<0.1	<0.1
29	甜糯米原浆饮品（木糖醇型）	<0.1	<0.1	<0.1	<0.1	5.15	<0.1	0.18	0.28	18.5	<0.1	<0.1
30	低糖八宝粥	<0.1	7.20	<0.1	<0.1	<0.1	<0.1	<0.1	<0.1	<0.1	<0.1	<0.1
31	木糖醇营养八宝粥	<0.1	6.68	<0.1	<0.1	<0.1	<0.1	<0.1	<0.1	<0.1	<0.1	<0.1

续表

序号	样品名称	赤藓糖醇（%）	木糖醇（%）	山梨糖醇（%）	甘露糖醇（%）	麦芽糖醇（%）	乳糖醇（%）	果糖（g/kg）	葡萄糖（g/kg）	蔗糖（g/kg）	麦芽糖（g/kg）	乳糖（g/kg）
32	果汁醋（低糖）	<0.1	6.50	<0.1	<0.1	<0.1	<0.1	0.55	0.67	0.18	0.21	<0.1
33	酸枣果汁饮料（不加糖型）	<0.1	5.74	<0.1	<0.1	<0.1	<0.1	7.01	7.87	0.17	<0.1	<0.1
34	果汁醋（低糖）	<0.1	6.17	<0.1	<0.1	<0.1	<0.1	16.8	8.94	3.26	<0.1	<0.1
35	果汁醋爽（低糖）	<0.1	6.57	<0.1	<0.1	<0.1	<0.1	<0.1	0.54	0.16	0.2	<0.1
36	果汁醋爽（低糖）	<0.1	4.11	<0.1	<0.1	<0.1	<0.1	9.06	9.91	0.017	0.25	<0.1
37	燕麦片（未加蔗糖）	<0.1	<0.1	<0.1	<0.1	1.01	<0.1	0.36	0.32	3.33	<0.1	<0.1
38	黑芝麻糊（无蔗糖）	<0.1	<0.1	<0.1	0.69	1.01	3.01	0.31	2.81	1.8	<0.1	<0.1
39	核桃粉（不添加蔗糖）	<0.1	<0.1	<0.1	1.26	20.6	<0.1	0.39	11.4	5.26	230.74	<0.1
40	黑芝麻糊（未加蔗糖）	<0.1	0.80	<0.1	1.57	9.16	1.49	1.71	2.78	1.33	6.11	<0.1
41	核桃粉（无蔗糖）	<0.1	<0.1	<0.1	1.02	13.8	<0.1	0.50	6.57	4.72	192.25	<0.1
42	醇豆粉（未加糖）	<0.1	0.84	<0.1	<0.1	9.57	1.50	0.38	1	68.84	15.17	<0.1
43	优麦燕麦（不添加蔗糖）	<0.1	0.99	<0.1	7.4	1.79	7.12	6.70	51.05	4.7	105.48	<0.1
44	有机燕麦片（无蔗糖）	<0.1	<0.1	<0.1	<0.1	1.7	<0.1	0.42	0.39	5.9	0.49	<0.1
45	中老年营养早餐牛奶精米燕麦（未加蔗糖）	<0.1	<0.1	<0.1	<0.1	1.54	3.28	0.72	5.42	8.15	40.19	<0.1

更严重的问题是认为低糖食品不会引起血糖上升的错误认识。一些低糖食品虽然没有在生产时另外添加糖或者添加很少量的糖，但若原料本身含有淀粉，进食后同样能很快分解成葡萄糖，使血糖生成指数提高。因此，对于糖尿病患者，仍然需要限量食用。

最后，在低糖无糖食品的检测上，由于我国目前对甜味剂的日常监管只局限于糖精钠、甜蜜素、安赛蜜等老一代甜味剂，而且注重于单一甜味剂的超范围、超限量使用，对于诸多新型甜味剂还缺少检测方法，从而存在监管缺陷。

（二）低脂食品现状及问题

1. 低脂食品现状

随着人类对健康的不断关注，低脂食品应运而生，并日益得到广大消费者青睐。早在 1993 年，美国市场上的低脂产品已达 847 种，高居各类健康食品之首。英国的低脂食品市场也十分兴旺。包括我国在内的亚洲国家虽然有摄入脂肪较少的传统，但随着生活水平的不断提高和一些西式食品的风行，低脂食品的研究和开发已成为一项重要课题。日本在这方面开展了大量工作，我国也在不断深入研究。

目前，降低食品脂肪含量的方法根据不同种类的食品采用了不同的工艺。对脂肪含量较高的肉制品，主要通过加热吸离、机械切割、超临界液体萃取以及饲养环节等方式来降低脂肪含量；对于非肉类制品，由于油脂主要在生产过程中添加，因此要控制脂肪的添加量或者采用脂肪替代品。常用的脂肪替代品有蛋白质类（大豆蛋白、乳清蛋白和鸡蛋蛋白）、碳水化合物类（动植物胶、变性淀粉、麦芽糊精和微晶纤维素）、化学合成类（蔗糖聚酯等）。

通过对北京市主要的低脂产品（低脂糕点和低脂低糖乳）的调查显示，低脂食品的开发和生产还处于起步阶段，产量及比例相对更低。对于低脂低糖糕点来说，每年的产品品种从 6 到 33 种不等，年生产量大约从十几吨到 1000 多吨不等，一般占企业总产量的 3% －22% 不等，个别企业该类产品只占到总产量的 0.5% ，有很多企业都没有此类产品。对于低脂牛奶来说，目前市面上有多个低脂或脱脂牛奶品牌，虽然饮用人群较大，但饮用频率不会很高，消费者更习惯间歇性地饮用低脂、高钙等功能性牛奶产品，因此消费量较低，所占市场份额很小。而且很多人喝不惯低脂或脱脂牛奶，主要是因为消费者在品尝过脱脂牛奶后，觉得它口感不好，像水一样，不够香浓，怀疑脱脂牛奶在营养成分上有欠缺，不如全脂牛奶有营养。可见，消费需求和观念认知对低脂低糖乳的销售有决定性的影响。

2. 低脂食品存在的问题

技术难度高。低脂产品在技术上有一定的难度，因为油脂能提供食品良好的风味和口感，油脂减少后产品本身从口感、外观、保质期等方面都不如同类产品。低脂产品一般与美味都会有不同程度的矛盾，市场上美味的低脂产品一般都不是真正意义上的低脂产品。

成本高。鉴于研发技术难度高，因此需要投入大量的研发资金，低脂产品开发出来后并不一定被顾客所熟知，还需要投入大量的宣传费用，而且产品售价较高，市场很难打开，市场投入期长。而且通常可以使用的脂肪替代品的成本也相对较高，目前获批“新资源食品”的蔗糖聚酯是我国唯一批准的零脂肪、零热量的天然脂肪替代品，经中国食用植物油企业益海嘉里油脂公司的测试研究表明，蔗糖聚酯在性状、口感及功能方面均类似于一般油脂，是传统油脂和油品的良好替代物，其优势明显，但缺点也不能忽略不计，那就是很贵，其价格接近乳脂。

（三）低盐食品现状及问题

1. 低盐食品现状

北京研究开发的低盐类食品主要是低盐发酵性食品，如酱油、腐乳等。目前低盐食品的研发主要从以下几方面入手：

一是优势菌种的选育。开发低盐、超低盐甚至无盐发酵的新型食品，最好的途径是选育出优良的微生物菌种，人为创造最适宜的生长条件，加强乳酸发酵作用，以达到既抑制了有害微生物的入侵又实现快速发酵的目的。

二是选用食盐替代物。近年来医学界认为，钾对维持细胞的正常功能有重要作用，钾和钠在生物学过程中是相互作用的，过量摄入食盐，可使人体内钠离子和钾离子的比例失调。与钠的作用相反，钾可以降血压，限钠补钾有利于高血压的防治。因此，国内外一些专家选用氯化钾部分代替氯化钠进行低盐发酵，降低了产品中钠的含量。

三是乙醇与食盐协同作用降低食盐用量。在我国，白酒常被用在许多食品中来提高食品的风味。同时，酒中的乙醇还起着防腐剂的作用，一定浓度的乙醇可以抑制腐败菌的生长，在低盐发酵食品中，添加一定量的乙醇，可以防止发酵醪腐败。有研究表明，10%的食盐和5% –7%的乙醇协同作用可以生产出风味优良的低盐酱油；添加25%的乙醇能使腐乳中的含盐量降低到3.25g/100g。有研究乙醇在日本豆酱中的作用，认为7.5%的乙醇与5%的食盐协同作用，发酵8周后可以得到与商业产品一样的风味和品质。

四是中药材与食盐协同作用降低食盐用量。在制曲原料中加入中药材，既可以刺激有益菌的生长，又可以抑制杂菌的生长。生姜是常用的中药及天然食品调味品，可用于发酵食品中与食盐协同起到防腐的作用，从而降低食盐的用量。有研究人员在盐腌黄瓜中用10%生姜与5%食盐组合后，对大多数供试真菌的抗菌活性大大增强，其防腐效果约为单纯食盐的2倍。

2. 低盐食品存在的问题

传统发酵食品主要是利用食盐来提高保藏性能，延长保存期。降低发酵食品中的含盐量必然要降低发酵食品的保藏性能，不利于长期保存，货架期短，从而限制了低盐发酵食品的工业化生产，因此研究开发低盐发酵食品必须重点解决产品保质期的问题。

鉴于低盐传统发酵食品有着广阔的发展前景，在保持传统发酵食品的特有风味的基础上，在低盐或无盐发酵菌种，发酵条件的研究，低盐或无盐发酵食品的安全性、保藏性、生物强化作用和功能保健性方面都还需要深入地研究。

四、建议及对策

目前，受市场影响，低糖低脂低盐产品销售情况并不乐观，分析其原因，一是产品口味的影响，二是消费者对低糖低脂低盐产品认知度不够。要发展低糖低脂低盐产品，建议从以下几方面入手：

1. 政策支持

政府发挥决策职能，制定低糖低脂低盐食品发展规划及目标。通过规划及方案的实施，引导企业在低糖低脂低盐产品研发、生产、市场、销售方面积极合理投入，形成从生产加工、物流配送到终端销售完善的产业链条，并保证持续有效进行，确保低糖低脂低盐产品健康发展。通过对低糖低脂低盐产品生产研发资金的支持，鼓励用于低糖低脂低盐产品的课题研究，推广促进该方面课题研究成果应用到实际生产中去。

2. 发挥专业部门作用，争取社会支持

充分发挥专业部门的作用，从营养、健康、安全可靠的工艺方面，每年定期开展对企业生产研发系统人员的培训；建立低糖低脂低盐风险评估机制。政府组织相关部门和专家，根据政府部门抽检报告、消费者反馈信息，定期对低糖低脂低盐产品进行风险评估。

政府充分发挥行业协会的作用，举办各种类型研讨会、交流会、评选活动等，为生产低脂低糖乳品企业建立信息交流的平台，加强政府与企业、企业与企业的沟通。

3. 加大对低糖低脂低盐产品的宣传

通过网络、媒体、电视，加大对低糖低脂低盐产品的营养健康安全知识的宣讲及普及。让消费者认识到低糖低脂低盐产品对人体健康的重大意义。通过组织消费者代表去企业参观低糖低脂低盐产品生产过程，让消费者了解低糖低脂低盐产品的生产过程。组织企业参加低糖低脂低盐产品及相关内容展览会，会上包括知识咨询、产品推介、生产设备展示等方面，从而让消费者更多渠道了解低糖低脂低盐产品多方位信息。通过社区居委会，向消费者赠发提倡低糖低脂低盐饮食的宣传小册子，必要时赠发器具，教育引导消费者健康合理膳食。

综上，只有消费者接受和认识到了“三低”食品对健康的重要意义，才能真正促进全民健康。

关于修订《北京市公共场所禁止吸烟的规定》的研究报告*

为了保障人民身体健康，提倡社会公德，减少吸烟造成的危害，1995 年市十届人大常委会二十三次会议通过了《北京市公共场所禁止吸烟的规定》（以下简称《规定》），于 1996 年 5 月 15 日起施行。《规定》自颁布实施以来，对于全面推进北京市公共场所禁烟工作，遏制公共场所和工作场所烟草烟雾造成的室内空气污染，最大限度保护居民健康，预防疾病，特别是在有效保障“无烟奥运”的实现方面发挥了重要作用。但是，随着经济社会发展、公民整体素质的提高、国际国内控烟政策的变化，需要对《规定》进行相应的修订，为此我们通过调研论证，基本明确了立法的必要性，需要立法解决的问题，立法思路和主要制度框架。

一、立法背景和必要性

（一）修订禁烟立法是进一步控制被动吸烟减少烟草危害，保护不吸烟者合法权益的需要

烟草危害是当今世界最严重的公共卫生问题之一，中国的烟草危害必须控制。目前全球已有 5 万篇以上的科学研究明确证实，接触烟草烟雾会造成死亡、疾病和功能丧失。据世界卫生组织统计，全球目前约有 13 亿烟民，每年约 500 万人死于与吸烟有关的疾病。我国是世界上最大的烟草生产国和消费国，烟草生

* 作者简介：方来英，北京市卫生局局长，党组书记；刘泽军，北京市爱卫会办公室主任，主任医师；饶英生，北京市爱卫会办公室副处级调研员；吴淑艳，北京市爱卫会干部，主任医师。

产量占世界总量的三分之一。《2007 年中国控制吸烟报告》指出，全国每年约有 100 万人死于吸烟，其中死于被动吸烟的人数超过 10 万人。如果不控制，预计中国到 2050 年将增至每年因烟草死亡达到 300 万人。

被动吸烟吸入的烟雾中含有多种有毒物质和致癌物，被动吸烟不存在所谓的“安全暴露”水平，二手烟对健康有多种危害，特别对儿童、妇女和病人危害更加严重。烟草使用对我国居民的健康产生了严重的影响。已经显现出来的可比较数据是全国肺癌的发生率在快速上升。肺癌死亡调查结果显示，我国肺癌死亡率由 20 世纪 70 年代 7.17/10 万增到 20 世纪 90 年代的 15.1/10 万，增加了 111.85%。到 2005 年又比 1991 年增加了 2.24 倍（1991 年全国肺癌死亡 191216，到 2005 年全国高升到 428936 人），仅 30 年间隔，经济发展虽然翻了两番，而肺癌死亡却翻了三番，而在与吸烟有关的疾病和死亡中，肺癌占 15%，由此可见，烟草危害是中国经济建设和发展中的巨大敌人，和环境污染的后果一样，导致的是作为社会主体的人受到损害，造成健康和生命损失。所以，世界卫生组织总干事陈冯富珍指出：“遏制这场完全可以避免的烟草流行，必须成为世界各国公共卫生领袖和政治领导人的首要任务之一。”国际控烟经验和禁烟前后的实证分析告诉我们，禁烟立法被执行以后，该地区居民的心肌梗抢救率会出现显著的下降。全面禁烟的地区禁烟第一年与禁烟前一年相比心肌梗抢救率下降 13%。北京在《北京市公共场所禁止吸烟范围若干规定》实施的第一年比实施前一年心肌梗抢救率下降 8%（来自 120 急救中心统计数据）。

1998 年，世界卫生组织已将烟草依赖作为一种疾病列入《国际疾病分类（第 10 版）》，烟草是导致人类第二大主要死因。中重度吸烟者对尼古丁的生理依赖，迫使吸烟者每隔 15 分钟必须寻觅一支卷烟。烟草烟雾是人为制造的“病毒”，应该受到社会控制。吸烟者在烟草未被控制拥有吸烟权利的情况下，要承担保护公众健康权和不侵犯他人（主要是不吸烟者）不吸二手烟权利的义务。实践证明这种权利义务的平衡，仅仅靠道德手段和吸烟者的自觉是得不到普遍遵守的，通过立法途径控制被动吸烟减少烟草危害，是保护不吸烟者合法权益的必要途径。因此，完善修订北京市禁烟《规定》，基于实际情况的现实可能性，合理明确权利义务边界，并保持二者运行的大体平衡，确定禁烟的范围和基本原则是调整吸烟引起的社会关系秩序所必需的。禁烟立法十分必要。北京市《规定》是 1995 年通过的，已经有十四年的时间，其中关于禁烟的范围、管理方式都有必要与时俱进，根据经济社会发展的实际情况和政策环境变化进行修订完善。

（二）修订《规定》明确室内公共场所和工作场所禁止吸烟，是我国履行《烟草控制框架公约》义务的需要

《烟草控制框架公约》（以下简称《公约》）是由世界卫生组织主持达成的第一个具有法律效力的国际公共卫生条约，也是针对烟草的第一个世界范围多边协议，是联合国历史上得到最广泛支持的条约之一。它表明，世界各国政府均达成共识，烟草使用带来的健康危害不容置疑，并决心在全球范围内遏制烟草的流行。《公约》标志着烟草控制已经成为全球化的行动并具有了国际法效力。2007年7月曼谷第二次缔约方大会进一步通过了《防止接触烟草烟雾准则》。《公约》及《防止接触烟草烟雾准则》对各缔约国的具体要求是：一是普遍保护原则，即确保在所有室内公共场所、室内工作场所、公共交通工具和其他可能的室内或者准室外公共场所免于接触二手烟草烟雾。二是室内无烟原则，即室内必须完全消除吸烟和烟草烟雾，不能设置吸烟室或者划定吸烟区，建立100%的无烟环境，不存在符合安全标准的二手烟雾。三是到2011年各缔约国都应当在《公约》对其生效后五年内提供普遍保护。四是必须立法防止公众接触烟草烟雾。《公约》第8条明确指出：各缔约方承认科学已明确证实接触烟草烟雾会造成死亡、疾病和功能丧失。每一缔约方应在国家法律规定的现有国家管辖范围内采取和实行，并在其他司法管辖权限内积极促进采取和实行有效的立法、实施、行政和/或其他措施，以防止在室内工作场所、公共交通工具、室内公共场所，适当时，包括其他公共场所接触烟草烟雾。

截至2006年10月，世界上已经有154个国家或者地区颁布了公共场所禁止吸烟的规定，中国的香港、台湾地区和发展中的泰国、印度、墨西哥、尼泊尔等国家也都完成了减少烟草危害法的立法。爱尔兰是第一个立法规定无烟工作场所的国家。加拿大和美国也通过省或者州立法实现无烟化。意大利通过法案扩大禁烟的公共场所范围，目前已经扩大到除私人住宅外的所有公共场所，包括咖啡馆、餐馆、酒吧等场所。泰国2002年起在公共场所禁烟，公交车、飞机、电梯、有空调的商场、饭馆等均为禁止吸烟场所。香港自2007年1月1日起，在绝大部分工作场所和公众场所的室内区域实施禁烟。2008年7月1日起实现了所有公共场所和工作场所全面禁烟，只允许在室外特定地区吸烟。

2005 年 8 月，十届全国人大常委会第十七次会议批准了《公约》，该《公约》2006 年 1 月 9 日在我国生效，并于 2011 年 1 月 9 日在我国全面实施。这意味着我国届时要实现室内公共场所、室内工作场所、公共交通工具全面禁烟。

从实践来看，中国保障国际条约在国内有效实现一般应当有国内法作为转换的法律支撑。因此，制定国内公共场所禁止吸烟和减少烟草危害的立法，是我国政府实施国际条约的基本方法。北京是我国的首都，也是国际化大都市，承担着国家首善之区的建设责任。市委市政府对控烟工作一直重视，针对全市慢病防控工作面临的巨大威胁和挑战，市政府于 2009 年制定了《健康北京人——全民健康促进十年行动规划》，其中明确提出关于“完善控烟法规规章及其相关政策”的要求；2011 年出台的《健康北京“十二五”发展建设规划》再次对控烟工作提出了明确的要求。所以，就公共场所禁止吸烟问题来讲已经不能再等，急迫需要按照《公约》原则精神对《规定》进行修订。

（三）北京市公共场所禁止吸烟立法的工作成效证明，修订《规定》是进一步加强北京市禁烟工作的重要途径

1995 年 12 月，北京市第十届人大常委会第二十三次会议通过了《北京市公共场所禁止吸烟的规定》（以下简称《规定》），明确了北京市禁止吸烟的八类公共场所，并授权市政府可以根据实际情况确定其他禁止吸烟的公共场所。《规定》实施以来，市爱卫会把禁止吸烟的宣传教育工作放在重要位置，特别是加强了对青少年吸烟有害健康的宣传教育，并开展无烟单位创建活动等禁烟工作。在加强宣传教育工作的同时，市爱卫会办公室加强了执法检查力度，并强化了各项爱国卫生检查都要把公共场所禁止吸烟工作列入重要检查项目，有力地推动了北京市公共场所禁止吸烟工作的全面开展。

2008 年北京奥运会，我国政府做出了举办“无烟奥运”的承诺。北京奥运会同时也是《公约》正式生效后的第一届奥运会。因此，为了举办一届“高水平、有特色”的奥运会，体现绿色奥运、人文奥运和科技奥运的理念，北京市加大公共场所禁止吸烟工作力度，进一步扩大禁止吸烟公共场所的范围。2008 年 3 月，市政府制定了《北京市公共场所禁止吸烟范围若干规定》，实现了“无烟奥运”。

《若干规定》实施以来，市爱卫办委托专家对《规定》和《若干规定》实施情况，特别是立法制度的科学性、合理性进行了评估。从评估情况看，《规定》

对保护人民健康，提高社会控烟的法律意识、公德意识和健康意识，促进和谐社会建设发挥了积极作用。人们对烟草危害认识的不断提高，全社会对公共场所、工作场所禁止吸烟的呼声随之高涨，社会各界对无烟环境的支持率日益提高。大多数市民表示赞同和支持在公共场所禁止吸烟。市爱卫会办公室委托首都医科大学分别在1995年、2001年、2004年、2007年和2008年，对《规定》的实施情况进行了抽样调查。结果显示：《规定》实施以来，全市15岁以上居民平均吸烟率呈逐年下降趋势，从1995年的34.5%下降到2008年的21.46%，每年平均下降约1个百分点。市卫生局、市爱卫会办公室和中国疾病预防控制中心控烟办公室就餐馆禁止吸烟问题，向全市4万家餐厅的经营者进行了调查，86.4%的经营者赞成餐馆开展控烟。根据北京居民2008年戒烟认知情况调查，91.51%的吸烟者能够遵守政府令。尼古丁轻度依赖者中96.0%的烟民表示能完全遵守或者多数情况下能够遵守政府令；中度依赖者有91.5%的烟民表示能遵守政府令；重度依赖者表示能遵守禁烟法规的有81.6%，表示很难遵守或不遵守的有14.3%。反映比较突出的问题是，《若干规定》的实施完全是建立在《规定》制度框架基础之上的，对处理违规吸烟的规范并没有调整，尽管《若干规定》扩大范围的做法得到比较普遍的支持，社会单位建立了相关制度，但并没有有效控制在禁烟场所的吸烟行为。分析其原因，一个重要的方面是《规定》没有对吸烟人违规吸烟的处罚规定，形成了只有禁烟规范，没有对违反禁烟规定吸烟行为处罚的完完全全的“软法”。评估认为，在没有强制性要求处理措施和健全的管理力量的，只有倡导规范、禁烟场所范围的制度前提下，北京市取得现在的成效来之不易。

（四）修订《规定》是解决北京市禁烟工作面临的主要问题的需要

控烟问题的解决需要通过多种途径。有些重大问题则必须通过立法支持解决。主要包括：

（1）在禁止吸烟的场所范围确定原则和具体范围上不符合《公约》规定，也不符合北京市居民扩大禁烟范围的要求。主要体现在《规定》确定禁烟的场所是指“公共场所”，未包括“室内工作场所”，并且没有体现100%无烟的原则，《规定》第二条、第三条都需要作相应调整。2008年，市政府公布的《北京市公共场所禁止吸烟范围若干规定》（204号政府令），将禁止吸烟的范围按照公约要求和“无烟奥运”的承诺扩大了禁止吸烟的场所。北京市有必要在总结政府规章实施经验的基础上，在范围上进一步明确北京市禁烟场所的范围，使其符合《公约》确定的普遍保护原则。

（2）市和区县爱卫会领导、市和区县爱卫办负责监督管理的体制机制不符合禁烟工作的实际需要。禁烟工作涉及的人群范围和场所范围很大，目前，市和区县、街乡负责控烟工作的兼职人员约 1200 人，仅仅依靠爱卫办系统的人员是远远不够的。需要在政府加强领导的同时，整合各部门的资源，充分发挥行业管理部门的职能作用。近几年来，北京市在部门禁烟联动机制方面进行了一些探索，副市长丁向阳同志批示，要探索多部门执法机制，加强禁烟工作。2008 年，在《规定》制度框架下《若干规定》规定爱卫办可以授权卫生局执法，也取得了一定成效。2006 年市交通委、市教委等部门按照职责分工在加强禁烟工作方面都采取了一些有效措施，取得较好的效果。这些实践都证明需要地方性法规授权明确行业部门在禁烟工作中的监管职责。

（3）单位禁烟责任不够健全，单位禁烟工作的力度较弱。《规定》第七条对禁烟场所的单位规定了四项责任，从目前情况看，都能比较好地得到执行，但从实际情况看单位仅仅履行这四项职责是不够的，单位责任制的内容还需要调整。特别是近几年来，社会控烟力量发展较快，对这些社会控烟力量的责任如何规定，行为如何规范，都需要通过修订《规定》进行明确。

（4）对吸烟者进行处罚的法律责任制度急需按照法制统一原则和增强执法效果的原则进行调整。对单位责任未落实的可以依据《规定》第十条进行处罚，但对吸烟者违规吸烟行为进行处罚的第九条规定因与《中华人民共和国行政处罚法》的规定不一致，事实上已经停止执行。形成了现在《规定》“有禁烟要求，但没有对违反禁烟规定吸烟行为处罚”的局面。在这次修订中要解决对违反禁烟规定行为的处罚问题，按照既要保障执法力量规范又要保证执法操作可行性的原则，明确行政处罚制度。

（5）社会公众对烟草危害认识不足，提高居民的控烟意识缺乏制度支撑，控烟宣传制度需要进一步加强。进一步增强社会公众对烟草危害的认识，是顺利推进禁烟工作的有效途径。但《规定》中这一方面的内容很少，需要在全面总结北京市经验的基础上，补充完善关于禁烟、控烟宣传的规定。如志愿者控烟宣传、对吸烟者提供戒烟服务等制度。

（6）监督机制不够健全。禁烟场所的范围明确以后，保证禁烟场所无烟，关键是要有有效的监督机制，规范监督居民烟草使用，保证禁烟的各项制度有效落实。原《规定》这方面的规定也比较少，而且作为《规定》设计的重要监督制度的单位检查员制度也已不能适用，需要按照法制统一原则进行调整。

二、修订《规定》的可行性

一是国家履约部级协调机制的积极工作，取得初步成效。2007 年为了积极履行《国际烟草框架公约》，国务院批准成立了发展改革委员会、卫生部等八个部委组成的中国履约协调机制，负责协调全国的履约工作。2008 年履约协调机制伴随部委改革，领导小组组长单位改为由工信部和卫生部、外交部负责。经过国家履约部级协调机制的积极工作，各地政府履约工作的宣传教育，我国公共场所吸烟率已经开始下降。2008 年北京无烟奥运会的实现成为各奥运城市乃至全国遏制烟草流行的转折点。国家疾控中心、国家控烟办也积极采取了一系列措施，推动地方立法工作，明确了对地方立法的指导意见。

二是国家和北京市开展的立法实践，为修订《规定》奠定了制度政策基础。目前，我国已有全国性公共场所禁止吸烟的法律规定包括，即：1997 年全国爱国卫生运动委员会、卫生部、铁道部、交通部、建设部、民航总局等单位联合发布的《关于在公共交通工具及其等候室禁止吸烟的规定》，1987 年 4 月 1 日国务院发布的《公共场所卫生管理条例 》及其《公共场所卫生管理条例实施细则》。其他涉及控制烟草的法律制度还包括《烟草专卖法》、《广告法》、《未成年人保护法》、《预防未成年人犯罪法》等，其中多是涉及到保护青少年健康和宣传吸烟有害健康的内容。控制烟草危害的专项法在与以上法律法规的比较中未发现有矛盾和冲突的情况。2008 年 3 月，市政府根据《规定》授权制定了《若干规定》。市爱卫会成员单位也大多根据各自职责制定了相应的规范性文件。

三是控烟的社会支持力量进一步增强。2009 年 8 月搜狐网设立的“部分禁烟还是全部禁烟”的立法讨论中，84% 的全国网民要求室内公共场所全面禁止吸烟。从一个侧面说明全国公共场所禁止吸烟的立法已得到社会的广泛认可，条件已经更加成熟。从 2008 年市政法法制办就《北京市公共场所禁止吸烟范围若干规定（送审稿）》征求意见的情况看，社会大多数意见高度支持公共场所禁止吸烟，较为集中的意见有：支持进一步扩大禁止吸烟的公共场所，如工作场所、公园、公交车站等；建议宾馆、饭店以及餐饮行业等经营场所的禁止吸烟工作应当结合实际情况，提出的措施要有操作性；建议加大对社会的宣传力度，提高公众的健康意识，同时应当加强执法工作。

四是多个部门进行了比较深入的研究。市爱卫办会同市人大常委会教科文卫体办、法制办和市政府法制办针对《规定》修订问题进行了广泛深入的调研，委托清华大学进行了立法后评估，委托首都医科大学进行专业研究，对禁烟立法的必要性和禁烟的基本思路和主要制度框架进行了论证，形成了一批可供立法参考的研究成果。

三、修订法规的难点问题

（1）由于对吸烟有害健康的认识不一致，将禁止吸烟的公共场所扩大到工作场所、公共交通工具等方面，具有一定的难度。目前全国范围内还没有一个城市实现了《公约》要求的公共场所和工作场所全部禁止吸烟。大多数的省市仅仅覆盖了部分室内场所。要让吸烟者接受全部公共场所禁止吸烟的理念需要广泛的社会宣传和严格的执法。

（2）禁烟法规如何做到有法必依，执法必严。只有全面的严格的禁止公共场所和工作场所吸烟才能保护人们免受二手烟的危害，并帮助吸烟者戒烟。如何使公共场所禁烟法规成为一个具有宣传性又有惩戒性法律，需要得到各方的支持和理解。

（3）由于禁止吸烟工作涉及范围广，牵涉行业范围较大，需要各行业主管部门积极落实禁烟法律并主动开展执法检查工作。牵涉工作方面较多，也具有一定难度。

（4）北京市控烟立法严格执行遇到障碍。执法证据难以取得，罚款程序较繁杂，罚款额度过低，难以起到惩戒作用，也存在暴力抗拒的问题。为此研究执法监督中的难点和热点问题已经成为北京市立法的主要关注点之一。

四、立法指导思想和主要内容

立法指导思想：为了保障人民身体健康，减少吸烟造成的危害，按照国家履行《烟草控制框架公约》的要求，进一步明确政府和各部门的职责，扩大禁止吸烟场所的范围，明确场所管理单位的责任，完善场所禁止吸烟工作管理措施，健全有效的监督机制，逐步实现室内公共场所和室内工作场所“完全无烟环境”的目标。

立法工作坚持三个原则、处理好三个关系，即坚持法制统一、突出地方特色的原则，处理好地方性法规与《公约》、国家法律、行政法规的关系；坚持突出立法重点、统筹兼顾的原则，处理好场所禁烟与控制烟草危害的关系；坚持实事求是、循序渐进的原则，处理好需要与可能的关系。主要内容拟包括以下几个方面：

（一）明确政府和部门责任

针对禁烟管理队伍、人员数量严重不足的问题，在明确政府领导责任的同时，进一步明确政府部门的工作职责。各行业管理部门要对本行业的禁烟场所单位进行管理，无行业管理部门的由爱卫办负责管理。通过法规授权，建立市爱卫办组织协调，多部门分工管理执法的监督管理机制和宣传教育机制。多部门分工管理执法体系，我们认为可以增加执法覆盖面，相关部门在执行专项检查时可以将禁烟情况一并纳入执法，禁烟执法的专业性不强，在不增加执法人员数量的情况下，由多部门管理执法是比较可行的方法，这样也可以减少对企业的执法频次，有利于减少执法成本负担，提高行政的效能。

（二）明确禁止吸烟公共场所和工作场所的范围

全面总结禁烟工作经验，按照《公约》规定的原则精神，明确禁止吸烟公共场所和室内工作场所的范围。同时，根据北京市一些室外场所人员密集的情况，将《若干规定》中公园等场所禁烟的规定吸收到《规定》中。我们拟借鉴香港等地的做法，根据场所禁烟难度和实现无烟条件的差异，按照100%禁烟的原则，确定由政府制定具体时间表的方式，分步骤实现室内公共场所和工作场所无烟。即根据国家规定和北京市实际明确一批100%无烟的场所，对需要禁烟但一时难以做到禁烟的场所有市和区县政府制定具体的时间表，逐步实现室内公共场所和工作场所100%无烟。

（三）明确禁止吸烟的管理措施

在进一步明确禁止吸烟公共场所范围的同时，强化单位责任和媒体的宣传教育责任：

一是明确禁烟场所所在单位责任。规定禁止吸烟场所的所在单位应当按照规定，在禁止吸烟的公共场所设置明显统一的禁止吸烟标志，加强吸烟有害健康和公共场所禁止吸烟的宣传教育工作，并及时劝阻、制止公共场所内的吸烟行为。

二是加强宣传教育工作。规定广播、电视、报刊等公益性媒体应当采取多种形式，无偿开展烟草危害、吸烟有害健康和公共场所禁止吸烟的宣传教育，通过加强宣传教育工作，使人们充分认识到吸烟给健康和环境造成的危害，从而能够严格遵守公共场所禁止吸烟的各项规定，提高全社会营造无烟环境的意识。

三是明确社会力量参与控烟的工作规范，如总结实际工作经验，增加控烟志愿者参与控烟工作的条款，向吸烟者提供戒烟服务的规范等。

四是明确对违规吸烟者和不落实场所禁烟责任的处罚种类和幅度。对在禁烟场所吸烟的行为，拟设定对场所管理使用单位及其负责人和行为人给予行政处罚的制度。

大力推建北京市无烟医疗卫生机构建设研究*

北京市委、市政府高度重视控烟工作。1995 年 12 月 21 日北京市第十届人民代表大会常务委员会第二十三次会议通过了《北京市公共场所禁止吸烟的规定》（以下简称《规定》），1996 年 5 月 15 日起施行。《规定》中明确“医疗机构的候诊区、诊疗区和病房区”为禁止吸烟的公共场所。2008 年 3 月 24 日北京市人民政府第 2 次常务会议审议通过了《北京市公共场所禁止吸烟范围若干规定》（北京市人民政府令第 204 号）（以下简称 204 号政府令），自 2008 年 5 月 1 日起施行。204 号政府令将医疗机构的禁烟范围扩大，明确规定“医疗机构的室内区域”为禁止吸烟的公共场所。2012 年 4 月，市人大、市政府法制办、市爱卫会正式将《北京市控制吸烟条例（专家建议稿）》公开征求社会意见，预计 2013 年进入一审。新的控烟条例将进一步扩大禁烟场所，加大监督管理和处罚力度。

北京市无烟医院的创建工作自 2005 年开始，截至 2011 年 5 月全市共有 219 家医疗机构获得“北京市无烟医院”称号，并有 20 家医疗机构获得“全国无烟医院”称号。自卫生部、国家中医药管理局、总后勤部卫生部、武警部队后勤部联合下发《关于 2011 年起全国医疗卫生系统全面禁烟的决定》（卫妇社发［2009］48 号，以下简称《决定》）后，北京市进一步加强了无烟医疗卫生机构的创建工作。现就 2011 年以来的无烟医疗卫生机构建设无烟环境工作汇报如下：

* 作者简介：赵春惠，北京市卫生局副局长，北京市健康促进工作委员会办公室主任；刘泽军，北京市爱卫会办公室主任，主任医师；饶英生，北京市爱卫会办公室副处级调研员；刘秀荣，北京市疾病预防控制中心健康教育所所长，主任医师。

一、加强管理，为无烟医疗卫生机构创建工作提供保障

（一）组织领导

为认真贯彻执行卫生部等四部委联合下发的《决定》，北京市结合本市控烟工作的实际情况和《健康北京人——全民健康促进十年行动规划》（京政发［2011］35号）要求，北京市卫生局和北京市爱国卫生运动委员会于2009年7月15日联合下发《关于全面开展医疗卫生机构建设无烟环境工作的通知》（京卫办字［2009］55号，以下简称《通知》），决定在全市医疗卫生系统开展全面禁烟工作，并提出“2010年底，全市医疗卫生机构要全部达到无烟单位的标准”的目标。为保证此目标的顺利实现，医疗卫生机构无烟环境创建工作被确定为2010年和2011年全市控烟工作的重点内容之一。目前，此项工作已经成为全市常规卫生工作，纳入年度工作要点，并有相应的实施方案。

北京市卫生系统全面控烟工作领导小组组长由北京市卫生局方来英局长担任组长，领导小组下设办公室（办公室设在市爱卫办），负责各项工作的具体落实；各区县卫生局、爱卫会及有关医疗卫生机构也成立了相应的控烟机构。

为进一步明确各区县卫生行政部门对辖区无烟医疗卫生系统创建工作的领导职责，市卫生局与各区县卫生局签订了《北京市无烟医疗卫生机构目标责任书》，强化了各区县卫生局对“辖区内各医疗卫生机构室内全面禁止吸烟”的责任目标。

（二）人力资源

北京市参与控烟工作的市级机构主要包括北京市爱卫会、北京市卫生局、北京市疾病预防控制中心和北京市吸烟与健康协会。作为控烟主要技术支持单位，北京市疾病预防控制中心的健康教育所、学校卫生所和慢性病防治所3个科所中的13名工作人员主要从事控烟工作，其中硕士6人、本科6人、中专1人，高级职称5人、中级职称4人、初级职称4人。

（三）工作经费

2011年中央补助地方烟草控制项目经费16万元，按照卫生部项目工作的要

求，北京市确定西城区和通州区为项目区。拨付两个项目区各 6 万元，市疾控中心 4 万元用于项目工作的开展。经费均按照项目计划专款专用。

北京市控烟经费充足是控烟工作顺利开展的保障。市爱卫会 2011 年控烟专项经费 377.2 万元，2012 年首笔控烟专项经费 241.22 万元，经费主要用于控烟宣传、医疗机构控烟、制作标志等。此外，市疾控中心每年也有控烟经费投入，主要用于大众宣传、专业技术队伍建设及控烟监测等，其中 2011 年 38 万余元，2012 年 53 万余元。全部控烟经费投入是央补项目经费的 26 倍。

二、措施得力，无烟医疗卫生机构创建工作顺利开展

（一）加大培训力度，加强人员能力建设

1. 培训戒烟技术，提高医生戒烟服务能力

2011 年 6 月 28 日 –30 日举办简短戒烟干预技术推广培训班〔国家级继续医学教育学分项目，项目编号 2011 –12 –07 –017（国）〕。全市 16 个区县共有 156 人参加了培训，包括 64 家医疗机构的 136 名临床医务人员和 19 家公共卫生机构的 20 名公共卫生医师。此次培训为进一步推广简短戒烟干预技术，提高医务人员参与控烟戒烟的意识和能力提供了技术支持。

2012 年 4 月 25 日 –26 日举办戒烟医生培训班〔北京市市级继续医学教育学分项目，项目编号 2012 –12 –07 –023（京）〕。16 个区县疾控中心和 64 家医疗机构的 125 名专业技术人员参加了培训。培训班的成功举办又为北京市增加了一批专业的戒烟医生。

2. 培训法律法规，提高控烟执法能力

市爱卫办组织市、区县（地区）执法人员培训班两期，请市政府法制办法律专业人员，对专业法律和公共法律进行了系统培训，并进行考核，参加培训人员均取得优异成绩，并取得市政府统一制发的“行政执法”证书。

（二）开发控烟材料，传播烟害知识

2011 年 6 月 –2012 年 7 月北京市设计制作了大量的控烟宣传材料，包括 8 类 10 种 69 万余件，具体如下：

（1）2012年控烟台历3000本；

（2）无烟日主题宣传海报——烟草业干扰控烟2万张，宣传折页40万份；

（3）《烟草危害图形说》宣传手册4.44万册；

（4）制作各种“禁止吸烟”标志11万件；

（5）“烟草危害图形说”主题控烟健康教育活动易拉宝/展板34套（20块/套）；

（6）控烟腰围尺4500个；

（7）“卫生系统齐禁烟 无烟环境保安全”和“室内无烟百分百 人人参与享健康”各3万张；

（8）《法制晚报》吸烟危害健康有奖知识竞赛加印5万份。

（三）开展大众宣传，传播控烟理念

1. 大众传媒：

据不完全统计，2011年6月－2012年7月，《北京日报》、《北京晚报》、《北京晨报》、《法制晚报》、《北京青年报》、《新京报》等北京市主流平面媒体及网络媒体发布控烟相关新闻报道及科普文章共计170篇。北京电视台共报道控烟相关内容15次。北京广播电台报道控烟相关内容至少3期/次。另外，还将控烟公益广告覆盖到100个公交候车亭、20个地铁站台及100台公交车辆。

利用北京市爱国卫生网、北京卫生信息网等控烟网站或者网站控烟专栏，以及北京市疾控中心主任博客、微博、北京健康教育微博，进行控烟宣传，其中发布原创微博40条。

2. 大型活动

（1）烟草危害图形说——图形警示上烟包倡导活动。

为了加强市民对烟草危害的认识，共创首都和谐、文明、健康的良好社会氛围，北京市疾病预防控制中心和北京健康教育协会于2011年10月29日在朝阳公园共同举行了“烟草危害图形说——图形警示上烟包倡导活动”。朝阳区的300多名社区居民和朝阳公园的游客参加了活动。活动展示了国外40多个国家和地区正在烟包上使用的生动、形象的健康警示图片，并通过图形警示烟包T台秀、说唱艺术、小品剧等多种形式，向人们充分而深刻地揭示了烟草给人们带来的各种健康危害，使人们清醒地意识到，通过烟草包装印上大而明确的图片警

示，能有效阻止民众使用烟草，降低烟草对尚未成瘾者的诱惑力；是对吸烟所致健康风险进行宣传的具有成本效益且强有力的手段。活动得到在京20余家媒体的报道。通过举办此次活动，让人们意识到图形警示上烟包的必要性和迫切性，倡导人们支持我国尽早实现图形警示上烟包。此次活动获得2011年度全国图形警示上烟包控烟倡导活动优秀倡导奖。

（2）“烟草危害图形说”主题健康教育活动。

2012年世界无烟日主题是“烟草业干扰控烟”，口号是“生命与烟草的对抗”，为揭露烟草业阻挠控烟的策略和行径，呼吁决策者和普通公众清醒认识烟草业以公众健康为代价的获利本质，坚定控烟意志，加大控烟力度。北京市疾控中心在全市范围内开展了“烟草危害图形说”主题健康教育活动，通过市级主会场和区县分会场联动的形式，以境外烟包上烟草危害图形警示为主要元素，开展控烟主题宣传。

主会场设在东城区图书馆，于5月29日上午成功举办。通过健康大课堂、观众答题、图片展览、专家咨询等形式吸引了300余名社区居民的积极参与。主会场活动得到3家媒体报道，大课堂讲稿《戒烟有方法》刊登在6月3日《法制晚报》上，《法制晚报》的日发行量30万份，估计受众约100万人。

分会场由18个区县疾控中心承办，按照市疾控中心统一提供的宣传程序，活动现场通过烟包走秀、控烟小品、知识问答、宣传展板、现场咨询、健康教育官方微博互动、媒体报道等多种形式开展广泛的宣传活动。全市共制作展板34套（20块/套），先后在68家医疗机构、268所学校、56家政府机关、企事业单位、公共场所中进行宣传展板的巡回展出，每个场所巡展一周，直接受众达80万人次。

另外，为扩大媒体宣传，还召开媒体通气会1次，在京15家主流媒体参加，并在世界无烟日前后报道了控烟活动新闻或是开展了科普宣传。

本次无烟日主题宣传活动全市健康教育专业机构上下联动，形成合力，各种媒体齐动员，积极报道。据统计，本次活动各级各类新闻报道共计637篇，电视网络视频播放6984次，发放控烟宣传材料约31万份，有效提高了公众预防和控制烟草危害的认识，营造了良好的全民控烟氛围，进一步推动了北京市控烟工作的广泛开展。（全市共拦截调查5709人，观看控烟展板前后，吸烟引起心脏病和中风、皮肤衰老、口腔疾病、慢性阻塞性肺疾病、失明、阳痿的知晓率分别提高22.5%、25.9%、21.5%、14.6%、43.9%和41.8%。二手烟烟雾能够引起成人心脏疾病、成人肺癌、新生儿猝死综合征、儿童肺部疾病、儿童中耳疾病、低出生体重等方面的知晓率分别提高 22.5%、13.6%、33.6%、24.2%、41.1% 和 38.5%。85.5% 的人支持国内烟盒上放置图形健康警示。)

(3) 吸烟危害健康有奖知识竞赛。

为传播烟草危害健康知识，鼓励广大群众拒绝吸烟、远离二手烟，呼吁市民积极参加由卫生部妇幼保健和社区卫生司主办的《吸烟危害健康有奖知识竞赛》活动，北京市疾控中心于 2012 年 6 月 8 日在《法制晚报》刊登“吸烟危害健康有奖知识竞赛试题”，并加印 5 万份通过健康教育网络组织下发。经统计，北京市知识竞赛试题答题卡的回收数量超过 4.5 万，占全国参赛人数的 75%。

(四) 开展督导检查，巩固无烟环境

2011 年，全市共对 130797 个公共场所禁止吸烟单位进行了监督检查，其中 129096 个单位能较好地贯彻公共场所禁止吸烟的有关规定，合格或基本合格的占 98.6%；674 个单位受到行政处罚；交叉督导医疗卫生机构 165 个，达到 85 分以上的单位占 96.2%。

(五) 重视交叉督导，积极部署工作

北京市高度重视本次卫生部组织的全国无烟医疗卫生系统创建交叉督导评估工作，并以此为契机，进一步推动全市无烟医疗卫生机构的创建工作。接到卫生部办公厅 2012 年 6 月 27 日下发的《关于开展全国创建无烟医疗卫生系统督导检查工作的通知》后，北京市爱卫会、北京市卫生局立即进行了联合转发，并提出四点要求：

(1) 自接到本通知后，各区县爱卫会要认真组织一次督导和暗访评估活动。各区县卫生监督机构要积极配合做好日常监督检查。

(2) 各区县卫生局要组织辖区内各类医疗卫生机构开展自查自评工作，全面落实好各项控烟工作的措施。卫生局机关要率先实现无烟机关。

(3) 各级各类医疗卫生机构要继续完善无烟单位的各项措施，对照卫生部制定的《无烟医疗卫生机构评分表（2012 版）》做好自查自评工作，建立长效工作机制，确保本单位无烟环境建设达到标准。

(4) 市卫生局、市爱卫办将组织有关专家择机抽查部分卫生行政机关和医疗卫生机构，检查工作落实情况，迎接卫生部下半年的明察暗访，全面推进北京

市医疗卫生机构无烟环境建设。

（六）科学监测，掌握医疗卫生系统控烟情况

为了解北京市医疗卫生系统控烟现状，建立医疗卫生系统控烟监测体系，北京市于2011年11月在全市范围首次开展医疗卫生系统控烟监测工作。监测采用两阶段分层系统抽样的方法确定了69家监测单位，其中卫生行政机构7个、公共卫生机构14个、医疗机构48个。监测对象5568人，收回有效问卷5550份，有效率99.7%。监测结果显示：医疗卫生机构在职人员现在吸烟率为12.8%，其中男性36.2%，女性0.3%。

（七）各级卫生行政机关以身作则，带头创建无烟环境

2010年11月25日，市卫生局下发《无烟机关管理规定》明确卫生局、药监局、中医局机关室内区域全面禁止吸烟，要求每位职工应当树立从我做起的意识，争当控烟表率，自觉不在禁烟区域吸烟，不给他人递烟，不给领导敬烟，不接受他人敬烟。对在一年内发现处室摆放烟具或在办公区域吸烟超过3次的，取消当年优秀处室的评选资格。方来英局长多次在局长办公会议上强调机关应带头开展控烟工作，为全行业树立无烟的榜样；局中心组学习班还专门请控烟专家作专题讲座，以提高职工的控烟意识。通过一年多的广泛宣传教育和广大职工的共同努力，基本实现了无烟机关的目标。

三、多方努力，无烟医疗卫生机构创建效果显著

在全市各部门共同努力下，2011年各医疗卫生机构无烟环境建设取得了积极进展，在全市年终督导检查中有95%的单位达到了卫生部提出的“无烟医疗卫生机构”标准，并获得2011年度全国创建无烟医疗卫生系统一等奖。

无烟医疗卫生机构创建工作是医疗卫生系统履约的一项重要行动，也是医疗卫生机构保护和促进职工健康，促进全社会控烟工作广泛开展的一个有力措施，更是卫生系统改善和提高人群健康水平应该也是必须要做的事。为此，我们将继续努力，积极响应卫生部的号召，加强和兄弟省市间的合作交流，努力创新、不断进取，在无烟医疗卫生系统创建工作中取得更大的成绩。

朝阳区慢病防控体系的建立与发展*

建立以健康管理为基础，以健康促进为主线的慢病防控体系在现阶段是深化医改，解决民生问题，满足人们健康需求，实现人人享有基本卫生保健目标的重要举措。

朝阳区慢病防控体系建设经历了3个阶段：一是发展初级阶段（1999年－2005年）。此阶段主要是卫生部门以条为主，开展社区监测和完善死因监测。二是基本建设阶段（2006年－2009年），开始危险行为因素监测及健康促进干预试点工作，形成和完善了“政府牵头、行业司职、属地落实、社会参与”四位一体的公共卫生共管模式，实现卫生工作从“条”向“面”的转变。三是功能完善阶段（2010年－今后若干年），实施朝阳区全模式区域卫生信息化社区服务管理评估体系。

（一）朝阳区具有创建全国慢病示范区的工作基础

（1）有连续五年的试点基础。2006年朝阳区3个社区代表北京市承担卫生部中央补助地方慢病综合干预控制项目暨卫生部“维持健康体重和血压管理关键技术”社区试行及应用项目，以试点创新慢病综合防控模式，全面推动朝阳区慢病综合防控工作的开展，为创建工作奠定了良好的基础。

（2）有成熟的公共卫生共管模式。2003年起朝阳区以应对“非典”、甲流等传染病而建立和完善的“政府牵头、行业司职、属地落实、社会参与”四位一体的公共卫生共管模式得到了市政府的认可，并在全市进行了推广，为慢病综合防控工作搭建了良好的管理平台。

---

* 作者简介：师伟，北京市朝阳区卫生局局长，主任医师；陈开红，北京市朝阳区卫生局副局长，副主任医师；张菁，北京市朝阳区卫生局疾病防控科科长。

（3）有政府对慢病防控工作的高度关注和重视。

一是区政府已经深刻认识到慢病及其危险因素给居民健康造成的危害以及老龄化可能给朝阳区带来的经济负担。据推算，2015 年朝阳区慢病总病例数达到 80 万人。随着人口老龄化的进程，以心脑血管、呼吸系统疾病为代表的老年疾病医疗需求将相应增长。为此，区政府在“十一五”期间围绕健康促进下发了系列文件，同时在“十一五”人均期望寿命为 80.02 岁的基础上制定了“十二五”期间增长 1 岁的目标。

二是区政府为健康教育和健康促进提供持续的政策保障。区政府将健康促进及慢病防控列为重点工作，相继下发了《健康北京人——全民健康促进十年行动规划》等文件，在朝阳区全面营造健康促进氛围。2012 年 5 月份朝阳区通过北京市《市级慢病示范区创建工作》验收后，区政府明确提出“积极开展争创工作，依托信息化手段，提高监测水平，打造具有朝阳区特色的居民健康管理工作体系”的工作要求。

（二）慢病防控坚持政府主导，健全慢病防控管理机制

一是建立组织管理体系。朝阳区成立了以副区长为组长，21 个委办局、43 个街乡的主管领导为成员单位的创建领导小组，并把创建办公室设在区卫生局，由主要领导担任办公室主任。同时，区卫生局向各街乡公共委派驻了 46 名卫生专干，架起了属地政府和卫生部门沟通的桥梁，有效调动了社会各方面资源，为创建工作提供了组织保障。

二是完善管理制度。为加强部门合作，制定了多部门协调制度和评议制度，各成员单位设立联络员，每季度召开联络员会议；各街乡领导小组，因地制宜，采取多种措施，动员社会力量和群众参与，落实本地区的慢病和健康促进、健康教育工作。16 个委办局和 43 个街乡分别就 2010 年健康宣教工作进行了总结并制定了 2011 年工作计划。区卫生局每年将慢病防控和健康教育工作纳入社区卫生服务中心绩效考核，考核成绩与公共卫生经费和人员绩效挂钩。区考核办自 2009 年起将社区慢病防控工作纳入对各街道、地区办事处处级领导班子的年度综合考核体系。

（三）部门实施联动，营造创建氛围，各成员单位积极落实健康促进项目

一是建成了 11 家“北京市健康促进医院”，20 个“北京市健康促进示范

村”，29个“北京市健康社区”，115所“北京市健康促进学校”。

二是各部门围绕“健康北京人——全民健康促进十年行动规划”，开展了9大行动，24个健康项目。

三是爱卫办组织牵头全区控烟工作；区总工会恢复了工间操活动，推广普及第八套广播体操，免费为各基层工会培训小教员200多人，已有403家单位落实了工间操健身制度。

四是教委和体育局共同实施共计83所学校体育场所向社会开放行动；社会办建成121个“一刻钟社区服务圈”；文化委建立了专项扶持资金，引导群众文化队伍发展。

五是2007年率先在北京市启动了两癌筛查工作，至2009年共筛查119816人，其中宫颈癌检出率为15.84/10万，早诊率为56.52%，乳腺癌检出率为24.16/10万，早诊率为70.37%；自2007年起连续开展了免费为适龄儿童窝沟封闭预防龋齿项目工作，2010年共对23156名符合适应症的适龄儿童、38021颗牙齿进行了封闭，取得牙数全市第一、人数第三的好成绩，学校覆盖率100%，封闭完好率达到97.17%。

六是截至2010年朝阳区共修建19个郊野公园，栽种100余万株树木，朝阳区城市绿化覆盖率达到45%。

（四）卫生牵头，统筹创建资源，建立立体健康宣传教育网络

目前已建成多个传播渠道。一是针对就诊患者及家属，建立覆盖辖区60家医疗机构的302台朝阳健康教育传媒视频。二是针对社区居民，建立覆盖辖区150个居委会的“社区之窗”显示屏。三是针对农村地区，设置了19部流动放映车。四是42家社区卫生服务中心使用“健康直通车”面向19万社区居民发送健康信息，月均信息量为25万条。五是在从业人员体检单位试点对辖区从业人员进行食品安全、营养膳食的培训，并适时推广。六是在蓝岛大厦、京信大厦的户外显示屏进行公益健康宣传。七是通过朝阳有线（北京公共频道）、《朝阳报》定期开展宣传。八是通过朝阳新闻网、朝阳健康教育网传播健康知识和健康信息。

（五）整合资源，完善监测，强化专业技术管理体系

（1）建立健康教育技术网络。一是统筹专家资源。聘请各级专家成立了朝

阳区争创全国慢病示范区技术专家组。二是建立师资队伍。在全区培养了 100 名健康管理师。三是建立了 401 人的健康科普讲师团，涉及 27 个专业，同时聘请了 9 位全国知名的健康教育专家组成专家顾问团。四是以需定讲。采取“百姓点菜，专家掌勺”的模式，由社区卫生服务中心收集居民的实际健康需求并确定讲演的内容，深受百姓欢迎。五是加强队伍能力建设。为提升朝阳区慢病防控水平，区卫生局每年印发慢病、医疗、护理、中医等题库图书 20000 册。运用自行开发的“朝阳区社区卫生考核答题系统”对全区 42 家中心医务人员进行计算机系统考核。在 2010 年，把岗位练兵活动与“第一届社区健康杯社区医生高血压防治知识大赛”相结合，亚运村社区卫生服务中心代表北京市参加全国大赛，获得一等奖。

（2）完善慢病监测网络。卫生部门以建立健康档案为主线、信息化建设为纽带，加强社区慢病规范化管理，培养慢病防控专业队伍，推进二、三级医疗机构慢病监测系统的建立。

一是完善死因监测报告系统，全面掌握死因状况。二是区公共委定期组织开展社区诊断和死因漏报调查、慢病及危险因素监测、居民健康知识水平调查等系列监测工作。2011 年 35 岁以上人群试行门诊首诊测血压工作已纳入北京市基本公共卫生服务项目，朝阳区二、三级医疗机构首诊测血压率达 100%。三是开展高危人群慢病筛查。2007 年率先在北京市开展“两癌”筛查工作，2011 年朝阳区开始第二轮两癌筛查工作；2010 年朝阳区启动了脑卒中筛查和早期干预工作。

（3）建立全模式健康管理信息网络。2008 年朝阳区委、区政府将“为城乡居民建立家庭和个人健康档案，并针对老人、妇女、儿童、慢病患者等重点人群，实施分类分层管理”列入朝阳区 2008 年为民办实事中，全面开展全民建档工作。

2009 年区卫生局将“健康档案电子化率”列入绩效考核。建立电子化家庭档案 773097 份，家庭档案电子化率 76.87%，个人电子档案 1541937 份，电子化率 65.88%。建立了医生工作站，试点开展了高血压、糖尿病的规范管理工作。

2010 年，朝阳区开始研发并推广实施朝阳区全模式社区服务管理体系 - 区域卫生信息化建设项目（一期）。以居民健康档案（HER）为主线的生命全过程健康维护的卫生服务体系，形成统筹社区、连接二级、对接三级、贯穿公卫的完整的区域卫生服务体系。

（4）丰富家庭医生式服务内涵。社区层面推行家庭医生式服务、加强慢病、常见病管理，使其逐步承担起健康“守门人”职责。确定了 537 个社区卫生服务团队。

（六）属地牵头，社会参与，倡导居民自我健康管理

（1）属地负责，统筹资源。43 个街乡分别成立了街乡主管领导任组长，辖区社区卫生服务中心主任为副组长的二级慢病领导小组。组织社区开展以健康生活方式行动日、高血压日、糖尿病日为载体的健康宣传和健康促进活动。

（2）社会动员，广泛参与 。

一是针对机关、企事业单位的“上班人群”，朝阳区开展“功能社区”社区卫生服务工作。

二是多部门多点位推动自助检测点（健康小屋）。区教委将健康自助指标检测点纳入为民办实事工程，2010 年建立了 52 个检测点，3 年内覆盖所有中小学；区药监局在全部 515 个药店设立了免费检测体重、腰围、血压等项目的健康自助检测点；区卫生局在 20 家社区卫生服务机构设立了健康小屋。

三是继续壮大“家庭保健员”队伍，已培养人员 10000 名。同时朝阳区在 207 个社区卫生服务中心和站开展知己工作站的工作，2010 年全区新增建档人数 1375 人。

四是全面推动全民健康生活方式行动，积极创建示范超市、食堂、餐厅、单位、社区，引导社会单位积极创建健康示范单位、示范社区和示范食堂（餐厅）、示范超市等社会支持性环境。目前已有 25 家单位通过了北京市的验收。

五是启动社区高血压患者自我管理。朝阳区 150 余个社区都建立了高血压患者自我管理小组。

六是建立社区居民体重自我管理试点。形成可持续发展的肥胖及慢病干预机制，依靠政府、社会及个人共同努力，实现慢病“关口前移”。

从小汤山疗养院体检数据看慢病防治*

2009年8月，由北京市政府制定的《健康北京人——全民健康促进十年行动规划》正式启动。预计通过十年努力，把北京建成拥有一流“健康环境、健康人群、健康服务”的国际大都市。2012年6月出版的《北京市2011年度卫生与人群健康状况报告》指出，北京市居民健康整体状况保持在全国领先水平，基本与世界发达国家水平持平。但是，随着人口老龄化和生活方式的改变、强烈竞争所带来的精神压力和心理疾病的增加、体力活动和运动减少以及饮食习惯改变带来的疾病图谱变化等问题使北京市居民的健康面临前所未有的挑战。其中最大的挑战是慢性非传染性疾病（简称慢病，noninfectious chronic disease，NCD）已成为北京市民健康的主要威胁。如何应对慢病的挑战，寻求合理有效的干预对策，是建设健康北京、塑造健康北京人的重要课题。

一、目前北京市慢性非传染性疾病患病情况

2011年北京市18－79岁常住居民高血压患病率为33.8%，较2008年（30.3%，上一监测年）上升了11.6%，男性高血压患病率为40.1%，女性为27.2%，50岁及以上中老年人群高血压患病率超过了50%；

糖尿病患病率为8.9%，与2008年（8.6%）相比增加了3.5%，男性糖尿病患病率为10.3%，女性为7.4%；

血脂异常患病率为50.5%，比2008年（34.7%）上升了45.6%，男性血脂异常患病率为64.1%，女性为36.3%；

---

* 作者简介：平昭，北京市小汤山医院院长，副主任医师；赵润栓，北京市小汤山疗养院健康管理部主任。

脑卒中总体患病率为1.5%，与2008年相比上升了15.4%，60岁以上脑卒中患病率达7.4%；

2010年恶性肿瘤发病率为301.93/10万，比2009年（297.04/10万）上升1.6%；

超重率为36.5%，与2008年（36.1%）相比增加了1.1%，男性超重率为41.3%，女性为31.5%；

肥胖率为21.1%，与2008年（19.1%）相比增加了10.5%，男性肥胖率为25.3%，女性为16.7%。见图1：

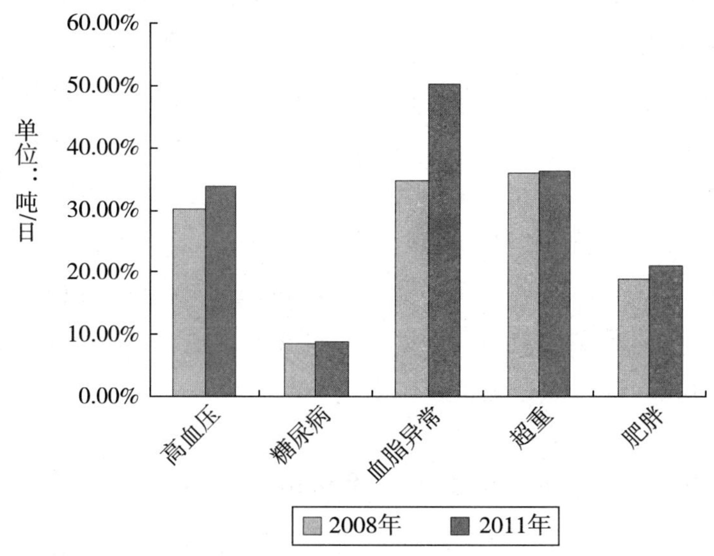

图1　北京市慢病患病率

注：资料来源于北京市人民政府编著的《北京市2011年度卫生与人群健康状况报告》。

二、北京市与国内部分省市慢病患病率比较及高患病率原因分析

（一）北京市与国内部分省市慢病患病率比较

和国内其他城市相比，北京市慢病患病率较高。有资料显示，上海市高血压、糖尿病、血脂异常的患病率分别为23.0%、4.6%、38.63%；成都市高血压、糖尿病、血脂异常的患病率分别为21.78%、5.58%、34.80%；浙江省高血

压、糖尿病、血脂异常的患病率分别为23.56%、5.94%、49.19%。北京市在高血压、糖尿病、血脂异常这三种疾病患病率上均居全国之首（见图2）。而且，从2005年以来，北京市居民恶性肿瘤发病率逐年上升。近5年恶性肿瘤连续成为北京市居民死亡的首位原因，因恶性肿瘤而致死占全部死亡的26.7%。排在第二、第三位的死因分别是心脏病、脑血管病，分别占全部死亡的24.6%和21.7%。

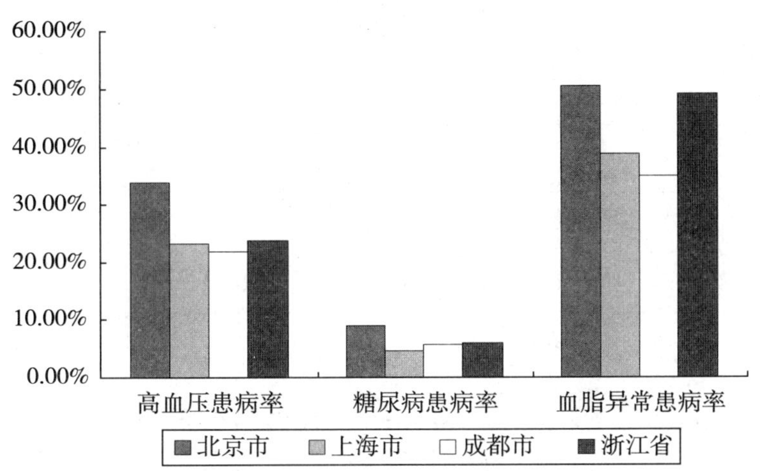

图2　北京市、上海市、成都市、浙江省慢病患病率比较

注：资料来源于中国知网论文数据、各地疾控中心网络发布数据。北京市数据来源于北京市人民政府编著的《北京市2011年度卫生与人群健康状况报告》。

（二）北京市慢病高发原因分析

慢病的高发，与人们的生活方式密切相关。世界卫生组织在《预防慢病是一项至关重要的投资》报告中明确指出，慢病的主要病因是不健康的饮食、不锻炼身体和吸烟三大因素。

原因一，膳食结构不合理。从北京市城区18－79岁常住居民的膳食模式看，北京市民的膳食结构符合平衡膳食推荐标准的人数比例很少；而且，蔬菜、水果、鱼虾、豆类、坚果类、奶类的摄入量低于推荐量下限的人数比例居高（见表1）；蛋白质、脂肪、碳水化合物供能比符合推荐值的人数比例也较低（见表2）；而且，脂肪类摄入量高于推荐值上限的人数比例居高（见表2）。

表 1　2010 年北京市城区 18－79 岁常住居民的膳食结构与推荐量的比较

食物种类	平衡膳食推荐量（g/d）	低于推荐量下限的人数比例（%）	符合推荐量下限的人数比例（%）	高于推荐量上限的人数比例（%）
谷薯杂豆类	250－400	37.8	43.4	18.8
蔬菜类	300－500	71.3	22.6	6.1
水果类	200－400	74.2	18.6	7.2
畜禽肉类	50－75	48.7	16.2	35.1
鱼虾类	75－100	93.1	3.0	3.9
蛋类	25－50	38.9	28.7	32.4
大豆类及坚果	30－50	87.7	6.1	6.2
奶类及其制品	>300	96.8	3.2	—

注：资料来源于北京市人民政府编著的《北京市 2011 年度卫生与人群健康状况报告》。

表 2　2010 年北京市城区 18－79 岁常住居民的膳食供能比与推荐值的比较

分类	供能比推荐值（%）	低于推荐值下限的人数比例（%）	符合推荐值的人数比例（%）	高于推荐值上限的人数比例（%）
碳水化合物	55－65	62.3	31.5	7.2
脂肪	20－30	5.4	25.6	69.0
蛋白质	11－15	20.4	58.1	21.5

注：资料来源于北京市人民政府编著的《北京市 2011 年度卫生与人群健康状况报告》。

原因二，体力活动不足。按照“成年人在一周中至少有 3 天，每天的中等体力活动累计在 20 分钟以上，每次持续时间至少 10 分钟以上，如果达不到该标准，则被认为是缺乏体力活动”的判断标准，北京市 18－79 岁常住居民缺乏体力活动率为 31.7%，男性缺乏体力活动率为 29.1%，女性为 34.5%。尤其是 60 岁以前每 3 人中间就有 1 人缺乏体力活动，而 60 岁以前正好也是各种慢病高发的年龄。见表 3。

表3 2011 年北京市常住居民缺乏体力活动率（%）

年龄（岁）	男性	女性	合计
18－29	29.0	40.2	34.7
30－39	32.2	42.7	38.3
40－49	29.9	32.8	31.6
50－59	30.4	25.7	28.3
60－69	20.4	16.8	18.1
70－79	21.0	20.4	20.6
合计	29.1	34.5	31.7

注：资料来源于北京市人民政府编著的《北京市 2011 年度卫生与人群健康状况报告》。

原因三，吸烟与饮酒。2011 年北京市 18－79 岁常住居民总体吸烟率为 29.4%，与 2008 年（29.0%）相比增加了 1.4%。男性吸烟率为 54.9%，而且男性从 18 岁开始到 60 岁，各年龄段均有一半以上的人在吸烟。女性吸烟率为 3.0%。见表 4。

被动吸烟率为 50.7%，男性被动吸烟率为 58.9%，女性为 42.2%；

饮酒率为 46.8%，与 2008 年（44.2%）相比增加了 5.9%，男性饮酒率为 70.3%，女性为 22.4%；

过量饮酒率为 16.2%，与 2008 年（6.8%）相比增加了 138.2%，男性过量饮酒率为 29.2%，女性为 2.6%。

表4 2011 年北京市常住居民吸烟率（%）

年龄（岁）	男性	女性	合计
18－29	54.1	1.7	27.5
30－39	57.1	2.3	25.1
40－49	62.9	2.8	28.4
50－59	61.1	3.8	35.1
60－69	40.3	5.0	18.3
70－79	28.0	7.5	15.2
合计	54.9	3.0	29.4

注：资料来源于北京市人民政府编著的《北京市 2011 年度卫生与人群健康状况报告》。

三、慢病的危害

2011 年 7 月，世界银行与我国卫生部、世界卫生组织根据世界银行 2008 年至 2010 年对我国慢病开展的评估结果，合作撰写了一份《创建健康和谐生活：遏制中国慢病流行》的报告。报告显示，癌症、糖尿病、心血管疾病、慢性呼吸道疾病等慢性疾病占我国死亡人数的比例 >80%，占国家疾病总负担的 68.6%。报告还指出，如果不实施有效的防控策略，在未来 20 年里，40 岁以上人群中，慢病患者人数将增加 2－3 倍。慢病的快速增长主要集中在未来 10 年，糖尿病患者将成为上述 4 种疾病中患者人数最多的群体，而肺癌患者将增加 5 倍。此外，约有一半慢病负担发生在 <65 岁的人群。

慢病会造成巨大的经济损失。举例来说，如果一个人 30 岁就患上高血压病，为了防范中风、脑卒中等并发症，必须每天服用控制高血压的药。以用得比较多的血压控制药物络活喜为例，一个月至少需要吃四盒药，需要 152 元，一年需要 1824 元。假设血压控制得比较好，活到 80 岁，排除物价上涨的因素，50 年在控制高血压的药物上就要花费 91200 元。如果服药的依从性不好，没有控制好血压，出现了血管狭窄的情况，就需要安装支架，装一个支架的所有费用大约在 3 到 4 万元。随后，第一年需要每个月服用 1000 元左右的药物，第二年开始每个月的药费是 600 元左右。安装了支架后，仍旧没有进行有效的慢病管理，发生了心梗，那么手术费至少需要 3 到 4 万元，每个月需要后续服用 1000 元左右的药物。

这仅仅是一个人，以目前北京市高血压病的患病率计算，全市约有 700 万高血压患者。如果一个人还同时服用降脂药、降糖药，这是一笔巨额费用！因此，必须提高对慢病危害的认识，做好慢病防控工作。

四、慢病干预对策

（一）政府的政治承诺和领导是关键

政府在制定策略和规划中起指导和管理的作用，并确保策略的实施和长期监测其影响。北京市政府必须把慢病控制工作置于北京市民生建设重要任务的战略地位加以考虑与部署，各级部门应在观念和指导思想上高度重视慢病控制工作，应意识到慢病控制既是卫生工作、医药体制改革工作的重点，也是全社会工作的重点之一。

政府应着力制定慢病控制的中长期规划与近期计划，明确目标、任务与措施。科技部应系统规划慢病的科研工作，明确其攻关重点，加大其投入与相关保障，尤其是要加大公共卫生的投入。有关部门要研究制定慢病控制的相关法律法规，为慢病控制提供法律保障。各相关部门应落实慢病控制的任务。慢病控制工作应纳入考核各部门政绩的范围之中，并且其权重系数应较大。

（二）重视“健康的社会决定因素”，将慢病防控的目标融入社会所有的政策之中，促进多部门协作

1. 什么是“健康的社会决定因素”

2005年成立的世界卫生组织健康社会决定因素委员会所提出的“健康的社会决定因素”（social determinants of health，SDH）的概念，为慢病防控提供了新的视角。

SDH是指在直接导致疾病的因素（如吸烟、饮酒、高盐高脂饮食等）之外，由人们居住和工作的环境中的社会分层的基本结构和社会条件产生的影响健康的因素。它们是导致疾病的“原因的原因”，包括了人们生活和工作的全部社会条件。个人行为方式并不是完全由其个人选择的，很大程度上受各种资源、条件的制约，如新鲜蔬菜、水果的可获得性，烟草控制的力度及环境，就业及工作场所环境，体育锻炼场所的可及等。

2. 影响慢病控制的社会决定因素

国外研究表明，较低的社会经济地位可能导致更多的不健康饮食、吸烟、肥胖，以及较少的体育锻炼。我国的研究也表明，不同社会经济地位人群中肥胖率、吸烟率或日吸量、饮酒率等慢病行为方式危险因素的暴露水平不同。处于较低的社会地位的人群，通常对生活的控制能力较弱，对于解决生活中困境的能力较差，缺少个人自尊等。这些问题又会导致更多的焦虑、抑郁、紧张等心理问题。心理因素对慢病患病可以直接造成影响，也可以通过影响其行为方式如吸烟、饮酒等危险因素造成间接影响。

不仅如此，社会分化还造成了不同人群获得和利用卫生保健机会不一以及保

障水平的不同。不同社会地位人群在定期体检、慢病治疗、康复训练等卫生服务利用上存在机会上的不公平。同时，保障的缺失或较低的保障水平使得社会地位较低的人群应对疾病经济风险的能力较差，导致拖延诊治、不规律治疗。以高血压病为例，研究表明，高血压病的知晓率、治疗率、控制率在社会地位较低人群中相对较低。

由此可见，影响慢病的社会决定因素遍及生活的每一个角落。如贫困、住房、居住环境、教育、就业以及工作环境、社会支持与社会保障、蔬菜水果的供应、餐饮等方方面面。尽管健康并不是这些领域的政策重心和最终目标，但他们在慢病防控方面的作用是举足轻重的。

3. 有关政策的制定必须与促进公众健康的目标相一致

一个致力于解决健康的社会决定因素促进慢病综合防治的政策应当注重在各个层面上与其他领域间的协作，将健康融入所有的政策之中。政策不同，对于慢病防控结果的影响可能也不同。因此，政府各部门在健康和慢病防控上应当保持政策的一致性，竭力相长，而不能相互冲突。

北京市政府在制定各种政策的时候，要确保一种政策不违背“促进公众健康”的目标。如食品政策，应包括营养、食品安全和食品的可持续供应。政府可以运用市场机制，促进开发、生产与营销健康食品。如促进厂家开发低饱和脂肪、糖和盐的食品，减少每份食物的数量。政府还可以采用其他措施和方法，鼓励减少加工食品的盐含量、限制氢化植物油、减少饮料和点心中过多的糖。必要时可考虑为生产和营销健康食品的厂家和机构提供奖励和支持。

再如价格政策，政府还可考虑通过税收、补贴或直接定价的方法影响价格，促进健康食品的可得性和运动设施的可及性，以鼓励北京市民选择健康饮食和积极进行体育锻炼。利用提高或降低税收的办法以减少或增加某些商品的消费量（如通过进一步提升烟草、酒精等的消费税来控制烟草和酒精的消费量；进一步提升成品油、小汽车、一次性木筷的消费税来减少环境污染和避免森林过度砍伐）。使用公共基金或补贴等手段促进贫困社区对娱乐和运动设施的可及性。

又如农业政策，政府能通过许多政策和措施影响农业生产。在强调增进健康和改变饮食类型时，政府需要在其农业政策中考虑对健康和营养的支持。

政府还应制定相应政策来促进市民进行体力活动。要发展支持体力活动的环境和基础设施，并保证这些环境和设施的可及性和使用率。要检查对体力活动有影响的有关公共政策和立法，如交通、城市计划、教育、劳动、社会包容的政策，以及与体力活动有关的卫生保健资助政策。政府应制定政策和提供激励，以保证走路、骑自行车和其他体力活动形式变得更容易和安全。劳动和工作场所要鼓励体力活动。

总之，只要是与促进北京市民健康目标相一致的政策，就要大力推广，与此目标相悖的政策，应予以废除。

（三）建立健全社区卫生服务网络，充分发挥社区卫生机构的健康管理职能

1. 目前社区卫生服务存在的问题

慢病防控需要社会、家庭和个人长期的综合管理，以社区为基础的管理被认为是比较有效的办法。但是，目前我国社区卫生服务对居民健康贡献并不理想。究其原因，除了与居民的健康观念、生活方式、就医选择有直接关系外，还主要由以下问题所导致。

（1）社区卫生服务内容和形式单一，仍以常见病的初步诊断、治疗为主，有的甚至还停留在卫生所、医务室的传统模式上，不能针对慢病特点提供特色化的优质服务以满足社区群众需要。

（2）由于社区卫生服务机构的职能和服务内容与医院存在交叉和重复，在服务内容和价格差别不大的情况下，人们对大医院更具信任感，更愿意选择到大医院就诊。

（3）社区卫生服务机构大多依靠政府财政补给，但由于资金不到位，大多数社区卫生服务机构设施简陋，影响了业务的顺利开展。

（4）慢病病程长，病情易发生变化，需终身不间断地进行治疗，而新特药、新技术和新设备多数价格昂贵，是社区卫生机构难以承担的。

2. 社区卫生服务中融入健康管理职能的意义、可行性与需要解决的问题

社区卫生服务和健康管理都是完善医疗服务体系、预防慢病、降低医疗费用的有效举措，二者具有互相促进、互相补充的关系。健康管理与社区卫生服务的整合，是指在社区卫生服务中引入健康管理的理念、方法和技术手段，使之互相促进、协调发展，共同服务于居民的健康事业。健康管理与社区卫生服务的整合，能够促进社区卫生服务内容和服务方式的转变，对社区卫生服务可持续发展

具有重要意义。

城市社区患者以慢病病人居多，从饮食、营养、体育锻炼等方面进行预防和干预，是社区卫生工作的一个切入点。美国的研究成果表明，社区居民通过融合到有利于养成健康生活方式的社会、政治和经济体系中，通过调动社区方方面面的资源、需求和办法，可以达到促进居民健康的目标。所以要充分利用社区氛围，进行资源动员和激励居民参与以社区为基础的生活方式干预活动。

北京市要实现慢病的社区健康管理，需要从宏观上考虑这种模式的运作程序、协调体系、支撑体系、服务对象来源、付费机制、服务内容、服务方式等各种问题。

（四）持续加强北京市民行为和生活方式的干预

自 20 世纪 70 年代，国内外学者一致认可，影响健康的要素，是行为与生活方式、环境、生物学和卫生服务四大要素。其中，行为和生活方式因素越来越受到关注与重视，认为行为和生活方式干预将是最强有力措施之一。世界卫生组织估计，1992 年全球 60% 的死亡，是由于不良生活方式和行为造成的，其中发达国家占 70% 至 80%，发展中国家占 40% 至 50%。美国通过 30 年的努力，使心血管疾病的死亡率下降了 50%，其中 2/3 是通过改善行为和生活方式取得的。

卫生部“健康体重与血压管理”关键技术社区应用项目（2006 - 2010）通过开展高血压规范化管理成本效果评估发现，社区卫生服务中心每年管理高血压患者约 1600 人，年人均管理成本为 49. 1 元。高血压患者接受管理 1 年后，收缩压和舒张压分别平均下降了 12. 3mmHg 和 6. 2mmHg。接受管理的高血压患者收缩压水平每降低 1mmHg（与此同时舒张压下降 0. 5mmHg），社区卫生服务中心在高血压患者管理上投入的年人均管理成本为 4. 0 元。即年人均管理成本效果比为 4 元（/人，mmHg）。

所以，北京市要落实“十年规划”，建设健康北京城市，塑造健康北京人，必须持续加强北京市民的行为和生活方式干预，逐步引导市民遵循健康的生活方式。

1. 为实现十年规划已确定的 11 项指标开展的 9 项行动不松懈

《健康北京人——全民健康促进十年行动规划（2009 - 2018 年）》提出健康北京人的 11 项主要指标，分别是：

（1）全民健康知识知晓率达到85%以上；

（2）人均每日食盐量下降到10g以下；

（3）人均每日油脂摄入量下降到35g以下；

（4）成人吸烟率男性下降到50%以下，女性下降到4.0%以下；

（5）每周运动3次以上、每次30 min以上的人群比例达50%以上；

（6）市民刷牙率达到90%以上，正确刷牙率达到70%以上，65岁至74岁老年人口腔中能承担咀嚼功能的牙齿平均不少于20颗；

（7）中小学生肥胖率下降到15%以下；

（8）孕产妇死亡率控制在15/10万以下，新生儿死亡率控制在3‰以下；

（9）全市所有社区卫生服务机构均有条件提供高血压、糖尿病管理服务，35岁以上人群高血压知晓率、治疗率、控制率分别达到80%、65%、50%以上；

（10）人群健康体检合格率逐年上升；

（11）全市居民平均期望寿命达到81岁。

为达到以上指标，北京市已提出将采取9项行动，分别是：

（1）健康知识普及行动。包括在《北京日报》、北京电视台等传播媒介，加强卫生保健知识宣传，开展健康社区行活动等。

（2）合理膳食行动。

（3）控烟行动。包括2018年前实现全市公共场所全面禁烟等。

（4）健身行动。包括开展每日工间操，全市公共体育场馆向老年人、中小学生优惠开放，学校体育场馆向社会开放等。

（5）保护牙齿行动。包括为3－6岁儿童每年进行一次龋齿检查和防治等。

（6）保护视力行动。包括学校每天组织2次眼保健操，每学期进行一次视力检查等。

（7）知己健康行动。包括建立辖区人口健康档案，对高血压、糖尿病人进行健康监测和服药指导等。

（8）恶性肿瘤防治行动。包括宫颈癌、乳腺癌筛查等。

（9）母婴健康行动。包括在2018年前，婚前孕前、孕期、出生三级防治措施覆盖率达95%以上，免费筛查新生儿先天疾病等。

行动纲领，贵在落实。近年来广大市民已经感觉到政府在健康促进方面所作出的切实努力，如发放限盐勺、限油壶、体重指数对照表，出版和再版了《中国居民膳食指南》，以及各种媒体上的健康宣传等等。这些行动的确在一定程度上培养了市民的健康理念，但要实现11项目标，需要毫不动摇地在卫生、体育、教育、文化、宣传、商业、人力社保、民政、财政、发展改革、人口计生、质监等各个相关部门联合开展健康促进行动。

2. 加强健康危险因素的评估和干预

流行病学资料显示，生活方式习惯和一些生物学指标如血压、血脂、血糖与健康状况密切相关。高健康风险意味着高医疗开支。降低这些危险因素，相应的发病率及死亡率会明显降低。

美国密歇根大学健康管理研究中心通过对20万人10多年健康危险因素资料的研究，得出下列的一些结论：①医疗费用的21% –31%是由过量的危险因素所致；②有健康危险因素者其缺勤率高、生产率低于无这些危险因素者；③对有多种危险因素者采取的降低其危险因素、提高其健康水平的项目将会给雇主带来最大的收益；④对那些健康状况感受较差且危险因素有聚集性者重点采取措施，会取得较好的效果；⑤一个公司的整体健康状况可结合总的危险因素水平与健康危险因素评估参与率得以反映，并将此“企业的健康水平得分”提供给老板，有利于公司的发展。

影响健康的危险因素包括生物学因素、环境因素、生活行为方式、遗传因素、心理学因素以及卫生服务利用等等。目前所评估的危险因素范围还比较局限，主要集中在生活行为方式和遗传因素上。而且，目前的危险因素评估模型仅仅针对一般人群，缺乏特异性。

建议北京市在研究加强健康危险因素评估工作的策略时，可以考虑加强环境有害因素的评估（包括生活、职业等）和心理因素与疾病关系的研究；还可考虑针对不同群体采用不同的评估模型，使评估更具有特异性。

3. 加强健康教育，提高健康知识知晓率，促进市民对健康生活方式的“知–信–行”

《北京市2011年度卫生与人群健康状况报告》指出，北京市18 –79岁常住人口的慢病预防知识知晓率为67.6%。这一结果较为笼统，且与北京小汤山疗养院（北京市健康管理促进中心）的调查结果不太一致。北京小汤山疗养院对来院健康疗养的某两个功能社区人群的健康知识知晓率进行过调查，结果见表5。

表 5　北京市民健康知识知晓率

调查项目	功能社区甲	功能社区乙
高血压诊断标准知晓率	52.56%	58.59%
正常摄盐量知晓率	39.80%	37.37%
空腹血糖正常值知晓率	26.53%	10.1%
空腹血糖糖尿病诊断标准知晓率	33.67%	40.4%
餐后血糖正常值知晓率	23.47%	34.34%
餐后血糖糖尿病诊断标准知晓率	19.39%	18.18%
正常摄油量知晓率	29.59%	36.36%
正常体重指数知晓率	24.49%	25.25%

注：本结果源于北京小汤山疗养院对来院疗养的两个团体的问卷调查结果。

可见，北京市居民的健康知识知晓率仍需进一步提升。只有当人们了解了有关的健康知识，建立起积极正确的信念和态度，才有可能主动地形成有益于健康的行为，改变危害健康的行为。这就是健康教育的“知－信－行”模式。

对于多数症状平稳的慢病患者，他们的日常管理多围绕如何合理饮食、正确锻炼身体、控制情绪、按医嘱服药、定期检查等展开。这些问题多源于自我保健，不需要从医生那里获得。一旦让患者自己掌握了慢病防控常识，个人就主动承担一定的预防性或治疗性保健任务，在自我管理技能支持下开展自我保健。美国疾病预防控制中心研究指出：“如果美国男性公民不吸烟，不过量饮酒，采用合理饮食和进行经常性的、有规律的身体锻炼，其寿命可望延长 10 年。而每年数以百亿、甚至千亿计的钱用于提高临床医学技术的投资，却难以使全美人口平均寿命增加 1 年。”

通过“医患合作、病友互助、自我管理”的方法开展慢病自我管理，实践证明能有效改善行为，控制慢病。国内有学者指出：在健康教育和指导 2 个月后即可产生管理效应。

4. 加大普及防癌抗癌知识宣传力度、开展健康筛查

从 2007 年开始，恶性肿瘤已经连续五年成为北京市民的“第一杀手”。恶性肿瘤死亡占总死亡的比例由 2005 年的 20.7%，上升到 2011 年的 26.7%。肺癌占到了恶性肿瘤死亡的 32%，居第一位。男性恶性肿瘤死亡率要高于女性，男性恶性肿瘤死亡率为 189.6/10 万，女性为 126.2/10 万。男性恶性肿瘤死亡前三位

分别是肺癌、肝癌和胃癌，共占男性恶性肿瘤死亡的 56.8%；女性前三位是肺癌、结直肠和肛门癌、肝癌，共占女性恶性肿瘤死亡的 47.3%。

可见，加强对癌症预防知识的普及势在必行。2000 年 7 月《新英格兰医学杂志》将癌症的最终原因归结于不良的膳食习惯、吸烟饮酒、缺乏锻炼和暴露于环境毒素中。仅仅选择简单的生活方式，避免环境危险因素的影响，就能预防许多种癌症的发生。

美国癌症研究所和世界癌症基金会均强调饮食在预防癌症发生方面的重要性，认为30% -35%的癌症发生原因与膳食习惯有关。指出全世界每年仅仅由于改变膳食习惯就可以减少 300 万 -400 万癌症病例的发生。这项研究成果向人们推荐，选择含有多种类型的蔬菜、水果和谷类植物为主的膳食。

北京市在着力打造健康城市的同时，一定要围绕导致癌症的最终原因开展健康宣传。除了膳食、烟酒、锻炼这三个因素之外，围绕环境毒素要展开的工作很多。环境污染是指人类直接或间接地向环境排放超过其自净能力的物质或能量，从而使环境的质量降低，对人类的生存与发展、生态系统和财产造成不利影响的现象。包括水污染、大气污染、噪声污染、放射性污染等。

几条建议：

（1）大力加强宣传教育，积极普及环保知识，努力提高市民的环保意识，尤其要加强市民的思想道德建设；

（2）加强植树造林工作；

（3）对城市的垃圾污染问题，应多修建和增设垃圾处理厂和垃圾回收站；对随处丢弃垃圾的地区，实行定点清除，同时实行乱丢垃圾罚款制度，加强城市环境治安建设；

（4）建立健全环境保护的各项法律法规，使环保工作得到法律的保障，能够合法、有序地进行；

（5）大力发展能够科学、有序地治理环境污染的科学技术；

（6）提倡建立节约型社会和环境友好型社会，减少许多环境资源的不合理开发和浪费问题；

（7）禁止乱排放工业“三废”、生活污水和农业杀虫剂与化肥等污染环境的污染物；

（8）加快开发新能源，减少因使用具有污染的能源对环境所造成的污染与危害；

（9）广泛开展各种环保活动，提高人们对保护环境的重视，促进社会的和谐发展；

（10）加强对环境的监测工作，及时并如实地反映和记录情况，并针对各种情况做出应变措施。

5. 尝试建立针对不同慢病的健康管理系统

世界卫生组织明确提出：21 世纪的医学，不应该继续以疾病为主要研究领域，而应该把人类健康作为主要研究方向。

健康管理是目前防治慢病的最有效的办法。所谓慢病健康管理是指以生物－心理－社会医学模式为指导，组织慢病专业医生及护理人员，通过为健康人、慢病风险人群、慢病患者提供全面、连续、主动的健康管理，以达到促进健康、延缓慢病进程、减少并发症、降低伤残率、延长寿命、提高生活质量，同时降低医疗费用为目的的一种科学健康管理模式。

慢病健康管理系统是进行有效健康管理的必要工具。目前国内应用于健康管理的软件主要由三大类组成：一类是健康体检信息管理系统，另一类是健康风险评估软件系统，第三类是近年研究较多的随访、宣教与干预系统。但真正适合临床慢病管理应用的综合性信息系统非常少。随着健康管理网络信息技术的发展，对慢病进行有特色的、网络化、规模化、系统化的管理是慢病防治的迫切需求。北京市可以考虑研发针对不同慢病的健康管理系统。系统的功能模块至少要包括信息管理模块、慢病管理模块、随访管理模块、宣教管理模块、查询管理模块、统计分析模块、系统设置模块和帮助手册模块。

6. 要实行慢病的量化管理

世界卫生组织提出的健康“四大基石”包括合理膳食、适量运动、戒烟限酒、心理平衡。但是，对于广大市民来说，“什么样的膳食叫作合理膳食”、“怎么运动才算适量运动”、“烟草的危害”、“限酒限制在多少量”、“什么样的心理才是平衡心理”这些问题才是需要解答的。

对比美国营养专家最近对 40 岁以上的人提出的把握全天膳食摄入结构的“十个网球”原则。即把全天的膳食分成十个网球那么大，每天吃“不超过一个网球的肉类”、“相当于两个网球的主食”、“保证三个网球的水果”、“不少于四个网球的蔬菜”。这种膳食分配方法科学、合理，既保障了蛋白质、脂肪、碳水化合物、维生素、微量元素等的合理摄入，同时饮食又不会过量。而这样的指导更形象、更具体、更容易为人理解与接受，比起空洞的只是定性的“合理”、“适量”、“限量”、“平衡”更有指导价值。

慢病的健康管理也要实现“量化管理”。所谓量化管理，是指以数字为基础，用数学的方法来考察和研究事物的运动状态和性能，对关键的决策点及操作流程，以求对事物存在和发展的规模、程度等做出精确的数字描述和科学控制，实行标准化操作的管理模式。只有量化规定了慢病患者“吃什么”、“吃多少”、“采用什么样的运动方式”、“达到多少运动量”，并且有可用于量化测量的工具，才能做到有据可依，用数据来评价一种管理方法是否科学有效。

7. 重视中医药的养生保健作用

人类研究健康追求长寿的结果必然是越来越亲近自然、回归自然。如何顺应自然，如何与自然和谐相处，如何保持阳光、空气、水源、食物这些人赖以生存的物质基础的自然状态，将是解决众多慢性疾病的关键所在。中医有“天人合一”的养生观点，认为人是自然界的一部分，人与自然是一个统一的整体。中医特有的养生观、“治未病”观数千年来为中华民族的繁衍昌盛作出了不可磨灭的贡献，并且历久弥坚，愈发显示出它的博大精深与先进高远。如何将丰富的中医养生学知识与技术融进健康管理实践当中来，使古老的中医能够在新时期为北京市民的健康再次作出贡献，是一个具有深远意义的话题。

值得推广的中医养生项目有：

（1）传统养生功法的传教：中医传统养生功法，是中华民族宝贵遗产。如太极拳可以增强血管弹性，锻炼神经系统、呼吸系统，畅通经络，培补正气、延缓衰老；五禽戏对于肺气肿、哮喘、高血压、冠心病、神经衰弱、消化不良有预防和防止复发的功效；八段锦对神经系统、心血管系统、消化系统、呼吸系统、运动器官都有良好调节作用；易筋经可以纠正青少年身体不良姿势、促进肌肉骨骼生长发育，可防止老年肌肉萎缩、调整和加强营养吸收，对慢病恢复很有益处。功法传教，一人教众，广泛获益，练习者无时间空间限制，既陶冶情操，又强身健体，适合推广。

（2）按照食物性味归经、辨体辨病辨证选食：如同药物有不同的属性一样，食物也存在性味归经上的差异，故有“药食同源”之说。如能依据病情合理安排饮食，不亚于采用药物治疗。反之，如果在服药的同时，不注意饮食的寒热温凉，必然降低疗效。所以慢病管理工作中，指导患者合理安排饮食内容，刻意食用某些食物，有意拒绝某些食物，可最大限度提高疾病控制率。

（3）简便易取腧穴的保健价值：自古以来，腧穴都不单纯是有治疗作用，而且还有诊断作用或保健作用。中医在穴位保健方面积累了丰富经验。如曲池可以降压；内关、三阴交对冠心病有益；阳陵泉可促进胆囊收缩；至阴可以纠正胎位等。这些腧穴简便易取，又有肯定的治疗保健价值，慢病管理工作中可以广泛宣教，同时还能对弘扬中华民族传统文化起到一定作用。

8. 加强对干部群体的健康管理理念的培养和健康管理实际技能的培训

各级干部是领导社会发展的“火车头”。只有各级干部重视健康生活方式，以身作则践行健康生活方式，成为慢病防控的一面旗帜，才能引领社会健康潮流。要求大众遵循健康生活方式的时候，各级干部应先审视自己是否带头遵循了健康生活方式。借助干部的示范效应与决策能力，有利于推动“健康北京人”行动。

加强干部队伍的健康管理，也是对干部队伍进行人文关怀的一种体现，有利于推进干部强制休假制度的落实，提高干部的工作热情及积极性。可以尝试将干部健康管理的参与率与干部绩效考核相结合，敦促干部真正关爱身体，保持健康体魄。

9. 让疗养机构成为健康生活方式的“体验馆”与“培植园”

北京小汤山疗养院（北京市健康管理促进中心）是全国“健康管理示范基地”之一，近年来在健康管理与健康促进方面进行了积极的探索。我们体会到，比起在专职体检中心或医院体检科开展健康管理，疗养机构更具备开展健康管理业务的先决条件与优势。疗养机构特有的温泉、阳光、空气、山水、树木、花草、虫鸟、园艺等环境资源是任何一所医院都不可比肩的。特有的自然疗养因子让置身于其中的人无形中得到了身心上的调养。建议北京市政府在加强干部健康疗养工作时，可以考虑让干部短期集中在疗养机构体验健康的生活方式和培植健康管理理念。

在短期疗养中融入健康管理要素这方面，北京小汤山疗养院已进行了成功探索并积累了一定经验。如疗养院在接待 20 多批中国国际航空股份有限公司的飞行员来院短期疗养期间，结合飞行员的工作性质、职业特点等因素，制定出适合该功能社区的个性化的健康疗养方案，并在疗养中融入管理的要素，如作息管理、饮食管理、运动管理，收到了满意的疗养效果。在较短时间内帮助飞行员树立起了健康生活方式理念，并通过健康知识宣教，让飞行员掌握了一定的“合理膳食、适量运动、戒烟限酒、心理平衡”的知识与技能。短暂的疗养周期结束后，无论从心理还是生理上，飞行员已有切身的体会。绝大多数飞行员已能够主动运动，主动控制饮食，规律作息。这是一种得到所有飞行员认可的疗养模式。

（五）不可忽视中、小学生的健康教育

1. 北京市中、小学生的健康状况

目前北京市中、小学生近视和肥胖等问题日益严重，是影响北京市青少年健康的主要问题。2010－2011 学年度北京市中小学生视力不良检出率为 62.99%，比 2009－2010 学年度上升了 3.0 个百分点。男生视力不良检出率为 59.0%，女生视力不良检出率为 67.3%。

2010 年 9 月新入学的小学一年级新生视力不良检出率已达到 39.1%。中小学生视力不良率呈现随着年级的增长而逐渐增高的趋势，小学生视力不良检出率为 50.4%，其中小学阶段小学六年级视力不良检出率已达 67.6%。初中生上升为 75.6%，高中生为 87.7%。

青少年肥胖问题也不能忽视。2010－2011 学年度北京市中小学生肥胖检出率为 20.7%，比 2009－2010 学年度上升 0.37 个百分点。男生肥胖检出率为 25.9%，女生肥胖检出率为 15.4%。小学生肥胖检出率为 20.2%，中学生肥胖检出率为 21.3%。小学阶段肥胖检出率随年龄增长而增高，小学五、六年级学生肥胖检出率最高，六年级学生达到 25.5%。

另外，北京市中学生尝试吸烟报告率为 25.7%，网络成瘾率为 3.8%。[①]

2. 加强对青少年的健康教育

早在 1900 年，中国近代史上著名的启蒙思想家、教育家梁启超先生就在《少年中国说》当中提出“少年智则国智，少年富则国富；少年强则国强，少年独立则国独立；少年自由则国自由，少年进步则国进步；少年胜于欧洲则国胜于欧洲，少年雄于地球则国雄于地球”。但是，目前北京市的青少年的身体状况令人担忧。青少年是国家的未来，青少年如果没有健康的体魄，国家的未来又从何谈起？

---

① 资料来源于北京市人民政府编著的《北京市 2011 年度卫生与人群健康状况报告》。

近视与肥胖，都是生活方式疾病。由于北京市较优越的生活水平，很多青少年对于高热量、高脂肪、高糖分的三高食物过分偏爱，加之体力活动减少等原因，导致肥胖、血脂异常等问题较多。2011 年《中国青少年体质健康行为调查》显示，当学生感到学习压力大的时候，他们选择的减压方式是上网、听音乐、看电视、和同学聊天，选择打球跑步等体育运动的只有约 32%。在休息和节假日的空闲时间，学生最喜欢做的三件事是：上网聊天和游戏、听音乐学唱歌、看电视。

所以，要培养青少年的好习惯，除了对中学生加强相关知识的普及之外，还应动员学校、家长、网吧共同参与和监督。家长要鼓励孩子做家务，而不是家长全部包干。美国哈佛大学的社会学家、行为学家和儿童教育专家对波士顿地区 450 名少年儿童做了长达 20 年的跟踪调查，调查发现，不爱干家务的孩子长大后失业率、犯罪率、离异率、心理疾病率往往要比爱干家务的孩子高得多。还有，美国研究人员为了解决儿童肥胖问题，特别是儿童减肥后体重反弹的问题，发现了一个儿童减肥新方法，就是让肥胖儿童跟普通的、爱运动的同龄人交朋友。这值得借鉴。

对于青少年视力不良高发的问题，除了引导青少年多参加户外活动，减少学习时间过长、看电视、上网时间过长之外，北京市还要进一步改善学生课桌面平均照度、黑板平均照度等问题。据 2010 年北京市疾病预防控制中心针对中小学校教室环境监测数据显示，2010 年北京市中小学校教室课桌面平均照度合格率仅为 60.3%，黑板平均照度合格率只有 22.9%。

（六）引导医学科研单位加强针对慢病防控适宜技术的科研力度

慢病的决定因素包括遗传、社会环境和生活方式。在所有影响健康的因素之中，生活方式是最可被控制且最有影响力的因素。国际、国内成功经验表明，慢病是可以预防和控制的，且预防效果显著。研究显示，80% 的冠心病和 90% 的 2 型糖尿病、1/3 的癌症可通过控烟、健康饮食、维持正常体重和适宜锻炼而预防。

世界卫生组织预计 2005 年至 2015 年间，心脏病、中风和糖尿病在中国会造成 5 580 亿美元的经济损失。世界银行和世界卫生组织还指出，如果继续一味增加对大医院和高精尖技术的投入，未来 20 年中国将不堪重负。因此，解决这些问题就必须要在发展高新技术的同时，大力发展和应用适宜技术。发展和推广适宜技术是控制慢病、降低人群危险因素水平的重要措施。

北京市慢病防控应主要针对 4 类重点疾病（2011 年北京居民主要死亡原因前四位）：恶性肿瘤、心脏病、脑血管病和慢性呼吸系统疾病；针对 4 个重点行为危险因素：吸烟、过量饮酒、不健康饮食和身体活动不足；4 个重点生物危险因素：血压、血糖、血脂和超重/肥胖。慢病预防控制适宜技术应考虑到能够为基层普遍应用和推广、应符合成本效益原则，要与北京市的社会经济水平相适应。同时，任何适宜技术都必须以有效性作为前提。

各级科研主管部门在评估有关慢病防控技术项目时应围绕上述特征展开，并在实际应用中不断总结、改进，逐渐完善，将各项防控工作落到实处。

（七）引导各类医疗保险制度报销取向，鼓励参保人在慢病预防方面的消费

目前北京市的医疗保险报销范围包括门诊、急诊的医疗费用，到定点零售药店购药的费用，住院治疗的医疗费用，急诊抢救留观并收入住院治疗的及其住院前留观 7 日内的医疗费用，恶性肿瘤放射治疗和化学治疗、肾透析、肾移植后服抗排异药的门诊医疗费用。

可以看到，所有这些费用都是关于疾病治疗方面的费用，而关于慢病预防方面的费用涉及较少。从国际上相关的统计数据来看，治疗慢病所需要的花费大概是预防慢病花费的十倍左右。按照卫生部部长陈竺 2011 年 11 月 13 日在第五届中日韩卫生部长会议上的发言，用于慢病治疗的费用达到卫生支出的 68% 左右。可见，医保资金在应对慢病治疗费用方面压力十分巨大。因此，有必要引导各类医疗保险制度报销取向，鼓励参保人在慢病预防方面的消费。比如对参加健康体检、参加慢病防治知识培训班、在专业健康管理机构参加慢病健康管理服务、购置运动监测仪器、购置血压仪、血糖仪等项目方面的消费可以尝试纳入医保报销范围，以此激励市民为防控慢病、提高自我保健意识而行动起来。

（八）充分发挥各类媒体的作用，为慢病控制提供强大的舆论支持和信息平台

要利用新闻媒体、网络短信等多种渠道进行慢病控制的健康促进，开展健康管理理念和内容、方法、效果的宣传教育，提高公众的自我保健意识，改变不良

生活方式，建立科学的生活方式，并为慢病控制提供强大的舆论支持。

几条建议：

①可以充分利用各种媒体，向公众传播饮食和体力活动健康选择中所需的适当知识。如体力活动与健康的关系、饮食与健康的关系、热能的摄入与消耗、减少慢病危险的饮食和体力活动的类型、食物的健康选择等等。公众有了这些知识，就为膳食的合理调配提供了良好的基础。

②可以设立一个始终如一的，简单明确的讯息平台（类似中国移动的10086，消费者权益保护的12315等平台），利用手机短信等形式发送各类健康信息。

③学校、工作场所、教育和宗教机构、非政府组织、社区领导以及传媒在影响人们行为中有其优势，政府应在传达适当的和有效的健康生活方式讯息方面，形成协同工作联盟。从小学开始就要提供健康营养知识和培养辨别媒体讯息的素养和技能，这对他们能正确应付食物时尚和媒体广告误导的饮食建议十分重要。

④食物广告会在很大程度上影响人们对食物的选择和饮食习惯。应阻止不健康饮食和不利体力活动的讯息，鼓励发布科学的健康的讯息。

⑤政府应在食品标签中标示正确、标准和完全的食品营养信息，引导消费者做出健康的选择。

距离《健康北京人——全民健康促进十年行动规划》的提出，已经过了四年。目前北京市户籍人口婴儿死亡率、孕产妇死亡率连续三年都处于下降趋势，已达到北京市十年规划中提出的目标。北京市民期望寿命也在上升，主要传染病总体发病平稳，重点疾病得到了有效控制，儿童青少年整体健康状况不断提高，医改工作不断深入，医疗卫生服务能力和水平不断提高，这些指标显示北京市居民健康整体状况继续保持在全国的领先水平。但是，慢病仍然是北京市民健康的主要威胁，慢病相关的危险因素水平还在上升，慢病防控形势依然严峻。

在《国民经济和社会发展第十一个五年规划纲要》中，中央提出“综合防治心脑血管疾病、恶性肿瘤等慢性病”和“战略前移、重心下沉”的慢性病防治方针。北京市政府在积极响应中央提出的方针政策的同时，更因为作为中国的首都，要为全国和全世界做出榜样。在十年行动规划的后六年时间里，要将慢病防控作为各项工作的重中之重。我们坚信，在北京市委、市政府的正确领导下，北京一定能够在全世界做出表率，打造一个“健康环境、健康人群、健康服务”的国际大都市。

北京市第一社会福利院发展状况调查及对全市机构养老的启示*

根据北京市老龄办数据，截至2011年底，全市户籍总人口1277.9万人，其中，60岁及以上户籍老年人口247.9万人，占户籍总人口的19.4%；80岁及以上户籍老年人口38.6万人，占户籍总人口的3%。而且老龄人口以平均每天300人的速度在增长，2035年老年人口将达到550万人左右。北京市养老形势十分严峻。

机构养老是养老模式的重要补充形式。根据2009年北京市民政局等联合下发的《关于加快养老机构发展的意见》，到2020年，90%的老年人在社会化服务协助下通过家庭照顾养老，6%的老年人通过政府购买社区照顾服务养老，4%的老年人入住养老服务机构集中养老。为推进北京市的机构养老建设，我们针对北京市第一社会福利院（简称“市一福”）进行了专项调研，目的在于了解市一福在机构养老中的成功经验和存在问题，为推进全市机构养老发展提供对策建议。

一、北京市第一社会福利院的基本状况

市一福暨北京市老年病医院，是由市政府投资兴办的大型综合性养老服务机构，养老服务、娱乐康体设施俱全。总建筑面积46650平方米，拥有床位1100张。主要接收北京市国家优抚老人、“三无”老人和孤寡老人、北京市离休老干部和社会退休老人，为他们提供生活照料和医疗护理保障，并为周边社区居民提供基本医疗服务。1988年5月市一福正式开院运行，二十余年来，市一福在养老

* 作者简介：鹿春江，首都社会经济发展研究所副处长，北京健康城市建设促进会副秘书长，副研究员；韩迪，北京健康城市建设促进会办公室干部。

领域不断探索，大胆创新，成为北京市机构养老的标杆。

市一福通过规范化管理、标准化服务、专业化介入和社会化互动实践，逐步形成了集颐养、护理、医疗、康复、科研、教学为一体的多功能综合性服务体系。市一福从“供养与康复、医疗并重的混合式管理模式”转变为“一院两型”管理模式，并最终形成“一院两型、分类管理”的科学管理模式，既承担养老服务功能又兼具医疗、护理功能，同时建立与之相应的管理和服务标准化体系。市一福还在全国福利行业中率先创建社会工作科，并将“养、护、医、康”一条龙式特色服务发展为“养、护、医、康、社”的“四加一”跨专业团队服务模式。

市一福1994年被民政部首批命名为国家二级福利事业单位，1998年被市卫生局核定为二级甲等专科医院，1999年被评为“全国创建文明工作先进单位”，2001年通过了ISO9001国际质量认证，成为全国首家通过ISO9001质量管理体系认证的养老福利机构。2005年被市劳动与社会保障局评定为医疗保险定点机构，2009年通过市质量技术监督局和市标准化协会标准体系认证。建院以来，市一福先后获得“首都文明标兵单位”、“全国文明示范窗口单位”、“全国军警民共建社会主义精神文明先进单位”、“全国总工会模范职工之家”、“全国养老服务社会化示范点”、“全国模范养老机构”、“全国巾帼文明岗”、“全国老龄系统先进集体”、“全国社会工作人才队伍建设试点示范单位”、“北京市服务标准体系示范单位”、“北京市五星级养老服务机构”等荣誉称号。

作为养老服务机构龙头单位，市一福采取“派出去，请进来”的方式，选派医师外出参加专业专项培训，聘请专家来院讲课；通过理论知识考核、实际操作演练等方式强化提升员工业务水平。2010年市一福四名同志代表北京市参加全国福利机构养老护理员职业技能竞赛，分别包揽了大赛的前四名，前三名选手获封“全国技术能手”；2012年市一福代表北京市养老机构赴上海参展首届中国国际养老服务业博览会，展区各项专业操作展示和详细讲解获得到场宾客高度赞誉。

市一福先进的管理模式和优质的养护服务，使其成为养老服务行业的窗口示范单位，吸引来自全国各地养老服务机构同仁参观学习。仅2011年，市一福接待大型活动20余次，内外宾参观64批1700余人次。温家宝总理、何鲁丽副委员长、中央巡视组、时任市委书记刘淇、北京市人大朝阳代表团等领导来院指导工作，亲切探望老人，对市一福的养老服务工作给予充分肯定。

二、北京市第一社会福利院取得荣誉的主要经验

经验一：秉持“亲情”和“奉献”的服务理念

市一福并非全国养老服务机构中“硬件”设施最好的单位，但其仍被树立为全国机构养老的标杆单位，最重要的是其“软件”实力——服务。自建院以来，市一福就一直秉承和发展着“亲情服务”、“奉献服务”的理念，将入住的每位老人视为“亲人”，记住每位老人的细节，包括生日、性格、特点、习惯及心理需求等，并在实践中总结形成“爱心、耐心、细心、热情、周到”的服务方针和“一心一意奉献老人，全心全意贡献社会”办院宗旨，让老人享受全面服务、贴心服务、专有服务、创新服务、持续服务。这里的工作人员说话、走路都是轻轻的，唯恐打扰老人的活动和休息，他们对老人们都非常熟悉，只要稍微提起一点线索，他们就能对老人的姓名、衣着特点、个性特征等如数家珍。

市一福还一直坚持“奉献”精神的教育。在建院之初，机构养老对于全国人民还较陌生，硬件设施较差，职工待遇较低，社会认可度也不高，很多人都不愿意到福利院工作。第一代市一福人就是在秉承着一种对养老事业的敬重和奉献精神，不计较个人利益，不畏惧各种艰难，兢兢业业，不断努力进取，将市一福从最初的300多张床位发展成现在的1100多张，各种社会美誉纷至沓来。近年来，尽管随着养老形势日益严峻，人们对养老工作人员的认可度日益提高，但是，市一福仍然在党委、团委、工会等组织的相关活动中坚持“奉献”精神教育，特别是在历届领导及业务骨干的示范引领下，更是把爱岗敬业的奉献精神发展成了具有市一福特色的组织文化，这成为市一福保持员工队伍稳定和高质量服务的重要保障。

经验二：实行“养、护、医、康”一条龙服务和全方位照顾

入住市一福的老人有一个较普遍的现象，“入住之前不了解，住进来后不愿意走”。老人们有这样的感受和市一福的全过程、全方位细微照顾是分不开的。

主要体现在：一是市一福实现了养老与医疗的相互融合，将老人生活区分为颐养区、生活照料区、养护区和医疗区。其中，颐养区主要接收身体基本健康，生活自理、行动自由的老人；生活照料区接收生活半自理老人，为老人提供生活照料服务；养护区接收半卧床及需要提供医疗、护理、康复的老人，为他们提供生活照料、临床医疗护理等方面的服务；医疗区接收患有各种老年性疾病的老人，提供医疗、康复、抢救、照护、护理以及临终关怀等服务。老人入住后将根据身体健康评估结果入住不同的生活区，并根据身体状况的变化在不同生活区进行调整，从而实现从自理到不能自理，从入住到临终关怀的全程跟踪服务，免除老人半自理或不能自理的后顾之忧。

二是市一福对老人“个别关怀、全面照顾”的社会工作服务理念，从饮食起居到身体健康，从排忧解难到心理疏导，市一福为每位老人都建立了“动态信息记录表”，及时了解老人的各种情况，并提供专业的服务和指导。为丰富老人的业余生活和发展老人们的爱好，市一福设有共享观景空间、阅览室、书画室、棋牌室、沙壶球室、手工艺室、健身房、情景小屋、心晴小屋和多功能厅等文娱设施。特别是引进香港经验，成立了专门的社工队伍，将义工服务与老人互动相结合，跟老人做朋友，与孤老结对子，与老人共同开展文娱活动，实现“日日有活动、月月有演出、节节有问候”，增强了老人们在市一福的归属感和满足感。市一福的专业社工工作在全国的公办养老机构中非常突出。

经验三：注重服务的标准化、制度化

市一福特别重视服务的标准化、制度化工作。2001 年就通过了养老服务福利机构 ISO9001：2000 国际质量管理体系认证，2008 年又开始全院的标准体系建设工作，对全院的岗位、管理事项、服务内容等进行调查、统计，并收集相关法律、法规、制度、标准等，最终编制形成《北京市第一社会福利院标准体系大纲》、《北京市第一社会福利院技术标准体系》、《北京市第一社会福利院管理标准体系》、《北京市第一社会福利院工作标准体系》等文件，对管理环节（41 项）、技术环节（20 项）、工作岗位（109 个）的标准进行了详细的规定，为各项工作提供了规范。目前，他们还承担起“北京市养老服务机构社会工作服务规范”（地方标准），“北京市养老机构介护老人护理服务规范”（地方标准）的起草任务。

经验四：注重“以老人为本”的细节建设

市一福非常重视细节的建设。进入福利院，无论是院内的广场，楼内楼道、走廊、老人的居室，还是工作人员的办公室，都给人一种训练有素后的干净、宽敞、明亮。在建筑和生活、居住设施的设计上，市一福一切从老年人的生理和心理需求出发，充分照顾老年人的安全性和便利性要求，如配备充足的担架床可以进入的医疗用电梯，电梯按钮与轮椅老人手够到的高度平齐，电梯关闭反应要稍缓慢，每个居住区设置开放式医护站，每层设置公共小厨房、一个或多个公共交流空间和老人自主种植区域等，从而方便老人的活动、应急及休闲娱乐。

在服务上，市一福要求要注重理解老人，帮助老人，不得歧视和忽视老人的合理诉求，根据老人的身体状况提供不同的服务，使老人舒心和安心，不管老人发多大脾气不能顶嘴，并记住每个老人的生活习惯、兴趣爱好、生日等，特别是在服务标准的制定上，严格按照具体、细致、有针对性的原则，将技术操作细化到每一个步骤，将管理事项固化为每一条制度，将工作内容分解到每一个岗位，并对每一项工作都配备操作说明、管理措施、考核要求和评价奖惩等相关规定，最大限度避免工作中的无据可依、无标准可循现象。同时，通过持续不断的培训和评比、比赛、绩效考核等形式，确保每一个部门、每一个岗位、每一个人都100%掌握相关规范和制度。市一福之所以成为全国机构养老的标杆，最重要的是其制定了详细的“以老人为本”的设施和服务设计及通过持续不断地强化培训，全院员工对这些规范、制度的细节要求都能执行到位。

经验五：注重老年人的参与和自我组织

市一福建立老人参与机制，鼓励老人参与机构管理。市一福每月定期开展“院长接待日”走访工作，召开共同管理委员会和老人伙食委员会，为老人自由表达愿望和诉求，提出意见和建议，建立顺畅渠道。老人在会上提出的问题，市一福领导会在第一时间给予反馈，一切以老人的健康需求为本。2011 年市一福共召开“院长接待日”会议 12 次，共同管理委员会例会 12 次，记录老人建言建议 110 余条。全院还组织老年人成立了各种兴趣社团，组织老人们自己开展活动。通过老年人的参与和自我组织，既有利于改进全院的服务水平，真正实现“以老人为本”，同时又有利于增强老年人的主人翁意识和归属感，激发老年人的“老有所乐”、“老有所为”热情，疏解不良情绪。

经验六：注重人才的培养

人才和人才的见识是建院之本。市一福非常重视全院的人才培养问题，并通过与香港圣公会等单位合作，建立了“派出去，请进来”的全员培训模式。其中，对管理者持续开展素质提升培训，不断加强管理者的自身素养、整体和大局意识、请示报告意识、细节管理意识、责任承担意识、管理方式和途径、沟通协调方法、责任落实意识；对医护技工作人员，积极选派外出参加卫生、民政等部门组织的各类专业专项培训，并通过“百日竞赛”及邀请相关专家等形式，不断强化院内培训，形成院内院外培训相结合的培训模式；通过创建社工“跨专业团队合作”模式，不断推进社工人才队伍建设，其中2007年与香港圣公会建立了社会人才队伍建设的合作关系，2008年启动了“市一福社会工作人才队伍建设顾问计划”，并接受香港资深社工“全人照顾工作坊”和“老年痴呆特别照顾工作坊”等培训授课，同时也开展了与中国社会科学院社工实习基地的合作。

三、北京市第一社会福利院发展面临的难题

难题一：法制不健全，部分风险难规避

尽管近年来我国出台了《老年人权益保障法》，民政部出台了《老年人社会福利机构基本规范》，北京市出台了《北京市养老服务机构管理办法》，但仍然缺乏养老服务机构服务的地方标准，对于一些意外事故、矛盾纠纷的潜在风险还是较难规避。

难题二：医疗管理体制未理顺，医疗保障受制约

根据职责划分，养老院中的医疗机构受养老院直接领导，资金由民政系统的养老经费中予以拨付，卫生部门只起行业指导作用。由于部分医疗设备需要资金额度较大，市一福中的北京市老年病医院所需设备更新资金受民政资金账户额度限制难以列支，这在一定程度上影响了养老院中医疗机构的正常发展。而且，老年人的疾病往往是综合性疾病，更多地是需要全科医生，但由于北京市老年病医

院是二级医院，只能设置专科科室，这就制约了老年病医院作用的发挥。

难题三：床位数增加难以满足日益增长的需要

尽管近年来，市一福通过扩建改造，将床位数由原来的500多张增加到1100多张，但还是难以满足日益增长的需要，有大量老人在排队等待入住。与此同时，根据市民政局的统计，全市8万多张养老床位只有一半有老人在入住。这个对比现象体现出北京市的养老服务机构发展存在很大的不均衡，好的养老院大家抢着入住，较差的养老院没人问津。市一福是政府办的养老院，具有公益性质，因此，它负有将二十多年发展取得的好经验向全市推广，促进全市机构养老水平的整体提升和均衡发展的责任。如何将其发展经验向全市推广，推进全市养老服务机构的均衡发展也应是其需要解决的重要难题。

难题四：服务和管理专业人才缺乏

全国缺乏专门的养老专业管理和护理人员的培养机构，个别专业技术人员岗位招聘难度大，尤其是医生招聘困难，难以满足养老服务机构跨越发展的形势需求。而招聘的未受过专门培养的外来务工人员和下岗人员做护理人员，不经过长期的培训，也根本满足不了老年人对养老服务的高质量、全方位要求。养老服务行业在社会上的声望和地位仍不高，使得社会缺乏对养老从业人员的认可，造成很多优秀医护人员流失。此外，由于经验有限，对国外先进经验的了解不多，对管理和服务人员（医生、护士、护理员、社工）的业务培训也不足，这也使得员工的专业技能和综合素质与现代养老服务的要求还有一定差距。对新聘任员工行业理念、行业文化、业务水平和爱岗敬业精神的培训等也面临适应目前年轻人心理状况而进行变化的挑战。

难题五：管理与服务标准需持续改进

随着老人需求的不断提高和市一福养老服务水平的不断完善，已经确定的标准和服务规范会产生与现实需要不一致的地方，这就需要市一福随时根据发展情况，对当前现有标准及时进行补充和更新，使标准与现实相适应。而且，目前的管理和服务流程设计上还存在环节缺失和不够细致的地方，这都要通过逐步完善标准体系来加以解决。

四、对全市机构养老发展的启示

启示一：建立健全机构养老法规

政府应加速出台机构养老相关管理和服务地方标准，规范管理和服务流程，明确技术要求，厘清养老院、个人和老人家庭所承担的责任和义务，从而规避养老服务过程中的各方风险，为养老服务的健康发展奠定基础。

启示二：营造良好尊老敬老社会氛围

养老是一个社会效益大、经济效益小的微利行业，具有较强的公益属性，单纯从投入产出上比较将较难平衡。因此，从事养老事业，必须要先有一颗爱老之心，发自内心地认为这是一份崇高的事业，愿意为之工作。而形成这样的心理，就需要政府引导在全社会形成尊老、敬老、爱老的良好社会氛围，从而尊敬从事养老事业的工作人员，使他们获得高度的社会的认可，增强自豪感和满足程度，从而在经济刺激有限的情况下，吸引更多人愿意从事养老工作，确保在保障养老服务质量的同时，养老服务人员不再难招到。

启示三：严控服务质量

质量是养老服务的生命，而训练有素和将每个细节做到位是市一福领先其他养老服务机构的制胜法宝。应促进全市养老机构加强和推进服务标准体系的制定和落实，使其管理与服务严格按照标准化、规范化、细节化和流程化有条不紊地运行，形成管理与服务标准规范完善、部门责任清晰、岗位职责明确、工作流程完整、督导检查到位、绩效考核落实的良好状态，实现以标准化促规范化，以规范化促服务质量的提高。

启示四：加强专业人才队伍建设

要促进全市建立养老专业人才的培养机制，制定培养标准和流程，同时确立养老服务行业人员的社会定位。在此基础上，不断强化专业知识和业务技能培训，并不断树立道德意识、奉献意识，强化职业素养，帮助专业人员全面发展。

另外一方面，积极吸引外界力量，发展志愿者团队，扩充志愿人才队伍及建立与社会工作专业人员的实习、工作无缝对接，引进专业人才进入养老服务行业中来。同时要呼吁政府出台优惠政策，鼓励养老专业人才的培养及吸引相关优秀人才加入到养老服务的队伍中来。

启示五：加强体制机制创新

要充分发挥优秀养老机构的管理优势，走出去，采取在适当地区或区域创办分支机构，或与已有养老服务机构合并、联盟等形式，将好的养老机构的优秀管理经验向全市推广。同时，出台政策和资金方面的宽松政策，鼓励和支持优秀养老服务机构充分发挥示范和辐射作用。这既有利于全市养老服务机构服务质量的均衡发展，也有利于解决全市优秀养老机构床位不足的问题。此外，针对老年病医院不能设置全科诊室的问题，应充分考虑服务老年人的特点，探索既符合基层卫生服务相关法律精神，又便利老年人看病的解决机制。

国外瞭望与借鉴

本单元研究重点

- 治理PM2.5的国际经验及对北京的启示
- 美国洛杉矶地区治理PM2.5对策
- 国外城市排水系统建设调查及对北京的启示
- 缓解大型城市交通拥堵的国际经验及启示
- 国外减少汽车出行的政策与措施
- 国外化解医患纠纷调查及对北京的启示

治理 PM2.5 的国际经验及对北京市的启示*

PM2.5 是指空气中直径小于 2.5 微米（1 微米等于百万分之 1 米）的悬浮颗粒物。它在大气中滞留时间长，传输距离远，富含多种有毒有害物质，对人体健康的危害极大，而且 PM2.5 与其他空气污染物存在着复杂的转化关系，治理难度很高。目前，世界各国大城市普遍针对 PM2.5 污染展开了重点治理，并取得了一定的成效，其成功经验对北京市在制定相关政策和措施等方面具有一定的借鉴意义。

一、PM2.5 的构成及危害

根据 PM2.5 的生成机理，可以将其分为两大类：一类是煤炭、石油等化石能源燃烧以及地面扬尘等途径一次生成的 PM2.5，另一类是大气环境中的二氧化硫、氮氧化物、挥发性有机物等气态污染物在阳光照射下通过化学反应二次生成的 PM2.5，通常后者的含量会超过前者。按照化学构成，则可以将之划分为硫酸盐、硝酸盐、铵盐、元素碳、重金属、有机物等类属。此外，由于 PM2.5 在大气中悬浮的时间可以达到数天至数周之久，典型传输距离可以达到数百公里，甚至数千公里，其跨区域传输、叠加情况普遍。研究者经常将 PM2.5 按照产生地分为本地排放与外来传输两类。在某些地域，外来 PM2.5 污染甚至可能超过本地产生的 PM2.5。

PM2.5 对人体健康危害极大。由于它的粒径很小，大约只有头发直径的 1/30，可以直接进入肺泡，亦称“可入肺颗粒物”，长期吸入会增加罹患过敏、哮喘、肺

---

* 作者简介：张燕，首都社会经济发展研究所办公室副主任，北京健康城市建设促进会副秘书长，副研究员。

气肿、肺癌、心血管疾病的风险。根据研究，大气中 PM2.5 的浓度若超过 35 微克/立方米，将会对老人、儿童、心肺和心血管疾病、呼吸系统疾病患者等敏感人群带来危害，若浓度超过 65 微克/立方米，将会对所有人群都造成危害。

此外，PM2.5 对阳光的吸收、散射作用很强，当空气中的 PM2.5 浓度显著上升时，能见度会大大降低，出现灰霾天气，直接影响公众对空气质量的直观感受。

北京市近年来面临着较为严重的 PM2.5 污染问题。根据过去 10 年的 PM2.5 研究性观测数据，北京市 PM2.5 的年均浓度在 2004 年达到顶峰，随后逐年缓慢降低，但直至 2010 年，其年平均浓度仍高达约 70 微克/立方米，为世界卫生组织为发展中国家设置的三个阶段标准中最低标准的两倍。2011 年下半年，世界卫生组织首次公布了全球 1100 个城市空气污染的调查报告，北京市的空气质量排在了第 1035 位，在 100 个首都排名中也是倒数。目前，北京市政府已原则性地通过了《北京市 2012－2020 年大气污染治理工作方案》，提出到 2015 年将 PM2.5 的年平均浓度降至 60 微克/立方米，到 2020 年降至 50 微克/立方米。从目前形势来看，这项任务十分艰巨。进一步加强对 PM2.5 治理的工作已经刻不容缓。

表 1　不同国家、地区和组织针对 PM2.5 的标准或行动值

浓度 / 国家、地区、组织	PM2.5 日平均浓度（微克/立方米）	PM2.5 年平均浓度（微克/立方米）
WHO	25	10
美国	35	15
日本	35	15
欧盟		25
加拿大	30	
中国香港	75	35
澳大利亚	25	8
新西兰	25	
印度	60	40

摘自《大气颗粒物与区域复合污染》。

表 2　世界卫生组织关于 PM2. 5 的标准和过渡时期目标

目标＼浓度	PM2. 5 日平均浓度（微克/立方米）	PM2. 5 年平均浓度（微克/立方米）
过渡时期目标—1	75	35
过渡时期目标—2	50	25
过渡时期目标—3	37. 5	15
空气质量准则值	25	10

摘自《大气颗粒物与区域复合污染》。

二、发达国家大城市 PM2. 5 的监测、预警和治理经验

大城市 PM2. 5 污染的防治是一个世界性的难题。纵观美国、欧洲、日本等国家和地区大城市的治理历程，有如下共同之处：协同运用法律和经济手段，对一次生成的 PM2. 5 和二氧化硫、氮氧化物、挥发性有机物等可转化为 PM2. 5 的空气污染物进行综合治理；制定长期规划，将 PM2. 5 的治理工作与经济发展方式的转变相结合，努力实现经济发展和环境保护的双赢；打破行政区划，建立区域联控联治制度；破除部门界限，将卫生健康、园林绿化等部门纳入 PM2. 5 综合治理框架之中；引导环保组织和社会团体，动员全社会力量共同参与改善空气质量。具体经验如下：

经验一：采用综合治理策略，逐步减轻 PM2. 5 污染

欧美等发达国家对 PM2. 5 进行了深入细致的来源解析和数谱分布研究，发现在城市环境中，二氧化硫、氮氧化物和挥发性有机物等气态前体物转化产生的 PM2. 5 超过生产生活中直接排放的 PM2. 5，是 PM2. 5 污染的主要来源。因此，各国普遍采取综合治理的策略，在采取措施减少一次生成的 PM2. 5 的同时，重点加强相关前体物的减排工作，并在逐一确定其与 PM2. 5 间转化关系的基础上，制定各前体物的减排指标。以欧盟为例，其将减排前体物作为控制 PM2. 5 的主要途径，不仅要求二氧化硫、氮氧化物和挥发性有机物等空气污染物达到相应的排放标准，还要求根据 PM2. 5 的削减目标来进一步限制二氧化硫、氮氧化物和挥发性有机物等空气污染物的排放总量。

美国南加州大洛杉矶地区的 PM2.5 综合治理规划则更加精细。当地的空气质量管理部门首先通过长期的监测，确定了本地 PM2.5 污染物的主要来源——二氧化硫、氮氧化物和氨气在大气中经光化学反应形成的硝酸铵盐和硫酸铵盐；然后以监测数据为基础，依据当地的地理气候条件，建立起空气质量推演模型，逐一确定二氧化硫、氮氧化物等污染物与二次生成的 PM2.5 之间的转换关系，以氮氧化物为例，根据该部门的测算，每减排 1 吨氮氧化物，就能减少约 0.1273 吨的 PM2.5，而二氧化硫的比例更高；最后，在模型数据分析的基础之上，以 2014 年 PM2.5 污染中期治理目标为依据，确定了该地 2014 年时一次生成的 PM2.5 以及二氧化硫、氮氧化物、挥发性有机物等前体物所应达到的量化减排指标，即每日必须减排 192 吨的氮氧化物、24 吨的二氧化硫、15 吨直接排放的 PM2.5 和 59 吨的挥发性有机物。

经验二：利用法律和经济双重手段，控制 PM2.5 的排放总量

欧盟针对气体和粉尘排放的 PM2.5 等颗粒物，先后出台了《欧共体环境行动计划》、《欧洲空气清洁计划》等近 20 个法规和指令，制定了空气质量标准、机动车和其他污染源的排放标准，区域空气质量监测与评价制度、国家排放上限与核查制度，形成了一套完善的防治 PM2.5 污染的法规体系。

美国环保署先后颁布了《州际空气洁净条例》、《道路机动车排放标准》、《非道路机动车空气清洁规划》等法规，对 PM2.5 的治理进行统一的规范。除了上述适用于全美的法规标准外，美国各地还针对自身具体情况，出台了一系列的地方性法规作为补充，以完善 PM2.5 治理的法规、标准体系。例如纽约市就因地制宜地推出了《抗空转法》等一系列地方性法规，严格规定车辆停驶后发动机空转时间不得超过 3 分钟。这些地方性法规、全国性法规紧密结合，有力地推动了 PM2.5 治理工作。

发达国家大城市所具备的完善法律法规体系为 PM2.5 的治理工作奠定了坚实的制度基础，但在经济持续高速增长时，尽管环保标准和法规已经十分严格，污染物的总量仍会持续增加，此时如果进一步收紧标准，达标成本就会高得令大量企业无法承受，对社会经济产生较大影响。而且，这种“一刀切”的指令性方式没有考虑到企业之间的差异，技术水平较为先进的企业在达到环保标准之后可能会丧失进一步减排的动力，不利于环保工作的进一步推进。为此，发达国家

开始尝试在环保工作中引入市场机制，美国最常用的是排污许可权交易制度，欧洲部分国家则借助于排污收费和排污税来约束排污行为。市场机制的引入，不但有效控制了污染物排放总量，而且避免了经济发展与环境保护之间发生直接对立，减轻了环保部门所面临的压力。

以德国为例，为抑制物流运输业的排污行为，政府于 2005 年 1 月针对载重 12 吨以上的货运车辆实施了高速公路分级收费制度。按照该制度，货运车辆按照尾气排放等级被分为四类，每类再根据轴数分为两档。符合欧五排放标准的车辆收费最低，每公里为 14 – 15. 4 欧分，欧二标准以下的车辆收费最高，每公里为 27. 3 – 28. 7 欧分，几乎是欧五标准车辆的两倍。制度实施以来效果明显，截至 2011 年 8 月，德国高速公路上达到欧五排放标准货车的行车里程占总里程的百分比已经从不足 0. 2% 增至 70% 以上，欧三排放标准以下的货车行车里程则由 62. 9% 下降至 18. 5%，从而大大减少了一次生成的 PM2. 5 和氮氧化物等污染物的排放。

经验三：转变发展方式，实现经济发展和环境保护的双赢

1. 优化产业结构和布局

在世界各大城市的发展过程中，火电、钢铁、有色金属、化工等高能耗、高污染行业曾是城市发展的重要支撑。进入 20 世纪 60、70 年代后，随着民众环保意识的增强，加上西方的新一轮产业升级，纽约、伦敦、东京等特大型城市开始将上述重工业行业向外转移，同时大力发展金融服务业、医疗服务业、教育产业和高新技术业等。产业结构的升级，既减少了能源需求和污染物排放，又保证了经济的持续增长和充分就业，较好地解决了环境保护与经济发展之间的矛盾。以东京为例，从 20 世纪 60 年代起，随着日本经济从“贸易立国”逐步向“技术立国”转变，东京将制造企业纷纷迁到横滨一带甚至国外，而以新产品的试制研发为重点，努力发展知识密集型的“高精尖新”工业，并将“批量生产型工厂”改造成为“新产品研发型工厂”，逐步占领产业链价值的高端，不仅使东京的经济保持了 30 年的快速增长，还使东京地区的空气环境质量得到了大幅改善。

2. 改变能源消耗结构，推动节能减排

以 PM2. 5 为代表的各类空气污染物，其主要来源是煤炭、石油等化石燃料

燃烧排放的一次和二次产物。为了减少 PM2.5 等空气污染物的排放，世界各国都努力改变能源消耗结构，加大清洁能源的使用力度。欧盟2008年提出的《气候变化行动与可再生能源一揽子计划》，规定欧盟成员国每年减少2亿－3亿吨化石燃料消耗，并承诺到2020年将煤炭、石油、天然气等一次能源的消耗量减少20%，可再生能源占能源消耗总量的比例提高到20%。日本2009年首次把发展太阳能正式列入日本经济刺激计划。英国伦敦市则调整能源的供给与配送布局，推广分布式能源供给模式，利用伦敦热电联供系统、小型可再生能源装置（风能和太阳能）等，代替部分由国家电网供应的电力，降低因长距离输电导致的损耗。

3. 提高建筑物能效水平

从国外特大型城市的经验来看，产业升级之后，其能耗大户已经不再是工业，而是建筑物和机动车。尤其是城市建筑，其能耗已经占到了城市总能耗的约2/3。为此，各国城市采取了一系列建筑物节能措施。首先是制定绿色建筑规范，对新建建筑能耗标准做出严格规定。巴黎市规定新建建筑年能耗要从当前的200千瓦时/平方米降至50千瓦时/平方米。其次是推动老建筑节能改造。伦敦市推行“绿色家居计划”，向伦敦市民提供家庭节能咨询服务，帮助其进行节能改造，降低现有建筑物的能耗。伦敦政府估计，节能措施可以在未来二十年替市民节省10亿英镑的能源开支。再次是推动建筑物内部照明电器系统的升级改造。各城市普遍提供财政补贴，逐步免费更换白炽灯，鼓励更换节能空调等电器系统。这些措施的实施，有效地降低了城市能源的消耗，减少了煤炭等化石能源的使用，进而减少包括 PM2.5 在内的各种空气污染物的排放。据纽约市测算，依靠其采取的建筑物节能措施，至2015年，该市可减少能源消耗13%左右。

4. 发展公交导向型城市交通

推动公共交通基础设施建设，减少居民出行对机动车的依赖，从而降低燃油消耗和减少汽车尾气排放的 PM2.5 等空气污染物，也是世界各国大城市的普遍做法。以德国柏林市为例，该市于2004年通过的城市交通管理规划，明确提出要将城市核心区的小汽车通行量减少80%，非核心区的小汽车通行量减少60%，为此该市将公共交通设施的建设与住宅区的建设纳入统一规划，一方面优先在公交地铁沿线新建住宅，另一方面大力建设地铁和快速公交系统，提高公交路网的密度。此外，柏林市还大力推动自行车道的规划建设，目前建设完成超过800公里的自行车道，自行车出行已经占到交通总量的12%。

经验四：制定中长期治理规划，指引PM2.5的防治工作

PM2.5的治理是一项长期而艰巨的工作，美国、欧洲等都制定了长期的战略规划和详细的治理路线图对之加以指引。例如伦敦市政府制定了《2010年清洁空气：伦敦空气质量战略》，美国南加州地区2007年推出了《空气质量管理规划》，纽约市政府制定了《2030城市发展规划》。总体来看，这些规划有以下几个特点：

1. 前瞻性强

这些规划在制定时综合考虑了城市人口规模的改变、经济发展等领域的中长期发展趋势，在城市长期发展的大背景下确定PM2.5治理的中长期目标，具有很强的前瞻性。伦敦在推出《清洁空气：伦敦空气质量战略》之前，首先对“伦敦大气污染物排放数据库”进行了更新。通过这一工作，弄清伦敦所有已知污染源的位置、排放污染物的种类和数量，统计列出了包括PM2.5在内的八类主要污染物和六种次要污染物，并对2011年和2015年伦敦空气污染状况进行了预测。规划小组依据监测数据和预测结果，结合经济、社会发展预测模型，提出了预见性更强的治理措施，以确保PM2.5中、长期治理目标按期实现。美国南加州地区的《空气质量管理规划》更加具体，该规划以2002年为基准，预测至2020年，该地区的人口将增长22%，住宅数量增加23%，就业人数增加21%，车辆运行总里程增加19%。鉴此，可挥发有机物的排放量将增加27%，氮氧化物的排放量将增加35.7%，二氧化硫的排放量将增加38.9%，直接排放的PM2.5将增加22.6%。规划制定单位充分考虑到这些因素的影响，在规划中提出了更为严格的治理措施，为按时实现空气质量达标打下了坚实基础。

2. 指导性强

这些规划的制定普遍采用了动态目标分解法，将PM2.5治理的总体目标逐步分解，最后落实到具体、明确的措施上，对于实际工作具有很强的指导意义。美国南加州地区的《空气质量管理规划》不仅详细分析了PM2.5与二氧化硫等空气污染物的转化关系，确定了每项空气污染物的减排指标，还进一步摸清了各种空气污染物的主要排放来源。以二氧化硫为例，在南加州地区的主要污染源依

次为船舶、炼油厂、重型柴油卡车、飞机、工程机械、乘用车、制造业、轻型卡车。在此基础上，规划提出了相应的治理措施，并对每条措施制定了详细的实施路线图和具体的减排指标。以在柴油重型卡车上安装净化器这一措施为例，规划要求这一工作必须在 2014 年前完成，每日实现至少减排 47.3 吨的氮氧化物和 3 吨一次排放的 PM2.5。

3. 灵活性强

对于出台的长期规划，政府会定期推出实施情况报告，并根据实施情况进行修订。纽约市的 PM2.5 治理规划作为整个城市长远发展规划的一部分，每两年就会发布一次实施情况报告，公布各个指标的落实情况，如果进度落后于规划中提出的要求，还要列出原因和拟采取的补救措施。如果实践证明某个指标无法落实，要及时剔除或予以替换，并对规划进行相应的修订和调整。这种审核、评估、修订机制使 PM2.5 长期治理规划既能够长期发挥方向上的指导作用，又能够根据实践情况灵活地加以调整，从而达到最佳的治理效果。

经验五：制定区域污染控制政策，实现全区域综合治理

在解决 PM2.5 及其前体物长距离输送的问题上，欧洲和美国都制定了区域污染控制政策，建立了地区间协调和合作机制，通过多地区间的协作，减少 PM2.5 的排放总量。在欧洲，欧盟各成员国通过签署各类国际公约，提交国家削减计划等方式来达到控制 PM2.5 区域污染的目标。

而美国的做法是双管齐下，一方面是打破行政区域划分，将相对封闭的自然区域统一划为独立的“空气区”，由专门的空气质量管理机构集中进行规划、治理；另一方面，成立政府间协作组织，配合专门的空气质量管理部门，开展空气质量的监测和治理，并取得了较好效果。以美国洛杉矶周边地区为例，这一地区城市化程度很高，工业极其发达，工业污染和汽车尾气污染非常严重，而从地形上看，其西邻太平洋，北部、东部为圣加伯利尔山脉、圣伯纳蒂诺山脉和圣杰森托山脉所阻挡，构成了一个半包围的簸箕形状的地形（见下图）。由于山脉的阻挡，其环绕区域内的空气难以与外界流通，一旦出现不利的气象条件，区域内各城镇排放的包括 PM2.5 在内的诸多空气污染物会相互叠加，使整个区域内的空气质量下降，成为美国空气质量最糟糕的地区之一。

“加利福尼亚州南海岸空气区”涵盖范围示意图①

为此，美国加州政府于1969年打破行政区域划分，进行全区域综合治理，依据自然地形将奥林芝县全境和洛杉矶县、利沃思德县以及圣伯纳蒂诺县的一部分整合成为“加利福尼亚州南海岸空气区”，划归“加州南海岸空气质量管理局”管理，该机构承担三项职能：一是牵头制定改善区域空气质量的长期规划——《空气质量管理规划》，并制定各种减排规定，对生产过程中使用的设备、原料和工艺流程提出规范标准。二是监督管理全区域固定排放源，例如发电厂、炼油厂等大型企业，以及加油站和生产墙面漆等含有挥发物的小企业，总数超过28000家。依据其遵守减排规定的情况向其发放排污许可证。三是全面监测区域空气质量。该机构在辖区的四个县中共设有38个空气质量监测点，对区域空气质量进行持续监测，并负责在空气污染严重时向公众发布健康警告。

政府间协作组织“南加州政府联合会”在治理空气污染方面也发挥了重要作用。该组织成立于1965年，是根据美国联邦法律成立、由联邦拨款的地方政府间协作组织，其成员除“南海岸空气区”的四个县外，还包括临近的安皮尔县和万图拉县，共覆盖区域内的189个城市。该组织与加州南海岸空气质量管理

---

① 图中白线包围部分为“空气区”涵盖范围，可见整个大洛杉矶地区处于多条山脉包围之中，自然条件不利于污染物的迅速扩散。

局开展密切合作，为空气质量管理局提供区域的人口、经济、交通数据，协助其制定《空气质量管理规划》，还对汽车、火车、船舶、工程机械等移动污染源的排放情况进行监管，协助空气质量管理局落实《空气质量管理规划》。由此一来，就在整个区域形成了专门机构统筹规划与地方政府协调合作相结合、“固定污染源”与“移动污染源”排放监管全覆盖的一整套环保体制和机制，为改善该区域的空气质量打下了坚实的基础。

经验六：利用 PM2.5 监测数据帮助医疗卫生部门展开预防性诊治，提高医疗卫生服务水平

对于世界各国大城市来说，PM2.5 的治理是一个漫长而艰难的过程，而为了最大限度地减少 PM2.5 对城市居民健康的损害，一些发达国家大城市在政府环保部门积极治理 PM2.5 污染的同时，医疗卫生部门也积极采取有效的措施，利用监测数据，深入研究 PM2.5 污染对于人体健康状况的影响，并在此基础上努力实现 PM2.5 易诱发疾病的早期发现和主动干预。

2000 年至 2003 年，法国政府在巴黎、里尔、马赛、鲁昂、图卢兹、阿弗尔六个城市，开展了空气污染与健康状况的调查。调查分析结果显示，空气中 PM2.5 浓度的增加将显著提高呼吸道、心血管等疾病的发病率，PM2.5 每增加 10 微克/立方米，65 岁以上人群中心血管疾病患者数量将增加 1.9%，其他年龄段的患者数量将增加 0.9%；65 岁以上人群中呼吸系统疾病患者数量将增加 0.5%，15－64 岁人群中的患者将增加 0.8%，0－14 岁人群中的患者将增加 0.4%。

纽约市则从 2008 年年底开始，将监控重点转向空气质量对社区人群健康状况的影响，在全市 150 个地点设立监测站，监测空气中 PM2.5 的浓度，并将得到的监测数据与监测点距主要道路的距离、距工厂的距离、附近车辆的通行情况、当地社区居民的健康状况等因素结合起来，建立数学模型，进行深入分析研究。以此为依据，卫生服务部门有的放矢地在重点社区（PM2.5 污染物浓度最高的社区）针对重点人群（老年人和儿童）开展对重点疾病（哮喘、心血管等）的预防性诊治工作，极大地提高了卫生服务的效率。

经验七：提高城市绿化率，强化城市吸尘器的功能

目前国内外对 PM2.5 减排的主要措施是降低机动车发展速度、提高汽油燃烧值

降低挥发性有机物排放量；规范建筑工地施工技术规程减少地面扬尘；禁止秸秆焚烧，强制火电厂脱硫、脱氮，加强有机溶剂回收等。这些措施在控制 PM2.5 排放方面发挥了重要作用。但靠单一减少排放源的控制技术很难在短期内产生明显效果。

与减少污染源控制 PM2.5 排放量的治理方法不同，园林绿化措施利用植物的生物学特性吸附和滞留大气中的颗粒物，达到减少和控制大气中颗粒物含量的目的。它对环境的净化功能非常明显。据测定每公顷绿地平均年滞留粉尘 1.518 吨，绿地上空的浮尘浓度会较非绿地少 10% –50% 。提高城市绿化率是世界各国进行 PM2.5 末端治理的重要手段。纽约市政府自 2007 年开始，依据空气质量监测数据，每年投入 1700 万美元，优先在树木覆盖率最低、PM2.5 污染最为严重的社区植树，同时提高新建社区的绿化率标准。

日本东京在 2006 年推出《绿色东京 10 年建设规划》，并打破部门界限，成立了“绿色城市发展促进部”，采取一系列措施推动城市绿化。一是增种道旁树，打造“绿色道路网”，将城市主要绿地连为一体，至 2010 年已经将道旁树从 2005 年的 48 万棵增至 70 万棵，计划至 2015 年增至 100 万棵；二是将学校、幼儿园的操场改建为运动草坪，从而新增 300 公顷绿地，截至 2010 年 3 月，已经完成 342 所学校和幼儿园的改造；三是充分利用城市空间，对屋顶、墙面、停车场进行绿化，截至 2010 年 3 月，仅城市建筑屋顶的绿化面积就已经达到了 119 公顷；四是宣传植树造林理念，建立“绿化东京捐助基金”，对捐助者提供减税等奖励，鼓励市民和企业积极为城市绿化做出贡献。

经验八：加强宣传教育，引导全社会力量参与 PM2.5 防治

控制 PM2.5 污染不能只依赖政府和环保部门，还需要公众的广泛参与。世界各国城市普遍与环保组织和社会团体展开合作，采取加大公共广告投放、建立警示标示系统、开设绿色环保网站等手段，提高公众对 PM2.5 污染危害的认识，帮助其了解控制 PM2.5 污染的基础知识，促使其从日常生活做起，为 PM2.5 污染的治理工作尽自己的一份力量。日本东京就将宣传“生态驾驶”作为鼓励市民参与的一个切入点，倡导驾驶时缓慢提速，提前减速，尽量避免猛踩油门和急刹车；尽量减少引擎空转；经常检查轮胎的气压；在后备箱里少放物品。据日本有关部门测算，实施“生态驾驶”后，大部分人能将燃油消耗和尾气排放减少 20% 左右，最多甚至可以减少 40% 。

与此同时，各城市还提供财政补贴，鼓励市民购置混合动力车和纯电动汽车，安装太阳能发电装置。欧盟 27 个成员国中，有 15 个为购置电动汽车提供了减税、免税或补贴。英国 2010 年 4 月 1 日起，针对纯电动轿车，免除前 5 年的企业车辆税，针对纯电动货车，免除前 5 年的货车收益费；2011 年起，购买纯电动汽车和插电式混合动力汽车还可以获得车辆价格 25%、最高额度为 5000 英镑的补贴。

三、对北京市治理 PM2.5 的启示

国外大城市治理 PM2.5 的经验表明，要想根治 PM2.5 必须从两个方面入手：一方面，加强 PM2.5 的入口管理，努力减少对化石能源的需求。另一方面，收紧 PM2.5 的出口，严控 PM2.5 的排放总量。而国外空气质量的好转，不仅依靠政府环保部门的空气污染治理，更是经济发展方式的转变，产业结构的调整、化石替代能源的开发利用和人们生活方式转变等综合作用的结果。所以治理 PM2.5 是一个系统工程，必须从全局的高度，动员全社会的力量，统筹规划，在充分吸收和利用国外先进理念和技术的基础上，努力实现管理体制和机制的创新，走出一条与北京市经济社会和地理环境条件相适应的 PM2.5 治理之路。

思路一：加强监测，研究 PM2.5 与挥发性有机物、二氧化硫、氮氧化物等多种大气污染物协同控制的措施

国外主要通过建立覆盖一次生成的 PM2.5、二氧化硫、氮氧化物、挥发性有机物等多项控制指标的综合指标体系，实施 PM2.5 的多目标管理，从一次污染物到二次污染物进行全生命周期控制的办法来逐步降低 PM2.5 的浓度，而这需要进一步推动监测—治理工作的精细化。

北京市 PM2.5 的监测工作始于 1999 年，先后设立了清华、车公庄、昌平、密云等监测点，通过 10 余年的监测，基本掌握了 PM2.5 污染的状况。按照北京市的规划，未来 PM2.5 监测站点将增至 35 个左右，同时建立卫星遥感监测体系，形成立体的空气质量监测网。虽然 10 余年来北京市的 PM2.5 监测工作取得了很大成绩，但与国外发达国家相比仍然存在很大的差距，这种差距主要体现在监测和治理的理念和方法上，具体体现为“三多三少”，即实时观测多，分析预测少；定性研究多，定量研究少；措施建议多，评价反馈少。监测及分析研究工

作的不足影响了监测的成效，削弱了其对 PM2.5 污染治理工作的量化指引作用。

因此，建议北京市应着力重点做好以下四方面的工作：一是完善立体监测网络，掌握 PM2.5 北京地区各种主要空气污染物的排放总量及其来源、污染源的空间分布以及具体排放量；二是完善大气污染普查数据库，建立尽可能详尽的污染源排放清单，选定适用于北京地理气候特征的空气质量模拟模型，结合北京地区大气污染物监测数据，量化不同空气污染物对 PM2.5 的贡献值和不同省市之间的输送通量；三是综合考虑北京市实现 PM2.5 空气浓度达标所需减排的各主要污染物数量、各污染源的减排潜力、所需的减排投入及减排对经济发展的影响，量化确定各污染源的减排指标，有的放矢地提出相应治理措施，并对治理效果进行量化预测；四是运用监测数据对治理措施的效果进行定期评估，将评估结果及时反馈给相关部门，以便有效地调整治理方案，从而形成监测 - 治理的良性循环。

思路二：建立环境空气监测和医疗卫生服务的联动机制，做好居民的健康预警和疾病主动干预

北京市政府已原则性地通过了《北京市 2012 - 2020 年大气污染治理工作方案》，方案中提出了北京市治理 PM2.5 的中长期目标，即到 2015 年将 PM2.5 的年平均浓度降至 60 微克/立方米，到 2020 年降至 50 微克/立方米。而按照这个治理进程，到 2030 年北京市 PM2.5 的年平均浓度将达到 35 微克/立方米，亦即 WHO 过渡期的第 1 个阶段的目标值。这意味着在未来的 20 年甚至更长的时间里，北京市居民将继续生活在具有 PM2.5 污染的空气中。所以，要减少 PM2.5 对居民身体健康的危害，在环保部门治理的同时，还应当借鉴国外的经验，建立环境空气监测和卫生医疗服务的联动机制，有效地将 PM2.5 的监测数据、地区的气象数据与疾病控制部门掌握的人群死因数据，呼吸系统、心脑血管疾病等疾病门诊和急诊救治数据结合起来。通过整理、分析和研究这些长期的、动态连续的监测数据，掌握不同的暴露水平下，可能对不同的人群造成的健康损害程度。在此基础上，一方面及时发布预警，提醒居民在 PM2.5 污染严重的灰霾天做好防护，减少户外活动，降低呼吸道、心血管等疾病的发生；另一方面由医疗卫生服务部门有针对性地在 PM2.5 污染严重的社区对老年人和儿童等重点人群采取救治措施，开展哮喘、心血管等重点疾病的症状体征监测，从而实现疾病的早期发现，早期预防和早期治疗，进一步提高医疗卫生服务效率，有效地降低医疗支

出，减轻政府财政负担，从根本上维护北京市居民的身体健康。

思路三：整合城市规划、产业调整、污染治理等各方面的政策，全方位实现 PM2.5 减排

北京市 PM2.5 的来源广泛，据环保部门统计，其中机动车尾气排放占 22%，煤炭燃烧排放占 16.7%，全市 1.5 亿平方米的建筑工地所产生的扬尘占 16%，水泥厂、汽车喷漆等工业喷涂占 16.3%，农村养殖、秸秆焚烧占 4.5%，剩下的 24.5% 主要来自周边河北、天津等地区，所以，应对 PM2.5 污染不仅需要环保部门加大监管和治理的力度，还需要政府从城市规划、运行和管理的方方面面着手，全方位实现减排。北京市应以治理 PM2.5 为契机，以“人文北京、科技北京、绿色北京”为指引，进一步推动工业转型升级，在加快退出石化、水泥、印染、铸造等高污染、高耗能产业的同时，大力发展金融服务、文化创意、教育科研等北京具有丰富资源和优势的绿色产业，不断完善交通规划，提高建筑物设计标准，加大节能减排新技术的研发和新产品的应用，努力开发太阳能等清洁能源等，实现经济社会发展和环境保护的协调发展。

此外，在污染治理过程中，还要依据北京市“十二五”经济发展规划、能源发展规划、交通发展规划、人口增长趋势等，根据产业环保技术政策和污染治理技术，合理预测 PM2.5 等主要空气污染物排放量的变化值，以便对具体治理措施进行有效调整，从而最大限度发挥政府现有的治污能力，让广大群众切实感受到北京空气质量的好转。

思路四：大力推进新技术的研发与应用，加快 PM2.5 的治理进程

PM2.5 污染是科学技术拉动经济发展到一定阶段的产物，技术的进一步发展则是治理污染的一条根本途径。在 PM2.5 的治理过程中，必须积极研发、利用新技术。以光催化汽车尾气吸收路面这项新技术为例，由于道路表面敷设了二氧化钛等半导体光催化剂，这些光催化剂在紫外线的照射下具有很强的氧化还原能力，可将汽车尾气中的氮氧化物等 PM2.5 的气态前体物转化为无害的水、二氧化碳和盐等，且光催化剂本身不参加氧化还原反应，不随时间而消耗衰减，可以有效抑制污染。目前，比利时安特卫普、英国伦敦、日本东京、意大利贝加莫等城市已经开始试验性应用。在试验路段上，氮氧化物浓度普遍降低了 60% -

70%，效果非常显著。北京近年来机动车保有数量持续攀升，汽车尾气对于PM2.5污染的贡献值越来越大，发展、引进、应用此类新技术，对于北京市的PM2.5污染治理工作尤其具有重要意义。

思路五：吸取奥运期间治理经验，建立区域空气质量联防联控的长效机制

北京西北东三面是海拔1000米左右的高山，东南是北京平原，“簸箕”形状的地形不利于空气污染物的扩散，由于东南面与天津及河北省南部绵延的城镇之间缺乏自然屏障，河北、天津等地排放的空气污染物会长驱直入北京，加重北京地区局部的污染。而根据公共环境研究中心①近日发布的《中国大气污染定位报告》，山东、河北、江苏、山西、内蒙古是废气排放大户最为集中的省区，除江苏省外均为环京省份，从卫星图片上看，江苏、河南、河北和京津冀区域大气灰霾污染经常连成一片。根据统计，目前北京市PM2.5的重要来源是外源污染，占到了总量的四分之一多，所以防治PM2.5，北京不能独善其身，必须打破行政区划界限，进行全区域综合治理，才能取得较好的效果。在这方面，2008年奥运期间，六省/市/自治区空气污染物联防联控的成功经验为我们提供了宝贵的借鉴。在2008年7月20日–9月20日，北京曾与周边省市为保障2008年奥运空气质量，共同实施了减排措施，效果明显。奥运期间，北京各PM2.5监测点的PM2.5浓度普遍下降了40%以上。但是当时的联防联控措施从本质上讲属于任务牵引式的短期治理，在残奥会闭幕后即宣告结束，到2008年10月份，各观测点的PM2.5浓度又出现了大幅度的反弹升高。所以，要实现北京PM2.5污染的长期持续下降，建立区域联防联控的长效机制势在必行。首先，深入研究，全面掌握京津冀地区PM2.5污染现状、排污情况，跨域传输机理。其次，要按照国家环保部《“十二五”重点区域大气污染联防联控规划编制指南》，尽快制定由环保部等部门协调京津冀地区的区域大气污染联防联控规划。提出区域PM2.5的行动目标、减排指标和指标分配方案，编制重点行业、具体工程项目清单，形成以区域大气质量全面改善为核心的多污染物综合治理体系。再次，探索建立由

① 公众环境研究中心（IPE）是一家在北京注册的非营利环境机构。自2006年5月成立以来，IPE开发并运行中国水污染地图和中国空气污染地图两个数据库，以推动环境信息公开和公众参与，促进环境治理机制的完善。

国家环保部牵头、各地方政府间相互协作的沟通协调平台，在区域空气质量联合监测、区域联合执法检查、污染应急响应、排污权有偿使用与交易等方面加强协作，从而将控制 PM2.5 等空气污染物的排放落到实处。

思路六：深化城市绿化与 PM2.5 作用机理的研究，为城市绿化提供科学指导

作为 PM2.5 末端治理的一项重要手段，北京市 2012 年计划在“两环、三带、九楔、多廊”的城市平原地带进行 20 万亩的植树造林，努力实现市区绿地年滞尘量 51879.62 吨。但是由于园林绿化与 PM2.5 的作用机理关系的研究和探索处于起步阶段，在推动城市园林绿化工作的同时，需要进一步加强相关方面的研究，例如研究各种植物对 PM2.5 的滞留机理与效率；分析北京地区常用绿化植物对大气 PM2.5 的吸收率，筛选高效吸收 PM2.5 的植物；评估适于北京市城区不同绿化条件下的最优控制 PM2.5 污染物方案及其效率、效益；编制北京地区 60 种主要滞尘植物名录；确定不同绿地类型（居住区绿地、公园绿地、防护绿地）的植物配置模式；提出道路两侧绿化带的最佳宽度及植物配置模式、平原地区景观生态林、绿色通道建设绿化模式等，为进一步推动 PM2.5 的末端治理提供科学依据。

思路七：动员全社会力量、综合治理方能见到成效

治理 PM2.5 不仅需要党和政府的努力，更需要企业承担起相应的社会责任，以及社会广大民众的积极参与。民众的积极参与和广泛监督是治理 PM2.5 污染，实现空气质量持续改善的重要保障。首先，要通过各种媒体，教育宣传市民“从我做起”，采取自我行动参与减排 PM2.5 的重要意义，在全社会营造“北京蓝天，人人有责”的氛围。其次，要支持和鼓励民众参与社会监督。在制定环境保护法规、政策、规划，引进重大工程项目，以及采取重大污染治理行动时充分听取社会民众的意见和建议，定时向社会公布环境质量状况和 PM2.5 污染治理工作的进展信息。立即组织编写“北京清洁空气报告”，改变现在信息零散，重数字，轻解读；重宣传，轻互动的现状，通过系统全面定期发布的清洁空气报告，引导公众进行监督，赢得民众对政府治理大气污染的意愿和能力的信心。第三，探索经济激励约束机制，引导企业和民众节能减排。例如建立健全促进中小企业和家庭节能的各项制度，继续推行政府绿色采购，采用补贴和低息贷款的方式帮助企业和个人减排等。

美国洛杉矶地区治理 PM2.5 对策研究*

洛杉矶地区①位于美国西海岸加利福尼亚州南部的洛杉矶盆地，西临太平洋，北部、东部为圣加伯利尔山脉、圣伯纳蒂诺山脉和圣杰森托山脉所阻挡，构成了一个半包围的簸箕形状的地形（见图 1）。

图 1 从圣伯纳蒂诺山上俯视洛杉矶盆地的景象

在洛杉矶盆地里，除了美国第二大城市洛杉矶之外，还坐落着贝弗利希尔斯、帕萨迪纳、长滩等上百个大小城镇，这些城镇以洛杉矶为核心，构成了一片绵延不绝的城市带，人口总数超过 1700 万。高度的城市化、工业化产生了大量

---

* 作者简介：张燕，首都社会经济发展研究所办公室副主任，北京健康城市建设促进会副秘书长，副研究员。

① 洛杉矶有多个地理概念，一是指洛杉矶市，为美国第二大城市，人口 380 万；二是指洛杉矶县，由包括洛杉矶市在内的 88 个城市组成；三是指大洛杉矶地区，其范围横跨洛杉矶县、奥林芝县、利沃思德县、圣伯纳蒂诺县和文图拉县，为全美仅次于纽约的第二大城市群。文中提到的“洛杉矶地区”，其范围与大洛杉矶地区相近，但不包括文图拉县。这是因为加州空气质量管理部门在划分联防联控区域时以地形为主要依据，文图拉县位于洛杉矶盆地之外，由于山脉的阻隔，该县未与其他四个县划入同一联防联控区域。

的工业废气和汽车尾气，而簸箕状地形又导致区域内的空气难以与外界流通，各城镇排放的包括 PM2.5 在内的诸多空气污染物很容易相互叠加，使整个区域内的空气质量恶化。长期以来，洛杉矶地区一直是美国空气质量最糟糕的地区之一。以 1999 年为例，洛杉矶大部分地区 PM2.5 年平均浓度超过美国 15 微克/立方米的国家标准，城市密集地区情况更加严重，普遍超标一倍左右。

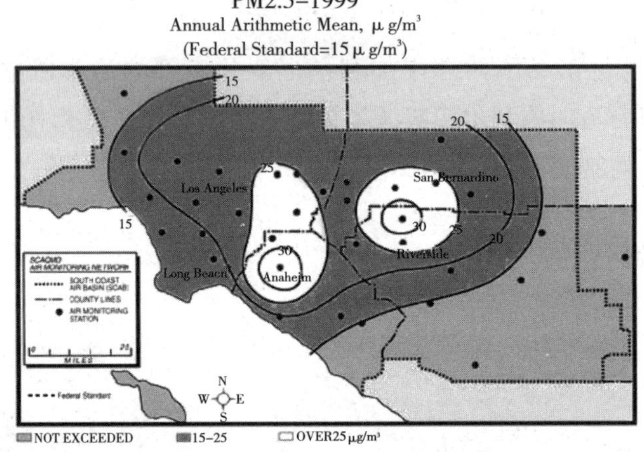

图 2　1999 年洛杉矶地区 PM2.5 年平均浓度分布情况

图 2 所示深灰色区域为 15 - 25 微克/立方米的超标地区，中间两个圆形白色区域为超过 25 微克/立方米的重度污染区。

近年来，洛杉矶地区在对空气污染进行综合整治的同时，重点加大了对 PM2.5 污染的专项治理，取得了显著效果，整个洛杉矶地区的 PM2.5 年平均浓度逐年下降，目前已经基本达到美国联邦标准（但日平均浓度尚未达标），其主要经验和成功做法值得北京借鉴。

图 3 中可见其 PM2.5 污染情况逐年改善，至 2010 年，PM2.5 年平均浓度已基本达到 15 微克/立方米的美联邦标准。

一、建立区域联防联控机构，领导治理工作

洛杉矶地区在历史上曾是美国空气污染最为严重的地区，当地早在 1905 年就开始采取措施改善空气质量。经过数十年的摸索，该地区建立了区域联防联控

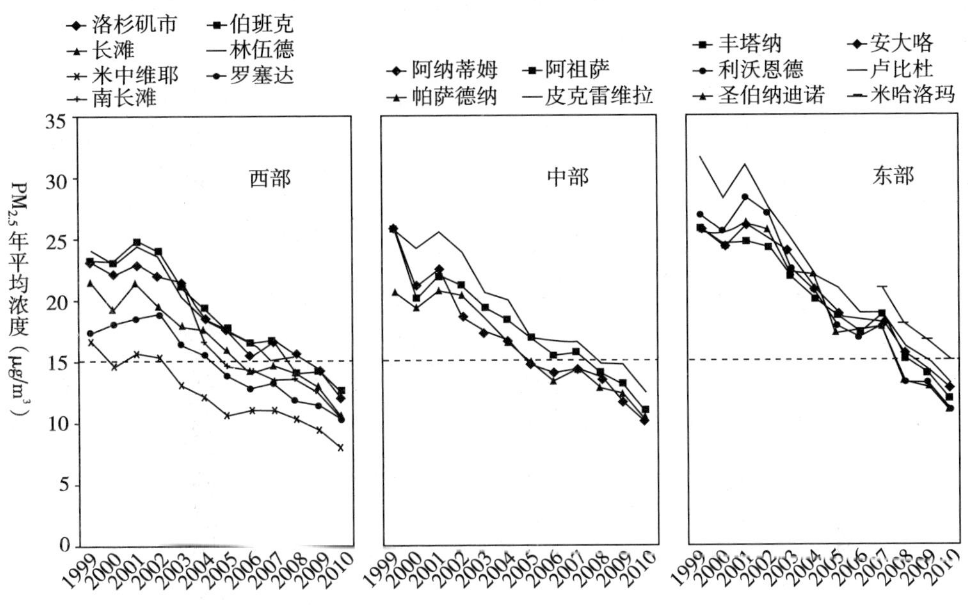

图3　1999－2010年洛杉矶地区主要城市PM2.5年平均浓度变化趋势

组织——“加州南海岸空气质量管理局”，负责对该地区的空气污染治理工作进行总体规划，与其他空气质量管理机构密切合作，共同落实总体规划，从而形成了完善的区域联防联控机制，为PM2.5的治理工作打下了坚实的制度基础。

（一）“加州南海岸空气质量管理局”的建立历程

洛杉矶地区虽然早在上世纪初就开始治理空气污染，但真正重视这项工作却源于著名的“洛杉矶光化学烟雾事件”，1943年7月，洛杉矶市上空出现了严重的蓝色烟雾，给市民的健康带来巨大损害，引起公众对空气质量的高度关注。同年10月，洛杉矶县成立了专门委员会，下设“空气污染控制领导办公室”，制定并颁布了一系列浓烟控制办法，但是由于这些治理办法缺乏法律强制力，除了洛杉矶市以外，其他市镇并未积极响应。对此，洛杉矶县政府向加州政府提交法案，建议授权各县建立专门的行政机构负责治理空气污染。1947年6月，加州通过了该法案，洛杉矶县随即于当年10月成立“空气污染控制局”，建立排放许可证制度，对辖区内的企业采取严厉的空气污染物排放控制措施。在1957年，洛杉矶地区的其他三个县，即奥林芝县、利沃思德县和圣伯纳蒂诺县也先后成立了

“空气污染控制局”。至此，洛杉矶地区的空气污染治理权从各市镇转移到上一级的县。

由于洛杉矶地区地形比较封闭，空气流动性较差，各县之间的空气质量相互影响，特别是该地区大部分污染物来自西部经济更为发达的洛杉矶县和奥林芝县，在西风的吹拂下，污染物迅速扩散至东部的利沃思德县和圣伯纳蒂诺县，引起当地民众和环保机构的强烈不满。而洛杉矶县和奥林芝县又不愿意承担对利沃思德县和圣伯纳蒂诺县的空气污染责任，从而导致该区域围绕空气污染治理问题爆发了激烈的冲突。在这种情况下，1969 年加州政府依据自然地形，将全州划分为 15 个空气区，把洛杉矶盆地划为“加利福尼亚州南海岸空气区”，奥林芝县、洛杉矶县、利沃思德县以及圣伯纳蒂诺县的一部分被划入该区，要求四个县的空气污染控制局协调合作，共同治理该区域内的空气污染。

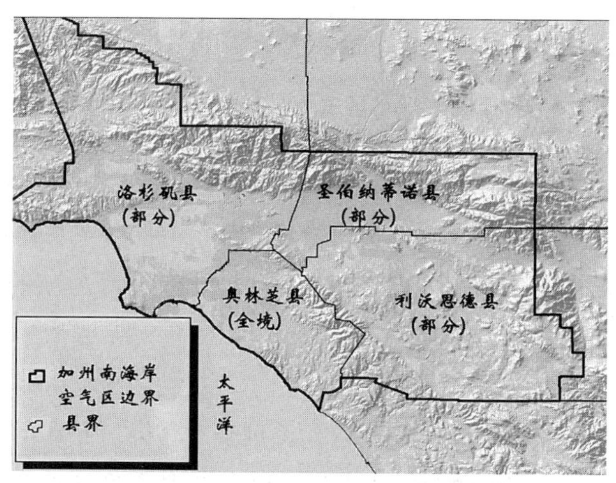

图 4　依照地形划定的加州南海岸空气区

由于各县之间存在严重的利益冲突，加之缺乏有力的协调、制约机制，区域联防联控并没有得到实质性的推动。对此，四个县的空气质量机构于 1975 年联合设立了一个名为“南加州空气污染控制局”的区域治理机构，以加强彼此间的合作。但是由于该机构是一个自愿参与、随时退出的松散组织，极大削弱了该机构的区域治理能力。为了彻底改变这种状况，加州于 1976 年 7 月通过法案，将上述四县的空气污染控制局合并，组成“加州南海岸空气质量管理局”，统一管辖整个加州南海岸空气区，以及利沃思德县和圣伯纳蒂诺县处于空气区下风方向的部分地区，覆盖面积约2.78万平方公里，管辖人口1650万。

至此，经过30年的摸索，洛杉矶地区最终建立起了强有力的区域联防联控机构，为该地区全面协调推进包括PM2.5在内的空气污染治理工作打下了坚实的制度基础。

（二）加州南海岸空气质量管理局主要任务和职能

加州南海岸空气质量管理局的主要任务是：制定并落实统一的区域治理规划，加强监管，确保洛杉矶地区在联邦法律规定的期限内达到联邦空气质量标准，并尽早达到加州空气质量标准①。

为完成上述任务，加州南海岸空气质量管理局承担以下主要职能：一是监测全区域空气质量状况，在辖区的四个县内共设有38个空气质量监测点，对包括PM2.5在内的各种空气污染物进行持续监测，分析处理监测结果并在空气污染严重时向公众发布健康警告；二是牵头制定改善区域空气质量的长期规划——《空气质量管理规划》，制定各种减排规定，对生产过程中使用的设备、原料和工艺流程提出规范标准，以及参与制定州与联邦的移动源排放标准；三是监管全区域固定排放源，其中既包括发电厂、炼油厂等大型企业，也包括加油站和生产墙面漆等含有挥发物的小企业，总数超过28000家，依据其遵守减排规定的情况向其发放排放许可证；四是推进先进环保技术的应用，资助开发环保技术，与企业界合作建设示范项目；五是通过补贴等经济手段促进移动污染源的减排。

（三）该局与其他机构、部门的分工协作关系

加州南海岸空气质量管理局作为区域治理机构，发挥着承上启下的作用，对上与联邦环保署和加州空气资源局等机构紧密合作，在本区域与政府间合作组织——南加州政府联合会②相互配合，对下与区域内的各市镇地方政府共同努力，在洛杉矶地区形成了专门机构统筹规划与地方政府协调合作相结合、“固定污染源”与“移动污染源”排放监管全覆盖、联邦—州—区域—市镇四级垂直的空气质量治理机制，其具体分工协作关系如下：

① 加州空气质量标准严于美国联邦空气质量标准。

② 该组织成立于1965年，是根据美国联邦法律成立、由联邦拨款的地方政府间协作组织，其成员除“南海岸空气区”的四个县外，还包括临近的安皮尔县和万图拉县，共覆盖区域内的189个城市。

表 1　各部门分工协作空气质量治理机制

部门	职责
美国联邦环保署	制定火车、飞机、船舶的排放与燃油标准； 审核批准加州空气资源局提交的机动车排放标准①。
加州空气资源局	制定本州的机动车排放标准和除臭剂、发胶等含挥发性有机物的消费品②生产标准； 监督本州 35 个地方和区域空气质量管理局的工作。
加州政府消费者事务部	其下属的汽车维修处负责机动车排放检测工作。
加州南海岸空气质量管理局	监测全区域空气质量状况； 牵头制定改善区域空气质量的长期规划； 监管区域内电厂、工厂等固定源； 通过经济手段促进移动污染源的减排。
南加州政府联合会	为空气质量管理局提供区域的人口、经济、交通数据； 协助加州南海岸空气质量管理局制定《空气质量管理规划》； 对区域内的交通进行规划，并制定交通控制措施③。
各市镇	建设交通基础设施； 实施交通规划和交通控制措施； 采取其他的治理措施。

资料来源：摘自南加州空气质量管理局官方网站。

二、加强区域内 PM2.5 来源解析工作，为精细化治理提供科学依据

洛杉矶地区于 1999 年启动了由 18 个监控点构成的监控网络，开始对区域的 PM2.5 污染进行全面监测。至 2010 年，监控点增至 23 个。监测结果表明，洛杉矶地区 PM2.5 污染物主要为硫氧化物、氮氧化物、挥发性有机物在大气中经光化学反应形成的硝酸铵盐和硫酸铵盐等二次产物，直接排放的 PM2.5 污染物比

---

① 加州是美国唯一有权制定机动车地方排放标准的州，联邦环保署负责制定联邦机动车排放标准，其他州可自愿选择采取加州标准。

② 根据加州空气资源局的统计，2005 年在洛杉矶地区，此类消费品的使用每天向大气中排放约 110 吨挥发性有机物，超过炼油厂和加油站排放量的总和。

③ 为减少交通工具污染物排放或防止污染物聚集而采取的减少车辆使用、改变交通流量、缓解拥堵等措施。

例较低。所以洛杉矶地区对 PM2.5 污染采取综合治理、协同减排的办法，将工作重点放在硫氧化物、氮氧化物、挥发性有机物这些前体物的治理上。

当地的监测研究部门依据当地的地理气候条件，选择使用美国英环公司（Environ Corp）开发的“综合空气质量拓展模型”（CAMx）对监测数据进行分析，逐一确定硫氧化物、氮氧化物等前体物与二次生成的 PM2.5 之间的转换关系。以氮氧化物为例，根据该部门的测算，每减排 1 吨氮氧化物，就能减少约 0.1273 吨的 PM2.5，而硫氧化物的比例更高。

确定各前体物的转化关系之后，研究部门以 2015 年达到美联邦规定的 PM2.5 标准这一治理目标为依据，确定了该地至 2014 年时一次生成的 PM2.5 以及硫氧化物、氮氧化物、挥发性有机物等前体物所应达到的量化减排指标，即每日必须减排 192 吨的氮氧化物、24 吨的硫氧化物、15 吨直接排放的 PM2.5 和 59 吨的挥发性有机物，为治理规划和治理措施的出台奠定了坚实基础。

三、以治理机动车尾气为重要抓手，发展绿色交通

洛杉矶地区拥有全美最繁忙的港口，美国每年进口货物有 40% 通过洛杉矶港和长滩港入境，大部分货物通过柴油动力的重型货运车辆运往内陆，造成包括 PM2.5 在内的空气污染物排放量居高不下。此外，该地区还拥有 900 万辆轿车，即便轿车的尾气排放标准较高，但由于数量非常庞大，空气质量还是不断恶化。据 2002 年数据统计，洛杉矶地区移动源①排放的氮氧化物占该地区排放总量的 91.5%，硫氧化物占 58.5%，一次 PM2.5 占 39.3%，挥发性有机物占 64.2%，机动车的尾气排放成为洛杉矶地区 PM2.5 最主要的污染源。为此，当地的环保部门与交通部门采取了如下的应对措施。

（一）多措并举，努力减少尾气污染

为了减少尾气污染，洛杉矶地区环保部门与加州空气资源局密切合作，采取了以下措施：一是提高车辆尾气排放标准。加州按照美联邦《清洁空气法》的规定，在得到联邦环保署批准后，自行制定了更加严格的车辆尾气排放标准。以

① 其中包括上路行驶的车辆和不上路行驶的工程机械等。

重型卡车为例，2006 年的标准与 1990 年的标准相比，颗粒物（其中约 92% 为 PM2.5）减少 85%，氮氧化物减少 65%，而 2010 年的标准则规定新出厂的重型卡车须将排放的空气污染物在 2006 年标准基础上再减少 90%。二是对现有车辆进行环保改造。由于重型卡车的使用寿命很长，加州环保部门提出了重型卡车环保改造计划，要求其加装颗粒物捕捉装置等设备以达到排放标准。三是加速淘汰高污染轿车。洛杉矶地区进一步严格车辆尾气测试，对于未能通过尾气测试的车辆，强制车主进行维修，或者由环保部门提供补贴进行更换，据统计，每年淘汰老旧车辆达 5 万辆。

（二）制定交通控制措施，最大限度减少尾气排放

按照美国联邦环保署的定义，交通控制措施是指为减少交通工具污染物排放或防止污染物聚集而采取的减少车辆使用、改变交通流量、缓解拥堵等措施。在洛杉矶地区，交通部门与环保部门密切合作，规划、采取了以下控制措施：

1. 大力发展公共交通，改善交通结构

上世纪 60 年代，洛杉矶地区将城市发展的重点放在高速公路建设上，1961 年，遍布该地区的“太平洋电气化客运铁路网”被拆除以建设高速公路，1963 年，全部有轨电车线路停驶。到上世纪 80 年代，在交通拥堵和空气污染的双重压力下，洛杉矶地区不得不又重新开始发展轨道交通系统，1990 年开通了第一条现代化的轨道交通线路，截至 2010 年共有六条轨道交通线投入使用，运营里程近 120 公里。但由于轨道交通网造价和营运成本高昂，洛杉矶地区比较重视快速公交网络的建设，通过采用公共汽车信号灯优先技术、划定公共汽车专用道、优化线路设计等措施，将快速公交出行时间缩短了约 20%。未来洛杉矶地区将延长现有的两条轻轨线路，继续建设快速公交线路，规划更多的公交专用道，进一步扩充和完善快速公交网络。

2. 鼓励合乘，减少私家车出行里程

在洛杉矶地区，自驾是居民出行的主要方式，并且大多数人选择空载。2000 年的一次调查表明，在驾车前往工作场所的洛杉矶地区居民中，75% 的人为自驾车空载，这种出行方式不仅造成道路拥堵，交通效率低下，还导致更多的尾气排放，降低了空气质量。为了有效缓解这一问题，加州南海岸空气质量管理局于 1987 年推出了一项强制性的合乘计划，鼓励目的地或出行方向相同的居民合乘车

辆出行。这项计划要求雇员超过 100 人的企业必须制定具体的激励措施，鼓励雇员合乘或者乘坐公交通勤。在随后的八年间，该计划取得了巨大成功，平均每天减少 27.2 万次自驾车出行。但是由于企业平均每年要为每个员工付出 110 美元的交通补贴，所以该计划一直受到企业界的抵触。1996 年，加州南海岸空气质量管理局逐步中止这一强制性的合乘计划，将工作重点转到鼓励市民自愿合乘上来。

图 5　洛杉矶地区的合乘专用车道

鼓励居民自愿合乘的主要手段是建设合乘专用车道。这些车道多位于交通繁忙路段，在上下班高峰期启用。有些车道与公交专用道重合，允许合乘车辆进入公交车道行驶，有些车道则被专门划为专用车道，只允许合乘车辆使用。在洛杉矶地区，不同地段的车道对“合乘车辆”的要求不同，大部分规定乘坐两人以上的车辆即可视为“合乘车辆”，但也有部分路段规定只有乘坐三人以上的车辆才能视为“合乘车辆”。

截至 2010 年，洛杉矶地区的合乘专用车道总长超过 1500 公里，约占加州合乘专用车道总里程的 68%。据统计，2010 年，仅在洛杉矶县一地，合乘专用车道的行驶车次超过 33 万/日。未来，洛杉矶地区将进一步加大合乘专用车道的建设力度，并进一步加强各段合乘专用车道之间的衔接，消除运行瓶颈。

3. 完善交通信息系统，减少拥堵与尾气污染

洛杉矶地区使用的交通信息系统可分为两类。一类是综合集成了计算机、通讯和控制技术的智能交通控制管理系统。这类系统早在 20 世纪 80 年代就在洛杉矶地区得到应用，洛杉矶自动交通监测和控制中心就是一个例子。同传统的交通信号控制技术相比，该自动车辆监测和控制系统平均减少出行者 12% 的出行时

间、32%的交叉口延误和30%的交叉口怠车。

另一类则利用互联网技术，通过向公众提供准确的交通信息，引导、改变其出行方式，达到缓解交通拥堵和减少排放的目标。洛杉矶地区目前采取了三种做法：一是利用互联网技术发布出发地、目的地等合乘信息，帮助陌生人间顺利实现合乘；二是在网络上实时发布交通拥堵状况信息，促使公众选择在交通状况顺畅时出行；三是加大健康出行的宣传力度，号召公众出行时尽量选择公交、轻轨等公共交通工具。

上述三项交通控制措施不但缓解了交通拥堵，也改善了区域的空气质量，按照“加州南海岸空气质量管理局”的测算，至2014年，每日将减排氮氧化物3.48吨，一次PM2.50.18吨，挥发性有机物1.04吨。

（三）发展新能源汽车，从根本上治理汽车尾气污染

新能源汽车能够从根本上减少氮氧化物和一次PM2.5等污染物的排放，使空气质量得到根本性好转，为此，洛杉矶地区在加州整体规划框架下，以提供购买补贴、向科研单位提供研究经费、与企业共建示范项目等多种方式大力促进纯电动、燃料电池动力、混合动力等多种新能源汽车发展。根据环保部门的预测，到2020年前后，在洛杉矶地区的轿车市场上，混合动力汽车的市场占有率将提高到40%左右，纯电动车的市场占有率提高到5%左右。

由于新能源载重卡车的技术目前尚不成熟，洛杉矶地区除加大对相关技术研究的扶植力度外，还计划未来在“长滩高速公路”等最为繁忙的货运通道上划定新能源载重卡车专用车道，并到2025年前后，将新能源卡车的市场占有率提高到40%左右，以进一步推动新能源载重卡车的发展。

四、以中长期战略规划指导治理PM2.5工作的稳步开展

治理PM2.5污染是一项长期而艰巨的任务，洛杉矶地区污染源密集，地理气候条件不利于污染物扩散，长期以来一直未能达到美国联邦环保署制定的PM2.5标准，在这种情况下，2007年“加州南海岸空气质量管理局”以2015年达到联邦环保署PM2.5现行标准为首要目标，制定了PM2.5治理战略，并将其纳入该局制定的《空气质量管理规划》之中。总体来看，这一战略规划具有以

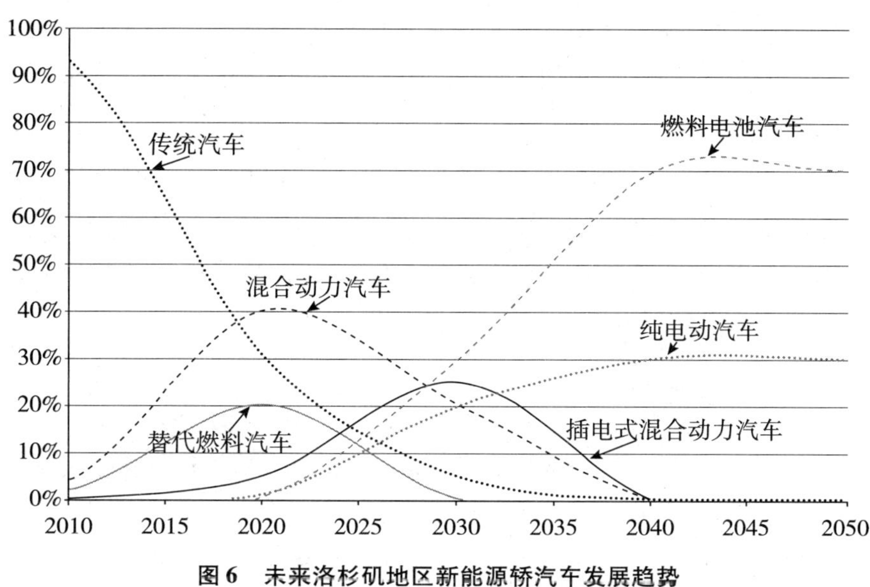

图 6 未来洛杉矶地区新能源轿汽车发展趋势

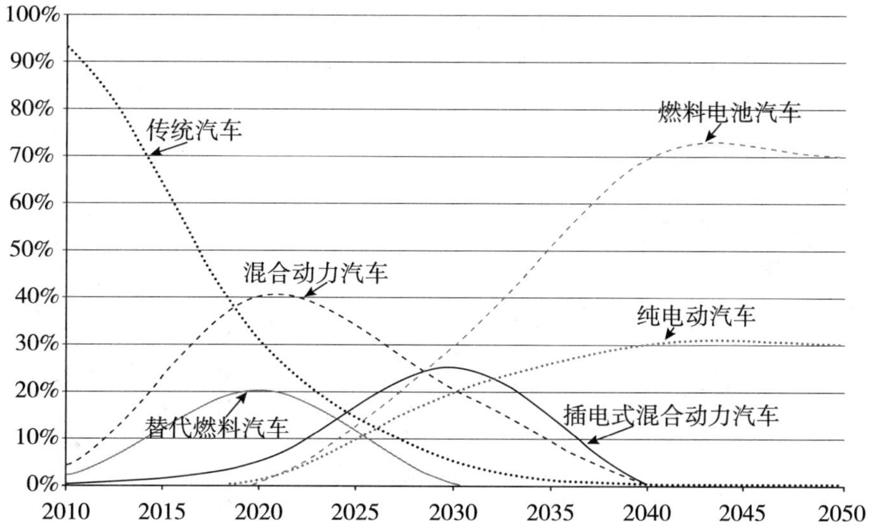

100%
90%
80%
70%
60%
50%
40%
30%
20%
10%
0%
2010
2015
2020
2025
2030
2035
2040
2045
2050
传统汽车
燃料电池汽车
混合动力汽车
纯电动汽车
替代燃料汽车
插电式混合动力汽车

图 7 未来洛杉矶地区新能源卡车发展趋势

下几个特点。

（一）前瞻性强

该规划在制定时，充分考虑了洛杉矶地区城市人口规模的改变、经济发展等领域的中长期发展趋势，在城市长期发展的大背景下确定 PM2.5 治理的中长期目标，具有很强的前瞻性。例如，该规划预测如果以 2002 年为基准，至 2020 年，该地区的人口将增长 22%，住宅数量增加 23%，就业人数增加 21%，车辆运行总里程增加 19%。考虑到以上增长因素，可挥发有机物的排放量将增加 27%，氮氧化物的排放量将增加 35.7%，硫氧化物排放量将增加 38.9%，直接排放的 PM2.5 将增加 22.6%，从而相应提出了更为严格的治理措施，以确保 PM2.5 中、长期治理目标能够按期实现。

（二）指导性强

该计划采用了动态目标分解法，将 PM2.5 治理的总体目标逐步分解，最后落实到具体、明确的措施上，对于实际工作具有很强的指导意义。具体说来，规划不仅详细分析了 PM2.5 与硫氧化物等空气污染物的转化关系，确定了每项空气污染物的减排指标，还进一步摸清了各种空气污染物的主要排放来源，以氮氧化物为例，2002 年在洛杉矶地区的前五大污染源依次为野外工程车辆设备、重型柴油卡车、轻型乘用车、轻型卡车、船舶，其具体日排放量见下图：

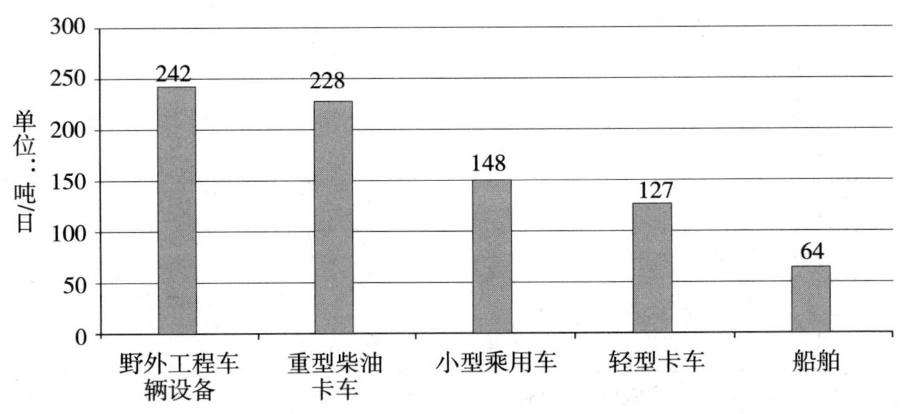

图 8　2002 年洛杉矶地区氮氧化物主要污染源日排放量

在此基础上，该规划针对主要固定污染源提出了 31 条治理措施，针对主要移动污染源提出了 30 条治理措施，并针对每条措施明确了实施单位、时间节点和具体的减排指标。以在柴油重型卡车上安装净化器这一措施为例，该规划要求加州空气资源局自 2010 年至 2014 年每日落实 47.3 吨的氮氧化物和 3 吨一次排放的 PM2.5 的减排工作。

（三）操作性强

该规划对提出的 61 条治理措施逐一进行了评估，主要评估标准如下表：

表 2　主要评估标准

评估标准	评估内容
效费比	每减少 1 吨污染物所需付出的成本
效率	对比治理措施带来的收益和可能造成的负面影响
减排潜力	治理措施所能减排的污染物数量
强制力	能否强制污染方遵守治理措施
公平性	措施带来的收益和造成的损害对不同社会经济群体的影响是否一致
正当性	管理局或其他环保机构是否有权实施该治理措施/地方政府机构同意采纳该治理措施的可能性
公众接受度	公众对治理措施的支持程度
减排速度	治理措施减少空气污染物排放所需的时间
技术可行性	治理措施所需技术如期研发成功的可能性

资料来源：摘自 2007 年洛杉矶地区《空气质量管理规划》。

该规划依照上述标准，综合比较各条治理措施的优劣，确定了实施的先后次序，并初步核算具体的治理成本，从而形成了操作性很强的工作实施安排。

五、以环保技术研发为突破口，破解经济发展与环保冲突的难题

节能环保技术是消除经济发展与空气污染治理之间矛盾的根本途径，加州南海岸空气质量管理局于 1988 年成立了科技推进处，引导、扶植私营企业发展先进的节能减排技术，其重点领域如下。

（一）燃料电池技术

燃料电池是一种使用燃料进行化学反应产生电力的装置，既可以作为车辆的动力，也可用于发电。以氢氧为燃料的质子交换膜燃料电池能量转换效率高达 70% 以上，且反应产物为水，对环境无害，特别受到洛杉矶地区的青睐。加州南海岸空气

质量管理局一方面积极参与“加州燃料电池合作伙伴项目”，与大型企业、科研机构和其他政府机构一起推动燃料电池技术商业化，另一方面积极建设示范项目，于2004 年招标建设两个 250 千瓦燃料电池发电项目，并于 2006 年投入使用。

（二）电动汽车技术

加州南海岸空气质量管理局一方面大力支持电动汽车电池组这一核心部件的开发，另一方面注重研发在途充电系统，计划未来划定电动汽车专用道，在专用道上将实现电动汽车边行驶边充电。

（三）先进发动机及后处理技术

由于低硫柴油的推广使用，柴油发动机能够采取更加先进的技术来控制排放。加州南海岸空气质量管理局目前正在大力推广柴油机颗粒物净化技术、柴油机氧化催化技术、废气再循环技术、先进燃料电喷技术、可变截面涡轮增压技术，提高柴油发动机的能效，降低其污染。

（四）低挥发性有机物技术

挥发性有机物污染主要源于传统涂料、油墨、粘合剂和清洗溶剂的使用。为了减少挥发性有机物的排放，加州南海岸空气质量管理局积极推动企业界进一步加强水性化技术、辐射固化技术、高固体份技术、静电粉末喷涂技术的研发和推广使用。

（五）远距尾气检测技术

该技术由加州南海岸空气质量管理局资助研发，目前已投入使用。该技术通过红外线探测，可在道路两侧实时检测行驶中车辆的尾气排放情况，使环保部门能够及时发现排放不达标的车辆，敦促车主尽快维修或更换。

六、把市场机制作为推动 PM2.5 减排的重要手段

从上世纪 70 年代至 90 年代初，加州南海岸空气质量管理局一直采用强制性指令来规范企业的减排行为。虽然这一手段取得了良好的效果，但随着空气质量

治理工作的不断深入，这一手段的缺陷也日益暴露出来。在经济持续高速增长时，尽管环保标准和法规等强制手段已经十分严格，但污染物的总量仍会持续增加，如果进一步收紧标准，达标成本就会高得令大量企业无法承受，对社会经济产生较大影响。而且强制性指令“一刀切”运作方式没有考虑到企业之间的差异，技术水平较为先进的企业在达到环保标准之后可能会丧失进一步减排的动力，不利于环保工作的进一步推进。

对此，加州南海岸空气质量管理局与企业、劳工组织、社区、环保组织、经济学家、加州环保局与美国国家环保署于1994年1月启动了“加州南海岸区域清洁空气激励市场”（RECLAIM），允许氮氧化物和硫氧化物年排放超过4吨的企业进入该市场进行交易。对于新进入的企业，加州南海岸空气质量管理局会依据企业的峰值产量和现行环保规定确定其初始排放指标，此后按照逐年削减8%的比率确定企业每年的排放指标。指标可以在企业之间买卖，在年度结束时，企业拥有的指标数（包括年初分配的指标和净购入的指标）要高于或等于实际排放数，否则将面临严厉处罚。

目前，在加州南海岸区域清洁空气激励市场上，参与氮氧化物排污交易的企业有350余家，参与硫氧化物排污交易的企业有40余家。这些企业来自各个行业，包括发电厂、炼油厂等。据美国环保署评估，项目实施10年来，加州地区氮氧化物年度实际排放量从约2.5万吨降至约1万吨；硫氧化物实际排放总量则由约7000吨降至3500吨，减排效果显著。

加州南海岸区域清洁空气激励市场的建立将不同企业的污染控制能力差异纳入制度设计，通过允许企业在符合规范的前提下出售排污指标，用经济手段激励企业自主减排，使企业减排的能力越强，节省的排污限额越多，其获得的经济收益也越高，鼓励了企业自主研发、采用环境清洁技术。而且，引入市场机制可以在控制污染物排放总量的同时，避开经济发展与环境保护之间发生直接对立，减轻了环保部门面临的压力。

七、推动高污染地区市镇的治理工作，降低对居民健康的危害

2006年3月，加州南海岸空气质量管理局完成了为期两年的第三阶段“多种空气有毒污染物影响研究”，该项目重点研究了空气污染物对于居民罹患癌症

的影响，结果表明空气污染在整个洛杉矶地区导致平均每百万居民中有大约1200人患上癌症，而在所有的空气污染物中，柴油发动机直接排出的 PM2. 5 颗粒物毒性最高，对于癌症患病几率的影响占全部污染物的 83%。

经过深入研究分析后，管理部门确定了 PM2. 5 污染对健康影响最大的区域——港口地区，癌症风险高达 3700 例/百万。此外，高速公路和交通枢纽附近地区的居民健康风险也会显著增加。对此，加州南海岸空气质量管理局在积极推动高危区内的市镇采取更加有力的措施治理 PM2. 5 污染的同时，与市镇政府合作，共同提高居民的空气污染防护意识。一方面通过印发宣传品等手段帮助居民了解 PM2. 5 的危害和在重污染天气情况下应当减少户外活动等环保知识，另一方面通过各种媒体及时向居民通报天气变化情况和污染物浓度，帮助居民提前采取防护措施，降低当地居民面临的健康风险。

八、鼓励和引导民众参与，推动 PM2. 5 治理工作全面落实

控制 PM2. 5 污染不能只依赖政府和环保部门，还需要公众的广泛参与。为此，洛杉矶地区环保部门出台了多种措施，提高公众的参与度。

（一）利用经济激励手段激励公众投身环保

卡尔·摩耶计划是洛杉矶地区为减排 PM2. 5 重点推行的项目。该计划由加州空气资源局与各区域的空气质量管理部门共同负责，于 1998 年正式启动，目的是通过提供经济补贴，鼓励个人和企业更新、改造重型柴油动力车辆设备，从而使其排放低于现行标准。根据加州南海岸空气质量管理局的规定，如要获得补贴，车辆设备至少应有 75% 的时间在其辖区内使用，且新更换车辆设备的排放至少比现有排放标准降低 30%，改造后的车辆设备排放至少降低 15%。2010 - 2011 财年，洛杉矶地区用于该项目的资金达 2500 万美元。

（二）推广环保产品标签，引导公众消费行为

洛杉矶地区环保部门 2003 年启动了名为“清洁空气选择”的项目，与辖区内的汽车销售商合作，将符合低排放标准的车辆明确地标示出来，便于消费者选购，取得良好效果。未来，环保部门将推广这一成功经验，对生产除臭剂、发胶

等可能含挥发性有机物的消费品厂商进行认证，通过认证的厂商可在符合或低于相关标准的产品上增贴“无挥发性有机物”或“低挥发性有机物”标签，促使消费者选购。环保部门准备将该措施与一定的经济激励手段协同运用，预计届时每天可减排挥发性有机物 2.1－2.2 吨。

（三）加大宣传力度，倡导绿色生活

洛杉矶环保部门采取加大公共广告投放、开设绿色环保网站等手段，着力宣传居民个人为改善空气质量、降低 PM2.5 排放可采取的 10 项举措：驾驶低油耗车辆；出行时尽量拼车、乘坐公共交通、骑自行车或步行；尽可能减少使用以燃油为动力的车辆和设备；尽可能购买由可再生能源产生的电力；考虑安装家用太阳能设备；使用低能耗的家用电器；在住宅和办公室增装隔热层；节约用水；尽量购买本地生产的产品，减少长途运输带来的尾气排放；支持政府为促进上述举措而采取的激励措施。①

① 这 10 条措施由加州南海岸空气质量管理局、南加州政府联合会联合加州空气资源局和加州环保局共同提出。

国外城市排水系统建设调查及对北京市的启示*

近年来，国内很多大城市频频因暴雨引发城市内涝，引起了各方对于城市排水系统的高度关注。2012 年北京“7・21”特大暴雨造成 160 多万人受灾，经济损失过百亿。住房和城乡建设部 2010 年对 351 个城市进行的专项调研结果显示，2008 年至 2010 年间：全国 62% 的城市发生过城市内涝，内涝灾害超过 3 次以上的城市有 137 个。

城市的排水系统，如同人体的循环系统一样，一旦运转不畅，就会造成堵塞、渗漏、溢流，进而引发内涝、污染、次生灾害等一系列连锁反应，造成巨大的生命及财产损失。经过长期的探索和实践，一些发达国家已经在城市排水系统的规划、设计、建设、管理等方面积累了相对成熟的经验，本文将总结其中最具代表性的几个国家（城市）的主要做法和经验，进而分析归纳出对我们进一步完善城市排水系统的有益启示。

一、国外城市排水系统建设的主要做法及经验

（一）法国巴黎

法国首都巴黎海拔较低，气候特点为温和的海洋性气候，因此雨水较多，年平均降雨量为 619 毫米，但巴黎很少发生城市内涝灾害，最重要的原因就是巴黎拥有规模巨大、功能完善的下水道排水系统。

规模庞大，历久弥新——为了解决城市污水直接排入生活水源塞纳河引发污染的问题，1851 年，法国人欧仁・贝尔格朗利用巴黎东南高、西北低的地势特

* 作者简介：张晓冰，首都社会经济发展研究所副处长，北京健康城市建设促进会副秘书长，编辑。

点，设计了将污水排到郊外阿谢尔野地的方案，并提出了下水道系统建设、维护以及发展的一整套技术方案。之后，巴黎的排水系统纳入到了城市建设规划之中。至1878年，巴黎已拥有地下水道600公里。1935年到1947年，巴黎又开展了污水净化改造工程，其中主要修建了4条直径为4米、总长为34公里的排水渠，废水通过沟渠到达净化厂进行处理。1991年，为解决因老化导致的侵蚀管道、污染等问题，降低塌陷风险，巴黎开始了第一期500公里的管道更新修复计划。目前，巴黎的下水道系统管道总长度达到了2400公里，这个长度大约相当于巴黎地铁长度的10倍，下水道井盖多达2.6万个（其中1.8万个可以进入），有6000多个地下蓄水池，有1300多名专业维护工负责清理维护。

虽然历经改造和修复，但160年前开始建设的排水系统主体仍继续沿用，巴黎的城市排水系统是目前全世界范围内仍在使用最古老的城市排水系统之一。

标准高，功能全——巴黎是拥有1000多万人口的大城市，一个始建于100多年前的城市排水系统能够很好地承载其应有功能，与其当初设计的高标准和完备的功能设置是密不可分的。

巴黎下水道系统处于地面下5米至50米不等，采取石头或砖混结构，十分坚固。下水道分为小下水道、中下水道和排水渠三种，其中排水渠高度在2米以上，工作人员可直立行走，中间是宽约3米的排水道，两旁是宽约1米的供检修人员通行的便道。除了在空间结构上足够宽敞，还保证了大流量排水的通畅。当年的设计师贝尔格朗还发明设计了清除下水道垃圾、沉沙的机械和设备（如清污闸门、闸门车、闸门船、泥沙沉淀塘、捞斗、溢洪道等），采用将水截流，然后利用水的“冲刷”效应将下水道中的垃圾、沉沙或淤泥集中后加以清除。在小下水道中设计建造蓄水池，用来增强冲刷效应，避免下水道堵塞。如今，在部分没有电力供应的下水道，这些传统的机械和设备仍然在发挥作用。下水道中设有独立的照明系统、通风系统，即使是夜间也可以进行维修。

值得一提的是，为了便于判定下水道的方位，下水道会对应路面标记与地面相同的街名和门牌号码，这给下水道的日常维修和养护带来了极大的方便。巴黎下水道的管理同样给人留下深刻的印象，每段下水道都有名字，它的名字与上面的路名是对应的。养护工人可以沿阴沟两边人行窄道到达任何地方。据统计，巴黎的下水道系统每年会接到大约3000个贵重物品掉落到下水道的求助电话，寻找到失物的几率高达 80%。

另外，巴黎的下水道还承载着除排水以外的其他一些功能，在下水道内还布设有各种管道，包括自来水管线和污水管线、采暖管线、燃气管线及通讯设施管线。

循环使用，信息化管理——随着技术的不断进步，循环使用理念的引入，以及信息化管理手段的引入，使得巴黎城市排水系统日趋完善。

目前巴黎地区有四座污水处理厂，日净化水能力为 300 多万立方米。污水通过净化站进行处理后，一部分排到郊外河流或直接流入塞纳河，另一部分则通过非饮用水管道循环使用，现在每天有 40 万立方米循环使用水用于冲洗巴黎街道和城市绿化灌溉。

巴黎市新建了两个电脑控制的污水和雨水压力提升厂，加速了下水道废水和雨水的流动，同时负责大量垃圾和泥沙的清除。巴黎市还陆续建立了 11 个专门针对雨季塞纳河水的净化站，保证通过下水道流入塞纳河的水质。50 个专门用于下大雨时保证排水效果的路边下水道。在横穿城市的塞纳河河底建立了 7 条自动虹吸通道，将城南的废水与雨水引到城北。

信息化管理技术已被运用于城市排水系统。巴黎市城市生态保护局下属的巴黎排水与水处理技术处（STEAP）专门负责饮用水提供和污水处理服务，有超过 600 名工作人员专门负责下水道维护与清洁。该处使用名为地下水道网络管理信息化处理（TIGRE）的地理信息化系统管理地下水道网络。这一系统 1992 年开始使用，目前使用的是 2006 年 9 月更新的版本。这一系统拥有 20 个终端，由 15 个小组监控，每个小组各有四名工作人员。每段下水道一年进行两次检查。

屋顶绿化，灾害预警——为了进一步完善城市排水系统，巴黎市仍在不停地探索和推出一些新的举措。

比如，巴黎市已将绿化屋顶列入城市规划。绿化屋顶是指在屋顶平台的防水膜上铺设 2 至 5 厘米厚的涂层，这一涂层可防渗漏并确保排水，然后再铺上 4 至 12 厘米厚的透气松软的沃土，最后栽培绿色植物。目前在法国仅有 1% 的屋顶平台得到绿化，其屋顶绿化规模今后可望扩大。

水灾预警是法国重大风险预警系统的重要部分。预警分绿、黄、橙、红色四级。当出现橙、红色警报后，省政府将通知警察、宪兵等相关机构，并向所属市镇的市长发送警报讯息，市长负责向当地居民发布警报讯息。同时，巴黎市消防大队也发布警报并告知有关的救护中心，为水灾特备的洪灾救助小艇等特别救助设备开始在受到水灾威胁地区部署。由于暴风雨或强降雨可能导致下水道网络排水能力暂时不足，为避免城市出现内涝，巴黎市专设“安全阀”管道，即启用直通塞纳河的溢洪口管道，以便雨水直接排放到塞纳河。由于直接排放雨水会对河流产生污染，巴黎市在这些溢洪口管道设有阀门系统，只有在紧急情况下才会打开。如遇特大暴雨导致塞纳河水大涨时，这些溢洪口管道会封闭以免出现河水倒灌，淹没下水道网络。在塞纳河岸边专设的涨水专用抽水机将启动，接替溢洪口管道帮助排水。

（二）日本东京

日本东京地区降水丰富，还经常遭遇台风带来的强降雨。据统计，1996—2005 年间，平均每年超过 50 毫米的降雨达到 288 次，超过 100 毫米的降雨达到 4.7 次。东京下水道系统以雨污合流制管道系统为主，包括管渠、抽水泵站和污水处理场。其污水管、雨水管和合流管的总长度达到 1.58 万公里，用于管道清扫和维护管理的检查井超过 47 万个，平均每 33 米就有一个。东京市内建有 20 处污水处理设施，日污水处理能力达 556 万立方米。目前在东京，强降雨有时仍会引发个别地区的小型内涝，但在中心城区不至于内涝成灾。

高度重视，巨资投入——东京政府把下水道设施的建设和管理作为重要事务，并投入大量资源。东京都的城市下水、排水设施由公营企业“东京都下水道局”负责。下水道局是东京都政府仅有的三家主要公营企业之一，另外两家分别是运营部分地铁线路的交通局和负责自来水供应的水道局。

1964 年 4 月，日本成立了“下水道协会”，主旨是对下水道系统作全面评估，统一下水道建设以及排污标准，将老化的管道更新换代。1970 年，日本召开“公害国会”，会上政府大幅修改了《下水道法》，明确规定了下水道建设目的，并决定每年投入大量国家预算用作污水收集和处理的建设及运营费用。

东京都下水道局注册资金达 4.16 万亿日元（约合 3400 多亿元人民币），拥有约 3500 名员工，每年财政支出约合人民币 520 亿元，其中设施建设费用约合人民币 100 亿元，设施维护费用约合人民币 120 亿元。人力、物力和财力的巨大投入，是东京建设完善下水管网系统的基本保障。

为了能够长期维持投入水平，日本中央和地方政府采取了多种措施。在东京，下水道局每年可从国家财政、东京都政府和基层政府获得约合 70 多亿元人民币的补贴；每年可以发行大额企业债（2010 年度约合 95 亿元人民币），以未来收取的下水道使用费等作为偿债保障；每年可收取约 120 亿元人民币的下水道使用费。

“首都圈外围排水工程”——东京主要城区周围有江户川、荒川等较大河流，城区内还有目黑川、涩谷川等小型河流。为防止城市内涝，东京充分利用城市水系的防洪功能，让大量降雨流归河道，典型例子就是“首都圈外围排水工程”。

这一排水工程由日本政府国土交通省建设，于 1992 年开工，2002 年部分发挥作用，2006 年完工，总投资 2400 亿日元（约合 200 亿元人民币），堪称当今世界最不可思议的下水道，其宏大壮观的场景，让每个参观者都深受震撼。工程主体包括总长 6.3 公里、内径 10 米的地下管道，五处单个容积约为 4.2 万立方米的储水立坑，以及一处人造地下水库。“首都圈外围排水路”全程使用计算机远程控制。

为防止当地中小河流在强降雨时漫水造成内涝，并充分利用中小河流的溢洪功能，在当地中小河流的适当位置修建储水立坑。立坑之间由地下管道相连，管道最终通向位于东京都附近河流江户川旁边的地下水库。水库容积约有数十万立方米，可以起到存蓄洪水的作用。水库还装有四台由航空发动机改装的高速排水装置，单台功率达 14000 马力，全部开动时，可以 200 立方米/秒的速度向江户川内排出洪水。在出现强降雨天气时，城市内部的下水道系统将雨水排入附近中小河流，中小河流水位上涨后溢出的洪水则进入立坑和管道，最终流入江户川。

整个工程一方面具有庞大的蓄洪容积，系统总储量为 67 万立方米，另一方面又有很强的泄洪能力，因此一投入使用即发挥巨大作用。在建成后的当年，该工程所在流域雨季浸水的房屋数量即从最严重时的 41544 家减至 245 家，浸水面积从最严重时的 27840 公顷减至 65 公顷，对于东京都东部及外围地区的防洪发挥了重要作用。

科学规划，蓄排结合——除了长期投入大量人力、物力和财力，建设较完善的城市排水设施，东京市政府还非常强调“蓄排结合”。

日本各地政府很重视在城市规划过程中保留河道和湖泊，为城区蓄洪溢洪留足空间。在东京市内，除了河面在 20 米左右的目黑川等河流，还时常可以看到河道宽度仅有 3 至 5 米的小河，其河道被下挖硬化，岸壁较高，连接邻近地区的雨水管道，蓄洪泄洪能力较强。

日本于 1963 年开始兴建滞洪和储蓄雨水的蓄洪池，并于 1992 年颁布了“第二代城市下水总体规划”，正式将雨水渗沟、渗塘及透水地面作为城市总体规划的组成部分，要求新建和改建的大型公共建筑群必须设置雨水就地下渗设施。日本政府规定：在城市中新开发土地，每公顷土地应建 500 立方米的雨洪调蓄池。在城市中广泛利用公共场所，甚至住宅院落、地下室、地下隧洞等一切可利用的空间调蓄雨洪。在一些公园的小广场、水池等设施下，建设小型蓄水池，容积通常为数千立方米，用于雨季存水。在东京，一些小型公园、绿地和广场，平时作为市民休闲娱乐的场所，在降雨时就发挥集水和排水的功能。在东京、大阪等特大城市还建设地下河，直径 10 余米，长度数十公里，将低洼地区雨水导入地下河。

在东京等大城市，城市规划部门还重视绿地、砂石地面的吸收雨水作用，尽量减少地面硬化面积。从 1999 年开始，日本道路管理部门规定，在新建道路上全部使用排水路面结构，改建道路也要求采用排水结构。到目前为止，全日本 50% 以上的道路采用排水路面结构，改用环保的透水沥青。停车场、人行道也广泛采用透水性材料。

透水路面不仅解决了积水问题，还平衡了城市生态系统。比如雨水由透水路面渗透入地，可补充地下水资源；还能通透“地气”，可使地面冬暖夏凉，雨季透水，冬季化雪，可以增加城市居住的舒适度；透水地面的孔隙多，地表面积大，对粉尘有较强的吸附力，减少了扬尘污染，也可降低噪音。

从头抓起，人人有责——为了保证排水道的畅通，东京下水道局从污水排放阶段就开始介入。他们规定，一些不溶于水的洗手间垃圾不允许直接排到下水道，而要先通过垃圾分类系统进行处理。此外，烹饪产生的油污也不允许直接导入下水道中，因为油污除了会造成邻近的下水道口恶臭外，还会腐蚀排水管道。东京下水道局对此倡导的解决办法是：用报纸把油污擦干净，再把沾满油污的报纸当做可燃垃圾来处理。下水道局甚至配备了专门介绍健康料理的网页和教室，介绍少油、健康的食谱。

（三）美国

1876 年，美国修建了第一条拦截下水道，不再把污水直接排入河流。1884 年，波士顿市出现了第一个污水泵。目前，在纽约、洛杉矶等大城市都拥有规模庞大的排水系统，拥有 400 万人口的洛杉矶下水道的总长度超过 1 万公里。除了在基础设施上的大量投入，美国排水系统最突出的经验主要体现在完备的制度建设及先进的管理体系上。

雨水管理制度建设——早在上个世纪 60 年代，美国就启动了城市雨水径流和合流制溢流（CSO）污染控制的研究。1972 年《清洁水法》通过后，美国环保局、各州和地方水污染控制机构开始采取措施减少排水管道污水的溢流量，同时对雨水混合污水在溢流前进行处理，将溢流后对水体的水质影响控制在目标范围内。一些州包括科罗拉多州（1974 年）、佛罗里达州（1974 年）、宾夕法尼亚州（1978 年）相继制定了雨洪管理条例。一些州规定，溢流之前要对混合污水作相应处理，并限制溢流次数；如果没有联邦政府授权或州政府的允许，排水管道的污水不允许溢出。1986 年，美国修订《水质法》以控制非点源污染，使美国环保局开始有效地依法参与城市雨水径流的管理。

BMP 模式——到上世纪 80 年代初，美国提出了科学管理城市雨水资源和控制雨水径流污染的最佳管理措施——BMP 模式（Best Management Practice），该模式在美国得到了广泛的推广和应用，成为进行雨水管理和污染控制的重要的技术与管理体系。

BMP 模式包括了工程措施和非工程措施。其中，工程措施包括了修建沉淀池、渗漏坑、多孔路面、储水池等，通过控制污染物扩散途径实现终端治理；非工程措施主要通过对源的控制加强管理来达到控制污染的目的，包括城市环境管理、清扫路面、政策法规措施等。经过多年的应用和发展，目前，BMP 模式已经发展到第二代，更加强调了与植物和水体等自然条件结合的生态设计和非工程措施，使得整个模式更为科学和完善。

LID 低冲击开发模式——随着城市高速发展，BMP 模式很难消除发展对环境造成的巨大影响，美国在 BMP 模式的基础上提出了一种雨水管理的新模式——低冲击开发模式（Low Impactment Development），用以高效控制城市雨水造成的污染。这种新模式的一个根本原则就是：通过多种技术手段力求接近雨水径流的源头，低冲击开发模式通过分散的，小规模的源头控制机制来达到对暴雨所产生的径流和污染物的控制，并综合采用入渗、过滤、蒸发和蓄流等多种方式来减少径流排水量，使开发后城市的水文功能尽可能地接近开发之前的状况。

这种开发模式可以适用于所有的城市环境元素，比如：停车场、道路、花坛和景观区域等，把这些环境元素转化为专门的雨水管理系统。技术手段都比较经济，如：雨水花园、生态屋顶、集雨桶、透水路面、草沟、河岸缓冲带等，这些技术手段统称为“绿色基础设施”，其设计思路都是通过减少不透水面积或者引流、过滤和使用暴雨积水从而减少雨水径流。

有实验资料表明：LID 模式可减少约 30% －99% 的暴雨径流，延迟大约 5－20 分钟的暴雨径流峰值，还可有效地去除雨水径流中的磷、油脂、氮、重金属等污染物，并具有中和酸雨的效果。

雨水管理的经济手段——在美国，很多州都成立了专门的雨水公用事业部门，通过向用户征收相应的费用作为雨水管理的资金来源，而非通过政府税收收入。征收的雨水费一般都用于维护城市雨水排放设施，实施雨水管理计划、建造绿色基础设施等用途，但各州征收的标准各异。以华盛顿特区为例，雨水费和雨水基金的构成包括三个部分：一是向居民用户征收的每季度 1.75 美元的固定费用；二是向商业用户和联邦、市政机构征收的以饮用水流量计算的费用，标准为每单位饮用水水费的 2%；三是向多单位家庭住宅征收的以饮用水流量计算的费用，标准为每单位饮用水水费的 1.4%。在马里兰州，对单独居民住户每年征收 24 美元的固定费用，对商业建筑和复合民用建筑，则按不透水区域面积进行征收。在俄勒冈州的波特兰，雨水费除了不透水面积以外，还要和绿色基础设施的使用率挂钩。

除雨水费外，美国各州还采用了其他多种经济激励手段，包括补贴、税收抵免、政府拨款、绿色建筑证书计划等。芝加哥在绿色屋顶计划中，对于建筑屋顶上的建造绿化面积比例高于 50% 或者 2000 平方英尺的开发商提供“密度奖金”。2006 年，对安装绿色屋顶的 20 个小规模的商用和民用建筑提供每户 5000 美元的政府拨款。居民还可以通过安装集雨桶、植树等方法来获得直接的现金补贴。在俄勒冈州的波特兰，采用指定绿色基础设施的用户可以享有高达 35% 的雨水费折扣。

（四）德国

德国最早的城市下水道系统建设开始于1842年的汉堡，1867年，第一个现代化下水道系统才在法兰克福建成，德国各大城市都拥有较为成熟的排水系统。首都柏林从1873年建设第一条下水道起发展至今，地下排水管道的长度达到9500公里。工业重镇慕尼黑，地下总长2434公里的排水管网中，有13个地下储存水库，总容量达70.6万立方米。如果暴雨不期而至，地下储水库就可以暂时存贮雨水，再慢慢释放入地下排水管道，以确保进入地下设施的水量不会超过最大负荷量。

雨水收集系统——德国是世界上在雨水利用方面最成功的国家之一。德国的排水系统除了较为成功地解决了城市内涝、雨水污染等问题外，最大的亮点是雨水的高效利用。德国水资源充沛，并不存在缺水问题，但为了维持良好的水环境，德国不仅通过法律手段，加强对雨水的收集利用，并投入大量资本到雨水利用的研究与应用当中。目前，从雨水径流收集、传输、贮存、处理到最后的利用，已经形成了一套完善的技术体系，德国污水联合会和雨水利用专业协会（1995年成立）制定了一系列城市雨水利用与管理的技术性规范和标准。同时，政府还制定了配套的法规和管理规定，德国联邦和各州有关法律法规规定，在新建小区之前，无论是工业、商用还是居民区，都要设计雨水利用设施，否则政府将征收雨水排放设施费和雨水排放费。柏林的“雨水费”制度规定：直接向下水道排放雨水必须按房屋的不渗水面积，交纳每平方米1.84欧元的费用，采用雨水利用设施的用户就可获得减免和优惠。柏林新建小区大都采取在楼顶铺设草坪的做法，而在大部分老小区，居民多采取自制装置过滤雨水。

2002年，德国拥有雨水池的数量达到3.8万座，其中溢流截留池2.4万座，雨水截留池1.2万座，雨水净化池2000座，总容积达到4000万立方米，平均每座污水厂拥有近4座雨水池。首都柏林有1000多个水库和蓄水池，能够储蓄90万立方米的雨水。

在全社会高度重视以及相关法规、政策的环境下，产生了一大批专门从事雨水利用的企业，雨水利用的技术不断进步，雨水利用成本也不断降低。雨水作为一种商品在市场上流通，雨水利用已经进入产业化、标准化阶段，成为了很有发展前景的生态产业，同时也带动和促进其他环保生态产业的发展。

细节决定成败——德国人向来以精细著称，这在德国的城市排水系统得到了充分的体现。

德国城市很少发生积水现象，与其广泛采取透水地面直接相关。市政部门根据不同区域铺设不同的透水路面。人行道、步行街、自行车道、郊区道路等受压不大的地方，采用透水性地砖，这种砖本身可透水，砖与砖之间采用了透水性填充材料拼接；自行车存放地和停车场的地面，则选择有孔的混凝土砖，并在砖孔中用土填充，这样有利于杂草生长，从而使地面的40%有绿化功能；居民区、公园和街头广场更需要绿化和美化，因此这些地方选用实心砖铺路，但砖与砖之间会留出空隙；居民区步行道、校园和公园等步行道路等地，由于路面使用率高，用细碎石或细鹅卵石铺路会更合适。此外，道路两边还修有引流暴雨的沟壑。

城市下水道的口子被杂物如树叶、塑料袋、污泥、石块堵住是常见现象。德国的城市下水道为避免口子被堵，在篦子下面专门接一个铁篮子，铁篮子下面才是横向的下水管道。铁篮子的作用就如同家庭中的下水道的弯曲管道。它可以接纳许多污物如树叶、塑料袋、污泥、石块，使得这些固体物不能冲入下水道以造成堵塞。同时，城市管理者也容易清除这些下水道的堵塞物。工人只要打开下水道井盖，把铁篮子勾起来，然后提到垃圾车旁，把篮子中的垃圾倒入车斗中，最后对下水道复位。这就能防止下水道井盖的堵塞，有效而迅速地排水。

二、国外城市排水系统实践对北京市的启示

启示一：城市排水系统建设是真正的“百年大计”

排水系统是城市最重要的基础设施之一，是“位于地下的市政工程”，因此一些发达国家在城市排水系统的建造过程中普遍沿用较高的标准，如：纽约为“十至十五年一遇”的标准，巴黎是“五年一遇”的标准。一些城市至今仍在使用一两百年前建成的排水系统，尽管城市规模与最初建设时相比增长了很多倍，但城市排水系统仍运转自如。另外，城市排水系统的高标准的规划、设计也为系统的逐步完善提供了良好的基础，预留了发展空间。以巴黎为例，宽敞规整、功能完备的下水道设计不仅有利于维护、改造，也为扩展功能、铺设其他管线创造了好的条件，能够引入先进的信息化管理手段也得益于此。

高标准同时也意味着高投入，但城市排水系统作为城市建设的“百年大

计”，虽然高标准建设初期投资比较大，但相应的在后期使用过程中就可以节省大量的人力和物力。这需要城市的管理者和相关规划、技术部门找到一个平衡。相对于地面上的高楼大厦，位于地面以下、“隐形”的城市排水系统更容易被城市管理者忽视，应在投入上予以适当的倾斜。巴黎的下水道系统在建设初期曾因投资过大备受质疑，但100多年来的实践证明，这种投资的效益是相当可观的，日本、英国[①]政府多年以来一直保持着对排水系统建设的高投入也是很好的例证。

近几年，北京频频出现城市内涝，并造成了巨大损失。最直接的原因是排水标准不足，设施老化；排水设施建设滞后，排水系统不健全。目前北京市排水设施标准多为1到3年一遇，能够适应每小时36到45毫米的降雨，仅天安门广场和奥林匹克公园附近的排水管线能达到5年一遇标准（参见下表）。这个标准与一些国外同等规模大城市的标准来说，明显是偏低的。城市排水系统的低标准、低投入反映出我们在城市发展理念中存在“重眼前轻长远”、“重数量轻质量”、“重地上建设轻地下基础”的倾向，由此造成的后果可能是“算小账吃大亏”。以2012年北京“7·21”特大暴雨为例，即便是单从投入产出的角度分析，损失掉的过百亿如果是有效地投入到城市排水系统建设中，由此减少的经济损失、政府管理成本以及社会成本，还包括北京因此付出的在国际上软实力（主要指城市形象）的损失，可能要远远超过这个数字。

北京与国外城市排水标准对比表

城市	纽约	伦敦	巴黎	东京	北京
年降雨量（毫米）	1066	600	619	1800	585
气候特点	夏季高温多雨，冬季低温少雨	全年温和常湿	全年温和常湿	夏季温和多雨，冬季低温干燥	夏季温和多雨，冬季低温干燥
雨水管道设计标准（年）	10－15（30－44毫米/小时）	5	5	3（50毫米/小时）	3－10（50－67毫米/小时）*
内涝控制标准（年）	100	60－100	大于50	/	/

*注：3－10年为2011年9月之后新建雨水管道规划设计标准。

① 2007年，伦敦政府投入17亿英镑实施“泰晤士隧道”方案，在泰晤士河下方建设一条长35公里、最深处达75米的“深层排水隧道”。隧道将连接34条位于“污染最严重”地带的下水道，有效阻止未经处理的污水在降雨的时候流入泰晤士河；2011年，伦敦泰晤士河水务公司又投资36亿英镑修建一条近40公里长的超级污水排水沟，以解决泰晤士河100年的污染问题。

进入新世纪的十几年来，北京成功应对国际金融危机、举办奥运会，城市人口、人均 GDP、财政收入等指标不断刷新，并提出建设世界城市的战略目标，北京的经济社会发展已经迈入了一个新的发展阶段。然而城市在快速发展的同时，基础设施建设相对滞后以及管理能力相对不足导致的交通、环境、人口、保障等等一系列问题，排水问题也是如此。如不能加以足够重视并及时采取有效应对，这些问题必将成为北京实现进一步跨越式发展的掣肘。因此，我们认为，北京在迈入新的发展阶段、经济社会发展诸多指标迈上新台阶、把建设世界城市作为战略目标的大背景下，进一步加大基础投入，提升排水标准，健全排水系统显得尤为必要和迫切。

启示二：强化系统性建设，提升排水系统整体效率

城市排水系统是一个环环相扣的整体，无论哪个环节出现问题，都可能影响整个系统功能的发挥。国外比较成熟的城市排水系统有一个共通的特点就是系统性较强，巴黎、东京可谓典型。相对而言，北京的城市排水系统复杂，包括体量庞大、历史悠久的排水管网和河湖水系。由于城市快速扩张①，原有体系和新建体系之间系统性不强，成为影响排水效率的重要因素。

主要表现在：一是管网之间的系统性不强。由于服务区域的排水量增加，一个排水单元的管网，改了上段，没改下段，造成断头、新旧管线不匹配（大小头倒置）等现象，影响了整个单元，进而影响一个体系。二是管网分为雨水管网、雨污合流管网、污水管网，造成管网同污水处理厂、同河道之间的矛盾。平时，尚可维持运行，一遇大雨，便发生矛盾冲突，导致排水不畅。三是中小河道排水不畅。城市建设打乱了原有的排水关系，原本是农田的区域改建为城市，径流加大，但排水能力没有相应加大。甚至还出现挤占、缩小、封盖沟渠的情况，致使中小河道的水不能顺畅排入骨干河道。四是下凹式道路排水设计能力与实际运行不对应，设计只考虑服务区域的排水量，遇到环境变化客水进入或泵站向外排水不畅，便出现积水阻断交通。五是排水管网和河湖排水体系维护、清淤不及时，削弱了本来就不足的排水能力。

强化系统性建设，打通影响排水系统效率的关键节点，找出有针对性的解决

① 据统计，2000 年北京市区面积仅 700 多平方公里，2010 年已经接近 1400 平方公里。

方案，充分发挥现有排水体系效益，是提升北京市排水系统整体效率的相对快速也最为经济的途径。比如，针对目前比较突出的下凹式立交桥积水问题，应制定针对性的解决方案，改造其排水设备系统，同时应加强其周边区域的雨水控制和利用。

启示三：制定城市排水系统发展规划，完善排水系统建设机制

城市排水系统规模庞大、结构严密的特点决定了其建设、维护、改善必定是一个长期、复杂的过程，因此，制定一个完善的排水系统发展规划十分必要。排水系统绝不仅仅是排水管线和河道，很多其他的城市设施都是排水系统的重要组成部分。在规划的基础上，应明确今后在所有城市建设项目的规划、设计中，排水应作为基础性要素予以考虑。

截至目前，北京的排水系统建设缺乏长远的、可实施性较强的规划，从乡村建设到城市建设，道路桥梁、旅游景观、建设小区、绿化种树，对防洪排涝的考虑不足，设计、建设过程中没有给雨水留足够的空间和出路，是目前北京排水系统诸多问题的根源。比如：城市地面硬化率过高地面渗水功能降低；建筑物密集、住宅小区容积率过高增加排涝压力；建设大量的下凹式立交桥和拉槽道路而排水设备能力不足；道路桥梁建设中未考虑排水因素造成排水管线、设施缩水，甚至出现了有立交桥在最初设计时没预留泵站位置的情况；城市景观、绿化带设计时未统筹考虑防洪功能；在河道三角洲地带建设大规模居住区；在防洪防涝标准相对较低的情况下，大量的地下空间、设施应对洪涝能力偏低。

启示四：把握时机，确立蓄排结合的治理思路，加强雨水利用

雨水利用不仅能减少城市街道雨水径流量，减轻城市排水压力及污水处理压力，同时还能补充地下水，提高地下水位，缓解水资源供需矛盾，对于缺水型城市来说具有重要意义。确立蓄排结合的治理思路对于北京这个排水管网发展滞后、严重缺水的特大城市来说，不仅是一举多得，更是发展的必然。

北京市是国内最早开展城市雨水利用研究与实践的城市，在技术、政策、推广应用等方面已经取得了一定的成果。从 2002 年至今，北京市也出台了若干促进雨水利用的文件，如：《北京市节约用水办法》、《雨水利用倡议书》等。截至 2010 年，全市累计完成雨水利用工程 1355 处，年可综合利用雨水 5000 万立方

米。雨水利用工程对缓解局部地区防洪压力、涵养地下水、增加可用资源量、改善生态环境效果明显。但在中心城区，雨水利用工程真正有效控制和利用暴雨径流的面积较小，不到中心城面积的10%，对中心城区整体暴雨径流的控制效果还很微弱。从总体上看，还存在缺乏统一规划，雨水利用规模小、缺乏强制标准及政策，雨水利用力度不够、技术研发及设施普及不够，雨水管理水平低等问题，与一些在雨水利用方面比较先进的国家相比，差距明显①，进一步加强雨水利用还有很大空间。

从资源利用的角度看，首先要加强下游蓄滞洪区的雨水利用，比如采取人工湿地等措施留住水资源。对于中心城区来讲，新旧建成区域应按照分而治之的原则开展蓄水和雨水利用。对于已建成区域，由于功能已相对固定，且在北京中心城区超过80%都是混凝土、沥青等不透水地面，大规模彻底改造排水系统成本过高，也并不现实。因此，应采取充分挖掘蓄水潜力，如改造绿地、公园、运动场、广场、屋顶，增加透水路面、修建蓄水池等，逐步升级改造。而对于新建区域，则需尽快制定相应的政策法规及技术规范，应明确要求新建区域必须建设相应的蓄水及雨水利用设施，并辅之以配套的激励惩罚措施以及技术指导和服务。

北京目前还处于一个相对较快的发展速度当中，科学规划新建区域的排水系统，按照蓄排结合的思路建造排水、蓄水设施，对于北京排水系统的改善和进一步发展非常重要。虽然我们没有做到未雨绸缪，但亡羊补牢，未为晚矣。如果不能把握眼前的发展时机，必然会给将来的城市排水系统造成更大的负担。

启示五：理顺排水系统管理机制，提高精细化管理水平

目前，北京市的排水系统的管理涉及多个部门，多部门管理造成的责任划分、沟通配合问题客观存在，如果涉及暴雨预警及救援，涉及的部门则更加广泛，近两年在北京频繁出现的暴雨预警及救援方面已经暴露出不少问题。北京的雨水管网有的由排水集团管理、有的由区（县）管理、有的由社区管理，水务部门不掌握雨水管线的基本资料，不清楚各条雨水管线的位置、管径、高程、汇水范围、汇水面积等重要信息。对于雨水管线的流量、水位等，更有缺乏有效监

---

① 丹麦每年从屋顶收集的降雨量为2290万立方米，相当于饮用水生产总量的24%；新加坡水资源短缺，人均水资源为211立方米，占世界倒数第二位，其40%的水主要通过集雨来解决，几乎每栋楼顶都有专门用于收集雨水的蓄水池，经过专门的管道输送到全国18个水库储存，供城市利用。

测手段，不清楚雨水管线的真正运行状态。因此，不可避免地造成了目前对于雨水管理是一种被动和应急管理，缺乏利用信息化、智能化、精细模拟等手段的高效管理。

另外，精细化管理水平亟待提高，在暴雨灾害的预警和应对方面这一点显得尤为突出。比如，北京城区 90 座下凹式立交桥的“一桥一预案”，在应对暴雨的过程中很快“失灵”；气象、排水、交通、救援以及媒体等相关部门在防灾应对时的联动机制尚不健全；市民对暴雨灾害的意识以及常识还远远不够，引导市民和应急知识的普及工作都有待加强；在目前北京市的四级应急响应制度中，只是笼统宣布启动红色或是橙色预警或应急预案，市民对其认知程度和响应能力极其有限。日本在防灾应对方面的做法相当细致，很多做法值得借鉴。比如，相关部门发布红色预警的同时，还会在地图上标注出哪些地方是高风险的红色，哪些地方是风险次之的橙色或蓝色，哪些地方是安全的绿色，并且通过电视和网络向公众发布。日本还向国民提供灾害地图，政府把风险告诉公众，哪些地方危险，不要在那盖房子，危机时刻不要进入高风险区，发生灾害的时候你应该走什么路线，到什么地方避险，都公布出来。在东京，交通部门在“可能积水区域”设立告示牌，一旦积水会打出“禁行”的字幕提示。另外，通过手机短信向市民发布预警的系统也很成熟。

在条件成熟时，北京应建立中心城区排水模拟系统，为提高精细化管理水平提供更强大、更高效的技术支撑。

启示六：综合运用法律和政策手段，促进城市排水系统发展

在一些发达国家，防城市内涝早已上升到法律的高度。比如，美国防城市内涝的法律制度，对城市内涝防范、治理措施，规定得相当详尽；德国有《城市内涝保险法》，日本有《下水道法》。

除了法律之外，出台相关的技术规范和鼓励政策，也是促进城市排水系统发展的重要保障。比如，美国出台的一系列有关雨水利用的法律、政策及技术规范。德国联邦交通部 1973 年制定了《路面结构内部排水系统设计指南》，所有重要的路面结构都要设置内部排水系统。新的《混凝土路面砖》标准中规定，“如果制造有面层的路面砖，面层混凝土必须与基层混凝土牢固黏结，并有 10% 以上的孔隙，使水能够渗入地下”。新建工业、商业及居民小区均要求设计雨水利

用装置，没有雨水利用装置，政府将征收占建筑物造价2%的雨水排放设施费和排放费。

目前北京在城市排水方面的法规、政策体系还很不成熟，相关标准、技术规范的强制性也远远不够，也缺乏量化的评价标准和明确的惩罚措施。比如，在城市建设的相关规划、设计标准或规范中，没有雨水利用的强制性条款，使城市基础设施建设中对雨水利用考虑不足。很多国家的实践已经证明，完善法律、政策体系在城市排水系统建设、管理、发展中发挥着至关重要的作用，北京在这方面还有很长的路要走。

启示七：提升理念，构建可持续发展的城市排水系统

我国很早就把可持续发展定为国家的基本战略，可持续发展强调以人为本，注重长远，是科学发展观的基本要求之一。在一个城市的可持续发展战略中，可持续排水系统的建设是必不可少的一环。

排水系统涉及到水务、市政、环保、交通等多个部门，排水问题更关系到环境保护、污染治理、资源利用等可持续发展战略的重要方面。我们对可持续城市排水系统的认识和实践都处于相对初级的发展阶段，一些发达国家已为我们树立了很好的典范，很多好的理念、治理模式、管理体系值得我们借鉴。

在理念层面，传统观念上的城市排水系统是以防止雨洪内涝、排除和处理污水、保护城市公共水域水质为目的，认为污水是有害的、应尽快排除到城市下游。这种观念直接导致保护了局部，危害了广大流域地区，顾此失彼。先进的城市排水系统定位已经从以前的防涝减灾、排污减害逐步转向污水的资源化。比如在水资源充沛、并不缺水的德国，对雨水收集利用高度重视，并将雨水利用发展为一个新兴的产业，这是对“可持续发展”理念的最好诠释。

在治理模式方面，在采取雨污分流制模式还是雨污合流制模式的问题上，不同城市的选择及采取的措施都有不同。由于认识到分流制耗资巨大①，合流制改造为分流制影响范围大，耗时长，技术上又不足以有效地防止城市雨水径流对水体的继续污染。瑞典在上世纪80年代初就放弃了市政管网雨污分流模式，而是

① 美国对600多个城市的排水系统调查的结果表明，把直排式合流制改造为截流式合流制与将合流制改造为分流制的投资比为1∶3。

采用修建雨水入渗和雨水渗透设施来减缓暴雨径流，进行源头控制。目前，德国、英国、法国、日本的合流制排水管道占排水管道总长度的70%左右，日本东京的合流制排水管道占到了90%以上。城市排水体制的选择应根据城镇及工业企业的规划、环境保护的要求、污水利用情况、原有排水设施、水质、水量、地形、气候和水体等条件，从全局出发，通过技术经济比较综合考虑确定，而不应该只重政绩而盲目地选择分流制排水系统。我们应借鉴国外城市暴雨雨水的“源控制”及下游控制的蓄排结合做法，改变重终端治理轻源头治理，重单一治理轻综合治理，重大规模集中治理轻小规模分散治理，重人工措施轻自然措施的政策取向。

在管理体系方面，美国的低冲击开发模式LID力求源头控制以达到城市发展对于自然环境的最低冲击，英国的可持续城市排水系统SUDS（Sustainable Urban Drainage System）把雨水管理的思维转向对自然生态、水环境和水资源的保护以实现可持续发展，这些理念因为反映出排水系统的发展方向而得到广泛的推广和实践。

排水系统是支撑北京可持续发展的重要基础，我们既要吸取先进经验，又要结合自身条件，在充分研究的基础上，统筹考虑北京的气候、地理、资源、人口及现有排水系统基础等要素，探索适合北京的排水系统模式。进一步提升理念，在立法、规划、管理、运行、技术等方面全面提速，尽快构建与北京目前发展阶段相称的可持续发展的城市排水系统。

缓解大型城市交通拥堵的国际经验及对北京市的启示*

随着我国大型城市中心城区机动化和城市化的进程，中心城区人口规模进一步扩张和城市产业、服务功能的集中使得我国本已较落后的交通基础设施负荷继续加重，在中心城区停车位紧张、道路网结构不合理、公共交通不发达等因素的影响下，我国大型城市交通拥堵问题日益突出，北京市中心城区交通拥堵的问题尤为严重。从长远来看，中心城区的交通流量将继续增大，其交通拥堵现象将会长期存在，全社会应该从现在就开始重视这一问题并着手研究缓解交通拥堵的措施和办法。在交通拥堵问题的治理方面，欧美等发达国家已经积累了丰富的实践经验，对我国具有积极的借鉴意义。因此，本文试图借鉴国外经验，对大型城市中心城区交通拥堵的弊端进行深层分析，并提出政策框架，以期为以北京市为代表的我国大型城市中心城区交通拥堵的缓解提供一些可以参考的依据。

一、国外大型城市中心城区缓解交通拥堵的经验

（一）日本东京缓解中心城区交通拥堵的经验

东京是世界上的特大型城市之一，其中心城区即东京区部由 23 个区组成，面积大约 621 平方公里，人口极为稠密。东京市中心城区的汽车交通流量，随着人口、产业、经济的集中化和生活圈的区域化而日益增加，加上邻近各县流入东京城区内和通过城区内的交通流量的稳步上升，更加重了东京市中心城区道路的负担，交通拥堵现象在 20 世纪五六十年代比较严重。东京为了治理交通拥堵，

* 作者简介：赵先立，北京健康城市建设促进会，博士。

采取了一系列的措施。

1. 交通供给政策

东京现代城市道路的建设始于1888年的“市区改正规划”。此后，经过长期发展，东京已经建立了放射、环状、辅助三类道路构成的现代道路系统。在轨道交通建设方面，东京建立了专门服务于中心城区的地铁系统，可以说，东京拥有世界上最发达的轨道交通网络。日本东京1974年正式提出建设以公共交通尤其是轨道交通为主的城市新交通体系。在东京都23区中，公共交通承载着70%的出行，为世界之最。目前，东京市拥有400多公里的地铁网络，即便地面交通全面瘫痪，轨道交通也完全可以承担交通任务。可以说，公共交通网络的健全是东京治理交通拥挤的最大法宝。

2. 交通需求政策

在东京市区，为减少城区的车流量，东京市区的停车费非常高昂，而且是车主自付费用，对于乱停车的违规现象，东京政府监督非常严格且罚款额也极高。但这些措施有效地让东京的车流顺畅了不少。在东京，为了减少交通流量，政府对业务用汽车制定了严格的出行规定，严禁跑空车。

东京政府于2000年2月颁布了交通管理行动计划，提出要制定独立的交通条例，在东京市中心设置机动车限行或者限制区域，并决定于2003年实行过往车辆收费制，以减少拥堵区域的车流量。此外，东京对于违法违规停车的行为采取了“绝不姑息”的做法，一旦电子眼拍到有违规行为，车主将受到高额的罚款。

（二）英国伦敦缓解中心城区交通拥堵的经验

伦敦是全世界治理城市中心城区交通拥堵最成功的城市之一。伦敦大都市区是指包括大伦敦在内的英格兰东南地区，总面积27224平方公里，人口1805万，其空间结构可以分为四个圈层：中心区、外围区、近郊区和远郊区。其中，中心区是由12个区构成的内伦敦，面积321平方公里，人口约445万。对中心城区快速增长的交通需求和日益恶化的拥堵问题，伦敦市政府提出了一系列措施。

1. 交通供给政策

伦敦市政府为了减少中心城区的交通流量，从1990年起加强了对城市公共交通的管理，优先发展大容量的城市公共交通，对城市公共交通给予财政上的扶持，实行公交有限通行的有效政策，政府还大力投入资金研究新型公共交通系统如有轨电车、轻轨交通地铁。为了吸引更多的人乘坐公共交通，改善城市的环境，伦敦市政府大力增强公共交通服务力量。

2. 交通需求政策

伦敦市政府采取的另一个减少中心城区交通流量的措施是控制个体交通的需求，主要是实行“交通拥挤收费”（congestion charging）政策。这一政策从 2003 年 2 月 17 日正式开始实行，其大致实行的方法是：在伦敦中心区划出特定区域，在固定时间段对出入该地区的车辆实行交通收费管理，以此控制中心城区的车流量，改变人们的出行结构，督促部分城市居民尽可能地使用除私家车以外的其他公共交通工具，来达到降低中心城区交通拥堵程度的目标。而征收的费用依旧用于城市交通的发展。为了保证这项政策的效果，伦敦在各个路段都装置了“电子眼”，监督那些没有交费的车辆，罚单也会及时送达车主的手中。通过收费，伦敦 2003 年与 2002 年相比，进入收费区的收费车辆（指的是四轮和四轮以上的车辆）减少了 16%。

3. 卫星城建设引导交通需求

伦敦市政府还采取分流中心城区城市职能的办法，以减少中心城区的人口活动，来达到减少交通流量的目的。主要措施就是在伦敦市周围新建卫星城，规划长远的发展计划，注重卫星城的基础设施建设，以满足人们的日常需求。通过一系列的交通管制措施，伦敦市中心城区的交通拥堵得到了大大缓解。

（三）法国巴黎缓解中心城区交通拥堵的经验

巴黎是欧洲的大都市，是由巴黎市、近郊三县和远郊四县构成的大巴黎行政区。根据城市化区域与城市结构，巴黎大都市可以分为三大交通圈：中心区、外围区和郊区。巴黎大都市区中心城区由中心区和外围区共同组成，是巴黎市集中的城市化地区。

1. 交通供给政策

1853 年政府开始对巴黎中心区的道路结构进行改建，打破了中世纪的传统道路网，着手于现代化城市道路的建设，并对城市进行了规划。正因为如此，在小汽车快速发展并造成交通拥堵后，巴黎迅速开发以城市快速铁路和地铁为主的轨道交通。为支持巴黎城市规划中的新城的建设和发展，巴黎开始建设了区域快速铁路。经过长期建设，巴黎市区的地铁网络具备了覆盖面小但是线网密度大、换乘方便的特点，主要为巴黎城区服务。

2. 城市交通需求政策

为了提高公共交通在城市居民日常出行中的使用量，巴黎市政府设置公共交通专用道、实行公交优先的政策、便捷的换乘措施、为使用公共交通的人提供便利条件、发展城市交通智能交通系统。此外，巴黎市还加强了交通管理，以提高城市交通系统的运行效率，主要经验就是利用信息技术加强对违规行为的监督，并开具有力的罚单。

3. 交通需求空间位移策略

无论哪一个城市中心城区，交通拥堵的根本原因还是人的需求，人们活动必须进入中心城区才能达到目的。因此，分散中心城区的人流，根本措施在于将中心城区的部分职能分散开，才能将人流和车流分散，达到缓解中心城区交通拥堵的目的。因此，法国巴黎从很早开始在巴黎郊区制定了建筑规划，建立卫星城。

（四）国外缓解交通拥堵的经验总结

交通是大型城市运行、发展乃至生活的关键因素。世界上许多国家都注重对大型城市中心城区交通拥堵的治理，不断地加大对交通拥堵的治理力度。经过长时间的摸索和实践，各国对于交通拥堵的缓解已经取得了丰富的经验和良好的效果。

1. 从增加供给模式的角度来说，单纯增加道路供给的做法现在已经逐渐不再为世界各国所采纳，因为大城市中心城区的土地资源有限，没有更多的空间来将道路拓宽和修建新的道路。不过很多大型城市的中心城区地铁网络比较发达，如东京，所修建的新干线速度极快。此外，很多大型城市都兴建了快速公交专用车道及快速公交体系，以提高城市公共交通工具的运力。从供给模式来看，各国主张合理规划城市交通网络，提高交通管理水平，智能交通的使用等。

2. 从交通需求管理的角度来说，具体的措施有：为减少大城市中心城区的交通流量，对进入中心城区的机动车进行限制，如某些路段、某些时间段不允许通过机动车；对于进入中心城区的必经的热门的关键路段，征收昂贵的费用，以限制车流量，这是伦敦市政府采取的措施。此外，对中心城区的停车位的收费进行改革，对于关键地带的停车场采取提高停车价格的办法，以限制机动车的数量。对于直接造成中心城区交通拥堵的私家车、小轿车，很多国家都出台了相关政策，以限制小轿车的大范围使用。

3. 从制度模式来看，各个国家都注重对交通管理的立法，通过立法来规范人们的出行习惯和行为，对于违反交通法律法规的人进行严格的惩罚，绝不姑息，并且将惩罚事项记录在案，对违法者的其他行为造成一定的限制，使得出行者不敢轻易违法，从而消除人为因素造成的交通拥堵。同时立法加大对交通项目的资金投入，促进城市交通设施的建设。

二、我国大型城市中心城区交通拥堵的弊端分析

（一）我国大型城市交通拥堵问题的演进过程

20 世纪 80 年代后期到 90 年代初期，我国经济经过了 10 多年的高速发展，城市建设已颇具规模。这一时期，出租车、公务用车、摩托车数量迅速增长，机动车车流量增大，城市路面出现了一定程度的拥堵。政府为治理这种拥堵，投入了大量资金对城市道路进行改造和修建更多的道路。这一阶段的全国城市道路建设的投资超过了此前道路建设投资的总和，城市高等级的道路建设达到了空前的规模。1993 年的统计数据表明：城市道路面积比 1978 年增加 2. 9 倍，公交车辆和线路长度分别增加 2. 4 倍和 2. 8 倍。尽管如此，由于城市机动车的增长速度大大快于城市道路建设的速度，交通拥挤开始在大城市出现，并且频繁出现在人们出行的时段。社会各界终于开始意识到只是一味地修建新的道路，并不能彻底解决交通拥堵的问题，公共交通、城市交通投资和城市交通规划逐步受到重视。

20 世纪 90 年代中期以后，机动车主要是出租车、单位小汽车和摩托车增加迅速。尤其是私家车的迅猛增长，其势头令人吃惊。随着国家汽车产业政策的颁布，与小汽车生产、流通相关的重大举措亦纷纷亮相出台，“小汽车进入家庭”被确定为国家扶持汽车工业发展的战略安排，国内生产的汽车面对的消费者也纷纷转向家庭用车，私家车的销售价格大幅度下降。私家车的拥有量逐年增加，且

增长速度越来越快，平均年增长率达到16.8%。城市私人汽车大量出现，如北京市私人汽车平均年增长率为24.5%。在一些经济发达地区的城市，尤其是特大型城市的中心城区，交通拥堵严重，交通出行困难，甚至公交运行速度在特大型城市中心城区下降到与步行同步的速度，交通问题成为许多城市的头号问题。2010 年全国城市小汽车保有量超过 1400 万辆，其中大城市超过 1000 万辆。据专家预计，按目前小汽车发展的势头，未来所有大城市交通都会遇到交通瘫痪的麻烦，并且这种城市规划交通日益紧张的趋势，到 2030 年将达到顶峰。因此，我们认为，从目前到 2030 年，将是我国城市交通问题的高涨期或曰城市危机的爆发期，如果没有大容量轨道交通作支柱，特大城市的交通拥堵问题将无法解决。

（二）我国大型城市中心城区交通拥堵的弊端分析

随着我国城市化的进程，大型城市人口规模的进一步扩张和城市经济活动等的集聚，使得原本非常紧张的大型城市交通尤其是中心城区的交通设施的负荷越来越重。大型城市中心城区交通拥堵主要有以下弊端和危害。

1. 大型城市中心城区交通拥堵引起的经济损失

交通拥堵延误了市民的出行时间，人们需要花费更多的时间来应付交通拥堵。时间在现代社会的珍贵不言而喻。在我国大型城市中心城区，生产效率高、经济发达，单位时间内能够创造的经济价值就更大，因此时间就意味着金钱，耽误时间越多，损失就愈大。根据相关调查显示，北京人上下班的拥堵成本最高，达到每月 375 元，占其收入比例的 12.5%；其次是广州人，上下班拥堵成本为每月 273.8 元；上海人排第三，为每月 228.2 元。

交通拥堵也对社会造成了极大的经济损失。由于车流量长时间滞留在路上，所耗费的时间和燃油等费用比在交通畅通条件下要大得多。另外，由于汽车数量多，排放的汽车尾气数量也随之增加，严重污染了城市空气，造成了环境污染。为了治理环境污染，给市民一个健康的生存环境，政府需要加大财政投入治理环境。北京市机动车数量 2012 年初已经突破了 500 万辆，总量仍在不断增长，车路矛盾进一步加剧。交通拥堵给大型城市和社会带来了极大的时间和资源的浪费，虽然没有直接造成金钱损失，但是间接带来的经济损失数额巨大。交通拥堵使得能源耗费加大，使得人们出行的时间成本和经济成本增加，给整个社会造成了极大的浪费。

2. 大型城市中心城区交通拥堵对人的影响

在我国大型城市中心城区，频繁发生的交通拥堵给个人和团体带来了极大的不便，大大降低了人们预期的效用，严重影响了人们的工作和生活的质量。相关研究证明，严重的交通拥堵会导致人们产生焦虑的心理。长时间的交通拥堵，影响了人们正常的生活和工作规律，容易使人产生焦躁、不耐烦的心情。驾驶员的心情不好，容易导致交通安全事故的发生，车辆互相抢道引发车辆刮蹭、汽车追尾等，可能发生严重的交通安全事故，导致人员伤亡。

3. 大型城市中心城区交通拥堵引起的环境污染

交通拥堵对环境的污染，主要源于机动车辆在频繁的启动、起步过程中增加的有害气体的排放。在我国，机动车尾气已经逐渐成为了特大型城市空气污染的首要污染源了，我国大城市60%的一氧化碳、50%的氮氧化物、30%的氢碳化合物污染主要来源于机动车的尾气排放，其中北京、上海、广州等特大型城市的一氧化碳和氮氧化物排放量已经约占城市排放总量的80%，交通拥堵已成为城市环境污染的“罪魁祸首”。

机动车尾气除污染环境之外，还会间接影响到人们的身体健康。机动车尾气中的氮氧化物、二氧化硫是酸雨当中的主要成分，而酸雨对人体的危害很大。交通拥堵导致大量的车流集中，产生噪声污染。噪声不仅会影响人们的听力和语言沟通，干扰市民休息和正常生活，还会对人体的心血管、神经系统、内分泌系统等产生不利影响，程度严重时甚至影响驾驶员的情绪，使其情绪暴躁，容易引起交通事故。

4. 大型城市中心城区交通拥堵引起的能源浪费

在大型城市中心城区，交通拥堵导致大量车流滞留在道路上不能前行，车辆不停地踩刹车、点油门，必然要消耗额外的燃料。据调查，停车时没有公里数，用时间衡量耗油量，3 分钟的耗油量相当于平时 1 公里的耗油量，车辆滞留的时间越长，耗油量将越多，这对于不可再生的石油资源来说，是一个非常大的浪费。汽车排放的大量尾气还会使得城市中心城区的温度比其周边温度要高，导致人们降温依靠空调、风扇。这就需要大量的电力来支持，使得电力甚至不堪重负，耗电量几乎每年都创新纪录。

三、缓解我国大型城市北京市中心城区交通拥堵的政策建议

当前，缓解大型城市中心城区交通拥堵依然是摆在各国政府面前的重要议题，依然是世界性难题。纵观国内外城市交通拥堵的发展历程，大型城市中心城区之所以产生交通拥堵的问题，归根结底还是迅速增加的交通需求超过了交通供给的最大负荷量，这是产生交通拥堵的内在原因，大型城市交通管理水平不能适应迅速增加的交通流量，不能及时有效地疏导交通流，这是产生交通拥堵的直接原因。我国现阶段的大型城市中心城区交通拥堵问题是社会经济发展的必然结果，城市交通发展借助于改革开放的动力，但是又带有历史造成的先天性不足的滞后特点。但是，在今后的一段时间内，我国又将进入社会主义现代化建设的持续、稳定和快速发展时期。从交通拥堵发展历程和发生的频率来看，缓解交通拥堵将会是大型城市面临的一个长期存在的问题，因而，有关部门必须意识到缓解交通拥堵工作的长期性、艰巨性和重要性。

在我国的一线大型城市中，首都北京作为全国的政治和文化中心、国际大都市，在城市建设和发展的很多方面都处于模范和标杆的地位。但是，进入 21 世纪之后，随着城市化、现代化和机动化进程的加速，北京像西方一些大城市一样进入了“拥堵时代”，近年来北京市中心城区道路的交通拥堵状况成为了全国大型城市中的重灾区。虽然我国一线大型城市的交通拥堵现状存在一定的差异，但北京市的交通顺畅与否实质上代表了我国大型城市交通在未来改善与发展的前景和方向。因此，本文借鉴国外缓解交通拥堵的政策和经验，结合我国的实际情况从公共政策角度来探讨缓解我国大型城市代表——北京市中心城区的交通拥堵的办法，这对于我国大型城市交通拥堵的治理具有示范作用和普遍意义。

（一）北京市中心城区交通需求管理政策建议

20 世纪 70 年代末期，欧美发达国家城市交通发展的重点由大规模的城市交通基础设施建设转向了城市交通管理。在 20 世纪 80 年代末期至 90 年代初期，城市交通管理的重点又转向了交通需求管理。解决城市交通拥堵问题，通常要考虑交通需求方面。对于北京市中心城区的有限的土地资源和空间来说，不能再任由交通需求无限制地发展下去。交通需求管理的目标就是限制北京市中心城区的车流量，尽

量不让车流量超过道路供给，缓解交通拥堵。

1. 交通规划与土地利用相协调

城市交通管理规划与城市土地的利用分不开。在城市空间布局时，需要为城市交通预先留下一定的土地，这样在给交通管理规划设计方案时，才能决定利用土地做什么用途，怎么规划等。北京市中心城区集合了城市大部分的职能，导致了人口过度集中，建筑密集，土地利用率高，用于交通设施建设的土地有限且昂贵，这都是城市土地不合理的规划引起的，进而导致交通拥堵和交通规划工作再无大的发展空间。

因此，合理布局客货运枢纽，使客流和货流的分布和流向合理，处理好北京市中心城区有限的空间和土地资源同交通设施建设之间的矛盾，实现在有限城市中心城区空间内形成最大效能的交通设施能力。加强交通引导的土地开发，促使形成合理的交通出行结构。实行和完善新建和改建建设工程的交通影响评估分析制序。新建大型建设项目和改扩建项目必须通过严格的交通影响分析程序，通过交通影响评估，合理控制市中心城区土地利用开发强度，减少交通流量。合理地利用城市土地，规划交通，才能够从源头上最大可能性地缓解北京市中心城区交通拥堵的程度。

2. 调整交通结构

国际经验表明，具有容量大、载客多的公共交通能够很好地缓解大型城市中心城区的交通拥堵问题。坚持优先发展公共交通，改变目前北京市中心城区交通方式向小汽车转移的趋势，构建合理的交通模式。公共交通优先必须建立在综合交通政策上，确立公共交通的定位和优先发展的战略。在城市交通规划上确立公共交通优先安排顺序，在资金投入和财政税收上确立对公共交通的政策倾斜，在道路通行上确立公共交通优先通行权。通过经济、法律和必要的行政手段，对小汽车的拥有和合理使用进行引导。严格限制摩托车在北京市中心城区的拥有和出行。

3. 调节中心城区交通流量

唐斯定律①说明，仅仅依靠增加道路供给不但不能使交通拥堵得到缓解，反

① 唐斯定律（1962 年）：新建道路最初固然降低了出行时耗，但同时也诱发交通需求和转移交通需求，也就是说修路越多越会诱发发展交通的欲望。因此，仅仅依靠增加道路面积，实际上只会使中心城区交通拥挤的程度变得更为严重。而与新修建道路的其他平行道路的交通量就会减少，因为它们的交通量被新建道路吸引过去了。

而会引发新的交通需求量。因此，缓解中心城区交通拥堵问题，不能单单依靠交通供给的增加，相关部门还应该采取措施对无限增长的交通需求进行控制，以减少中心城区的交通流量。

据国际经验，主要的手段有实行差别化的停车收费和征收交通拥堵费、燃油费等，对中心城区实行分区域、分路段、分标准的停车收费。通过不同地区、不同时间段实行不同的停车收费率，调节机动车出行需求和道路交通负荷的时空分布，对中心城区采取高昂的收费政策，对停车位严重紧张的停车场采用时间累进制的收费率，对长时间停车收取更高的停车费用。因此，北京可以考虑借鉴英国伦敦的做法，对进入市中心城区的车辆征收一定数额的费用，缓解交通拥堵。此外，强化北京市中心城区的停车管理，限制路边停车，结合不同时段和不同规模停车场对其停车能力进行有效利用，鼓励市民乘坐公共交通，对违规停车等行为进行处罚。此外，通过推行上下班制度和弹性工作制度，调节高峰期的车流量。采用新技术引导车辆选择出行路径，实时发布交通信息，分散拥堵道路的车流量，减少不必要的绕行而带来的交通流。

（二）北京市中心城区交通供给政策建议

1. 挖掘现有道路潜力，完善城区路网

与欧美发达国家大型城市相比，北京市中心城区的道路人均拥有量还处于较低的水平，因而加强交通供给投资仍然是必要的。但是，由于北京市中心城区经过长时间的发展，城市道路布局已经基本成型。举例来看，北京市中心城区的道路网总体上已经形成了方格网与环路、放射线相结合的布局。为了保护旧城的原貌，路网结构难以调整和改造，这是由其土地资源的稀缺性和空间的有限性决定的。因此，想要缓解北京市中心城区交通拥堵的状况，可以通过充分挖掘现有道路的潜力，完善路网系统和提高道路通行效率，合理调整道路和叉口的设置。另外，应该注重路网总体功能的提升，提高道路网的有效容量，增强道路的疏散能力，加快整治车流量过度集中的主干道，加快重要街区的支路建设，降低主干道和次干道大的交通负荷程度，为干线提供多个分流疏散的通道，增强路网的应变能力，减少交通拥堵点段。

2. 优先发展公共交通，提高公共交通运力

公共交通包括地面公共交通和地下公共交通。公共交通具有快捷、容量大、

载客多的优势。在采取限制小汽车进城措施的同时，北京市还必须大力发展城市公共交通，这是国际经验已证明的缓解交通拥堵的有力措施。应继续大力投资发展地铁、轻轨等高速公交工具，同时建立快速公交系统和专用车道，改善北京市现有的公共交通服务的质量，采取一系列优惠政策吸引人们乘坐公共交通工具，提高公共交通运力。建立更为便捷的地铁不同线路之间的快速通道和换乘系统，不同公共交通工具之间的快速换乘通道和系统，方便乘客转、换乘。

3. 建立一体化的交通体系

交通一体化是世界上大型城市共同的、最重要的特点。交通一体化是指交通子系统之间以及与外部因素的高度协调。交通一体化是通过协调各级管理部门、基础设施、管理措施、价格调整及土地利用等因素来发展交通，从而提高运输体系的整体效益的一项交通政策。交通系统的一体化是对交通资源进行整合和优化。各种交通方式通过换乘枢纽、交通运营组织进行有效衔接与充分整合，充分发挥各自的优势，形成一个有机整体，快速、便捷地为市民服务。除了交通工具的整合，还包括对交通信息系统的整合。北京要建立一体化的市中心城区交通信息系统，包括道路监控系统和道路信息采集系统、泊车信息系统、出行诱导信息系统、公交运营调度等，这些系统的整合能最大限度地发挥交通网络的运行效益，保障交通运行的畅通和高效，提高城市道路畅通性。

（三）提高北京市中心城区交通管理水平

1. 制定科学的城市交通发展战略

交通战略具有全局性的指导作用，对于城市交通发展能够起到前瞻性的作用。国内很多大型城市都没有制定科学、可行的城市交通发展战略，交通战略规划也没有引起相关部门的重视。城市交通发展战略一般对城市交通用地、交通布局和结构制定了一定时期内的发展计划，并对城市交通模式的发展做出了指导，这样城市交通发展就有了科学合理的依据，就不会出现盲目地发展的现象。

2. 建立交通一体化的管理机构

在当前形势下，面对北京市中心城区交通拥堵的趋势，可以考虑建立一个专门负责中心城区交通拥堵治理的机构。在国外，鉴于大城市中心城区交通问题涉及面广泛、综合性强、协调性大，许多大城市都先后成立了市一级别的类似于“交通委员会”的权威性部门机构，统一管理全市的交通规划、建设、运营和管理。以便能够从始至终把握全局发展，进行综合决策和目标控制。在我国，由于城市交通管理存在着行政职能划分不清、界限不明甚至机构设置不合理、分工不明确的问题，导致各个部门之间不能有效、协调一致地解决出现的交通拥堵问题，交通管理工作效率较低下。在我国，建设部门管理城市的交通规划和建设，公安部门负责道路上的交通车流量管理，真正的交通管理部门却只负责城市外的交通，城区交通基本不在其管辖范围之内。因此未来有必要从北京市开始并推广至全国大型城市，设置专门的负责市中心城区交通拥堵治理的执行机构。

3. 加大宣传法规教育

在北京市中心城区，还有一些人为的因素对其交通拥堵起着促进作用。这主要是自行车、电动车、摩托车等车主，他们大多对相关法律法规不熟悉，在道路上行驶的时候，不遵守交通规则，也无视交通信号灯的提示，穿行在道路上和车流中。尤其是在交通拥堵车流缓慢甚至不动的时候，这类车辆凭借体积小、灵活轻便的特点，在车流中间穿行，这使得车流的速度变得更慢，加剧了交通拥堵的程度；另一方面也使道路交通事故发生的概率提高。在北京市中心城区，这类现象普遍存在，但却无法得到彻底解决。因此，有必要加强对人们的交通安全法规教育，培养市民遵守交通法规的意识。

（四）兴建北京市的卫星城，疏散车流

世界上很多大型城市如伦敦、巴黎等都在城市郊区兴建了卫星城，以便达到分流中心城区人口和车流量的目标。经过发展，这类举措有效地减少了中心城区的交通流量。在中心城区土地资源有限的情况下，通过转移交通需求，兴建卫星城，不失为缓解中心城区交通拥堵的一个有效的、长远的措施。我国北京、上海、广州等大型城市中心城区过度聚集的人口和交通流量使得中心城区内部的交通需求与交通供给需求政策的作用都非常有限。轨道交通虽然效率很高，但是服务范围受限，即使是东京等大型城市，交通问题依然存在，政府也不能对小汽车严格控制，因此，从空间角度来缓解交通拥堵问题就成为了必然趋势。结合国际上大型城市发展卫星城的经验，北京市在其周边地区建设卫星城市的时候，不能以缓解中心城区交通拥堵为目的来发展，而应该将之作为一个城市来建设，进行合理规划，以免再出现交通拥堵问题，并为北京市中心城区分担一部分职能，以吸引中心城区的人，已达到分散车流量的目的，减轻中心城区的交通负担。

国外减少汽车出行的政策与措施*

在过去几十年中，全世界范围内的汽车出行增速迅猛，由此产生的空气和噪音污染、交通拥堵、燃油消耗以及土地占用等直接后果相继暴露，同时也成为导致全球变暖的重要原因之一。虽然汽车生产商正积极开发清洁汽车技术，但减少现有的汽车使用量或至少阻止现有汽车使用量的进一步增加，已成为世界各国解决环境问题的当务之急。

一、减少汽车出行的政策分类及软措施机理

自20世纪90年代以来，国外一般采取出行需求管理（TDM）政策来减少和控制汽车出行的数量。出行需求管理政策分为硬政策和软政策，硬政策旨在增加汽车使用的成本，禁止或定量配给汽车使用等；软政策通过提供个人化营销、定制信息、定制反馈等，激励个体自愿地减少汽车使用，将汽车出行转至绿色出行模式，即“在城市交通中每次出行平均消耗的化石能源尽可能地少，对环境没有或很少有负面影响的出行，最常见的绿色出行模式则是步行、自行车和公共交通等”。

抑制汽车使用可以考虑四类政策工具，即：（1）推的工具（如价格措施、停车规制和速度限制政策）；（2）拉的工具（如公共交通设施的改进）；（3）有形的计划工具；（4）沟通和信息工具。结合国外专家所提出的出行行为调整方法，本文提出促进汽车出行减少的政策分类（见下表）。

* 作者简介：刘宇伟，扬州大学商学院副教授，管理学博士。

促进汽车出行减少的政策分类表

类　别	成分	事　　例	目　的
硬政策	金钱	经济政策，如道路收费、燃油/汽车税收，以及有形改变措施，如改进步行、骑自行车和公共交通的基础设施和服务等	改变出行方案
	权力	规制出行的法律或政治权力，如在市中心禁止汽车通行和停车控制	
软政策	言语沟通	大众沟通和个人化沟通，大众沟通即公共信息宣传，而个人化沟通基于人们实际的出行行为和态度，提供定制化信息，包括人际交谈、研讨会、教育和出行反馈项目，具体可采用个人化营销、出行混合及个人出行规划等手段	通过改变信念、态度和价值观来改变出行行为

如果单独实施硬交通政策，可能因为公众的反对而难以执行，无法实现汽车使用减量。与“大棒”主导的硬性 TDM 措施相比，软交通政策提供更多的“胡萝卜”。言语沟通对减少汽车出行之所以是有效的措施之一，因为它们直接影响出行行为变化的心理决定因素。综合计划行为理论（TPB）、价值—规范—信念（VBN）理论和自我调节理论，言语沟通，即意图受到态度、感知行为控制、主观规范和道德义务的影响。如果言语沟通告知绿色出行的积极意义，如步行和骑自行车有利于身体健康，对出行行为变化的态度可能变得更积极；信息传递了使用绿色出行的有效途径，可能增强感知行为控制；提供其他人对出行行为变化的反馈，如家人和朋友对绿色出行的支持，可能增强主观规范；信息告知汽车使用的消极结果，如汽车出行导致全球变暖，可能间接激活主观规范；言语沟通有助于形成利于环境的道德义务，进而可能减少汽车出行。

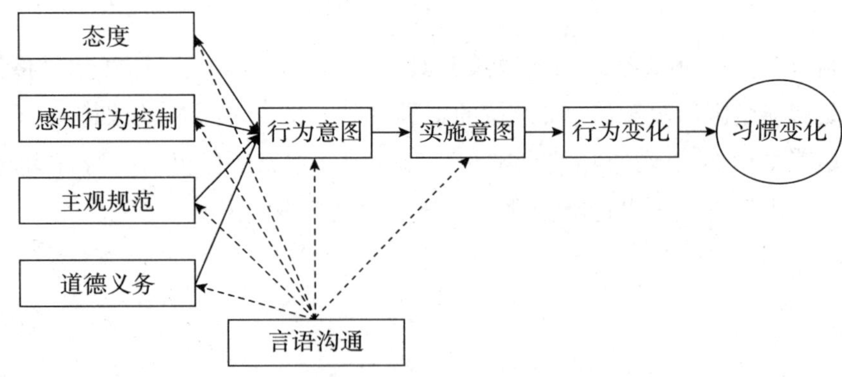

言语沟通对减少汽车出行的过程模型图

二、澳大利亚、英国、日本三国减少汽车出行的软措施及实践

虽然越来越多的人关注如何促使汽车使用的减少，但至今为止软交通政策措施只在澳大利亚、英国、日本得到成功的实践。

1. 澳大利亚的“自愿的出行行为改变”计划

在澳大利亚实施的软交通政策措施被称作“自愿的出行行为改变”计划（VTBC）。阿姆特（Ampt）对其定义为“……（出行方式）变化的发生，个体为了个人的奖励做出选择，没有自上而下的机制、任何类型的规制或外部强制感”。VTBC 计划中最具代表性的是 1997 年开始在西澳大利亚州南珀斯所实行的个人化营销（Individual Marketing，简称 IndiMark），它是针对出行行为改变开展直接营销的一种方法，用个人化信息、建议和奖励，旨在与参加者形成对话，对象是潜在的出行模式转换者，一般用作公共交通的营销，也用作鼓励步行和骑自行车。

具体说，IndiMark 分为四个主要步骤。第一步是接触与细分，即通过电话和信函接触所有住户，而且使用简短的调查区分他们是环境友好型出行模式的定期使用者（Regular User，简称 R），对改变汽车出行模式感兴趣的（Interested，简称 I），还是对改变出行模式根本不感兴趣的人（Non - Interested，简称 N）。第二步是激励，对于来自 R 和 I 群体的问题和要求做出反应。第三步是信息，R 和 I 参加者选择他们所需要的信息，如与个人需要直接相关的公共交通路线图和时刻表（时刻表能提供每个公共交通站点的服务时间）；普通的地图和时刻表；与个人需要直接相关的公共交通路线指南；免费出行票证，鼓励人们尝试公共交通系统。R 群中的个人也可能因为使用绿色出行模式而收到奖励，如自行车水壶、有“明智出行（Travel Smart）”信息的钥匙圈、供骑自行车或步行使用的手提包或背包等。第四步，使用咨询电话和家庭拜访，使 R 和 I 群体确信使用公共交通的正确性。

IndiMark 的实施结果显示，汽车驾驶出行量降低 10%，车辆行驶公里数减少 14%，公共交通出行增加 21%，步行出行增加 16%，自行车出行增加 91%。此次调查后一年中出行总数保持相同，出行模式份额的变化是稳定的。后来 IndiMark 计划作为“出行明智”的一部分在昆士兰州推出，计划参与者的样本规模

更大，根据更广泛的 Travel Smart 的计划，昆士兰州政府综合营销、教育和参与过程等手段影响着个人的出行选择，实施的结果显示了类似的效应。2004 年澳大利亚推行“全国出行行为改变计划”，在“温室气体减少计划”下运行，Travel Smart 针对 218500 个住户，2008 年减少 2 亿 300 万公里的汽车行程、64900 吨二氧化碳、3300 万澳元的汽车使用成本，社区参与健身的人数则有所增长。

2. 英国的“更明智选择”项目

为鼓励选择可持续的出行模式，1996 年英国确立“出行审慎”动议（TravelWise Initiative），2004 年发展为“更明智选择”（Smarter Choice）项目，目前并没有完整的定义，但该项目包括就现有出行选项（如步行、骑自行车、乘公共交通、汽车合乘等）向人们提供更好的信息；使得可持续出行选项更高效；密切关注特定目标市场，改进服务的组织方式，提供新的出行服务；从根本上降低出行需要等。“更明智选择”项目的具体措施包括：

第一，工作场所和学校的出行规划。自 1996 年始，伯明翰等地相继建立连接工作场所的巴士或轨道服务，在工作场所与市中心之间运行上班专线；向员工发放公共交通信息、自行车出行补贴和免息季节性车票信贷；改善自行车停车安全，改进淋浴和存物箱；实行汽车合乘、汽车停车收费；改进工作场所的服务（如餐厅、取款机、便利店等），降低人们的出行需要；改变工作日，压缩工作时长。而典型的学校出行计划措施包括：特定的步行或自行车促进日，步行、骑自行车或乘巴士的训练；改进公共交通服务；提供特定的校车，每个孩子都有座位、安全带，并有随车护卫，而且驾驶人经过儿童管理的培训；为住在同一邻里的学生制定汽车合乘计划；作为课程的一部分，让儿童形成可持续出行的计划；学校周围街道限速、交通稳静化、人行道和自行车道等有形的变化。

第二，个人化出行规划及公共交通信息和营销。在诺丁山等地所实施的个人出行计划向民众提供进入市中心公共交通主要线路的袖珍时刻表、最邻近巴士站点的时刻表；向不乘坐公共交通的人提供为期一个月公共交通的免费试用，以及所在地区步行和自行车路线的地图；提供购买自行车的信贷。公共交通信息和营销的对象是最可能使用巴士路线的人，涉及目标营销、促销、信息和公共交通服务提升等，鼓励人们更频繁地使用公共交通。

第三，出行意识宣传。出行意识宣传旨在提升公众对因汽车出行增长所导致问题的认识，激励人们思考自己的出行行为，其信息内容是简单、综合的。2001

年约克市的出行意识宣传针对汽车驾驶人，主要信息为步行、骑自行车有利于健康，还包括交通拥堵和气候变化的信息，所采用的媒体如巴士的背面、汽车停车票的背面。

第四，汽车合乘和汽车会所。白金汉郡等地推出汽车合乘计划，最完善的汽车合乘计划瞄准的是每天通勤，可以在同一公司运作，也可以在相同地区的不同雇主中运作。爱丁堡等地的汽车会所向加入会所的人们提供多种车辆选择，让他们在需要的时候获得汽车使用权，并且不必为汽车所有权而支付高额的固定成本。

第五，电话工作、电话会议和在家购物。企业推广电话工作和电话会议，如英国石油公司（BT）通过电话或计算机完成工作和会议。越来越多的消费者在家通过网络或从目录订购商品，并送货上门，降低了消费者汽车出行的需要。

“更明智选择”项目的实施对英国交通流量产生很大的影响，使得可持续出行选项更具吸引力，提升了人们的生活质量，也促进了社会包容，人们在生理上更加积极。2008 年由英国交通部委托的研究发现，广泛的“更明智选择”计划显著地降低了汽车交通量：城市峰时交通量削减 21%，非高峰时交通量削减 13%；非城市峰时交通量削减 14%，非高峰时交通量削减 7%；就全英国而言，可以削减交通量 11%。

3. 日本的流动管理和出行反馈项目（TFPs）

日本的交通规划机构、城市规划委员会和地方政府意识到，由于机动车出行所产生的问题日益危害社会，减少私人汽车的使用变得非常迫切，但部分由于公众接受度低，部分由于预算的限制，所采取的出行需求管理硬性措施，如停车换乘、道路收费和地区限制等，都不能充分地缓解日趋严重的交通问题。1998 年从澳大利亚向日本引进流动管理和出行反馈项目（TFPs），是打破交通拥堵的一个选项。

1999 年第一个 TFP 试点研究在北海道的札幌实施，次年在该地区进行一项大规模的 TFP 实验，由北海道发展局的公路部门提供资助。2004 年 KINKI 地区广泛地实施 TFP，通过与出行者的直接沟通，促使其出行行为的自愿改变。2005 年 JSCE 委员会编写并出版流动管理手册，包括流动管理和 TFP 的实际操作流程信息、考虑要点和过去实验所用工具的许多实例。该手册出版后流动管理措施在日本得到快速发展。

在日本实施的几项 TFP 的研究证实 TFP 的有效性，二氧化碳的排放量减少大约 19%，相应的汽车使用量减少 18%，而公共交通使用量增加大约 50%。在居住区 TFPs 方面，居民区 TFPs 计划参与者比例达到 15% -30%，整个目标人群将有 2.9% -5.8% 的汽车出行减少；基于项目的汽车使用平均减少约为 19%，公共交通使用增加约 32%；如果参与者比例达到或超过 50%，那么汽车使用至少减少 9.6%。

4. 澳英日三国软交通政策实践的共性分析

第一，软交通政策的要旨在于自愿的出行行为改变。澳、英、日的研究人员和政策制定者均认识到，由于个人缺少经验及知识，绿色出行模式似乎并不具有吸引力，人们都喜欢或习惯于开车出行。软政策方法与某个地区的“感兴趣”群体合作，向他们提供绿色出行模式的最新信息，提升个人对绿色交通服务和设施的认知，满足他们的个人需要，也为他们的尝试提供刺激和支持，促使人们自愿地改变出行行为，做出更明智的出行选择，而非强迫他们应该做什么。实践证明，这样才能实现真正的出行行为变化，且可以保持很长时间。

第二，软交通政策的基本方法在于顺势而为。每个人都希望拥有健康的身体和清洁的自然环境，但汽车出行越来越多，步行或者骑自行车的人越来越少，既不利于人们的身体健康，也导致越发严重的环境问题。人们希望改变这种状况。顺应这样的要求，软交通政策让人们得到足够的信息，晓之以理，动之以情，鼓励人们主动思考汽车出行对自身、社会和自然环境所造成的负面后果，思考绿色出行模式的正面效果，让人们自己决定是否践行绿色出行模式。

第三，软交通政策的个人化方法更具激励性。通过持续沟通过程中的直接接触，软政策的个人化方法意味着识别人们的需要，超过从多种可能情况中过滤和挑选信息，并且以一种定制的方式向人们提供真正需要的有用信息，而不是低水平、可有可无的资料。因此，个人化方法针对人们的具体需要，对出行行为的改变更具激励性。

三、对中国交通政策导向的启示

从上面的回顾可见软交通政策措施在澳、英、日等国的有效性。近 10 年中国国内汽车保有量急剧增加，到 2011 年 8 月底，千人汽车保有量在 60 辆左右，基本达到汽车社会国际公认的标准。然而中国的汽车社会来得太快，准备严重不足。全国667个城市中有三分之二高峰时段出现交通拥堵，北京、上海、广州、深圳等一些特大城市更是车多为患。按照中国人多地少、石油资源相对贫乏的国情，吸取部分发达国家交通发展的教训和经验，大力发展绿色交通，是中国未来交通的必然选择。

绿色交通不仅要考虑车辆、道路系统及其所使用的燃料和交通管理，还需要考虑城市规划、推动绿色交通的组织及财务规划，并纳入民众教育与参与的营销机制，才能使居民认识并践行绿色交通。以中国目前最综合的“治堵方案”（2010年）为例，北京市明确要提高公共交通出行比例，即到2015年中心城公共交通出行比例达到50%左右，自行车出行比例保持在18%左右，小客车出行比例控制在25%以下。但通读北京市的治堵方案，不难发现它主要考虑如何方便机动车，所采用的措施多为自上而下的经济、法律和行政手段，缺乏自下而上的软政策措施，很少考虑通过言语和沟通来改变人们的出行意识和出行行为。例如，车牌尾号限行政策实施后消费者就会被迫购买第二辆车，反而促进车辆增加，进一步加剧环境污染和交通堵塞。所以，借鉴澳、英、日等国促进绿色出行方式的软交通政策实践，对中国尤为迫切。鉴于目前中国的经济社会发展，笔者对未来的交通政策导向提出四项启示。

第一，绿色交通体系建设以绿色交通观念为指导。最近20年西方发达国家环境意识大增，进而促发了“哥本哈根化”的城市潮流，即以步行和自行车为城市交通的核心，将机器性的城市人性化，居民逐渐舍弃以汽车为自由和富裕标志的陈旧观念，转而将自行车视为自由、前卫、健康、教养与责任的象征。然而，目前国人在观念上普遍认为公共交通、自行车是低收入者和非成功人士的交通工具，新一代家庭多将购置汽车作为基本目标。因此，有必要借鉴国外的绿色交通观念，作为绿色交通体系建设的先导，在全社会中通过言语和沟通以及学校教育，普及绿色交通观念，同时教育交通规划者坚持社会经济发展与生态环境可持续并重，为绿色出行方式留有更多的空间和资源。

第二，落实现有鼓励绿色出行方式的政策措施。针对中国的实际情况，中国推行公共交通优先战略，许多企业实行接送员工上下班的厂车或司车计划，公共交通企业对学生票实行半价政策，家庭网络购物如雨后春笋般成长。大力发展公共交通是中国既定的交通发展政策，然而在促进经济增长的政策实践层面上公共交通优先没有落到实处，因此各地必须超越短期经济目标，贯彻公共交通优先的战略，并改善行人与自行车的出行环境，拓展步行和自行车出行的公共空间。

第三，改进公共交通信息和服务系统。优先发展面向公共交通出行者的交通信息服务系统，应重点发展城市导向路牌、信息查询机等城市导向设施的建设，以及巴士时刻表、公共交通电子站牌等公共交通实时运行信息服务的提供；全面提高城市公共交通服务质量，提供安全、舒适、便捷的公共交通服务。

第四，言语沟通促进绿色出行意识和行为。使用大众沟通和个人化营销手段，多种信息沟通和教育途径，向民众沟通传播绿色出行知识，帮助民众形成和强化绿色出行意识和规划，向民众提供绿色出行所需的设施、出行信息等方面的便利条件，使民众理解并自觉自愿地践行绿色出行，自下而上地促进城市绿色交通体系的高效运转。

国外化解医患纠纷调查及对北京市的启示*

医疗纠纷通常指医方为患方提供医疗服务或履行约定义务时，疑似医疗行为存在医疗过失或过错，造成实际损害后果，医患双方为此产生分歧和争议。目前，医疗纠纷不管是在发展中国家还是在发达国家，都是政府致力解决的重点难点问题。国外很多国家对于解决医患纠纷，有大量的探索和尝试，积累了丰富的理论知识和实践经验，对于北京市拓宽医疗纠纷解决渠道，完善医疗纠纷解决办法，提供了重要参考。非诉讼纠纷解决机制（Alternative Dispute Resolution，ADR）处理医疗纠纷模式是世界解决医疗纠纷的选择趋势。

一、国外化解医疗纠纷的主要做法及经验

（一）美国：ADR 非诉讼纠纷解决机制

目前，美国主要采用 ADR 解决医疗纠纷，主要包括协商、调解、审前委员会筛查、小型审判、仲裁等。除协商模式是医患双方自愿进行，其他几种处理模式均需第三方介入，且小型审判和仲裁受司法保护，是具有强制执行力的处理模式。

美国的审前委员会筛查制度，是由专业医生和律师组成的医疗诉讼前行筛查团队。在医疗纠纷正式进入法律诉讼程序前，对纠纷进行审查并提出顾问意见，旨在解除不合理赔偿，并力争医患双方能够在诉前解除纠纷，获得合理的赔偿。通过审前委员会筛查，医患双方可以充分了解医疗纠纷事实以及医疗纠纷诉诸法院的必要性，以帮助双方做出是否继续法院诉讼的选择。如果审前委员会筛查未

* 作者简介：韩迪，北京健康城市建设促进会办公室干部。

能解决医疗纠纷，案件被诉之法院，审前委员会筛查过程中有价值的材料和最终的筛查结果，对法院诉讼的判决有很大参考作用。美国的审前委员会筛查制度不只是医疗纠纷的非诉讼解决处理模式的有效方式，同时也为可能面临的法院诉讼做足准备。

美国的小型审判模式主要指美国的健康法庭（Health Court），该法庭设立医疗错误披露和赔偿制度（Medical Errors Disclosure and Compensation，MEDIC），借此给予医方向患方解释医疗损害原因和事实、道歉并协商赔偿的机会。法庭判决结果会及时告知立法部门，将经验教训传播给社会公众。

（二）德国：医师协会仲裁所纠纷解决机制

德国是一个医疗技术水平较高，医疗保障较完善的国家，即便如此，它依旧无法避免医患之间产生医疗纠纷和矛盾。德国主要采用三种模式解决医疗纠纷：当事人之间的对话协调、调解和仲裁机构的处理及法院诉讼。

当事人之间的对话协调，显而易见，是指一旦发生医疗纠纷，医患双方首先采用对话和沟通等方式来彼此了解，确认纠纷事实，协商赔偿事宜。这样的做法简单直接、省时、成本较低，是一种可以复杂问题简单化，又比较友好的解决方式。

调解和仲裁机构的处理是医患双方之间的对话协调失败后，寻求更进一步的解决问题的方式。以医师协会仲裁所为载体的纠纷解决机制是德国诉讼外解决医疗纠纷的主要承担者。在德国，每个州都会有医师协会，每个医师协会下设医师协会仲裁所，同时单独设立专家鉴定委员会。德国医师协会仲裁所与承担责任的保险公司合作，因为保险公司要对自身负责，所以会对投保的医疗单位实施监督，间接形成对医疗机构的制衡和监管。整个仲裁过程不会额外产生费用，降低了当事双方的仲裁成本。医师协会仲裁所的仲裁处理，会交由具有与涉嫌造成事故的医师相同专业的专业医师、法律专家负责，因此仲裁结果虽不具备法律效力，但仲裁结果科学合理，具有说服力，大大减少了当事人将案件起诉至法院的几率。在德国，很大比例的医疗纠纷是通过这种方式解决的。

法院诉讼，往往是医患双方最后的选择。医疗纠纷无法通过前两种方式得到解决，而被迫走入司法程序。目前，德国还没有一部专门用于处理医疗纠纷的法律，一旦选择采用法院诉讼来处理医疗纠纷，意味着这将是一场审度长久战。况且，这样一种医患双方对簿公堂的处理方式，并不利好医患关系的发展。

（三）法国：地方医疗事故损害仲裁委员会纠纷解决机制

法国的地方医疗事故损害仲裁委员会是一个包含患方代表、医方职业者和专家、保险公司代表、公立和私立医院管理者在内的21人组成的中立性组织。

当医疗纠纷发生，患方可向地方医疗事故损害仲裁委员会提出仲裁申请，并会在6个月内获得委员会关于医疗纠纷事实、医疗机构或医生是否存在过失或过错等方面的认定。地方医疗事故损害仲裁委员会可以在需要时聘请专家对医疗纠纷进行鉴定，以获得更科学的判定。在进行决议前的1个月，地方医疗事故损害仲裁委员会会召开决议程序会议。在会上，医患双方有权利对鉴定结果提出异议，争议结果由委员会委员通过表决，依据少数服从多数的原则，得出最终意见。

（四）瑞士：医学会纠纷解决机制

在瑞士，各州都有医学会，医学会以非营利组织身份调处医疗纠纷。一旦发生医疗纠纷，医学会负责调查获取事实，并向患方作出解释。如果确认是医方责任，医学会有权利对责任医生给予处理，甚至将其开除，终身不得从事医生职业。

瑞士的医生都要参加医疗事故保险，当患方索要赔偿时，由律师和法官共同商议解决。在赔付前，保险公司要咨询医生和医学会，并根据医疗事故有关条例确认赔偿金额，一般不高。整个医疗纠纷的处理，尤其对于法官的判决，调查委员会和医学会的意见至关重要。

（五）其他：具有典型性的国家医疗纠纷解决机制

英国99%的居民通过注册的形式与一位全科医生挂钩，医患双方建立长期稳定的合作关系。英国的医生与医院是雇佣关系，所以一旦医生诊疗导致病人损害，医生必须承担法律责任。英国的医疗纠纷处理具有较重司法保护主义色彩。如果患方提请对医方的诉讼，寻求赔偿时，法院必须裁定医方是否在诊断或医疗过程中存在过失或过错，并根据证据和可适用的法律来裁定应当给予患方的损害赔偿，而举证医方存在过失或过错的责任由患方承担。

韩国是多采用调解方式解决医疗纠纷的国家。为此，韩国建立多种纠纷解决制度、大法院提出“调解优先原则”、通过立法为医疗纠纷调解制度提供法律依据等。

与韩国相反，俄罗斯是多采用诉讼手段处理医疗纠纷的国家，倡导“法律优先原则”，俄罗斯也相应出台了多部法律和多项规定，比如：俄罗斯行政违法法典、消费者权益保护法、医学司法鉴定法、刑法、民法、民事和刑事诉讼法等，来保障患者的合法权益。

二、国内医疗纠纷发展和处理现状

我国现在处于经济改革取得阶段性成果、政治体制改革刚刚起步的阶段。因历史上经济发展僵化形成的欠账与改革过程中出现的新问题，交织融合在一起，构成了新型的社会矛盾。目前的医患矛盾是这种社会矛盾的必然反映。

前段时间，中国首部反映医患关系的电视剧《心术》登陆各大卫视，这部剧向人们展现出医患双方彼此不信任却又彼此需要的微妙关系。现今社会，医生已是高危职业，他们不仅面临着巨大的生存压力，要出诊、发文章、做科研，更是面临着难以预料的生命威胁。而患者一方亦是如此，“看病贵、看病难”的现状让很多患者不信任甚至厌恶医生群体，但又的确离不开他们。错综纠结，医患矛盾一触即发。

（一）国内医疗纠纷发展现状

据中华医院管理学会 2007 年 6 月 –7 月对全国 270 家各级医院进行的调查结果显示：2007 年全国内地有 73. 33% 的医院出现暴力医闹殴打、威胁、辱骂医务人员；59. 63% 的医院发生过因病人对治疗结果不满意，聚众在医院内围攻、威胁院长人身安全；35. 56% 的医院发生过病人因对治疗结果不满意，聚众到医务人员或院长家中威胁人身安全；76. 67% 的医院发生过患者在诊疗结束后拒绝出院，且不交纳住院费用；61. 48% 的医院发生过医闹在院内摆花圈、设灵堂、烧冥纸等，甚至有些家属把遗体放在医院，坚持不火化，整个医院的正常运转严重受到干扰。

在 2009 年的一项针对全国各级医院的医生展开的有关医患关系的权威调查中，在回答“您认为目前的医患关系怎样”时，有八成被调查者认为医患关系紧张。调查显示，51% 的医生承认，为患者过度检查的最主要原因是医生的自我保护。72% 的人不赞同医疗事故鉴定实行“举证责任倒置”，认为这会使医生变得谨慎，虚开检查、增加费用，最终受损的还是患者。71% 的医生对现在医疗纠纷的仲裁公正性，持不确定态度。而在回答造成医患关系紧张的原因时，23% 的被调查者认为是医疗体制不合理造成的，有 20% 的人认为患者期望太高难以满足，有 18.1% 的人认为是因为媒体舆论对医患关系的负面报道造成的。64% 的医生认为，当前医生的合法收入和他们受到的职业训练和工作付出不相符，远远低于他们所应得到的。

某媒体一项调查的结果显示：超过半数的患者在就医时对医生半信半疑，另外 20% 的患者认为“不相信，但有病没办法”；而同时，96% 的医生感觉到病人不太信任自己。超过 80% 的患者认为医患关系“有点紧张”、“很紧张”；有 40% 的医生认为当前的医患关系“有点紧张”，57% 的医生认为“很紧张”。

医患双方关系不断恶化，导致医疗纠纷的原因有很多种。一方面是由于医疗机构或医务人员出现过失或过错，导致患者不满意或是对其造成损害而引发医疗纠纷。比如：医方误诊误治、技术操作失误、推诿病人、失职等。一方面是由于患方本身的问题，例如：患方缺乏基本的医学知识，对医学知识可能为“医盲”，即盲信专家、盲信特殊要求、盲信特殊药物、盲信某些不负责任的宣传，又对于医生专业的解答一知半解，不能完全领会，故而对治疗手段本身的伤害或不可避免的并发症等，不能接受；或是患方对医疗服务的特殊性缺乏客观的认识，给予诊疗结果过高的预期。医学是一个不断在实践中探索的学科，一些原本无记载的病症出现后，需花费大量时间、财力、技术等来查找根源，确定其危害程度。尚未探索的领域，医生不敢贸然确定治疗方案，需要不断的斟酌、判断、修正。但患者往往对诊疗持有最大的期望和指望，以为医学、医生是万能的，把一次脉、喝一剂药就能药到病除，所以在听到医生给出的答复不合自己希望或是治疗效果没能达到自己所盼时，便会对医方产生疑惑、猜忌，认为是医方未尽其能；而医生也会认为患方的反应不可理喻，最终导致医疗纠纷。再一方面，来自卫生部门的调查数据，北京地区医疗机构接诊的患者中，逾三分之一是外地病人，也是医患矛盾的汇集地。外地病人路远迢迢到京，紧接着是漫长的诊疗过程。他们会有相当长的一段时间，抑郁、焦躁甚至充满挫败感，那么就会有一些人选择不理性的方式排解因看病带来的压抑，进而导致医疗纠纷。除此之外，还存在着一种完全是患方无理取闹引起的医疗纠纷。例如：患方经受长时间的诊疗，不堪承受医疗费用，故意找茬，利用医方不想事情闹大的心理，转嫁医疗负担，牟取医疗赔偿。

据调查，医疗纠纷通过司法诉讼、行政程序处理的不到 20%，80% 纠集在医院内，严重干扰医疗公共秩序。由于更多的患者是想获得经济赔偿，而法律诉讼方式索赔成本高、周期长，因此愈来愈多的患者选择采用“协商”向医方索赔。伴随着医患关系的日趋紧张，医方迫于自身的安全和声望，很多医院宁愿选择多花钱来平息纠纷。这样的做法不仅催生了高赔偿，更间接助长非理性索赔的气焰。

（二）国内医疗纠纷处理现状

目前，国内医疗纠纷处理方式主要有三种：医患双方协商，行政调解，或患方向法院提起民事诉讼。协商是医患双方自愿进行，简单说就是“私了”。行政调解则是在卫生行政主管部门主持下进行的纠纷调解，依据医疗事故鉴定的赔偿标准。若鉴定为非医疗事故，患方有可能得不到赔偿。行政调解的难处在于，患方往往对卫生行政部门的中立性和公正性提出质疑，因为卫生行政部门是医院的主管部门，内在联系紧密，再加上鉴定机构是与医方关系密切的医学会，所以判定结果往往不能令患方信服，行政调解随之告败。患方向法院提起民事诉讼的处理模式可称为“鉴定委员会定性、法院处理”的模式，鉴定委员会的鉴定结果基本是法院处理的唯一根据。赔偿金额的确定则要依据医疗行为是否存在过错或损害责任。

基于医患关系紧张，医疗纠纷数量不断攀升的现状，2011 年，北京市寻求非诉讼解决医疗纠纷处理模式新出路，建立北京市医疗纠纷人民调解委员会。根据规定，凡医疗纠纷索赔超过 1 万元的，医患双方不得“私了”。北京市医疗纠纷人民调解委员会将医疗纠纷从院内转移到了院外，成为医患双方除法律诉讼外的又一选择。

北京市医疗纠纷人民调解委员会由北京市司法局、北京市卫生局、北京市高级人民法院等六部门联合成立，由医学专家、心理学专家、法官、检察官、律师等组成调查委员会，对医患双方自愿申请调解的纠纷，免费进行医疗行为的过失认定、定损、调解并督促理赔。由人民调解委员会主持达成的医疗纠纷人民调解协议书是医疗责任保险机构实施医疗责任保险理赔的依据。

北京市医疗纠纷人民调解委员会是独立于卫生系统、保险公司之外的第三方群众自治性组织，不代表任何政府部门，始终坚持公正、中立的第三方立场，“受群众之托，解群众之难”。人民调解委员会整合专家资源，免费为医患双方调解医疗纠纷，具有其他第三方机构难以比拟的调解公信力和强制执行力。截至2011 年底，北京市医疗纠纷人民调解委员会共接到调解申请 1118 例，受理调解994 例。其中，正在调解 423 例，已结案件 571 例，调解成功 513 例，调解成功率达到了 89. 94%。

三、国外化解医疗纠纷模式对北京市的启示

启示一：建立“医疗纠纷人民调解法”法规

2010 年由中华人民共和国司法部、卫生部、保监会联合发布的《关于加强医疗纠纷人民调解工作的意见》对于医疗调解委员会的设置、工作程序、保障机制等方面做出规定，但对于其组织机构、经费来源等方面并未明确。而且由于这是规范性文件，法律效力等级较低。同年，全国人大常委会通过《中华人民共和国人民调解法》为医疗纠纷人民调解制度奠定了法律基础。

在“医疗纠纷人民调解法”中，应当确保第三方调解机构不与医方有任何形式的联系、确保其经费来源从而避免其与医方发生利害关系。“医调会的设置要去除行政色彩，突出中立性，既不应该由医学会管理，也不应当由卫生行政部门管理，而应当由司法行政部门登记注册并接受司法行政部门的监督和管理，增强医调委的独立色彩。”明确第三方调解机构专门调解医疗纠纷的中立性和公信力，建立“医疗纠纷人民调解法”，对第三方调解做出具体全面的规定，从法律高度保障第三方调解机构的调解效力，提高调解效率，对于医患双方权责分化、矛盾离析，加强彼此间信任，医疗纠纷得以迅速解决，使第三方机构发挥更大的调解作用至关重要。

启示二：发挥卫生行政部门职能，保障医疗服务质量

卫生行政部门应充分发挥自身职能，增强服务意识。卫生行政部门应当建立

医疗机构、医疗设备、医疗人员等相关要素的准入机制，严格把关医疗服务要素的质量，从根源上保障医疗服务质量。同时加强行政部门责任，联合民间组织、社会团体等社会力量共同监督，规范医疗机构和医务人员行为，保障医疗服务过程健康安全。

卫生行政部门应当充分利用行政资源和平台，通过定期发布医疗服务信息，帮助社会公众了解医疗机构专项和综合服务质量，进行健康知识的普及，让公众理性地对待疾病。积极引导公众科学、谨慎就医，减少患方因为信息不充分，盲目选择而导致的医疗纠纷。

启示三：引入保险公司，建立医疗风险强制保险制度

建立医疗风险强制保险制度，不仅是让医疗机构和医生参保，更要让患方购买，来防范救济医疗意外导致的损害。尽管医患关系的对立与矛盾具有世界性，但一些国家，比如德国，实行全民健康保险，由保险公司负责理赔，医患冲突便不剧烈。

从医方角度上，纵观国外医疗纠纷解决机制的实践经验，医方大都选择与保险公司合作，由医方独立承担赔偿变为医护人员参保、保险公司理赔的方式，减轻了医疗纠纷可能给医方带来的巨大破坏。尤以北京市当下，医患关系紧张，医疗纠纷赔偿数额日渐增长，医方自有资金有限，很多医院面临着一场纠纷可能导致整个医院破产、倒闭和医护人员失业等威胁。除此之外，保险公司的介入也可以起到监督医疗行为的作用。例如：瑞士国家的保险公司会根据医生的处方费用统计评定，警示费用超标的医生，约束医生为谋取个人利益“开贵药”的行为，从而减少了医患双方因为高昂医药费而引发的纠纷。

由于医学专业是一种需在实践中不断探索的学科，亟须为医学专业投保非常必要。但只是医方单方投保似乎又有些显失公平。因对待疾病不只是医方的单独责任，实际上治疗疾病过程中需医患双方共同配合，共同努力，才能达到疗病、去病的最终目的。所以或许可以探索，在一些重大疾病，尤其是需手术治疗时，将患者的诊疗费中的一部分作为为自己投保的险金，让患方更清楚地认识到自己接受的是一项有风险的治疗。

引入保险公司，建立健全医疗责任保险机制，从法律的高度确立医疗纠纷解决责任的社会性，分散医疗执业风险，减轻医方赔偿压力，对医疗意外的受害者

提供强有力的保障，缓解医患矛盾。

启示四：倡导采用非诉讼医疗纠纷解决机制处理方式

目前，我国在司法实践中确立医疗纠纷的“二元化”体制，即：构成医疗事故的适用《医疗事故处理条例》，非医疗事故适用《中华人民共和国民法通则》等民事法律和相关的司法解释，因此会导致非医疗事故的赔偿数额高于医疗事故的情况。事实上侵犯了被害人获得实际赔偿或者完全赔偿的权利，而对医疗侵权机构给予了特殊的保护。相比诉讼解决医疗纠纷，非诉讼医疗纠纷解决方式时间短、成本低，难度小。

更重要的是，非诉讼医疗纠纷解决机制是在充分发挥和利用民间组织和社会力量来解决问题。比如：英国通过设立 MPS 医师自助组织，充分利用社会组织力量解决医疗纠纷。MPS 是全世界最大的医生互助责任保险组织之一，拥有 24.5 万多会员，该组织旨在医患双方出现医疗纠纷时，保护医患双方的合法权益：MPS 会帮助医方处理患方投诉、MPS 会员缴纳的会费全部用于处理医疗赔偿案件等。再有，非诉讼医疗纠纷解决机制充分要求医学专家以中立态度参与解决医疗纠纷，充分发挥了医学专家的专业作用，利于医疗纠纷公平、快速解决。同时尊重医患双方在医疗纠纷中的自主性，避免了医患双方对簿公堂，柔和了因为司法程序带来的对抗性，促使医疗纠纷和平解决，利于医患关系的长久和良性发展，利于医疗秩序和医疗环境的稳定。

启示五：加强媒体社会责任，正确引导舆论方向

现今社会，新闻媒体，尤其是网络，发挥着越来越大的力量。很多医疗纠纷，一经媒体报道，或是得到更多的关注和公众监督，最终得到公正的审判；或是双方矛盾被媒体肆意扩大，造成医患双方乃至整个社会不必要的损失。充分利用网络资源、新闻媒体，加强法制宣传，切实维护好医护人员的利益和患者的利益。与此同时，建立对媒体报道内容真实性的监督机制，刻不容缓。

加强媒体社会责任，树立媒体社会责任意识，倡导、鼓励新闻媒体谨慎、全面、真实地报道和评论新闻事实，发挥新闻媒体积极正面的舆论引导作用，助力于建立和谐医患关系、营造和谐医疗环境。

启示六：建立医患双方良性沟通渠道，实现医患彼此信任

国外很多国家非常重视医患间的沟通，尤其是当患者需要进行高风险的手术时，医生会花很长时间与患者及其家属对话，向患方说明病情和手术情况，消除术前疑问。同时向家属提交医院临床数据报告和同类手术国内外风险评估报告（国内还未达到），一旦发生事故意外，这两份报告将是确认医疗事故责任的重要凭据。目前，很多医院在医患沟通方面做得不错，尤其是现行《中华人民共和国侵权责任法》第55条明确规定："医务人员在诊疗活动中应当向患者说明病情和医疗措施。需要实施手术、特殊检查、特殊治疗的，医务人员应当及时向患者说明医疗风险、替代医疗方案等情况，并取得其书面同意；不宜向患者说明的，应当向患者的近亲属说明，并取得其书面同意。"该法案保障了患者对病情和医疗措施的知情权，将医方与患方沟通确定为医务人员的法定义务。因此现在更多的，是需要医务人员注重在与患方沟通过程中的沟通技巧和心理学运用的能力，而远远超越了医生只要医术高明的单一要求。

良好的医患交流和沟通，能够帮助医患双方在医疗服务和处理中，交换信息，交流感情，进而建立彼此之间的信任感。医患双方及时沟通，可以让患方最快了解病情的发展，以减少双方因交流不畅、信息不对称导致的误解和矛盾。

启示七：呼吁全社会理性对待医疗纠纷，打击"医闹"行为

医学是探索性科学，本身存在固有的局限性和未知的变数，且每个医患个体都有内在的差异。全社会应当充分认识医学的特殊性，感恩医生的付出。应当看到当今社会，医生作为弱势群体，"活多、钱少、高危"的困境。在发生医疗纠纷时，能够保持理性和宽容的态度。"解决医患矛盾，在于包容对方。"党的十八大代表王万清说。

"医闹"行为往往是除医患双方的第三方，采取各种妨碍秩序、渲染事态的方式，以达到给医院造成恶劣影响，最终使其迫于压力而同意赔偿的目的。"医闹"是医患双方冲突极端的表现形式，患方寄望利用宣泄性的方式获得一种心理和经济补偿。很多时候，医方本身并无过错，但为了及早平息事态，维护社会稳定，也会答应患方的赔偿要求。据统计，在医患双方协商解决的医疗纠纷赔偿案件中，无过失补偿或超高赔偿案件超过20%。目前，虽然国家出台了一些法规

来治理打、砸等“医闹”行为，但对于像静坐、拉横幅、围堵医生等不具有明显破坏性的行为，其在社会上的恶劣影响也丝毫不少于前者，还没有针对性的解决措施。若任由其发展，不仅会加剧医患关系的紧张，也不利于整个社会的安定团结。因此，当务之急，应当呼吁社会理性解决医疗纠纷，尽快出台法规严惩，打击任何形式的“医闹”行为，避免其成为一种风气遗毒社会。对侵犯患者的合法权益，伤害医务人员的人身安全以及损害医疗机构的财产的违法行为，按照法律进行惩处。

参考文献

[1] 北京市人口普查办:《北京市 2000 年第五次全国人口普查主要数据公报[E]》, 2001。

[2] 北京市人口普查办:《北京市 2010 年第六次全国人口普查主要数据公报[E]》, 2011。

[3] 冯健、周一星:《北京都市区社会空间结构及其演化 (1982 - 2000)[J]》,《地理研究》, 2003, 22 (4): 465 - 483。

[4] 国家统计局:《中国统计年鉴 2001 [M]》, 中国统计出版社, 2001。

[5] 王均:《 1900 - 1937 年北京城市人口研究 [J]》,《地域研究与开发》, 1996, 15 (1): 86—90。

[6] 王雯菲、张文新:《 改革开放以来北京市人口分布及其演变 [J]》,《人口研究》, 2001, 25 (1): 62 - 68。

[7] 俞路、张善余:《近年来北京市人口分布变动的空间特征分析 [J]》,《北京社会科学》, 2006, 1: 7 - 12。

[8] 冯健、周一星:《转型期北京社会空间分异重构 [J]》,《地理学报》, 2008, 63 (8): 829 - 844。

[9] 山崎健:《北京市人口分布特征及其主要原因, 新中国成立以降的动向[J]》,《神户大学社会科学部研究纪要》, 第二卷第一号, 1994。

[10] 王静文、毛其智:《北京城市近 10 年人口分布演变态势分析 [J]》,《北京规划建设》, 131 - 138。

[11] 周一星:《北京郊区化引发的思考 [J]》,《地理科学》, 1996, 16 (3): 198 - 206。

[12] 联合国人居署:《全球化世界中的城市 - 全球人类住区报告 2001 [M]》,《中国建筑工业出版社》, 2004。

[13] P. Hall. The World and Europe, in Urban and Regional Planning [M]. London: Routledge, Third edition, 1984.

[14] 2000 -2012 年北京市人口空间分布与变动研究。

[15] 张文茂等:《城镇化与社会转型——北京郊区农村经济社会结构转型研究》,北京燕山出版社,2010 年 4 月第 1 版。

[16] 张文茂等:《京郊农村改革 30 年研究》,中国农业科学技术出版社,2009 年 1 月第 1 版。

[17] 张文茂、郭子华:《建设小城镇 推进一体化——北京市小城镇建设典型汇编》,研究出版社,2010 年 12 月第 1 版。

[18] 陈晓华:《陈晓华副部长在全国农村土地承包管理工作座谈会上的讲话》,《农业部情况通报》,2011 年 9 月 9 日。

[19] 陈锡文:《在北京市委农工委、市农委调研座谈会上的讲话》,2011 年 6 月 24 日。

[20] 李兵第:《中国城乡统筹规划的实践探索》,中国建筑工业出版社,2011 年 11 月第 1 版。

[21] 李兵第:《城乡统筹规划:制度构建与政策思考》,《城市规划》,2010 年 12 期。

[22] 杜漪:《新农村社区建设的路径选择》,《当代经济研究》,2009 年第 8 期。

[23] 王孝东:《在市新农村建设领导小组(扩大)会议上的报告》,2011 年 1 月 27 日。

[24] 吴良镛、吴唯佳等:《“北京 2049”空间发展战略研究》,清华大学出版社,2012。

[25] 吴良镛:《 京津冀城乡空间发展规划研究》,清华大学出版社,2002。

[26] 吴良镛:《京津冀城乡空间发展规划研究二期报告》,清华大学出版社,2006。

[27] 刘武君:《北京新机场面临的城市与区域课题》,《北京规划建设》,2012 (4)。

[28] 吴唯佳:《“北京 2049”长期发展趋势的认识》,《北京规划建设》,2012 (3)。

［29］赵亮：《北京平原及东南部地区空间发展议论》，《北京规划建设》，2012（3）。

［30］于涛方：《京津复合经济走廊功能格局与态势》，《北京规划建设》，2012（3）。

［31］王健平：《香港 30 多万辆私家车平日多“休眠”》，《经济参考报》，2007 年6 月6 日。

［32］刘岩、王兆荣、段里仁、赫军、吴玲玲：《北京市引导合理出行方式经济政策研究》，《北京日报》，2010 年 7 月 19 日。

［33］苏剑、杜丽群、王沛、刘欲然：《香港城市交通管理模式及其对内地城市的启示》，《重庆理工大学学报》，2010 年第 8 期。

［34］李铁：《香港人为什么不疯狂买车》，《国防时报》，2011 年 1 月 26 日。

［35］钟灵雅：《香港如何有效治堵》，《宁波经济》，2011 年第 10 期。

［36］谢璐：《北京机动车保有量突破 500 万，私家车占七成》，《法制晚报》，2012 年 2 月 18 日。

［37］林华：《香港为何不堵车》，《京北之窗》，2012 年第 4 期。

［38］北京的金：《香港公共交通对内地的启示》，《资源与人居环境》，2012 年第 8 期。

［39］香港运输署网站

［40］郑毅、刘标：《大气颗粒物污染及防治措施》，《科技信息》，2012，3：541。

［41］傅巍、蔡九菊等：《城市大气可吸入颗粒物的控制技术》，《创新与发展（自主创新振兴东北高层论坛暨第二届沈阳科学学术年会论文）》，2005：642－645。

［42］刘宇、王式功等：《兰州市低空风时空变化特征及其与空气污染的关系》，《高原气象》，2002，21（3）：322－326

［43］陈相、鲁文强等：《浅谈森林与防风固沙》，《民营科技》，2011，7：79。

［44］刘家贞：《树木对改善市区生态的重要作用》，《安徽林业》，2005（2）：25。

［45］陈京京、李方正：《城市绿化带和负氧离子含量的关系探究》，《科协

论坛（下半月）》，2011（4）：128－129。

［46］吴志萍、王成等：《6种城市绿地空气PM2.5浓度变化规律的研究》，《安徽农业大学学报》，2008，35（4）：494－498。

［47］吴兴德：《园林植物对环境保护与改善的作用》，《引进与咨询》，2006（9）：58－59

［48］王仁山：《森林对人类生存的重要性》，《黑龙江科技信息》，2011（33）：279

［49］朱先磊、张远航等：《北京市大气细颗粒物PM2.5的来源研究》，《环境科学研究》，2005，18（5）：1－5

［50］彭祚登、王小平等：《北京森林健康经营实践及其借鉴作用》，《林业科技开发》，2009，23（1）：1－4

［51］崔向雨、高岚：《论北京市山区生态林补偿机制与构建和谐社会》，《林业经济问题（双月刊）》，2007，27（增刊）：51－55。

［52］杨维西：《北京沙尘天气的沙尘来源及其治理》，《林业经济》，2002（7）：19－22。

［53］Walsh E.，Babakina O，Pennock A.，Shi H.，Chi Y.，Wang T.，Cmedel T. E. Quantitativeguidelines for urban sustainability［J］. Technology in Soeiety，2006，（28）：45－61.

［54］Kaplan P.，Barlaz M. A.，Ranjithan S. R. A procedure for life－cycle－based solid waste management with consideration of uncertainty［J］. Industrial Ecology，2006，（8）：155－172.

［55］Shmelev S. E.，Powell J. R. Ecological－economic modeling for strategic regional waste management systems［J］. Ecological Eeonomies，2006，（59）：115－130.

［56］Wu X. Y.，HuangG. H.，LiuL.，Li J. B. An interval nonlinear program for the planning of waste management systems with economies－of－scale effcets：a case study for the region of Hamilton，Ontario，Canada［J］. European Journal of Operation Research，2007，（17）：349－372.

［57］Dyson B.，Chang N. B. Forecasting municipal solid wastegeneration in a fastgrowing urban region with system dynamics modeling［J］. Waste Management，2006，（25）：669－679.

[58] Karavezyris V. , Timpe K. , Marzi R. Application of system dynamics and fuzzy logic to forecasting of municipal solid waste [J] . Mathematics and Computers in Simulation, 2006, (60): 149 – 158.

[59] Sufian M. A. , Bala B. K. Modeling of urban solid waste management system: the case of Dhaka City [J] . Waste Management, 2007, (27): 858 – 868.

[60] Huhtala A. A Post – consumer waste management model for determining optimal levels of recycling and land filling [J] . Environmental and Resource Economies, 2008, (10): 301 – 314.

[61] K. L. Wertz. Economic factors influencing households′ production of refuse [J] . Journal ofEnvironmental Economics and Management, 2006. 2 (4): 263 – 272.

[62] R. R. Jenkins. The Economics of Solid Waste Reduction: The Impact of User Fees [M] . Brookfield, VT: Edward Elgar. 2008.

[63] D. Fullerton, T. C. Kinnaman. garbage, recycling and illicit burning or dumping [J] . Journal ofEnvironmental Economics and Management, 2006. 29 (1): 78 – 91.

[64] D. Fullerton, T. C. Kinnaman. Household responses to pricinggarbage by the bag [J] . AmericanEconomic Review, 2007. 86 (4): 971 – 984.

[65] T. M. Dinan. Economic efficiency effects of alternative policies for reducing waste disposal [J] . Journal of Environmental Economics and Management, 2007. 25 (3): 242 – 256.

[66] H. A. Sigman. A comparison of public policies for lead recycling [J]. RAND Journal ofEconomics, 2009. 26 (3): 452 – 478.

[67] K. Palmer, M. Walls. Optimal policies for solid waste disposal: taxes, subsidies, andstandards [J] . Journal of Public Economics, 2007. 65 (2): 193 – 205.

[68] K. Palmer, H. Sigman, M. Walls. The cost of reducing municipal solid waste [J] . Journal ofEnvironmental Economics and Management, 2008. 33 (2): 128 – 150.

[69] K. Palmer, M. Walls. Extended Product Responsibility: An Economic Assessment ofAlternative Policies. Resources for the Future. Washington: RFF Discussion Paper 99 – 12, 2007.

[70] Fullerton Don, Tom Kinnaman. Household Response to Pricinggarbage by

the Bag [J]. American Economic Review, 2006, 86 (4).

[71] Lisa A. Skumatz, David J. Freeman. Pay - as - you - throw (PAYT) in the US: 2006 Update and Analyses [EB/OL]. Http: //www. epa. gov/payt/pdf/sera061pdf, 2006.

[72] Kelly T. C., Mason I. g., Leiss M. W., Ganesh S., University community responses to on - campus resource recycling [J]. Resources, Conservation and Recycling, 2006, (47): 42 - 55.

[73] Domina T., Koch K. Convenience and frequency of recycling and waste, implication for including textiles in curbside recycling programs [J]. Environment and Behavior, 2007, (34): 216 - 238.

[74] 张宏艳:《循环经济的"3R"原则在城郊生活垃圾领域的运用 [J]》,《生态经济(学术版)》, 2010, (2)。

[75] 叶青:《发展循环经济应该把握的关节点 [J]》,《环境保护与循环经济》, 2010, (3)。

[76] 王云:《南昌市生活垃圾填埋处理的问题及减量化处理对策 [J]》,《江西林业科技》, 2002, (6)。

[77] 王震、齐玉梅、李雅芳:《上海市生活垃圾减量化对策 [J]》,《环境卫生工程》, 2007, 15 (5)。

[78] 王世和:《南京市居民生活垃圾调查及减量化分析 [J]》,《环境科学与管理》, 2009, 34 (2): 46 - 48。

[79] 严太龙、石英:《国内外厨余垃圾现状及处理技术 [J]》,《城市管理与科技》, 2004, (4)。

[80] 李晖:《广州市生活垃圾减量化研究 [J]》,《环境卫生工程》, 1999, 7 (1)。

[81] 左浩坤、李娜、熬海峰:《基于市场化的生活垃圾全过程管理体系建设 [J]》,《环境与可持续发展》, 2010, (2).

[82] 周传斌、刘晶茹、王如松、张艺山:《城市社区生活垃圾减量化的集成技术研究 [J]》,《环境科学》, 2010, (11).

[83] 胡献舟:《城市生活垃圾减量化调查分析》, 2006, (3)。

[84] 何文初:《我国城市生活垃圾污染防治的立法研究 [D]》,湖南师范大

学硕士学位论文，2003。

[85] 薛娜：《浅析城市生活垃圾的减量化及资源化 [J]》，《中国资源综合利用》，2005 (2)。

[86] 刘莉、李晓红：《加拿大城市生活垃圾的减量化管理 [J]》，《环境保护》，2007 (20)。

[87] 罗仁才、张莹：《德国城市生活垃圾分类方法研究 [J]》，《中国资源综合利用》，2008 (7)。

[88] 周兴宋：《美国城市生活垃圾减量化管理及其启示 [J]》，《特区实践与理论》，2008 (5)。

[89] 何文初：《我国城市生活垃圾污染防治的立法研究 [D]》，湖南师范大学硕士学位论文，2003。

[90] 周青：《浅论循环经济视野下的拾荒者与城市生活垃圾处理问题 [J]》，《内蒙古环境科学》，2007 (3)。

[91] 赵胜：《园林式居民小区垃圾中转站设计 [J]》，《美术大观》，2010 (8)。

[92] 王如松、颜京松、徐成等：《城市生活垃圾处理利用生态工程技术 [J]》，《农村生态环境》，1999，15 (3)：1－5。

[93] 吴文伟：《城市生活垃圾资源化 [M]》，北京：科学出版社，2003。

[94] 林媚珍、夏丽娜：《广州城市生活垃圾分类收集处理方法初探 [J]》，《广州大学学报（自然科学版）》，2004 (5)。

[95] 宋思远：《依托微观经济主体解决生活垃圾污染 [J]》，《陕西环境》，2001 (2)。

[96] 焦守田、冯建国：《循环经济让垃圾变废为宝——兼谈门头沟区王平镇探索农村生活垃圾处理新模式 [J]》，《前线》，2007 (8)。

[97] 吴文庆：《上海市生活垃圾全程分类模式的研究和实践 [J]》，《再生资源与循环经济》，2008 (7)。

[98] 余洋、魏炎利、谭尔斯、叶珊珊：《基于可持续发展原则下的城市生活垃圾“三化”研究 [J]》，《市场周刊（理论研究）》，2010 (8)。

[99] 杨高英、苏爱艳、雷兆武、李晓华：《城市生活垃圾管理及资源化 [J]》，《环境科学与管理》，2006，31 (9)：35－37。

［100］刘刚、刘健、何恩良：《城市垃圾资源化与循环经济［J］》，《企业经济》，2005（8）：8－9。

［101］朱新来：《青岛市城市生活垃圾处理动力机制研究［J］》，《法制与社会》，2010（5）：211－212。

［102］陈玲：《公众是垃圾减量的最大功臣［N］》，《人民日报》，2011－3－17。

［103］国务院：《节能与新能源汽车产业规划（2012－2020年）》，2012年6月。

［104］国务院发展研究中心、中国汽车工程学会、大众汽车：《中国汽车产业发展报告（2012）》，社会科学文献出版社，2012年7月。

［105］麦肯锡中国汽车中心：《振兴中国电动汽车产业研究报告》，2012年4月。

［106］北京市经济和信息化委员会：《北京市新能源汽车产业发展思路（征求意见稿）》，2012年8月。

［107］北京市交通委员会：《北京市“十二五”时期交通发展规划》，2010年6月。

［108］《北京市统计年鉴（2011）》，表2－4,、表1－6、表10－15、表10－2。

［109］环境保护部：《历年发布的国家环境保护标准名录》，http：//kjs. mep. gov. cn/hjbhbz/.

［110］北京市农业局网站：《北京都市型现代农业基础建设及综合开发规划（2009－2012年）》，2009年6月。

［111］蕾切尔·卡逊：《寂静的春天》［M］，吉林人民出版社，2001：87－149。

［112］方时姣：《21世纪中国农业发展的新趋势［J］》，《河北学刊》，2001（6）：48－52。

［113］凌耀初、胡月晓：《都市农业产业定位问题研究［J］》，《山东经济》，2006（4）：85－88。

［114］倪晓宁、包明华：《中国城市化的度量与发展取向——基于DEA的城市化研究［J］》，《城市问题》，2007（6）：28－33。

［115］宋金平：《北京都市农业发展探讨［J］》，《农业现代化研究》，2002

(5)：199 -203。

[116] 刘盛和：《都市农业与城市可持续发展 [C]》，《海峡两岸观光休闲农业与乡村旅游发展——海峡两岸观光休闲农业与乡村旅游发展学术研讨会论文集》，2002 年：211 -216。

[117] 范子文：《北京都市农业发展的现状、前景与对策 [J]》，《中国农业资源与区划》，1998 (02)：47 -50。

[118] 王涛、刘拥军、王秀清等：《北京都市农业发展的理论与政策 [M]》，中国农业出版社，2007：82 -142。

[119] 宋国君、徐莎：《论环境政策分析的一般模式 [J]》，《环境污染与防治》，2010 (6)：81 -85。

[120] 金京淑：《日本推行农业环境政策的措施及启示 [J]》，《现代日本经济》，2010 (5)：60 -64。

[121] 王军：《探索实施新型农村环境政策 [N]》，《中国环境报》，2012 年 1 月 9 日。

[122] 果雅静、吴华杰、马玲、张军连、吴文良：《都市型现代农业的发展模式研究 [J]》，《生态经济》，2007 (11)：131 -135。

[123] 张建龙：《北京都市农业新趋向 [J]》，《农村经营管理》，2011 (2)：42。

[124] 崔彬：《农产品质量安全事件频发的成因及遏制途径 [J]》，《现代经济探讨》，2011 (11)：42 -45。

[125] 柯紫霞：《农业环境管理政策制度如何设计？[N]》，《中国环境报》，2011 年 11 月 24 日。

[126] 魏延栋、史亚军：《北京都市型现代农业标准体系建设研究 [J]》，《中国农学通报》，2010 (14)：413 -418。

[127] 倪晓宁：《全球低碳框架下中国经济自主安全发展 [J]》，《现代经济探讨》，2011 (11)：14 -18。

[128] 北京市人民政府：《北京市 2011 年度卫生与人群健康状况报告 [M]》，北京：人民卫生出版社，2012。

[129] 北京市人民政府：《北京市 2010 年度卫生与人群健康状况报告 [M]》，北京：人民卫生出版社，2011。

［130］董忠：《借“全民健康促进十年行动规划”塑造“健康北京人”［J］》，《中国预防医学杂志》，2010，11（11）：1179。

［131］刘本超、陈福林、杨舟等：《慢性病量化行为干预模式在社区卫生服务中的应用研究［J］》，《中国全科医学》，2006，9（23）：1966。

［132］张安玉、孔灵芝：《慢性非传染性疾病（慢性病）的流行形势和防治对策——饮食营养体力活动与慢性病预防》，预防医学学科发展蓝皮书。

［133］平昭、赵润栓、白雪琴等：《男性酒精摄入量与血清 HDL－C 水平的量效关系［J］》，《中国医疗前沿》，2012，7（3）：92。

［134］李静、陈琦、关静等：《全国社区卫生服务现状调查——东、中、西部地区社区卫生服务机构三种常见慢性病管理情况分析［J］》，《中国全科医学》，2005，8（19）：1565。

［135］胡广芹、陆小左：《中国人健康状况分析与医学模式的转变［J］》，《全国第十二次中医诊断学术年会论文集》。

［136］吴多文、范华、肖晓艳：《国内慢性病的现状、流行趋势及其应对策略［J］》，《中国临床康复》，2005，9（47）：126。

［137］沈聪：《建设健康城市，使广大市民成为“健康北京人”［J］》，《前线》，2011（2）。

［138］纪涛：《解读“健康北京人——全民健康促进十年规划”［N］》，《北京日报》，2009－8－13（015）。

［139］陈勃江、李为民：《慢性非传染性疾病社区综合防治模式研究［J］》，《现状现代预防医学》，2011，38（7）1260。

［140］徐辉、巢健茜、刘恒：《浅议健康危险因素评价及其应用［J］》，《中外医疗》，2009（32）：169。

［141］白雅敏、王卉呈、董建群等：《慢性病预防控制适宜技术的发展与应用［J］》，《中国慢性病预防与控制》，2010，18（6）：651。

［142］张持晨：《基于网络的社区居民健康管理模式研究［J］》，《科技创新与生产力》，2011，7：54。

［143］李星明、黄建始：《健康管理和社区卫生整合对慢性病防治的意义与服务模式探讨［J］》，《疾病控制杂志》，2008，12（1）：53。

［144］张兰霞、杜春平：《“饮食、运动、平衡”促健康服务模式在慢病管

理中的应用及体会［J］》，《中国社区医师》，2009，11（2）：123.

［145］张培林、郑万会、颜维华等：《从急病为主到慢病为主看卫生经费管理发展［J］》，《慢性病学杂志》，2010，12（2）：97。

［146］何维：《建立符合国情、有效的我国慢性非传染性疾病防控策略，为建设小康社会提供坚实的保障［J］》，《前进论坛》，2010，1：19－20。

［147］郭岩、汤淑女：《健康的社会决定因素与慢性病防治［J］》，《中国预防医学杂志》，2010，11（11）：1167。

［148］胡睿、陈惠、李晓雅等：《慢病已成为中国不可承受之重［J］》，《中国社区医师》，2011－8－26：4 版。

［149］张宏印：《慢性疾病的量化管理［J］》，《保健医学研究与实践》，2010，7（4）：4。

［150］赵润栓、平昭、孙鑫等：《吸烟对血清高密度脂蛋白胆固醇水平影响的研究［J］》，《中国疗养医学》，2012，21（6）：493。

［151］Mayor of London，Clearing the Air：The Mayor’s Air Quality Strategy，2010.

［152］NYC Mayor Michael R. Bloomberg，PlanNYC：agreener，greater New York，2007.

［153］NYC Mayor Michael R. Bloomberg，PlanNYC：agreener，greater New York（updated），2011.

［154］NYC Mayor Michael R. Bloomberg，PlanNYC：Progress Report 2010，2010.

［155］City of New York，Mayor’s Management Report，2011.

［156］Great London Authority，Powering ahead：Delivering low carbon energy for London，2009.

［157］Tokyo Metropolitangovernment，Environment White Paper 2010，2010.

［158］South Coast Air Quality Management Districtgoverning Board，2007 Air Quality Management Plan，2007.

［159］胡敏等：《北京大气细粒子和超细粒子理化特征、来源及形成机制》，科学出版社，2009 年 5 月。

［160］白志鹏等：《空气颗粒物污染与防治》，化学工业出版社，2011 年

9 月。

［161］环保部：《“十二五”重点区域大气污染联防联控规划编制指南》，http：//www. caep. org. cn/air/DownLoad. aspx。

［162］王硕：《大气污染治理方案将出台 重污染天部分公车停驶》，《京华时报》，2012 年 2 月 9 日。

［163］彭艳：《应对 PM2. 5 五字诀》，《户外探险》，2012 年 1 月第一期。

［164］South Coast Air Quality Management Districtgoverning Board，2007 Air Quality Management Plan，2007.

［165］South Coast Air Quality Management Districtgoverning Board，2010 Clean Communities Plan，2010.

［166］South Coast Air Quality Management Districtgoverning Board，Update on 2012 Air Quality Management Plan，2011.

［167］South Coast Air Quality Management Districtgoverning Board，Annual Air Quality Monitoring Network Plan，2011.

［168］South Coast Air Quality Management District，Goals/Objectives for FY 2011 – 2012，2011.

［169］AQMD，SCAG，CEPA&CARB，Powering the Future，2010.

［170］South Coast Air Quality Management District，Carl Moyer Program，2011.

［171］US EPA Air Division，Technical Support Document for the Proposed Action on the South Coast 2007 AQMP for PM and the South Coast Portions of the Revised 2007 State Strategy，2010.

［172］California Air Resources Board，Health Impacts of Diesel PM Emissions：An Update，2009.

［173］ARB Deputy Executive Officer Lynn Terry，Status Report Vision for Clean Air：2012 – 2050，2012.

［174］陈雪明：《洛杉矶城市交通发展的战略转变以及对中国城市的启示》，《城市交通》，2003 年 1 月。

［175］美国加州空气资源局副局长：《清洁空气设想：2012 – 2050》，《空气质量管理规划：2012》，2012 年 3 月 15 日。

［176］王淑梅、王宝贞、曹向东、金文标、贾丽娜：《对我国城市排水体制

的探讨》,《中国给水排水》, 2007 年 12 期。

[177] 张晓鹏、王美荣:《城市雨洪利用的研究现状与发展方向》,《北京水务》, 2006. 3。

[178] 首都社会经济发展研究所:《北京建设节水型城市政策研究》, 2012 年 4 月。

[179] 陈立新、杨晨、任心欣、王国栋:《城市雨水径流污染控制管理模式初探: 从 BMP 到 LID》, 深圳市规划和国土资源委员会, 2009 年 7 月。

[180] 王明远、黎颖露(清华大学环境资源能源法研究中心):《美国城市雨水污染法律对策及其对我国的启示》, 《中国人口 · 资源与环境》, 2009 年 5 期。

[181] 张华、石峰、翁皓琳、李强、张从菊、宋华:《可持续城市排水系统的应用与发展》,《低温建筑技术》, 2009 年第 8 期。

[182] 张书函、王海潮、臧敏、陈建刚、来海亮:《北京城市雨水利用发展思路》,《北京水务》, 2011 年第 5 期。

[183] 居江:《雨洪利用技术在住宅小区中的实践》, 雨水科普网, 2009。

[184] 彭清涛、张光友:《城市雨水径流污染及防治》,《广东化工》, 2012 年第 2 期。

[185] 何流 、陈文森、张超:《城市雨水径流污染控制研究》, 《能源与环境》, 2011 年第 4 期。

[186] 申玉霞、芈书贞:《城市雨水资源化功能划分及利用模式研究》,《现代商贸工业》, 2011 年第 13 期。

[187] 丁跃元:《德国的雨水利用技术》, 中国城镇水网。

[188] 刘卓、张越男、郭瑞、刘华: 《城市防涝: 从“驯服”到“巧用”——国外应对城市内涝的智慧》,《经济参考报》, 2011 年 7 月 26 日。

[189] 秦小东: 《巴黎下水道: 城市拓展地下空间的奇迹》, 城市化网, 2010 年 5 月。

[190] 王炜、陈仁泽、刘毅、魏薇:《城市排水管网标准低致频频内涝, 大幅提高不现实》,《人民日报》, 2012 年 07 月 24 日。

[191]《城市内涝如何应对?》,《南京日报》, 2010 年 07 月 15 日。

[192]《城市排水系统设计标准低致排水不畅》,《北京晚报》, 2012 年 7 月

23 日。

［193］《北京“7·21”特大暴雨全纪录》，《三联生活周刊》，2012 年 7 月 26 日。

［194］金煜、杨华云：《城市排水：地下硬件“软”，地上软件要“硬”》，《新京报》，2012 年 7 月 28 日。

［195］刘军国、白阳、李志伟、管克江、吴乐珺：《国外大城市排水：东京最先进 伦敦历史久能治污》，《人民日报》，2012 年 7 月 24 日。

［196］青木、刘剑利、李珍、陈甲妮：《国外下水道能挡大暴雨》，《生命时报》，2011 年 7 月 1 日。

［197］李蒙：《城市之肾为何久病难医?》，《民主与法制》，2012 年第 23 期。

［198］杨涛：《城市交通的理性思索［M］》，中国建筑工业出版社，2010，78－79，109。

［199］山中英生、小谷通泰、新田保次：《城市交通中存在的问题及对策［M］》，中国建筑工业出版社，2009：10－15。

［200］谢旭轩、张世秋、易如、吴丹、黄德生：《北京市交通拥堵的社会成本分析［J］》，《中国人口资源与环境》，2011（01）。

［201］刘晓：《关于城市交通拥堵问题研究的文献综述［J］》，《经济研究导刊》，2010（4）。

［202］中国城市研究学会、中国城市规划设计研究院：《中国城市公共交通发展报告 2009［M］》，中国建筑工业出版社，2010. 1。

［203］北京人民政府办公厅：《北京市人民政府办公厅关于印发缓解北京市区交通拥堵第九阶段（2012 年）工作方案的通知［R］》，《北京市人民政府公报》，2012（2）。

［204］杨向前：《民生视角下的北京城市交通拥堵问题［J］》，《北京交通大学学报（社会科学版）》，2012（2）。

［205］雷明全：《治理交通拥堵中的政府失灵［J］》，《现代经济探讨》，2012（3）。

［206］John D Edwards，Jr，PE. Trsportation Planing Handbook（second Edtion）［M］. Institute of Transportation Engineers，1999.

［207］王虎军、郭谨一、杨静、高利平：《国外大城市交通政策及其效果研究［J］》，《科技成果纵横》，2007，（02）。

［208］孙栋斌：《我国特大城市交通发展的空间战略研究——以上海为例［M］》，南京大学出版社，2009，（1）。

［209］伦敦交通运输局网站。

［210］唐孝炎：《绿色出行与空气质量［J］》，《环境保护》，2007，（8）：20。

［211］Priemus，H. Reduction of car use：instruments of national and local policies—a Dutch perspective［J］. Environment and Planning B：Planning and Design，1995，22（6）：721 –737.

［212］Gàrling，T. & Fuji，S. Travel behavior modification：Theories，methods，and programs，The Expanding Sphere of Travel Behavior Research，Selected Papers from the 11th international Conference on Travel Behavior Research，Edited by R. Kitamura，T. Yoshii and T. Yamamoto，2009，Emerald，pp. 97 –128.

［213］Taylor，M. Voluntary travel behavior change programs in Australia：The carrot rather than the stick in travel demand management［J］. International Journal of Sustainable Transportation，2007，（1）：173 –192.

［214］Ampt，E. S. Understanding voluntary travel behavior change［J］. Transport Engineering in Au Ampt，E. S. Understanding voluntary travel behavior change［J］. Transport Engineering in Australia，2004，9，53 –66.

［215］Brög，W.，Erl，E.，& Mense，N.（2002）. Individualized marketing. Changing travel behavior for a better environment. Paper presented at the OECD Workshop：Environmentally Sustainable Transport，Berlin.

［216］http：//www. environment. gov. au/settlements/industry/ggap/index. html

［217］hhttp：//www. dft. gov. uk/publications/the – effects – of – smarter – choice – programmes – in – the – sustainable – travel – towns – summary – report/

［218］Cairns，S.，Sloman，L.，Newson，C.，Anable，J.，Kirkbride，A.，&goodwin，P.. Smarter choices：assessing the potential to achieve traffic reduction using ‘soft measures’［J］. Transport Reviews，2008，28，593 - 618.

［219］Taniguchi, A., Suzuki, H., & Fujii, S. Mobility management in Japan: Its development and meta - analysis of travel feedback programs［J］. Transport Research Record, 2007, 2021: 100 - 109.

［220］张毅：《汽车保有量破亿的忧思：汽车社会来得太快，准备严重不足［EB/OL］》http://news. xinhuanet. com

［221］何玉宏：《挑战、冲突与代价：中国走向汽车社会的忧思［J］》，《中国软科学》，2005，12：67－75。

［222］周民良、周群：《绿色交通体系与生态城市建设：逻辑与思路［J］》，《江海学刊》，2010，2：137－142。

［223］冯正民：《台湾绿色交通政策与实践［J］》，《城市交通》，2011，1：29－34。

［224］北京市人民政府：《关于进一步推进首都交通科学发展加大力度缓解交通拥堵工作的意见［EB/OL］》http://govfile. beijing. gov. cn/ovfil e/front/content/ 2010042_ 0. html.

［225］赵峰侠、徐明、齐晔：《北京市汽车限行的环境和经济效益分析［J］》，《生态经济》，2010，12：40－44。

［226］郭永松：《不同国家医患纠纷处理方式研究》，《中国医院管理》，2010（5）。

［227］陶建国：《德国、法国医疗纠纷诉讼外解决机制及启示》，《中国卫生法制》，2010（4）。

［228］刘泉、杨天潼、刘良：《德国医疗纠纷处理办法及相关问题》，《中国卫生事业管理》，2008（4）。

［229］郑雪倩、魏亮瑜、张宝珠、王旭、王霞：《国内医疗纠纷调查与国外医疗纠纷处理》，《中国医院》，2007（7）。

［230］张滨、胡亚林：《国外 ADR 处理医疗纠纷模式介绍及启示》，《卫生与法》，2011（6）。

［231］谢鹏、曹建华、王雷：《国外医疗纠纷处理方式对我国医疗纠纷解决机制的启示》，《临床误诊误治》，2009（5）。

［232］张赞宁：《美国医疗纠纷缘何少》，《中国周刊》，2011（12）。

［233］蒲川、崆怡：《医疗纠纷非诉讼解决方式：美国的经验及其启示》，

《医疗卫生管理》。

[234] 祝彬：《医疗纠纷替代解决机制的分析、评价与选择》，《中国医院管理》，2010 (1)。

[235] 邓利强：《国内外医疗纠纷现状》，《中国医院》，2001 (2)。

[236] 曹杰、方鹏骞、高昭昇、刘敬、高明：《医疗纠纷的非诉讼处理机制（ADR）适用优势研究》，《中国医院管理》，2009 (12)。

[237] 魏东川：《我国医疗纠纷的多元化解决机制初探》，《福建法学》，2011 (2)。

[238] 丁伟芳、李成修、尹爱田、汤敏、李建：《医疗纠纷的社会因素分析》，《中国医院》，2006 (2)。

[239]《北京完善调解机制处理医患纠纷，重建信任是关键》，《北京日报》，2010 年 12 月。

[240]《北京医疗纠纷索赔逾万元禁私了》，《新京报》，2011 年 1 月。

[241]《北京医疗纠纷调解：告别“无奈的赔偿”》，《人民日报》，2012 年 3 月。

[242] 丁凤楚：《论我国医疗纠纷人民调解制度的构建》，《法学杂志》，2011。

[243] 胡文颖：《调处医患纠纷政府应有所不为》，《健康报》，2012 (5)。

[244]《医疗环境数字统计揭示医患死结》，健康网，2012 年 3 月。

[245] 崔志强、孔繁增、白日荣、潘利民、范亚坤、刘晨、黄先涛、郝向峰：《医疗纠纷相关因素的分类与防范机制研究》，《中国医院管理》，2011 (2)。

[246]《一虎一席谈》节目组：《两部委严打医闹之忧》，《中国医院院长》。

图书在版编目（CIP）数据

2012 北京健康城市建设研究报告 / 王彦峰、方来英等编著．
—北京：同心出版社，2012. 12
ISBN 978 – 7 – 5477 – 0784 – 5

Ⅰ. ①2…　Ⅱ. ①方…　Ⅲ. ①城市卫生 – 研究报告 –
北京市 – 2012　Ⅳ. ①R126

中国版本图书馆 CIP 数据核字（2012）第 294646 号

2012 北京健康城市建设研究报告

出版发行： 同心出版社
地　　址： 北京市东城区东单三条 8 – 16 号东方广场东配楼四层
邮　　编： 100005
电　　话： 发行部：（010）65255876
总编室：（010）65252135 – 8015
网　　址： www. bjd. com. cn/txcbs/
印　　刷： 北京京都六环印刷厂
经　　销： 各地新华书店
版　　次： 2012 年 12 月第 1 版
2012 年 12 月第 1 次印刷
开　　本： 787 毫米 × 1092 毫米　1/16
印　　张： 27. 25
字　　数： 420 千字
定　　价： 68. 00（精装）